加爾默羅靈修

凡尋求天主，深感除天主外，
心靈無法尋獲安息和滿足的人，
會被吸引，進入加爾默羅曠野。

星火文化

聖女大德蘭誕生五百週年新譯本

The Ascent of Mount Carmel · Subida del Monte Carmelo

攀登加爾默羅山

靈魂如何瘦身，走上通往成全的登山窄路

十字若望 John of the Cross ◎著
加爾默羅聖衣會◎譯
范毅舜◎封面攝影

CONTENTS

CONTENTS

【第二卷】談論主動心靈的夜：

信德帶領理智進入主動的心靈之夜，並使之淨化

CONTENTS

【第三卷】續論主動心靈的夜：

望德淨化記憶，愛德淨化意志

CONTENTS

導讀篇

附錄

〈黑夜〉詩文版本

推薦序1

在加爾默羅山和上主相遇

舊約中，加爾默羅山是厄里亞先知和巴耳先知比試的地方，厄里亞擊敗他們，重新建立對上主天主的信仰（列上十八）。加爾默羅山，就其象徵性的意義而言，是祈禱的地方，上主在那裡顯示祂自己，在那裡，我們能夠和祂相遇，經驗祂，並且和祂結合。

聖十字若望——普世教會的聖師——教導我們，指示我們達到成全聖山頂峰的道路。《攀登加爾默羅山》這部書，連同他的另一部著作《心靈的黑夜》①，提供了達到山頂須有的整套配備，可說是最重要和最根本的靈修教導之一，從中我們能學習如何邁向聖山頂峰，走向和天主結合，此乃我們靈修生活的終極目標。

整部《攀登加爾默羅山》，共有三卷：〈第一卷〉是其教導的前奏部分，描述成全的聖山，對於必須通過「夜」，做了一些解釋。〈第二卷〉告訴我們，行走信德之路，是達到神性結合最有效的道路。〈第三卷〉解說經由望德淨化記憶，及經由愛德淨化意志。

因此，在這部書中，關於如何經由信德、望德、愛德達到神性的結合，我們能找到很重要的教導。

生活在當今的世界，充斥著「資訊」和「分心」，這部《攀登加爾默羅山》教給我們靈修成長的基本要素，指導我們達到加爾默羅山頂，亦即天主本身。

我希望出版本書的中文譯本，能有助於中國文化背景下的所有讀者，了解靈修成長的實

1. 《心靈的黑夜》由星火文化出版，加爾默羅聖衣會譯。

質教導，尋獲很大的助益，使之臻於成全之境。

我以兄弟的情懷，降福所有閱讀本書的人……。

赤足加爾默羅聖衣會總會長
Fr. Saverio Cannistrà, O.C.D.

推薦序2

一條通往愛的道路

聖十字若望是《攀登加爾默羅山》的作者，是加爾默羅的大神祕家之一，也可能是加爾默羅會傳統中最偉大的神祕家。革新加爾默羅聖母聖衣會的早期，他是協助聖女大德蘭的男性共同創會者。聖十字若望畢生為革新修會備受艱難困苦。在踐行加爾默羅的生活會規中，若望覺察到天主賜給他的恩寵，天主帶領十字若望進入與所愛的主結合。他總是避開特異的神祕經驗，以極有深度的方式，和天主生活在一起，致使他的親身經驗，讓他更清楚洞見達到結合的道路。因此，透過他的指導和著作，若望幫助其他的人邁向愛的天主——他這麼深入覺察和摯愛的天主。

聖十字若望短暫的一生中，寫下了不朽的靈修文學經典。他是詩人、散文作家，也是靈修路上的良友，勸導來向他求教的人，幫助他們走向和天主結合。他的著作正值西班牙語的黃金時代，這使他成為西班牙文學的重要人物。他的詩動人心弦，極為優美，深邃有力，以多彩多姿的方式，揭示出與天主關係的嶄新世界。聖若望的詩作是他的作品中，必須優先閱讀的。因為他的詩能幫助讀者，真實地了解其他所有的散文作品。這些詩中，我認為《愛的活焰》是最有力的解說之鑰，雖然他的〈靈歌〉也非常有助於讀者了解他的其他著作。他之解釋自己的詩作，往往是應聖女大德蘭革新加爾默羅會隱修女之邀。雖然大多數的詩人會拒絕這麼做，聖若望卻做出回應，因為他願意幫助那渴望行走「窄路」達到天主的人。為此之故，他寫了註解詩作的散文：《愛的活焰》、《靈歌》及《黑夜》。最後這部作品《黑夜》，其實是兩部註解。一是《黑夜》，另一是本書《攀登加爾默羅山》。

《黑夜》這首詩，寫於逃脫托利多（Toledo）小牢房後不久，他在那牢房中，遭受至極的肉身劇苦和心靈的黑暗。詩的內容影射其牢獄經驗和逃脫。詩的註解名為《攀登加爾默羅山》，談論與天主結合的道路。書中，聖十字若望揭示此一道路中的境況，及該或不該做的事，為能向天主的所有恩寵開放，這是在邁向天主聖三——父、子和聖神的朝聖路途中，天主賜給每一個人及團體的恩寵。若望深思，我們是怎樣開始的，全都是只聚焦自我，只尋求什麼是對「我」最好的。然而，他知道並闡明，為尋找天主，除了自我，我們必須開放。從而開始走上放開的道路，為天主造出空間。其完成是經由恩寵、信德及專注於救世主耶穌，祂是天主自身的完整啟示。最後，也是經由黑暗的時刻，天主帶領我們達到整全（wholeness），也就是在今生今世，達到和聖父、聖子、聖神結合為一。

芎林加爾默羅聖衣會隱修院的新譯本，提供我們能以新的方式閱讀這部經典。我非常高興能寫幾句序言，深知本書的讀者必能受惠，在奔向慈愛天主的路途上，獲得助益①。

二〇一〇年主耶穌升天節

何瑞臣教授（Professor Richard P Hardy, M.Th, S.T.L., D. es Sc Rel.）

於美國加州舊金山

1. 有興趣更進一步了解聖十字若望的讀者，我樂於推薦下列書目：1）Richard P HARDY, John of the Cross. Man and Mystic（Boston: Pauline Media, 2004）；尤其是2）Iain MATTHEW, *The Impact of God. Soundings from St. John of the Cross.*（London:Hodder and Stoughton, 1995）中文版《天主的撞擊》由星火文化出版；及3）John WELCH, *An Introduction to John of the Cross. When Gods Die.*（New York/Mahwah: Paulist Press 1990）。

推薦序3

審閱者語

這是筆者拜讀十字若望著作的第四部中譯本。前三部讀完後都寫過短序。二〇〇〇年四月十七日為《愛的活焰》寫〈引言〉，引言第二行說：我「深深景仰聖十字若望，把天主寫得那樣真切親密，使我兩週之久沉浸在天主臨在的感受中，對世事只覺索然無味，一如書中多次提到的。」二〇〇一年四月十二日為《靈歌》①寫〈中文版序〉，序中引了李白的詩②「秋風清，秋月明；葉落聚還散，寒鴉棲復驚；相思相見知何日，此時此夜難為情。」來表達詩歌的魅力：由秋風秋月，到落葉寒鴉，再到人的相思相見和夜晚情深。十字若望進一步升到天人的層次，認為難以言喻的天人深交，可以用詩的圖像和象徵表達其一二：詩歌是較好的媒介。

六年多以後，筆者讀完了第三部中譯《心靈的黑夜》③，二〇〇七年七月十六日為這書寫了〈推薦序〉，略述《黑夜》這部著作的特徵是不僅以詩達情，還用以通天，說出天主與人靈交往的神祕之路。「另一特徵是：一般詩人寫下名詩名句，不加解釋，讓後人去猜……但十字若望卻把他的短短詩句予以長篇的解釋，等你體味了這些解釋後，再回頭念同樣的詩句，你對詩句的領悟已不同於前了。」推薦序的最後一段說：「最妙的是（《黑夜》第二卷末）把信、望、愛三德比做三種顏色的衣飾。信德是白色，望德是綠色，愛德是紅色。這些顏色一方面是討天主的喜歡，另一方面是防止魔鬼的侵害等。」這一點可與《攀登加爾默羅

1. 編按，新譯本《聖十字若望的靈歌》已由星火文化出版，加爾默羅聖衣會譯。
2. 此三五七言詩乃李白作《秋風詞》上半闕。
3. 以下簡稱《黑夜》。

山》一書合看。

現在可以為閱讀十字若望這部《攀登加爾默羅山》（以下簡稱本書為《山》，《心靈的黑夜》為《夜》）的新譯做些交代。首先，該書〈序言〉給全書作了一個綜合介紹，一如註釋④所說的：序言的九個號碼分別為：❶-❷寫本書的緣起；❸說其重要性和許多靈魂的迷失方向；❹-❺談神師的無知和誤導；❻-❼在主動和被動的夜裡都必須審慎明辨；❽作者的文體和著書意向；❾題獻辭（給男會士和隱修女）。由此，可即刻跳到第一章註釋⑨所說：「本書內容的劃分……表達方式卻又使人感到混淆，我們要視《山—夜》為一部完整的書，分為四部分：《山》第一卷、第二卷、第三卷、《黑夜》（第四卷）》」。的確如此，二書《夜》與《山》的第一章都以第一首詩開頭：「黑夜初臨，懸念般般……」

《山》一書開始講黑夜時，十字若望有一段自白十分重要，他在序言❷寫說：「談論這個黑夜，我依靠的既非經驗，也非學識，因為經驗和學識能誤導和欺騙我們；不過，我也不忽略這二方面能有的幫助，我的一切協助中，賴主慈恩，我可以說是聖經，至少在最重要、及晦澀難懂的事上是如此……所以，如果我有什麼錯誤，是由於不夠明瞭聖經，或不是聖經中的話，我也無意偏離慈母天主教會的正確見解和道理。不只對教會的命令，對任何審斷此事更明理者，我也完全順服和聽從。」這一態度正是梵二④《天主啟示教義憲章》所提倡的聖經、傳統、教會訓導，三者必須兼顧，才得與自我啟示的天主建立深刻無誤的對話。

第二章開始「說明夜是什麼，靈魂說他經過黑夜達到結合：在一個黑暗的夜裡」。稱靈魂與天主結合的歷程為夜，有三個理由：一、因為對一切世物的欲望必須逐漸消除，並棄絕它們。這個棄絕對人的所有感官彷彿是黑夜；二、靈魂到達結合的路是信德，信德對於理智

4. 編按，即梵諦岡第二次大公會議的簡稱，是天主教會距今最近一次召開的大公會議。重要成果為尊重被傳教國的傳統，認可中國祭祖禮儀與天主教教義相容，為爭議三百多年的中國禮儀之爭畫上句點。

是黑暗的，如同夜；三、到達了終點，即天主：在今世對靈魂而言，天主是黑夜。這三個夜經過靈魂，或更好說，靈魂經過它們，達到與天主的神性結合。接著，十字若望出人意料地引用《多俾亞傳》（六章10－19節：參見思高聖經）的故事肯定這三種夜被象徵化：焚燒魚心是以天主的愛淨化所有的受造物；天使勸小多俾亞進入聖祖的家族，即信德的父家；在第三個夜多俾亞領受祝福，即天主。藉著信德天主與人如此隱祕與親密地交往，致使天主成為靈魂的另一個夜。與天主的交往逐步進展時，這個夜變得比另二個夜更黑暗。

從第三章一直到第十五章都在講感官的黑夜，可見要想與天主結合，徹底擺脫世物的束縛和感官的逸樂是多麼重要。頗令人吃驚的是第四章中間我們讀到：「連受造界的慈善，與天主的無限慈善相比，能稱之為邪惡。因為除了天主以外，沒有誰是善的（路十八19）：那麼，把心放在世間善事的靈魂，在天主面前被視為極端邪惡。邪惡不能包含慈善，所以，這個靈魂不能與至高慈善的天主結合。」乍讀這類話很難接受，慈善怎能稱邪惡，心放在世間慈善的靈魂怎可視為極端邪惡呢？不過仔細想想，本書他處也說受造界的美善是天主美善的反映。這裡說受造美善是邪惡，如同說受造界是虛無，或今世的智慧是愚妄一樣。下面果然有智與愚的對比，做為跟上段善與惡對比的互相對照。

「全世的智慧與人類的才能，和天主的無限智慧相比，是純然又至極的無知，如保祿所說的『在天主眼中，今世的智慧是愚妄的』（格前三19）。因此，凡重視自己知識與才能，做為途徑達到與天主上智結合的靈魂，在天主面前極為無知，必然落後，遠離天主的上智，因為無知不能領悟智慧……只有棄置所有的知識，在服事天主的路上懷著愛行走，一如無知孩童，才能獲致天主的上智，如保祿說的：『你們中若有人在今世自以為是有智慧的人，該變成一個愚妄的人，為成為一個有智慧的人，因為這世界的智慧在天主前是愚妄的』（格前三18–19）。因此，靈魂為了達到與天主的上智結合，必須經過不知，而非透過知道。」（山1．4．4–5）（編按：第一個號碼指「卷」，第二個號碼指「章」，第三個號碼指「節」）

第九章談論欲望如何汙損靈魂，並以聖經為證，逐漸說到靈魂的三司，即理智、意志，和記憶如何受到欲望的感染，十分具體。首先肯定「靈魂的卓越與一切最好的受造物相比，二者間的差別，遠超過純金或閃亮鑽石與瀝青之間的比較。把黃金和鑽石放在瀝青上加熱，熱力愈溶解瀝青，它們的醜陋與汙染愈是有增無減。同樣，人熾燃著對某些受造物的欲望，因其欲望的熱力，使他沾染穢物而被汙損。靈魂與其他有形受造物之間的區別更大，正如非常清純的液體與非常汙穢的泥濘一般。如果液體中混以汙泥，必被汙染；同樣，執迷於受造物也使靈魂汙染，因為這個執迷使他相似受造物……而靈魂本身是至極美麗的天主肖像。」

同一卷第九章的❺–❻二節，十字若望用《厄則克耳先知書》八章7–16節描繪欲望所做的醜事：聖所內第一個房間牆上畫的爬蟲和不潔走獸，代表理智對塵世的低賤東西及一切受造物所形成的思想和概念。在第二個暗室內女人在哀哭塔慕次神：女人是靈魂的第二官能，即意志內的欲望。由於貪求意志所愛戀的而哀哭，即貪求畫在理智內的爬蟲走獸。第三個房間的男人，是受造物的形像和代表，即靈魂的第三官能記憶，人藉以保存與回憶。說那些人背向聖所，因為當靈魂用這三個官能，完全又徹底地擁抱某個世物時，他就是背向天主聖所，因為靈魂的正直理性絲毫不容許受造之物。任何一個欲望，即使是最微小的不成全，也會玷染和弄髒靈魂。

簡略巡視過第一卷後，現在該跳到第二卷了。第一卷談感官的黑夜，用四十二頁篇幅寫了十五章，已如上述。第二卷談信德的黑夜，由頁九六到頁二二七，共用了一三二頁篇幅，分為三十二章長短不齊的文字：一、信德的夜也稱心靈的夜；二、信德的夜比第一個夜（感官）和第三個夜（天主）更黑暗；三、用聖經證明信德是靈魂的黑夜；四、概論靈魂須在黑暗中，經由信德達到默觀；五、談靈魂與天主結合的真實意義，「本章是整部書的根基」（頁一〇七⑲）；六、談論三種超德成全靈魂的三個官能，使這些官能空虛、黑暗：靈魂藉信、望、愛三超德與天主結合。信德在理智中，望德在記憶中，愛德在意志中，各在這三個官能中，造成相同的空虛與黑暗。

信德帶給理智確實性，卻不產生明晰性，反而只有黑暗。望德使記憶完全空無所有，忘掉不該記得的。愛德可由《依撒意亞先知書》六章2節所描述的色辣芬天使面對天主的姿態來體驗：天使各有三對翅膀，「兩隻蓋住臉，象徵為了天主的緣故，在萬有中，使意志的情感盲目和熄滅；兩隻蓋住腳，象徵在天主面前理智的黑暗，餘下的兩隻用來飛翔，表示望德飛向未占有的事物，且飛到上天下地，除天主之外，靈魂能占有的一切之上。為此，我們必須引導靈魂的三官能達到三超德，各以其超德陶冶三官能，剝除靈魂內所有不屬於三超德的事物，置之於黑暗。」（參閱頁一一三）

「這就是心靈的夜，前面（第一卷）我們稱之為主動的夜，因為是靈魂盡己之所能地進入這個夜。正如在感官之夜（第一卷所言），我們說明了空虛感官對可見事物之欲望的方法，使靈魂離開起點，到達中途，即信德，同樣，在這個心靈的夜，依賴天主的恩祐，我們要提供一個方法，如何空虛和淨化心靈官能中不是天主的一切，使三官能留在三超德的黑暗中，如我們說過的，三超德是靈魂與天主結合的方法和準備。這是徹底安全的方法，足以對抗魔鬼的狡猾詭計，對抗自愛及其在小事上的效應。這些通常極巧妙地欺騙和阻礙行走此路的神修人，因為他們不知道按照此三超德，使自己赤裸，並管理好自己。因此，他們絕不可能尋獲心靈美善的實體與純潔，他們也不能盡其所能，直接快速地行走此路。」（頁一一三－一一四）

在第六章用《依撒意亞先知書》六章2節講過三超德與三官能的關係後，第七章再用主耶穌的話，說明心靈黑夜的門和路是狹窄的：「那導入生命的門是多麼窄，路是多麼狹呀！找到它的人的確不多」（瑪七14）。門很窄，所以要瘦身，必須脫下意志感官對一切世物的欲望，這是感官的夜。路很狹，走成全的路，不僅進入窄門，還須變得狹小，心靈上交出一切所有，清除所有障礙。很少人找到它，因為這條成全的高山小路，一直向上，又窄又狹，要求行路者不要加重下分（小體）的負擔，不要妨礙上分（大體），唯一要做的是尋找並獲得天主，因此，必須尋找和獲得的，也只有天主。天主就是山頂，那是第三卷要談的最大黑暗，正因為祂本身是光。

至此所簡介的只是本書的前六十三頁，餘下的還有一二〇頁到二二九頁第二卷的繼續發揮，加二三〇到三三四頁的第三卷，這裡就不介紹了。以上所做的簡介把十字若望的論述重點約略指出：感官、心靈、天主都用夜來表達，也可用攀登高山來形容。由五感官所接觸到的物質世界，夜就是克服、去障，直至徹底擺脫。心靈的三官能，理智、記憶、意志，藉三超德，信、望、愛的倒空和提升是另一種夜：理智透過無知懷抱信德，信德讓人看見天主；望德教人塗去記憶中該忘記的一切，飛向高山上的屬靈事物；愛德帶領人靈清洗意志和感情，拋開有限的慈善仁愛，投奔無邊無涯的大愛海洋，三一的真天主。祂是愛，是光，對可憐的有限之人，祂像是夜，像一團大黑暗，但人最大的幸福就在這裡，請讀第三卷看看。

從二〇〇〇年開始，到今年二〇一二年，看過了聖十字若望的《愛的活焰》、《靈歌》、《黑夜》、《攀登加爾默羅山》四部著述，要感謝芎林的加爾默羅會修女邀我校閱這些書的漢文新譯。今年一月二十九日至二月三日，四天五夜，看完了《攀登加爾默羅山》的新譯，欣然發現，無論是理解、體驗，或譯筆各方面，都有顯著的進步。四部作品中，《山》是最難的一部。譯者所下的功夫，例如相當多的註解有的是翻譯的，有的是譯者自己加入的，都能幫助讀者把握原著的真意。顯然，這類靈修著作不僅靠懂，還得有靈修，甚至神祕生活的經驗才能較正確地領悟並受益。重要的是不要因難懂而放棄，繼續讀下去，會越讀越懂，學孟子的「以意逆志」，必有所獲。

上段末所說的「以意逆志」的讀經或讀書方法，是說用自己生活的體驗和意念，去逆料或推想經書作者的志趣或所要說的。這一點在加爾默羅會第三會會員張德政弟兄身上可以體現出來。他駕車送我到芎林，又載我由隱修院回神學院。在這一往一來的路上，他跟我談了很多與其他會員共讀《山》這部書的經驗。我記得他說過，開始讀時，半懂非懂，甚至一頭霧水。但到了第二卷第十七章時，好像撥雲見日，懂得說的是什麼了。在回神學院的路上，他還說了不少第三會的概況，及他本人的事業成就、社會經驗及目前在教會的服務等，他說，這一切都與靈修生活有所關聯。這說明在俗信友的靈修，也能在此找到極佳的滋養和鼓舞。

二〇一二年二月二十六日四旬期第一主日於輔仁聖博敏神學院

房志榮神父

推薦序4

攀登加爾默羅山的迴響

加爾默羅山自古以來被視為聖山。有過不少隱修士及致命聖人，追隨兩位先知（厄里亞和厄里叟）的榜樣。建立於厄里亞山洞上的壯麗會院，至今猶存，雄視整個海法港。我曾三次去聖地朝聖，都是從特拉維夫機場下機，這樣就會路過海法港，而我必定造訪當年烏鴉送食物給厄里亞的山洞。

不過聖十字若望筆下的此「山」真的「難登」，還是得登。今夜我即將與他一起攀登。聖人，請不要笑我，不自量力高攀上您，還要與您一起登山。誰要您是我姐姐大德蘭的神師及知己呢？

《一》緣起

今年元月中旬，我和芎林隱修院的修女才第二次見面，知道她正在翻譯聖十字若望的舉世名著《攀登加爾默羅山》，大言不慚，想先睹該書的真面目，希望為譯本校對，豈知已有大師房志榮神父負責（我真是太高抬自己了）。修女說：「你可以幫這本書寫幾句話嗎？」她也太高抬我了，不好拒絕。約定三月底繳卷。

拿到第一卷及第二卷這麼有份量的書時，已經嚇倒了，之後又寄上第三卷。一個多月下來，第一卷我一遍一遍反覆地看，才只看了四章，沒能進一步，這書好「難看」。

是不是因為大家都說聖十字若望的東西難懂，所以一開始就被嚇阻了？怎麼看也不懂。這下可好，不得不向修女本人求救。告訴她我實在看不下去，更別說三月底繳卷。於是她又寄給我一堆別人的心得及讀後感，還要為我大力祈禱，希望幫我進入、攀登。再次約定四月底繳卷。哎呀！從聖誕期到復活期，真是說不過去了。

「山」真的「難登」。看樣子，修女為了想看看一位女教友如何讀這本書，要失望了。

於是想起幾十年前的往事：高二上學期的化學課本第十章「溶液與溶劑」。當時二姐負責幫我先預習。一開始她就告訴我：「這是化學裡最難懂的一部分……」從此我怎麼看，怎麼也看不懂。直到考大學前要複習，不懂也不行，逼得自己一點一點的看，竟然看懂了。

《二》出發

——手潔心淨的人，才能攀登上主的聖山——

黃昏，我開始出發，來到加爾默羅山山麓。

我們起程吧！

您在《攀登加爾默羅山》這本書中，雖然要我們清除一切現世事物的障礙，也要我們處於完全的心靈赤裸與自由中；從黃昏經過深夜直到破曉去登山。其實真的難。現在，我也寫它一首算不上詩的詩給您——

聖十字若望啊！

黃昏

我站在山腳下，

仰望山巔之上一顆顆忽隱忽現的星星，

可不知主耶穌為您預備了的住處是在哪顆星星上？

嗯！

夜來了

靜靜地聽、深深地看，

甚麼都是「夜」，

讓我迷糊了。

還是要攀登，

攀登加爾默羅山……。

一路上

聞著那撲鼻的草香，

聽著那山澗的淙淙水聲，

還有貓頭鷹的「咕嚕！咕嚕！」。

好深、好黑的夜。

《三》迴響

聖十字若望解釋為什麼稱與主結合的歷程為「夜」，夜是象徵，表示靈魂的淨化（山・序・6）。要達到與天主神性結合，「靈魂」必須穿過整個「夜」。就是歷經「黃昏」→「深夜」→「拂曉」（山1・2・5）。

您告訴我們，為了在此神修的道路上安全的前進，靈魂必須有三超德的支持來貫穿、跨越這黑暗之夜，而三超德使一切事物空虛和黑暗。……靈魂不是藉理解、愛好、想像或藉任何感官，只有藉理智的信德、記憶的望德、意志的愛德，方能在今世中使靈魂與天主結合（山2・6・1）。

所有對象都經過理智（起點），也就是說必須要有「信德」，天下多少事是我們的腦袋瓜子無法瞭解的。靈魂的三官能是彼此互補、相輔相成、缺一不可的。在靈修上，凡適用其一者，也同樣合適其他兩個官能，一如三超德（山3・1・1）。

此刻，就從開始的兩節詩說起吧！

『之一』啊！幸福的好運！

在一個黑暗的夜裡，
懸念殷殷，灼燃著愛情，

啊！幸福的好運！
沒有人留意我離去，
我的家已經靜息。

在黑暗和安全中，
攀上隱祕的階梯，改變了裝扮，
啊！幸福的好運！
在黑暗中，潛伏隱匿，
我的家已經靜息。

夜，是戀人相遇的地方，他倆經過夜而達到結合（洞房花燭夜），這是很羅曼蒂克的。天主進入靈魂與他結合，也是很羅曼蒂克？

很慶幸，我戀愛過，也結了婚，所以對聖十字若望的「第一及第二詩節」我要說些比較粗俗的話，希望沒有觸怒「深奧的默觀者、神學家及詩人」。這的確像是少女為愛情「私奔」的境況。在夜裡，當然只能在夜裡，攀上隱祕的階梯，改變了裝扮，因為不能讓人留意、撞見，「私奔」之舉達成之時，才能說：「啊！幸福的好運！」。

聖人啊！如果您跟現在或當時的世俗人談論與天主的結合，世俗人對「這樣」的愛情，就比較容易懂。也說不定，不需要您一再重複說明，挺累人的。當然自己選擇的對象，誰能保證地老天荒、此情不渝？故此，必然陷入「未知的未來」險境。

『之二』別怕，我在這裡！

因為「夜叉黑暗」讓我害怕，我怕在夜晚忽然停電，四週一片漆黑，我感覺不能呼吸，幾乎要窒息。此時惟有轉向天主，讓我在黑暗中活下去。

一天，在上王敬弘神父「心靈醫治」的課程中，他為我覆手，回到過去……。看到幼年小小的自己，在漆黑的防空洞裡，趴在媽媽的膝蓋上，不敢出聲。因為，日本鬼子的轟炸機，總在半夜掠空而過。同時聽到炸彈爆炸的聲音及孩童的哭聲，混合著大人的叫罵聲。我趴得更緊，不能呼吸…。

現在，夜晚忽然停電，雖然仍然有要窒息的感覺，我不再害怕，我知道「主在這裡」。

『之三』綿綿的崇山峻嶺

小時候，在書攤上租了許多「連環圖畫書」看，也曾很羨慕有些孩子敢提個小包，就想上「峨嵋山」習武。沒想到，我今天連包包也不能提，還要放下這個放下那個，就要登山「修行」了！

從小，在很多跟「山」有關的歌聲中成長，我就開始愛「山」了。

有神遊的太行山、天山、祁連山和少年時攀登台中縣清水岩的一座小山，當我聞到草香時，就憶起這座小山給我的愉悅。我會唱著在小學三年級老師教的「五月太行」和高中胡適寫的「上山」。現在忽然多了一座「加爾默羅山」，還要去攀登。乖乖嚨地咚！

我羨慕梅瑟，他在西乃山與天主面對面；我也羨慕哈諾客，因為他時與天主往來，然後就不見了，因為天主將他提去（創五24）；我也羨慕聖保祿宗徒，他曾被提到三層天上去（格後十二2）；現在又要羨慕聖十字若望，他一五七三年五月十七日聖三節，與大德蘭談論「榮福聖三」的奧蹟時，兩人同時神魂超拔，離地浮升，靈魂與天主同在。但是今夜，我卻要去與天主「結合」，真是忐忑不安。

其實，我也有過「神魂超拔」或說「靈魂出竅」的經驗。在完全意外、無法想像、不能預期的狀況下發生了。

記得一九九六年十月十一日至十五日，我在彰化「靜山」做個人避靜時，於十一日及十三日兩次在後山的苦路上，與主耶穌和聖母分別相遇而同行，他們治癒了我因喪子的心靈創傷。當晚曾向神師李哲修報告，他要我即刻寫下……（如果當時沒有寫下，日後也許會認為那只是一場「夢」罷了。）我並在十五日清晨參與大德蘭紀念日的彌撒中，一廂情願地要她當我的姐姐，請她教導我從「默想」走到「默觀」。

事情還沒結束……。

那年——一九九九年七月下旬去西班牙朝聖，二十八日我們到亞味拉德蘭的「家」。因為人太多就分成兩組，先後參觀。參觀之前，該地的導遊一再告訴我們，哪裡可以照相，哪裡不能照相……等規矩，但是我剛好沒聽到。只因閒著等前組人，我自己一人東看、西看、東照、西照。最後全體一起來到一處與該隱修院修女見面（因為狄總主教認識其中一兩位華人修女），談笑一陣（也不准照相）。離開時，我走在最後。忽然導遊叫住我，說：「妳可以留下來跟這群修女照張相，我幫妳們照……。』吻！心想我如此放肆隨性，竟然還這麼幸運，也太超過了吧！……。即刻我聽到一個聲音：「因為妳在妳姐姐家……。」哇！真的，大德蘭！您是我姐姐呀！

『之四』撩情呼嘯的「微風」

與舊約中的「天主」結合，對我來說很難，因為祂老人家是沒有形像的精神體，又一直以「父」相稱，要與真人又真神的耶穌談「結合」，就容易得多了。

從前屬人的現在屬神⋯，靈魂不做別的事，只成為「祭台」（山1・5・7），而耶穌在祭台上，靈魂與祂緊密的結合。就如同小耶穌當年躺在馬槽中，你、我就是那馬槽裡鋪的稻草——愛的紫錦墊褥，祂溫柔地躺臥在上面。這段「姻緣」早已註定，雖不是「指腹為婚」，耶穌卻在等待祂的新娘⋯。

我能懂得對修道的人而言，耶穌是他／她們的「淨配」。所以聖十字若望有這首流傳千古的情詩——〈黑夜〉；而聖女大德蘭有神婚的「印記」。對我這世俗人，只能體會我是祂的肢體這一事實了。

有一次，在聖堂祭台前，我問主耶穌：「我是祢肢體的那一部分？」我看見祂伸開祂的雙手，用左手指著右手的釘孔傷痕處說：「這裡。」當時我只能膚淺的懂，我不希望讓祂再痛。之後好多年，我都在默想傷口的意義，直到二〇〇九年二月的某一天看到「釘孔處射出的紅光」，主耶穌說：「愛的傷痕」。至此，才啟發我的更大使命：「妳是我這傷口的守衛者，要好好地照顧、使用及發揮這流出來的寶藏。」

『之五』那看不見的萬古長存

在第二卷第廿二章之前大多談《舊約》中的種種「看見」，廿二章之後能聽見天主子說甚麼，也看見天主子做甚麼，與自己的信仰生活貼近，真是「柳暗花明」。我多麼高興聖十字若望說：「因此這是真的，必須時常接受基督對我們的教導，除非符合基督的教導，其餘的一切都不算甚麼，也不要相信。現今，凡想要以舊法律的方式與天主交往的人，實在是徒勞無益。」（山2．22．8）

這使我想起在慕道班講解天主所頒布的「十誡——十句話」時，猶太人擴大為六百一十三條規定（包含二百四十八條誡律、三百六十五條禁令），主耶穌卻清楚地歸納成兩條，即「全心、全靈、全意、全力愛上主你的天主；並愛近人如你自己」。

登山的速度加快了，靈魂也越快抵達山頂。

『之六』心有靈犀一點通

我覺得很有意思的是，要上達這座高山的人，必須換衣服（天主給舊人換上新衣）（山1．5．7；山2．1．1改變了裝扮）。是啊，去見一位自己暗中傾慕、心儀已久的人，怎能不好好打扮一番？聖十字若望真心細，把穿上信（白色長衣——抵抗魔鬼）、望（綠色背心——得到釋放和掩護）、愛（紅色外袍——愛的紫錦墊褥，天主安息於其上）三德的新衣，都想好用甚麼顏色及款式來搭配。說也奇怪，我才認識您不久，在穿衣服選顏色此事上，我不得不自誇一下，說：「英雄所見略同」。

認得我的人，大概都知道這三十多年來，我都在推動「Cursillo Movement」，台灣稱它為「基督活力運動」。在二次大戰期間，西班牙歷經內戰，民生凋敝。人民追逐富裕、奢侈的生活。一九四三年正值「聖雅各伯之路」聖年，西班牙全國十萬青年去長雅各伯宗徒之墓（長雅各伯宗徒是西班牙國家主保）朝聖①，公教進行社舉辦為期一週的「朝聖嚮導短訓班」。其間活力運動發起人之一包寧弟兄以短訓班所累積的靈感與經驗為基礎，為了改變社會環境及風氣，發展出「基督活力短期訓練班」，並把時間縮短成三天半（預備日、信德日、愛德日和望德日），並於次年八月十九日至二十二日為一小群的年輕人，舉辦了第一次實習班，之後推行至一百六十餘國。一九六八年二月二日至五日，由菲律賓的一群華僑在已參加活力運動的神師們（瑪利諾會士歐義明神父、耶穌會士房志榮神父、聖母聖心會士韓德力神父……等）大力協助之下，來到台灣舉辦第一屆實習班……。

我們獲得如此恩寵，多麼希望所有華人也能獲得。於是，我們在狄剛總主教的帶領下，決定一九九〇年五月先往北美洛杉磯推動。出發前，我們考慮要穿甚麼顏色的衣服時（那時辦班還沒有穿過一致的衣服），因為活動為期三天，所以決定預備日晚上六點（黃昏時）開始到第一天（信德日）穿淡黃色的衣服；第二天（愛德日）穿紅色的衣服；第三天（望德日）穿綠色的衣服。我絕沒有與聖十字若望套招，哈哈！真是心有靈犀一點通。

1. 請參考星火文化出版之《一個人的Camino》，陳墾著。二〇二一年是近年的Camino聖年。

『之七』師者，傳道、授業、解惑也！

「這些連續的話語，往往發生在，當心靈收斂又沉浸在某些思慮中，非常全神貫注時。一個人推論他的問題，思潮泉湧，形成明確的言語和判斷，非常容易而清楚地，推論並發現那些他所不知道的事，他覺得自己甚麼也沒做，而是另一位在內推論、回答和教導他」。…這是天主聖神教導的方法之一。（山2．29．1）

這是當我思索不懂的教理或聖經、甚或寫作時，常有的經驗。也說不一定（應該說一定）這次在寫「迴響」時，「祂─天主的神」會帶動我的手，引導我的筆。

很多年前（是一九八三年吧？），我每次讀到《戶籍紀》第廿一章梅瑟豎立銅蛇，九節：「……那被蛇咬了的人，一瞻仰銅蛇，就保存了生命。」思高聖經註解：此銅蛇預兆被釘十字架上的耶穌（按，《若望福音》十二章32節也記載同樣的經文）。我就不能接受這解釋，為什麼把蛇比喻耶穌？？？我曾求教三位神長，他們的答案是一致的：「因為當時中東崇拜多神，而蛇也是他們所拜的神之一。」

我知道這是他們標準、制式的答案，可是仍無法滿足我的期望，只得跪在耶穌聖體前求道解惑。幾天後，我們的讀聖經小組正好讀到這一篇章。突然、即刻，沒有半秒鐘，答案在我腦內浮現：「耶穌說：『那蛇不是我，是你們的罪，是我以我的生命，代替你們的罪釘死在十字架上，才贖回了你們。』」

那種使我「豁然開朗」的感覺，就好像水面上浮蓋著一層薄薄的油，用針點一下，油即刻向四周擴散，水露了出來，答案即刻明朗。這也就是爾後我總不知天高地厚地會答應一些

「力有未逮」的事，因為解惑的老師常伴著我。

《四》緣續

只願我心似君心．天上人間

我非常喜歡《若望默示錄》三章廿節：看，我立在門口敲門，誰若聽見我的聲音而給我開門，我要進到他那裡，同他坐席，他也要同我一起坐席。和《若望福音》廿章十九節：正是那一週的第一天晚上，門徒所在的地方，因為怕猶太人，門戶都關著，耶穌來了，站在中間對他們說：「願你們平安！」

要與復活的主相遇，不是就在祂擘餅的時候嗎？

主耶穌！不管祢以甚麼方式找我，或是「敲門」，或是「穿過我鎖上的門」，我的家就是祢的。我願與祢一起用餐，我不再怕「黑夜」了！只願我心似祢心。

啊！聖十字若望！

我羨慕您與主的「愛」，我也珍惜我與主的「情」。我不求生得出眾，生得燦爛，只求，隨著「微風」，悠遊於無垠夜空，消逝於無極「永恆」。

二〇一二年三月二十五日天使報喜日寫至二〇一二年四月二十九日國際聖召節

張象文

譯者的話

二十五年前，院長姆姆交給我英文的《聖十字若望全集》，要我開始翻譯《攀登加爾默羅山》，顯然，這是個相當錯誤的命令，像我這麼差勁的修女，這個任務太過分了，但服從使一切改觀，總之，回首來時路，即使是錯誤，也是個美麗的錯誤。我能說什麼呢？願能像聖母一般，從內心深處歌詠：「我的靈魂頌揚上主，我的心靈歡躍於我的救主天主。」

本書的完成，最先要感謝的是修院的長上和姊妹，她們的包容、慷慨與愛心，長期默默的支持和鼓勵，的確，「我的居所是在滿是聖者的中間（德二四16）。」耶穌會房志榮神父長期不懈的幫助，像跑馬拉松似的，一本又一本地協助校閱，不但不厭其煩，還樂此不疲，他的愛主精神，怎不令人稱謝讚嘆！另一位西班牙籍耶穌會士，馮德山神父，彷彿我的救生員，遇有困難，總可以抓到他，向他討教，實在非常感謝。

推薦序部分，除了房神父的「審閱者語」，還有三篇：總會長神父特別為此書作序，並降福每位閱讀者；加拿大人美籍的何瑞臣教授，是專研聖女大德蘭和聖十字若望的神學家，為本書寫了一篇英文序，由譯者譯成中文，三言兩語，點出聖人學說的要點，不愧是位專家；最後，張象文女士，應邀以教友身分寫了「登山迴響」，真情流露，讀來趣味盎然。

此外，深深感謝狄剛總主教、王愈榮主教及李克勉主教，他們謙辭作序，但欣然應允推薦本書。書末關永中教授的特約導讀，更是要向他致謝，他從學術立場，以嚴謹的認識論，逐一理出聖十字若望對神祕經驗的教導。名攝影家范毅舜，熱情地提供作品，為本書精選封面圖檔，還有許多關心愛護的親人恩友，在隱院的至深靜默中，祈求天主豐盈回報每一位，願至聖聖三永受讚美，萬世無窮，阿們！

關於中譯本

自從一九八七年，譯者受命開始翻譯本書，迄今二十五載，其間全面修改校正至少五、六次。開始時，完全按K. K.（Kieran Kavanaugh，紀南．柯文諾神父）英譯本翻譯，然而這本難度極高的書，有許多無法解決的問題。接著，參照原文修改，約於十年前，遭審閱的房神父駁回，幾經曲折，這次徹底地逐字對照原文，同時參照K. K.和A. P.（E. Allison Peers）這兩本最好的英譯，又得到房神父認可，終於可以付梓，也是為本書畫下完美句點的時候了。

脫稿之前，譯者似乎有責任解說以下的問題：為何對照中譯本和K. K.英譯本，會略有出入？

這是非常可能提出的疑問，尤其是翻譯靈修書，或對照看英文靈修書的人，必會碰見的疑問。許多靈修書引用聖十字若望的著作時，直接引自K. K.英譯本，但也有K. K.和A. P.同時引用，甚或，自行譯自原文。基本上，K. K.和A. P.都是很好的譯本，力求忠實於原著，但語言總有其限度，在翻譯的過程，為了適應不同語言的特質，處理上會有不同的表現。

K. K.英譯本著重使用現代美語，流利譯出十字若望的著作，幫助讀者閱讀方便，更快獲益，這的確是優點，也是廣為接納的主因。A. P.是比較早期的英譯本，英國學者E. Allison

Peers的譯作，非常嚴謹，一字一句，按照原文，並且附上許多訓詁考證之類的註解，顯露其治學之嚴謹。舉個例子，原文動不動就來個como digo，意思是「如我說的」，K.K.英譯本不拘小節地多次省略，其他不少接續的語詞也省略，如：porque／因為、de donde／因此、y así／為此、de manera que／所以、por tanto／這樣、de esta manera／為此、pues／那麼……A. P.則小心翼翼，全盤呈現。另外，有些以長句呈現的原文，K.K.傾向短句，中文譯本視情況而決定。還有，為了幫助讀者，在許多以代名詞出現之處，K.K.譯本往往套上所代表的名詞，有時是好的，但非必要時，中譯本保留其代名詞。

本來全照K.K.翻譯的中譯本，已經得到房神父校閱批准。由於不甚滿意，神父校對後，又參照原文，修改有問題之處，反而遭房神父駁回。主要原因，除了譯者能力不足，還有就是不英不西。既非完全根據英譯本，也非按照西班牙原文，致使審閱者遇有難處，不知如何是好。還好房神父鐵面無情，延後十年有餘，現今審閱後的評語是：「看完了《攀登加爾默羅山》的新譯，欣然發現，無論是理解、體驗，或譯筆各方面，都有顯著的進步。……」譯者聞之倍感欣慰。在整個翻譯過程中，一再修改後，決定盡可能忠實又嚴謹，如同A.P.那樣逐字呈現，為此，必會和K.K.譯本略有差異，請讀者體察見諒。

本書根據西班牙原文*San Juan De La Cruz Obras Completas*. Revisión textual, introducciones y notas al texto: Jose Vicente Rodrigues Introducciones y notas doctrinales: Federico Ruiz Salvador. 5a Edicion Critica（Editorial de Espiritualidad, Madrid, 1993），及英譯本的《聖十字若望全集》*The Collected Works of St. John of the Cross*. Trans. by Kieran Kavanaugh & Otilio Rodriguez, with introductions by Kieran Kavanaugh.（Washington, D.C.：ICS, 1991）及*The Completed Works* *of St. John of the Cross*. Vol. I, Trans. by E. Allison Peers（Newman, Westminster, Maryland, 1953）。最後校對時，特別受惠於ＩＣＳ發行的「St. John of the Cross／A Digital Library／Spanish Texts and Translations／Version 1.0」其中包括：1）San Juan de la Cruz Obras Completas Edited by Eulogio Pacho。2）The Complete Works of St. John of the Cross. Trans. By E. Allison Peers。3）The Collected Works of St. John of the Cross. Trans. by Kieran Kavanaugh, O.C.D. and Otilio Rodriguez, O.C.D.。」所以，特別感謝美國華盛頓特區的加爾默羅會神父授權翻譯①。

1. Washington Province of Discalced Carmelites ICS Publications 2131 Lincoin Road, N.E. Washington DC 20002–1199 U.S.A. www. Icspublications.org

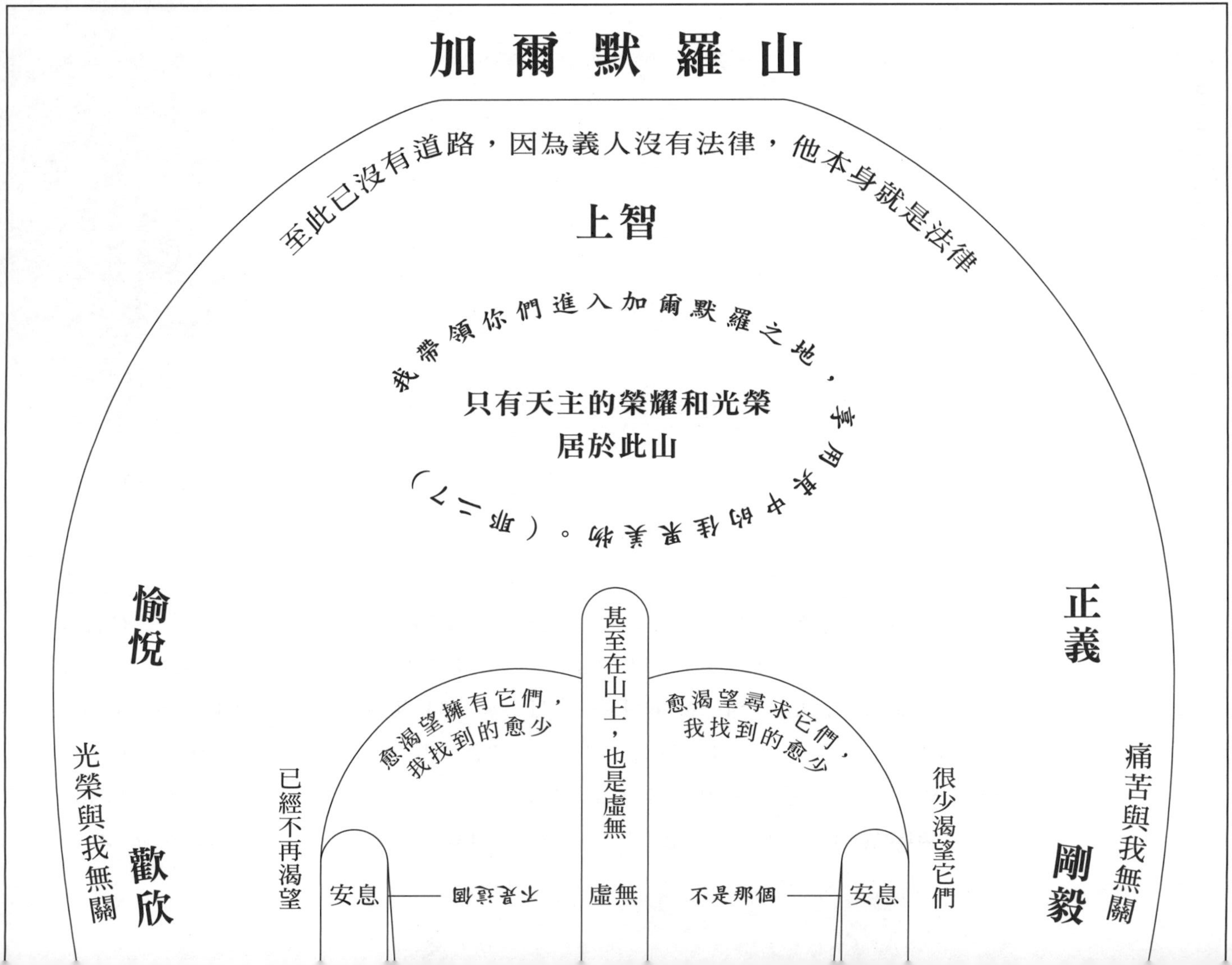
加爾默羅山
至此已沒有道路，因為義人沒有法律，他本身就是法律
上智
我帶領你們進入加爾默羅之地，享用其中的佳果美物。（耶二7）
只有天主的榮耀和光榮
居於此山
愉悅
歡欣
光榮與我無關
正義
剛毅
痛苦與我無關
甚至在山上，也是虛無
愈渴望擁有它們，我找到的愈少
愈渴望尋求它們，我找到的愈少
已經不再渴望
很少渴望它們
安息
不是這個
虛無
不是那個
安息

喜樂

平安

它們時，我全有它們而不渴望

為達到享受一切，不要渴望享受什麼。
為達到知道一切，不要渴望知道什麼。
為達到佔有一切，不要渴望佔有什麼。
為達到是一切，不要渴望是什麼。

安慰　知識　快樂　光榮　天上之物

不成全精神之路

不是那個　不是那個　不是那個　不是那個　不是那個

為達到你未有之樂，你必須經過那無樂之路。
為達到你未有之知，你必須經過那無知之路。
為達到你未有之有，你必須經過那無有之路。
為達到你未有之是，你必須經過那無是之路。

虛無　虛無　虛無　虛無　虛無

成全精神的加爾默羅山路

不是那個　不是那個　不是那個　不是那個　不是那個

當你止於某物時，你不再超越萬有之上。
因為從萬有到萬有，你必須在萬有內棄絕萬有。
而當你達到擁有萬有時，你必須毫無渴望地擁有。

安慰　知識　快樂　財富　地上之物

不成全精神之路

時，我全有它們而不渴望

在此赤裸中，心靈尋獲他的寧靜與安息；
因為，心靈無所貪求，
受高舉不疲累，受貶抑不氣餒；
因為已經處於其謙虛的中心。

虔敬

愛德

譯註：此圖又稱「成全聖山圖」，簡稱「山圖」。

攀登加爾默羅山

本書談論一個靈魂如何能善做準備，很快達到神性的結合。提出勸言和道理，給予初學者和進修者，非常有益於他們清除一切現世事物的障礙，也不受靈性事物的阻擋，因而處於完全的心靈赤裸與自由中，此乃神性的結合必須具備的。赤足加爾默羅會士十字若望神父著述①。

1. 這是作者自述的簡短題詞，每一字句都流露出作者寫書的心意：有益於很快達到神性的結合。寫給初學者和進修者勸言和道理，使他們擺脫現世和靈性事物的阻礙，而能處於神性結合所要求和必備的心靈赤裸和自由中。

主題

我想在此《攀登加爾默羅山》談論的所有道理，都包含在下列詩節中，其中涵蓋登上山頂的方法，山頂即是成全的最高境界，我們在此稱為「靈魂與天主的結合」。因為我將以這些詩節做為談論的基礎，我願在此一一列舉，使讀者可以從中看出並明瞭所要講解的整體概要。雖然如此，註解之前，我會再引述每一詩節，如果論題需要，則分別列舉每一詩行。詩節如下：

詩歌②

靈魂③在此歌頌幸福的好運，他穿越了信德的黑暗之夜，在赤裸和煉淨中與心愛的天主結合。

1 在一個黑暗的夜裡，
懸念殷殷，灼燃著愛情，
啊！幸福的好運！

2. 編按：聖十字若望先寫了題名為〈黑夜〉（*Noche Oscura*）的詩，繼而寫了《攀登加爾默羅山》和《黑夜》，註解這首詩。《山》卷首列出此詩，題名為「詩歌」（Canciones）；《夜》則名為「靈魂的詩歌」（Canciones del Alma），兩者是同一首詩。此詩的中譯有二，一為文言，另一為白話。《夜》中譯本採用文言詩，本書採用白話，是同一〈黑夜〉詩的兩種譯文。
3. 靈魂（el alma）：原文是陰性名詞，在聖十字若望的著作中，靈魂象徵神婚中的新娘，而基督是新郎。英文以中性代名詞 it 表示，本書以「他」做為指示代名詞，代表所有人的靈魂，不分男女。

沒有人留意我離去，
我的家已經靜息。

2在黑暗和安全中，
攀上隱祕的階梯，改變了裝扮
啊！幸福的好運！
在黑暗中，潛伏隱匿，
我的家已經靜息。

3在那幸福的夜裡，
祕密地，沒有人看見我，
我也毫無所見，
除了焚燒我心者，
沒有其他的光明和嚮導。

4引導我的這個光明，
比中午的陽光更確實，
導引我到祂期待我的地方，
我深知祂是誰，

在那裏沒有人出現。

5 夜啊！你是引導的夜！
夜啊！你是比黎明更可愛的夜！
夜啊！你結合了
愛者（天主）和被愛者（靈魂），
使被愛者（靈魂）在愛者（天主）內神化。

6 在我那盈滿花開的胸懷，
惟獨完整地保留給祂，
祂留下來依枕臥眠，
我愛撫著祂，
香柏木扇飄送著輕柔的微風。

7 城垛的微風徐徐吹拂，
當我撥開祂的頭髮時，
微風以溫柔的手
觸傷了我的頸，
使我的所有感官頓時失去知覺。

8
我留了下來，處於忘我中，
垂枕頰面依偎著我的愛人（天主），
萬事皆休止，我捨棄自己，
拋開我的俗塵凡慮，
忘懷於百合花叢中。

序言

❶ 靈魂經過黑夜，達到與天主之愛完美結合的神性光明，這是在今生能夠獲得的；若要說明並解釋這個黑暗的夜，需要具有比我的學識和經驗更卓越的光明。因為，幸福的靈魂為能達到這個成全的高境，通常會經歷來自心靈與現世的，如此之多，又這麼深的黑暗與磨難，人類的學識不足以瞭解，而經驗也不知要怎麼說明。只有經歷過的人才會有所體驗，然而也無法訴說④。

❷ 為此，談論這個黑夜，我依靠的既非經驗，也非學識，因為經驗和學識都能誤導和欺騙我們；不過，我也不忽略這二方面能有的幫助，我的一切協助中，賴主慈恩，我可以說是聖經，至少在最重要及晦澀難解的事上是如此。藉著聖經的指導，我們不會犯錯，因為聖神藉聖經對我們講話。所以，如果我有什麼錯誤，是由於不夠明瞭聖經，或不是聖經上的話，我無意偏離慈母天主教會的正確見解和道理。因為在此情形之下，不只對聖教會的命令，也對任何審斷此事更明理者，我完全順服和聽從。

❸ 促使我著手這麼艱難的事，並非自認為有能力，而是信賴天主，祂將幫助我解釋這些事理，因為這對很多的靈魂非常必要；這些靈魂開始走德行的道路，我們的主希望把他們放在這個黑夜裡，使他們前進達到神性的結合，但他們卻無所進展。有時是因為他們不願進入，或不願留處黑夜中；有時是他們不瞭解自己，又缺乏合適又靈敏的神師，指明達到山頂的路途。所以，很遺憾的是，可以看見許多的靈魂，天主賦予他們前進的才能和恩惠，如果

4. 這篇序言廣泛且密集地介紹全書，同時論及《攀登加爾默羅山》和《黑夜》。內容如下：1–2：本書的緣起；3：其重要性和許多靈魂的迷失方向；4–5：神師的無知和誤導；6–7：在主動和被動的夜裡都必須審慎明辨；8：作者的文體和著書意向；9：題獻辭。

他們願意發奮努力，將會達到崇高的境界；而由於不願意，或無知，或乏人指點，並教導他們放開初學者的方法，他們仍然以粗劣的方式與天主交往。即使到了最後，我們的主這麼恩待他們，沒有上述種種的幫助，也能前進，他們抵達山頂很遲，費力更多，功勞卻減少。因為他們不願配合天主，讓天主把他們放在單純和信賴的道路上，達到結合。因為，雖然天主真的來帶領——因為沒有他們的合作，天主也能來帶領——他們也不接受祂的引導。就這樣，由於反抗領導他們的天主，他們的進步非常小，也沒什麼功勞，因為他們沒有交付意志，結果必須忍受更大的痛苦。因為有些靈魂，沒有捨棄自己，與天主合作，反而以輕率的舉止、或以反抗阻礙祂，就好像小孩子，當他們的媽媽雙手帶領他們時，拳打腳踢，哭鬧不休，掙脫著要自己走，因而半步也跨不出去，如果有所進步，也不過是小小的兒步罷了。

❹ 因此，賴主助祐，我們要提示道理和勸告給初學者和進修者，當天主要他們前進時，使他們瞭解，或至少知道，要如何捨棄自己，順從天主的領導⑤。

因為有些神師，對這些道路既無光明，又無經驗，對於行走此路的靈魂，他們的幫助往往是阻礙和傷害，像這樣的神師，相似巴貝爾塔的建造者，在提供合適的建材時，他們對於材料的給予和應用，非常不一致，因為他們彼此言語不通（創十一1-9），所以一事無成。為此，處在這樣情況中的靈魂，既不瞭解自己，又找不到瞭解他的人，是很困苦與艱難的。因為也會發生像這樣的事，當天主引導一個靈魂，依循黑暗的默觀與乾枯的崇高道路時，他感到彷彿迷失了，充滿黑暗、磨難、衝突和誘惑。有的人會對他說——如同安慰約伯的人們——這些原因來自憂鬱病症、沮喪、性格，或者也可能是某些隱藏的邪惡，因此天主已經捨棄了他。就這樣，通常很快會被斷定，那個靈魂一定是非常不好，所以這些事才會臨到他身上。

5. 聖十字若望的著作中，沿襲傳統區分法，將靈修生活分為三階段：初學者、進修者和成全者。在此他只談及初學者和進修者，因為成全者是已經抵達山頂的人。再者，他也使用另一個相似的區分，亦即三路：煉路、明路和合路。

❺ 還會有人告訴他，他正在退步中，因為在天主的事上，他沒有找到安慰與滿足，如同先前那樣；就這樣，這可憐的靈魂倍受磨難。因為他最大痛苦來自認識自我的可憐悲慘，他對自己的充滿邪惡與罪過，清楚得如同白晝，甚至更清楚，因為在那默觀之夜，天主給予靈魂自我認識的光明，正如不久我們將會談論的。當這個靈魂發現，人家贊同他的感受，說這些全都是他的過錯時，他的痛苦與折磨便會無限的增加，而且往往演變成比死還要糟。像這樣的神師，判斷這全是罪惡的結果，仍不覺滿意，還要勸告靈魂忍苦回想往事，並要妥辦許多次的總告解——那真是再一次地被釘在十字架上。這位指導者沒有瞭解，或許，此時不是這樣或那樣行事的時候，而是讓靈魂單獨地接受煉淨，天主正在他們內工作，也是安慰他們，鼓勵他們的時候，使他們願意忍受痛苦，直到天主願意停止時；因為非等到那時，無論靈魂做什麼，或神師對他們說什麼，都毫無妙方足以痊癒。

❻ 依靠神性的恩惠，我們將要談論以下各點：靈魂應該如何行事作為；告解神師該怎樣對待他；辨認靈魂受淨化的記號，無論是感官或心靈的淨化，靈魂的淨化我們稱為黑夜；以及如何能辨識是來自憂鬱病症，或感官與心靈上其他的不成全。

因為有些靈魂，或他們的神師，可能想，天主帶領他們走在淨化心靈的黑夜路上；但也許並不是，他們受苦是由於前述的某些不成全。同樣，有許多靈魂自認為沒有祈禱，其實，他們的祈禱更是熱烈。也有些靈魂，對自己的祈禱評價很高，然而，那只不過比沒有祈禱好一點點而已。

❼ 還有些令人惋惜的靈魂，他們辛苦工作，疲累至極，卻退步不前。因為在得不到進步之處，他們想尋求進步，反而成為阻礙。另有些靈魂，在安心與寧靜中，大有進步。

有的靈魂所碰見的障礙，就在於安慰和恩寵上，天主之賜給他們，原是為了進步，而他們卻毫無進展。我們同時也要談一談，行走在這條路上的人，他們許多其他的經驗：快樂、憂傷、希望和痛苦，其中有些來自成全的精神，有些來自不成全的精神。

依賴神性的恩惠，我們要說明這一切，使每位讀者的靈魂，多少可以看清所行走的道路，及如果想要抵達這山的山頂，他們應該追隨的道路。

❽關於靈魂必須經過黑夜，邁向天主，這個道理如果出現什麼隱晦不解，請讀者不要訝異。開始閱讀本書時，我知道必會如此；不過，如果他繼續閱讀下去，一定會更明瞭前面的部分，因為後面的部分，將逐步解釋前面的道理。那麼，如果再讀第二遍，會更清楚了解，道理也更為靈驗⑥。但若有人無法深入領悟這個道理，必是因為我的學識淺陋，文體笨拙，然而道理的內容是很好的，而且相當要緊。不過我認為，即使寫得比此處還出色和完美，只有少數的人會從中獲益。因為這裡寫的不是許多的倫理道德、或悅樂人心的主題，不是寫給所有喜愛以甜蜜、愉悅的方式尋求天主的神修人，所寫的是實質又堅固的道理，適合所有的人，如果他們渴望承受心靈的赤裸，亦即這裡所寫的。

❾我的主要意向並不是寫給所有的人，而是要寫給我們加爾默羅山原初會規聖修會中的某些人，男會士與隱修女，天主以特恩引導他們，走上攀登加爾默羅山的道路，他們是要求我寫這本書的人。因為他們已相當地棄捨了世上短暫之物，他們會更容易把握這心靈赤裸的道理。

6. 更為靈驗：原文是más sana，含有療效之意，英文譯為sounder，健全或堅固，似乎無法充分表達原文的含意。

第一卷

第一章

列舉第一詩節。根據人的高級和低級的兩個部分⑦，敘述神修人經歷的二種不同的黑夜。說明以下的詩節：

第一詩節

在一個黑暗的夜裡，
懸念殷殷，灼燃著愛情，
啊！幸福的好運！
沒有人留意我離去，
我的家已經靜息。

❶ 第一詩節中，靈魂歡唱他的幸福好運，這是他離開一切外在的事物，並離開因錯亂的理性而來的、人感官部分的欲望和不成全時，他所體驗的幸福好運。要瞭解這事，我們應

7. 亦即心靈和感官兩個部分。

該知道，靈魂要達到成全的境界，通常必須先經過二種主要的夜[8]，神修人稱之為靈魂的煉淨或淨化。在這裡，我們則稱為夜，因為在這二種夜裡，靈魂在黑暗中行走，彷彿是在夜中。

❷第一個夜或煉淨，涉及的是靈魂的感官部分，是本詩節所敘述的，也是本書第一卷要談論的。其次是心靈的部分，就是接下來的第二詩節述說的；在（本書的）第二卷和第三卷中，我們也要談論主動的夜；至於被動的夜，將在第四卷中解說[9]。

❸第一個夜，係指初學者，在天主開始安置他們於默觀境界時；人的心靈也分受這個夜，到時我們將加以解釋。

第二個夜，或說是淨化，係指已有程度的進修者，在天主希望帶領他們進入神性結合的境界時；這個煉淨更是隱晦、黑暗和可怕，這些我們將接著加以說明。

詩節註釋

❹那麼，大致說來，靈魂想在本詩節中說，他因天主的吸引，只為了愛祂，燃燒著愛火，**在一個黑暗的夜裡離去**。這黑夜就是剝除和淨化感官所有的欲望[10]，亦即所有對於外在的世物、肉身的享樂、及愛好私意的欲望。這一切都發生在這個感官的煉淨中。所以說，他離去，**他的家已經靜息**，也就是感官的部分已經靜息，欲望在他內睡著了，他也在欲望內沉睡。因為除非欲望被削弱且沉入睡眠，靈魂無法從導致痛苦和憂傷的欲望小室[11]中離去。

因此，靈魂說這是**幸福的好運**，**沒有人留意我離去**，這就是說，沒有任何肉身的欲望，

8. 指的是心靈和感官的夜。而這兩種夜，又劃分為主動和被動的夜。
9. 關於本書內容的劃分，在作者的思路中一直是很清晰的，可是從另一方面來說，書中不同的表達方式卻又使人感到混淆。在這種情形之下，我們要視《山－夜》為一部完整的書，分為四個部分：《山》第一卷、《山》第二卷、《山》第三卷、《黑夜》。因為後來會在書中出現不同的說法，將一本書分為三本書：《山》第一卷、《山》第二卷和第三卷、《黑夜》（參閱山2．1．3；2．2．3）。然而《山》第一卷第十五章第一節，又出現另一個說法，將本書分為四本書：《山》第一卷、《山》第二卷、《山》第三卷、《黑夜》。

也沒有其他的事物能阻礙。再者，因為是在夜裡離去，亦即天主藉著缺乏，從靈魂上拿走一切，所以這是靈魂的夜。

❺ 這也是幸福的好運，靈魂被天主放進這個夜，經歷許多非常美好的事。但靈魂不能自己進入其中，因為沒有人能獨自完成空虛所有的欲望，達到天主。

❻ 那麼，總而言之，我們已解釋了第一詩節。現在我們要逐行詳細說明，並解釋所有屬於我們談論範圍的主題。我們要按序言所說的方式，先列出詩節加以解釋，然後，列舉每一詩行。

第二章

說明黑夜是什麼，靈魂說他經過黑夜達到結合。

在一個黑暗的夜裡。

❶ 稱靈魂與天主結合的這個歷程為夜[12]，我們能說出三個理由。

第一，指靈魂離開時的境況，因為對所擁有的一切世物的欲望，必須逐漸消除，並棄絕它們；這個棄絕和缺乏對人的所有感官彷彿是個夜。

第二，指靈魂到達結合的方法或道路，亦即信德；信德對於理智也是黑暗的，如同夜。

10. 欲望／*apetidos*：按作者在本卷第十一章中的說法，是指「對事物懷有意願和情感」，作者以「多數的欲望」指向事物，而以「單數的欲望」指向天主。修練這個欲望的夜，是使靈魂惟有一個朝向天主的欲望。
11. 小室／*retretes*：是指隱藏在家中最隱祕之處的狹窄房間。在這裡，狹窄是強調來自感官和錯亂欲望的憂苦、囚禁和狹小。
12. 這個黑夜的象徵，造成大自然的夜晚和靈性的黑暗彼此間並行的比較。為了尋找兩者間細節上，及不同階段上的對應，導致使用比喻上的不一致。事實上，這黑夜的三個部分，或三個起因，同時發生在一個夜裡。

第三，指到達的終點，亦即天主。今世中，對靈魂而言，天主真的是黑夜。這三個夜經過靈魂，或更好說，靈魂經過它們，達到與天主的神性結合。

❷在《聖多俾亞傳》六章十八至廿二節中，這三種夜被象徵化，天使命令小多俾亞在與新娘結合以前，先等候三個夜。

第一個夜時，天使命令他在火中焚燒魚心，那心象徵熱愛且依戀世物的人心；開始走向與天主結合時，人心必須以天主的愛火焚燒、淨化所有的受造物。這樣的煉淨使魔鬼逃之夭夭，因為牠有能力控制執著⑬於肉身與現世事物的靈魂。

❸在第二個夜時，如同天使告訴多俾亞的，他要被接納進入聖祖的宗族，亦即信德的父家。因為經過第一個夜，也就是剝除一切感官的對象之後，靈魂立即進入第二個夜，獨自留在信德中（這裏的信德不是指排除愛德的信德，而是除掉其他理智知識的信德——正如後來我們要說明的），因為信德不在感官所及的領域內。

❹天使告訴他，在第三個夜他將領受祝福，亦即天主。藉著信德，即第二個夜，天主親自與靈魂如此隱祕與親密地交往，致使天主成為靈魂的另一個夜。與天主的交往逐步進展時，這一個夜變得遠比其他二個夜黑暗，如我們不久將指明的。當這第三個夜過去後，天主與心靈的交往，通常發生在靈魂的極度黑暗中，隨之而來的是與新娘結合，新娘即是天主的上智⑭。正如天使對多俾亞說的，第三個夜結束後，他將在敬畏天主中與新娘結合。亦即當敬畏天主是完美的，愛也是完美的，也就是靈魂由於對天主的愛而達到神化之境。

❺這夜的三個部分合起來是一個夜，恰如（自然的）夜有三個部分一樣。第一部分是感官的夜，相似黃昏，當事物逐漸自視野中消逝的薄暮時。第二部分是信德，有如深夜，完

13. 執著／asimiento：是抓住，緊握不放的意思，也可譯為貪戀、執迷。
14. 這裡是說，多俾亞是靈魂，多俾亞和新娘結合，象徵靈魂和天主的上智結合。

全是黑暗的。第三部分是接近夜盡天明，亦即天主，黎明的曙光即將出現⑮。為了更明瞭這事，我們將分別談論每一個起因。

第三章

談夜的第一個起因，即剝除對一切事物的欲望，並說明稱之為夜的理由。

❶我們在此稱之為夜，表示剝除愛好一切事物的欲望⑯；因為，夜不是別的，就是光的剝除，結果，一切能藉著光看見的對象也被剝除，致使視覺留在黑暗中，什麼也看不見；因此，也能夠說，克制欲望是靈魂的夜，因為，靈魂剝除了愛好一切事物的欲望，就好像留在黑暗和一無所有之中。因為，就像視力藉著光，被能看見的東西餵養，而把光熄滅時，則一無所見。同樣，靈魂藉著欲望，按各官能所能愛好的，被一切的事物餵養。當這些欲望也被熄滅，或更好說，被克制時，靈魂不再被愛好一切事物所餵養，因而使欲望留在黑暗和一無所有之中。

❷我們從各個官能舉例說明。在使聽覺愉悅的一切事上，剝奪靈魂愛好的欲望，使靈魂的聽覺留在黑暗與空無所有中。而剝奪一切能使視覺愉悅的愛好，也使靈魂的視覺留在黑暗與空無所有中。剝奪靈魂能享受的，對嗅覺上的所有怡人芳香的喜愛，則使嗅覺留在黑暗和空無所有中。同樣，由於棄絕愛好一切能使味覺滿足的食物，也使靈魂留在黑暗和空無所

15. 黎明的曙光逐漸驅散夜的黑暗，參閱〈靈歌〉第十四至十五詩節。
16. 愛好／gusto，原文的意思很多，是西班文的常用字，指味覺器官，表示很有滋味、趣味，令人喜歡、滿足、愉快、愉悅、高興、滿意、愛好、滿全、享受等。這個字和欲望／apetido一樣，是本卷中的一個關鍵性用語，指出人之所以不能達到對世物的自由和空虛，主要是因為對世物的愛好和欲望，而不是擁有世物的本身。

有中。最後，克制靈魂能在觸覺上得到的一切愉悅和滿足，同樣使靈魂的觸覺留在黑暗和空無所有中。結果就是，靈魂拒絕和捨棄對一切事物的愛好，克制對事物的欲望，我們能說，這宛如在夜裏，或處在黑暗中，這不是別的，正是在靈魂內萬事萬物皆空無。

❸ 這個理由是因為，正如哲學家所說，當天主把靈魂注入身體內時，靈魂就像一面純潔無瑕的白板，若沒有承受任何來自感官的知識，靈魂是純然無知的，因為沒有任何知識從其他的來源灌輸給靈魂。因此，靈魂臨在身體內，好像囚犯拘禁在黑暗的地牢中，他所知道的，僅限於透過牢房的窗子看到的，如果透過它們而一無所見，他也無法轉向他處。因此，如果靈魂沒有經過感官，即自身牢房的窗子，獲知通傳給他的事物，經由其他的途徑必然一無所獲。

❹ 為此，如果靈魂排除並拒絕能藉感官知覺的事物，我們確實能說，他必會留在黑暗與空無中，因為就像前面所說的那樣，除非經由所說的窗口（譯按，指五官），光明必定無法進入。因為，雖然這是真的，人不能不聽、看、聞、嚐和觸，但如果靈魂拒絕且不加以理會，如同沒有看見、聽見等，這並不要緊，也不會阻礙靈魂。也就像願意緊閉雙目，留處黑暗中的人，有如瞎子，沒有能力看見。因此，關於這事，達味說：**我自幼貧窮而勞苦**（詠八八16）。雖然他顯然是富有的，卻自稱貧窮，因為他的意志沒有放在財富上，這樣，他真的就像貧窮者。另一方面，如果實際上是貧窮的，其意志卻不然，則必定沒有真實的貧窮，因為他的靈魂很富有，充滿著欲望。所以，我們稱這個赤裸為靈魂的夜，因為在這裡，我們所談的不是事物的缺乏，如果靈魂對事物懷有欲望，剝除事物並不能使靈魂赤裸。我們所說的是剝裸靈魂對事物的愛好和欲望，這才是真的使靈魂即使擁有世物，仍能處於對世物的自

由與空虛中。由於世物不能進入靈魂，世物本身並不能侵佔靈魂，也不能傷害靈魂，而是居住在靈魂內，那些對世物的意願與欲望才能危害靈魂⑰。

❺ 這第一種夜，如我們後來要說的，屬於靈魂的感官部分，也就是我們前面所說的兩種夜之一，靈魂必須經過兩種夜達到結合。

現在正是合宜之時，我們要來談談，在感官的黑夜裡，靈魂離開他的家，走向與天主結合。

第四章

本章談論為走向與天主結合，多麼必要真實地越過這個感官的黑夜，亦即克制欲望。

❶ 為達到與天主的神性結合，靈魂必須經過這個黑暗的夜，克制對一切事物的欲望，且拒絕對一切事物的愛好，其理由是因為，對受造物的一切愛戀⑱，在天主的面前是純粹的黑暗⑲。懷有這些愛戀，天主純潔與單純的光明不能光照和占有靈魂，除非先拒絕它們，因為黑暗與光明彼此不相妥協；如聖若望所說：**黑暗不能接受光明**（若一5）。

❷ 依照哲學家教導我們的，理由是，因為二相矛盾之物不能共同存在於一個主體內。因為黑暗（對受造物的愛戀）與光明（天主），相互矛盾，且彼此毫不相似，如聖保祿在《格林多人書》中的教導：**光明之於黑暗，哪能有什麼聯繫**（格後六14）？這就是，除非先

17. 從一開始，作者就清楚指出，使靈魂不自由的原因，不在於事物和外感官，問題在於人的理智和意志，他的自由意願和計畫。
18. 愛戀／*afecciones*：意指充滿柔情的愛，很有感情的愛。欲望和愛好使外在的事物進入靈魂內，導致愛戀不捨，遠離天主。
19. 本章中清楚地陳述了聖十字若望的天主觀，一切受造物和天主相形之下，是純粹的黑暗和虛無，這正是他強調對立時的典型說法。由此證明沒有任何來自受造物的美好和知識能與天主等同。但有的地方，聖人也說，受造物反映天主美麗的形像和蹤跡。

驅逐靈魂的愛戀，靈魂無法容納神性結合的光明。

❸ 為更詳細證明此事，該知道，愛戀和執著某受造物，便使人等同於所愛戀的那個受造物；愛戀愈深，則愈相似受造物，同化作用也愈大，因為愛使愛者和被愛者彼此產生相似。因此，達味談到把愛戀放在偶像上的人說：**讓所有把心給它們的人，相似它們**（詠一一五8）。所以，凡愛受造物的人，他與該受造物同樣卑微，從某方面說，甚至更卑微，因為愛不只使之彼此同等，甚至使愛者附屬於被愛的對象⑳。那麼，同樣地，靈魂愛上某物時，則無法獲致在天主內的神化，及與天主的純潔結合；因為受造物的卑微，不能與造物主的崇高相結合，遠勝黑暗之於光明㉑。因為上天下地的萬物與天主相比時，全然虛無，如耶肋米亞說的這些話：**我觀望大地，空虛混沌，我觀望天空，毫無光亮**（耶四23）。按其說法，他看見一個空虛的大地，意指其中的受造物全是虛無，大地也是虛無。至於說觀看天空毫無光亮，是說，與天主相比，所有天空的發光體純然是黑暗。像這樣，受造物全是虛無，而愛戀受造物，則是阻礙和剝除在天主內的神化；所以，正如黑暗是虛無，且更甚於虛無，因為是光明的剝除。就像置身於黑暗不能領悟光明，同樣，愛戀受造物的靈魂也不能領悟天主；靈魂的欲望若未被煉淨，則不能在今世藉純愛的神化擁有天主，在來世，也不能藉清楚面見天主而擁有天主。為求更透徹明瞭起見，我們將更特別地加以詳述。

❹ 受造物全部存有，與天主無限存有相比較，全是虛無。因此，靈魂愛戀受造物，在天主面前也是虛無，且更甚於虛無；因為，如我們說的，愛造成同化與相似，甚至導致愛者比所愛的對象更卑微。那麼，這靈魂絕對不能與無限的天主結合，因為是與不是㉒不能相互一致。接下來我們要列舉幾個例子。

20. 阿爾卡達德（Alcaudete）抄本在此附註：愛造成同等，甚至比所愛的對象低等。
21. 阿爾卡達德抄本在此附註：所有受造物與天主相比，全是虛無。
22. 是與不是：「是」指的是存有，「不是」則是不存有，簡言之，就是有與無。

受造物的所有美麗，與天主的無限美麗相比，是至極的醜陋。按照撒羅滿在《箴言》中所說的：**姿色是虛幻，美麗是泡影**（箴卅一30）。所以，靈魂愛戀任何一個受造物的美麗，在天主面前，是至極的醜陋；為此，這個醜陋的靈魂不能神化，成為美麗的本體，亦即天主；因為醜陋不能獲致美麗。

受造物的一切寵惠和優美，與天主的寵惠相比，是至極的失寵和至極的粗俗。為此之故，被受造物的寵惠和優美迷惑的靈魂，在天主眼前變得極端的失寵和粗俗；也因此，不能擁有天主的無限寵惠和美麗，因為失寵和無限的寵惠，其間有著極大的懸殊。

那麼，世上受造物的所有慈善，與天主的無限慈善相比，能稱之為邪惡。因為除了天主以外，沒有誰是善的（路十八19）；那麼，把心放在世間善事的靈魂，在天主面前被視為極端邪惡。因為邪惡不能包含慈善，所以，這個靈魂不能與至高慈善的天主結合。

全世的智慧與人類的才能，和天主的無限智慧相比，是純然又至極的無知。根據《聖保祿致格林多人書》所說的：**在天主的眼中，今世的智慧是愚妄的**（格前三19）。

❺ 因此，凡重視自己的所有知識與才能，以此做為途徑達到與天主上智結合的靈魂，在天主面前極為無知，必會落後，遠離天主的上智。因為無知不能領悟智慧是什麼，正如聖保祿說的，這個智慧在天主前是愚妄的。因為，在天主面前，凡自以為有智慧的人是非常無知的，關於這事，聖宗徒寫給羅馬人說：**他們自以為是有智慧的人，反而成了愚人**（羅一12）。只有棄置所有的知識，在服事天主的路上懷著愛行走，一如無知孩童的人，才能獲致天主的上智。這是聖保祿教導格林多人的智慧：**你們中若有人在今世自以為是有智慧的人，該變成一個愚妄的人，為成為一個有智慧的人，因為這個世界的智慧在天主前原是愚妄**

的（格前三18-19）。因此，靈魂為了達到與天主的上智結合，必須經由不知，而非透過知道。

❻世上所有的權勢與自由，和天主聖神的自由和權勢相比，是至極的奴役、憂苦和束縛。

為此，熱愛高位或其他像這樣的職務，及放任其欲望的靈魂，在天主前，將不被當做兒子看待，而是如同卑賤的奴隸與俘虜，因為他不情願接受聖善的道理，這道理教導我們：**你們當中，最大的要成為最小的，為首領的要成為服事人的**（路廿二26）。因此，這靈魂不能達到心靈的真自由，此乃在神性結合中獲得的。因為，奴役和自由毫無關聯，自由不能居住在屈服於慾求的心中，因為這是奴隸的心；而是居住在自由的心中，因為是兒子的心。正是這個理由，撒辣告訴他的丈夫亞巴郎，趕走婢女與她的兒子，說婢女的兒子不該與自由的兒子同為繼承人（創廿一10）。

❼意志在一切世物上的愉悅與樂趣，和天主的一切愉悅相比，是至極的痛苦、折磨和辛酸。那麼，凡把心放在這些事上的人，在天主前其實是受至極的痛苦、折磨和辛酸。為此，他不能達到與天主擁抱結合的愉悅，因為他該受痛苦與苦楚。

受造物的一切富裕與光榮，和天主的富裕相比，是至極的貧窮與可憐。這樣，愛慕並占有這些事物的靈魂，在天主面前是至極的貧窮與可憐，因此，達不到光榮與富裕——這是在天主內神化的境界；因為，可憐、貧窮和至高的光榮、富裕有天壤之別。

❽神性的智慧同情這些變得醜陋、卑賤、可憐、貧窮的靈魂，因為他們愛世物，認為世物是富裕和美麗的，在《箴言》書上大聲呼喊：**人呀！我在向你們呼喊，我在對人子發**

出呼聲，幼稚的人，你們應該學習機智，愚昧的人，你們應該學習聰明。你們且聽，因為我要講論卓絕的事。富貴、榮譽、恆產、正義都屬我有，我的果實勝過黃金純金，我的出產比淨銀還要寶貴，我走在正義的路上，走在公平的路上，使愛我者獲得產業，充滿他們的寶庫（箴八4–6、18–21）。神性的智慧在此說話，針對所有把心和愛戀放在任何世物上的人，如我們剛才所說的。稱他們為幼稚的人，因為他們相似那些所愛的幼稚之物。因此，告訴他們要機智與聰明，神性的智慧要講論卓絕的事，而非如他們般的幼稚之事；他們所愛慕的富貴光榮，與祂同在，就在祂內，不在他們所想望的地方；恆產與正義都住在祂內。因為，雖然他們認為世物是富裕的，祂告訴他們要牢記，祂的富裕更為寶貴，其中出產的果實遠勝黃金和寶石，祂在靈魂內所產生的，比他們所愛的上等白銀更好，這白銀意指今世中能有的各種愛戀。

第五章

本章續論前言，以聖經的經文和比喻證明，靈魂走向天主，多麼需要經歷這克制對萬物欲望的黑夜。

❶ 從上述的講論中，我們多少能夠明瞭，受造物本身與天主本體，二者間極大的距離，靈魂如何愛戀任何一個受造物，也會如何遠離天主；因為如我們說的，愛產生同化與相

似。聖奧思定對此距離的領悟極其透徹，在《獨白》中，他向天主傾訴：**我是個可憐蟲，什麼時候，我的怯懦與缺少德行才能契合祢的正義？祢是美善，而我邪惡；祢仁慈，而我脆弱；祢是神聖的，而我可憐；祢是正義，而我不義；祢是光明，而我盲目；祢是生命，而我死亡；祢是良葯，我是疾病；祢是絕對的真實，而我是全然的虛空**㉓。上述全是這位聖人說的。

❷因此，認為能達到與天主結合的崇高境界，而不先倒空能障礙他的、對所有本性或超性事物㉔的欲望，是靈魂的至極無知，如我們將要說明的。

這些欲望和在天主內純然神化㉕，其間有極大的距離。為此，我們的主教導我們這條道路，藉聖路加說：**誰若不捨棄他的一切所有，不能作我的門徒**（路十四33）。這句話相當清楚，天主聖子所教導的道理是輕視萬物，使我們可以領受天主聖神的恩賜；因為，只要靈魂沒有捨棄一切所有，他就無法在純然的神化中領受天主聖神。

❸關於這事，在《出谷記》中有個敘述，我們讀到，以民尚未用完從埃及帶出的麵粉前，天主沒有給他們天上的食糧，即瑪納（出十六2-4、15）。這裏意指，首先要捨棄一切，因為這天使神糧，對想在其中品嚐世糧美味的人，是口味不合的。靈魂沉迷在別的奇特美味上，且被餵養，不但使他們不能領受天主聖神，更惹至尊天主發怒；當他們希望得到屬神的食糧時，卻又不滿足於只和天主在一起，他們想要混雜對他物的欲望和愛戀。在聖經的同一篇章中（出十六8-13），我們看到，那裏也說，他們不滿足於這麼單純的食物，渴望並要求吃肉；天主大發雷霆，因為他們想以如此卑賤和粗糙的食物，混雜如此高貴和單純的食物，即使這食糧是單純的，其中仍具有各種美味，且足以養生（戶十一4、6-10）。因

23. Pseudo–Augustine, Soliloquiorum animae ad Deum liber unus, c. 2: PL 40, 866。
24. 「所謂超性的事物，意指天主的所有恩賜和恩惠，超越本性的官能和能力，例如：天主賜給撒羅滿智慧和知識的恩典，及聖保祿說的神恩：信心、治病的奇恩、行奇蹟、說先知話、辨別神恩、解釋語言，還有舌音的神恩。」（參見第三卷第三十章第一節）「本性的事物，在這裡我們指的是美麗、姿色、靈巧、身材和一切身體方面的資質；還有靈魂上良好的理智、判斷力和其他屬於人理性上的天賦。」（參見第三卷第二十一章第一節）

此，達味也說：當瑪納尚在他們口裏，天主便對他們大發憤怒（詠七八31），從天上發出烈火，擊斃數千人化為灰土（戶十一1），因為當天主正賜下天上的食糧時，他們貪求其他的食物，天主以他們為恥。

❹ 啊！要是神修人知道，由於沒有在幼稚的事上超脫欲望，他們失去多少的美善與心靈的豐盈；要是他們知道，不渴望那些滿足，他們會發現這單純的靈糧多麼具有一切美味；然而，以民沒有嚐到；他們之嚐不到瑪納中具有的各種美味，理由是，因為他們的食慾沒有單單滿足於瑪納。在瑪納中，他們找不到能尋獲的美味和力量，不是因為瑪納中沒有，而是由於他們貪求其他的食糧。同樣，凡愛天主又愛世物的人，無疑地，他貶低了天主，因為他把世物和天主相提並論，如我們說的，其間有至極遙遠的距離。

❺ 透過經驗，我們非常清楚，當意志愛戀某個對象時，它看重此對象超過其他一切，即使另有更好的，他也不覺那麼喜愛。如果他想要同時享有兩者，必會侮辱那較重要的一方，因為他把兩者畫上等號。由於沒有什麼事物可與天主同等並列，凡愛戀一些非天主，或與天主並列之事物的靈魂，極度地侮辱天主。如果這是真實的，要是他們喜愛某些事物更甚於天主，那將會有什麼後果呢？

❻ 當天主命令梅瑟上山與祂談話時，也指示這事。祂命令梅瑟獨自一人上山，不只留下全以色列子民，也不許在山下牧放牛羊（出卅四3）㉖。意即，當靈魂攀登此成全的高山與天主交談時，必須不只放棄一切事物，留在山下，也要節制他的欲望（牛羊），不在山旁牧放，即不牧養那不純是天主的事物。因為在天主內，或在成全的境界內，一切欲望休止不動。那麼，這條攀登達到天主的山路，必然需要以一種經常的留神來停止和克制欲望；愈快

25. 為了推論前章中的神學理論，現在要開始引用聖經來證明愛和欲望有兩個對立的選擇：選擇基督或受造物。奧爾巴抄本上有更多的說明：對天主的愛是結合，對事物的欲望是偶像崇拜。本章中，「山」的比喻，最主要的涵意是：上主顯現，祭台和愛的祭獻；其次是攀登和淨化。
26. 這段《出谷紀》及接下來的《創世紀》經文，雖然都編入正文，但它們出現在阿爾卡達德抄本的頁緣空白處。

完成這個克制的工夫，靈魂愈快抵達山頂。但若欲望沒有休止，無論靈魂實踐多少德行，總不會達到目的，也不會獲致成全的德行，因為成全的德行在於靈魂的空虛、赤裸和淨化所有的欲望。關於這事，在《創世紀》中，也有動人心弦的描述，在那裏我們唸到，當聖祖雅各伯要起身上貝特耳山，給上主築一座祭壇時，他先命令家人與跟隨他的人做三件事：第一，除去所有的外邦神像；第二，取潔；第三，更換衣服（創卅五2）。

❼ 這三件事指明，凡渴望登上這座山，使自己成為一座祭台，奉獻給天主純愛、讚頌和純欽崇之祭獻的靈魂，在登上山頂以前，必須完美地做到前述的三件事。

第一，必須除去所有的外邦神像，即所有異鄉㉗的愛戀與執著。

第二，必須淨化才說過的、留在靈魂內殘餘的欲望，經由我們所說的感官的黑夜，經常地加以棄絕及痛悔改過。

第三，要上達這座高山，必須更換衣服。經由前二個事項，天主會給舊人換上新衣服，賦予新的認知，在天主內，對天主具有新的認識，除掉舊人的認識方式，在天主內穿上新的愛主之情，意志在一切舊人的人性慾求和愛好上，全被剝裸，並在靈魂內放入一種新的認知，其他舊的認知與形像都被拋開，舊人所有的一切——亦即本性的能力——都停止，且按照所有的官能，給它們穿上新的超性能力（參閱格前三9）。結果，從前屬人的，現在成為屬神的，這是在結合的境界所獲得的，在此，靈魂不做別的事，只成為祭台，於此祭台上，天主在讚美與愛中被崇拜，天主單獨居住在靈魂內㉘。因此，天主命令，放在祭台上的約櫃，其中心是空的（出廿七8），為了讓靈魂明白，若要成為至尊陛下的尊嚴祭台，天主多麼希望他空虛一切事物。祭台上禁止有其他的凡火，也不許祭台上的火熄滅；所以，因為大

27. 異鄉，意指世俗或世物。
28. 這一段清楚地解釋了神化的結合，「從前屬人的，現在成為屬神的。」這是神性結合的最高峰，也是攀登加爾默羅山的山頂，「在此，靈魂不做別的事，只成為祭台，於此祭台上，天主在讚美與愛中被崇拜，天主單獨居住在靈魂內。」

司祭亞郎的兩個兒子，納達布和阿彼胡，在天主的祭台上奉獻凡火，天主大怒，把他們殺死在祭台前（肋十1-2）。由此，我們明瞭，若要成為相稱的祭台，靈魂必須不缺少對天主的愛，也不混雜其他的愛。

❽天主不許任何事物與祂同居一處。所以，我們在《撒慕爾紀上》讀到，當培肋舍特人把約櫃和其他的神像一起擺在神廟裏，一到清晨，神像就傾倒俯伏在地，而且破成片段（撒上五2-4）。在祂的居所內，唯一准許要求的欲望，是渴望成全地履行天主的法律，背負基督的十字架。聖經上沒有說，天主曾命令把任何其他東西擺在約櫃內——即瑪納的所在處，祂要的只是天主的法律與梅瑟的棍杖（象徵十字架），擺置在約櫃內（申卅一26；戶十七19）。因為靈魂不企求其他事物，只願成全地遵守天主的法律，背負基督的十字架，他就成為真實的約櫃；且當他成全地擁有這法律與棍杖，沒有任何他物時，他也會在自己內擁有真正的瑪納，亦即天主。

第六章

本章談論欲望在靈魂內造成的兩個主要損害，一個是消極的，另一個是積極的。

❶為了更清楚、且充分明瞭所說的，最好在這裏提出來並說明，在靈魂內，這些欲望如何產生二個主要的害處：其一是，奪去靈魂內的天主聖神；其二，使靈魂生活在疲倦、苦

惱、黑暗、汙損、虛弱中。《耶肋米亞書》第二章提及這事：**他們離棄了我這活水的泉源，卻給自己掘了不能蓄水的漏水池**（耶二13）。就是這兩件惡事，亦即：消極的和積極的，任何一個錯亂的欲望行動，都會造成這兩種傷害。

首先談到消極的損害。這是很清楚的，只要靈魂愛戀一個屬於受造的事物，欲望在靈魂內的實存愈多，他接受天主的能力就愈減少。因為兩相矛盾之物，根據哲學家所說的，不能共存於一個主體內，我們也在第四章提及這事。因為愛天主與愛受造物兩相矛盾，所以，在一個意志內，不能同時包容愛天主又愛受造物。受造物與造物主、感官與心靈、可見與不可見、暫時與永遠、純靈的天糧與純感受的感官之糧、基督的赤裸與執著事物，彼此間有何相互關係呢？

❷因此，就像自然界的生殖，主體內先前已有的對立形式，如果沒有排除，新的形式不能被導入，因為已有的對立形式，對新的形式是個障礙。同樣，只要靈魂屈服於心靈的感官，則完全靈性的心靈不能進入他內。為此，我們的主在《瑪竇福音》中說：**拿兒女的餅扔給小狗是不對的**（瑪十五26）。藉著同一福音的作者，祂在另一處又說：你們不要把聖物給狗（瑪七6）。在這經文中，棄絕對受造物的欲望，使自己完全接受天主聖神的人，我們的主比喻為天主的兒女；而把渴望在受造物中填飽欲望的人，比喻為小狗。因為，兒女可以和自己的父親同桌共食，此即共享祂的聖神，但小狗應該吃桌上掉下來的碎屑（瑪十五26-27）。

❸由此我們知道，所有的受造物是天主宴桌上掉下來的碎屑。為此，在受造物中覓食為生的人，理當稱之為小狗，也因此被奪去了兒女的食糧；因為他們不願自我提升，離開受

造物的碎屑，進入天父非受造的靈性宴桌。所以，正是這樣，就像小狗，總是處在飢餓中，因為碎屑激起更多的欲望，而非填飽飢餓。達味談及他們說：**他們到處遊蕩，覓食餬口，若不得飽食，便狂吠不休**（詠五八16）。

因為這是懷有欲望者的特性：他總是不滿足又痛苦，如同飢餓的人。那麼，所有的受造物引起的飢餓，與天主聖神養育的飽滿，有何共同之處呢？因此，如果不先趕走來自靈魂欲望的受造飢餓，非受造的飽滿就不得進入靈魂內。所以，如我們所說的，兩相矛盾之物不能同在一個主體內，在這裡，飢餓與飽滿互相對立。

❹ 從我們所說的可以明白，天主清除、煉淨靈魂的這些對立，比從無中創造人做得更多。因為愛戀及欲望對立的這些矛盾，比虛無更敵對和反抗天主，因為虛無沒有對抗。關於在靈魂內，欲望引起的第一種損害，即反抗天主聖神，我們的說明已經夠了，因為前面已談了許多。

❺ 現在我們來解釋第二種效果，即靈魂內導致的多種損害。因為欲望使靈魂疲倦、苦惱、黑暗、汙損、虛弱㉙。我們將分別談論這五個效果。

❻ 有關第一個，頗為清楚明瞭，即欲望使靈魂疲累、倦怠。因為就像小孩子，好動不安，難於滿足，經常向媽媽哀求，要這個，要那個，從不滿足。就像貪婪地挖掘財寶的人，筋疲力盡，疲乏不堪，這樣凡追逐欲望索求之物的靈魂，也會因之勞累、倦怠。雖然最後得到所要的，還是常常覺得疲累，因為他從不滿足。因為，畢竟他所挖掘的是漏水池，不能存蓄解渴的水（耶二13）。如依撒意亞所說的：**有如夢中飲水，靈魂仍是空虛**（依廿九8）。這彷彿是說，懷有欲望者，使自己疲倦；因為他好似發燒的病人，乾渴不斷增加，若非燒

29. 這裡解釋欲望導致的多種損害，構成第三個推論（前二個是神學理論和聖經），用以證明夜或淨化的必要性。這是心靈和心理上的論證。

退，總覺得仍在病中。因為，如《約伯書》上說的：**當欲望飽滿時，他更消沉苦惱，欲望的熱火更加猛烈，痛苦如雨，落在他身上**（約廿22）。欲望使靈魂疲累倦怠，因為如風吹水動，惹人焦燥紊亂。它們這般令人心煩意亂，時時處處不得安寧。像這樣的靈魂，依撒意亞說：**脆弱者的心靈，彷彿狂風暴雨的海洋**（依五七20）。凡不能戰勝自己欲望的人是不幸的。

凡尋求滿足欲望的靈魂，會疲累和倦怠，因為他像那張口吸氣以得滿足的飢餓者，不但不得飽足，反而更加乾渴，因為空氣不是他的食糧。為了這個目的，耶肋米亞說：**身陷意志的欲望中，使他發出愛的吸氣喘息**（耶二24）[30]。為進一步解釋靈魂內留下的乾渴，他立即添加這個勸告：**留心！不要使你的腳**（即你的思想）**赤裸，不要使你的喉嚨乾渴**（亦即，意志滿足欲望，造成更多的乾渴）（耶二25）。這就像一個愛人焦心等待終日，良機落空時，他感到疲累、倦怠，同樣，由於欲望及欲望的滿足，也使靈魂疲累和倦怠，因為這一切惹起更多的飢餓和空虛。因為，如人們說的，欲望好似火，當木頭投擲於火上時，就燃燒起來，當木頭焚盡時，火必隨之熄滅。

❼ 在這方面，欲望的情況更是惡劣；因為木頭焚盡，火勢隨之微弱，然而，當欲望得到滿足時，欲望的強度並不減少，即使其對象已不復存在。因為木頭焚燒後，火勢減弱，然而欲望卻以疲累叫人軟弱無力，因為飢餓更劇烈，而食糧卻減少。關於這事，依撒意亞說：**向右仍遭飢餓，向左依然不得果腹**（依九19）。因為凡不克制欲望的人，轉向右邊時，理當看見在天主右邊的人，充滿甜蜜心靈的豐盈，但卻不是賜給他們的。當他們向左吞食時（以某些受造物來滿足他們的欲望），他們當然不得滿足；因為他們背向唯一能使之飽足的，以

30. 耶二24（思高聖經）：又像一頭習慣在荒野，急慾求配，呼氣喘息的野母驢；誰能抑制牠的性慾？凡尋找牠的，不必費辛苦，在她春情發動的月分，就可找著。

更讓人飢餓的東西果腹。那麼，顯然地，欲望使靈魂疲累和倦怠。

第七章

本章談論欲望如何折磨靈魂。同樣引述聖經的章節和比喻加以證明。

❶ 欲望在靈魂上造成的第二個積極的傷害，是折磨和痛苦，就像是繩索捆綁的折磨，除非解開繩索，否則不得休息。達味論及這折磨說：**罪惡的繩索，即我的欲望，把我纏住**（詠一一八16）。人若赤裸地躺在芒刺和鐵釘上，會受到折磨與痛苦，同樣，當靈魂依靠欲望時，也會受折磨與痛苦。因為，如同芒刺，欲望創傷、損傷、刺人，也使人疼痛。達味說：**它們有如黃蜂圍困、螫刺我，又如火燒荊棘焚燒我**（詠一一七12）。因為欲望就是荊棘，增加憂苦與折磨的火。正如農夫，貪求豐收，惡待並折磨耕牛犁地，同樣，為得到所切望的對象，貪欲折磨屈服於欲望的靈魂。這在德里拉想獲知三松怎會有這麼大力氣的欲望上，可以清楚地看出來。聖經上說，她這麼疲累和受折磨，使她癱軟無力，幾乎快死掉，說：**他的精神苦惱得要死**（民十六16）[31]。

❷ 靈魂的欲望愈多，所受的折磨也愈強烈。結果，折磨愈多，欲望也愈多，折磨有多少，欲望也會有多少；因為被欲望占有的靈魂，甚至在今世，就已應驗《默示錄》中，關於巴比倫說的這些話：**她的欲望以前怎樣自誇自耀，奢侈享樂，你們也就怎樣加給她痛苦與哀**

31. 聖經原指三松，而非指德里拉。

傷（默十八7）。所以，就像落入敵手的人，備受痛苦與折磨，同樣，被欲望擄獲的靈魂，也受盡痛苦與折磨。

《民長記》中對於此事有所記載。經上敘述，勇夫三松原是自由而強壯的以色列民長，落入敵人的掌握中，他們使他軟弱無力，剜去他的眼睛，用銅鍊鎖住他，叫他在監獄裏推磨，在那裏，受到極慘酷的折磨與刑罰（民十六21）。在欲望——這些仇敵——所居住和征服的靈魂內，也發生同樣的事，首先，使靈魂虛弱和盲目，如後來我們要說的；然後使他痛苦和受折磨，用鎖鍊捆綁他，叫他推貪慾的磨；欲望即是束縛他的圈套。

❸ 所以，天主很同情這些人，他們那麼辛勞、付出那麼高的代價，在受造物中尋求滿足其欲望的飢渴，祂藉依撒意亞說：**凡口渴的請到水泉來，那沒有錢的，也請來吧！來買不花錢不索價的酒和奶吃，你們為什麼為那些不能充飢的東西花錢，為那些不足果腹的東西浪費薪金呢？你們若細心聽我，你們就能吃豐美的食物，你們的心靈必因脂膏而喜悅**（依五五1—2）。這段話彷彿是說：凡經驗到欲望乾渴的人，請到水泉來；凡沒有私意與欲望銀錢的人，請快來；向我買來吃；來我這裏買酒和奶（平安與心靈的甘飴），不用花費私意的銀錢，不必付出勞力，如同你們為滿足欲望所做的那樣。為何獻出你們意志的銀錢，購買非食用之糧（天主聖神之食糧），在不能滿足的事上花費欲望的勞力？請你們來，聽從我，你們會飽享所渴望的食糧，你們的靈魂也會喜樂滿盈。

❹ 此朝向豐盈的行動，就是脫離對受造物的所有愛好㉜；因為受造物折磨人，天主聖神卻使人開心㉝。所以，天主藉聖瑪竇呼喚我們，說：**凡勞苦和負重擔的，你們都到我跟前來，我要使你們安息，你們背起我的軛，跟我學吧！因為我是良善心謙的**（瑪

32. 愛好／gustos：參見第三章第一節的註解。
33. 開心／recrea：使人開心愉悅，也有「再創造」的意思。

十一28-29）。祂彷佛是說：凡受折磨、憂苦，及背負你們的憂慮和欲望重擔的人，離開它們，都到我跟前來，我要使你們開心愉悅；你們會找到靈魂的安息，從你們內消除各種欲望。

這是很重的負擔，因為達味論及它們說：**它們好似重擔，把我壓得過份沉重**（詠卅八5）。

第八章

本章談論欲望怎樣使靈魂黑暗與盲目。

❶欲望在靈魂內造成的第三個損害是盲目與黑暗。就像霧氣使天空隱晦朦朧，阻擋燦爛陽光的照射；或如模糊的鏡面，無法清楚照出人的面容；或像泥漿中擾動的水面，不能反映出照臨其上的面孔。同樣，被欲望蒙蔽的人，他的理智也黑暗不明，導致理智的本性太陽，或天主上智的超性太陽，無從照射，也不能明亮地照耀。所以，談到這事，達味說：**我的罪過緊握著我，我無法目睹**（詠四十13）。

❷同時，因為理智的黑暗，也使得意志麻木，記憶遲鈍，正常的官能作用錯亂無序。因為，這些官能的作用，以理智做為依靠，理智被阻礙時，顯然地，必會混亂無序與紛擾。所以達味說：**我的靈魂極度混亂不安**（詠六4）。這彷佛是說，其官能是錯亂無序的。因為

理智不能蒙受天主上智的啟迪，如同陰暗朦朧的天空，不能接受陽光的照射；意志不能以純潔的愛擁抱天主，就像帶有霧氣的模糊鏡子，不能清楚照出人的面容；記憶因欲望的黑暗而蒙蔽，更不能清晰地呈現出天主的肖像，如同擾亂的水，不能清楚反映俯視水面者的面容。

❸ 欲望使靈魂盲目和黑暗，因為欲望，既是欲望，本來就是盲目的；因為，欲望本身毫無理解力，由於理智常是瞎子（欲望）的嚮導，就是說，每當人被他的欲望主導時，就是使自己盲目；當看不見的帶領那看得見的人時，兩人都成了瞎子。這麼做的結果，就像我們的主藉聖瑪竇所說的：**如果瞎子領瞎子，兩人必要掉在坑裏（瑪十五14）**。

飛蛾的眼睛不太管用，因為渴求光的美麗使牠盲目，牠會直飛撲到火中。所以，我們能夠說，凡以欲望為生的人，如同被光迷眩眼目的魚，牠是如此黑暗，不能看見漁夫的陷阱。達味巧妙地描述此盲目，說及相似的事：**散出熱力且光芒眩眼的火撲向他（詠五七9）**。欲望在靈魂內也做這事：它點燃貪慾的火焰，使理智眼花撩亂，竟至不能見到光明。因為，使之眼花撩亂的理由是，一個新的亮光直接擺在眼前，會使這視力盲目，不能看見更遠的光明。由於欲望那麼靠近靈魂，就在靈魂內，他首先被這光阻礙，被它餵飽；因此，他看不到清晰理智的明光；除非去掉欲望的這個眩光，他也不會見到光明。

❹ 某些人的無知是極可悲的[34]，他們加給自己怪異的補贖，和許多自願的修練，認為這些足以達到與神性上智的結合。但是，如果他們不勤勞地棄絕欲望，這是不夠的。這些人，如果能試著，只要以那些能力的一半，去棄絕他們的欲望，他們在一個月內所得的神益，遠超過多年所做的所有操練。正如欲得豐收，則需勞力耕耘土地，沒有勞力耕耘的土地，只會雜草叢生。所以，若要使靈魂獲益，則必須克制欲望。沒有這樣的克制，我敢說，

34. 這樣沉重的語氣貫穿本章，指出盲目是所有損害的根源，也是最主要的損害。表示在克修和靈修生活上必須有徹底的更新。其成功的關鍵不在於做許多的神業，例如祈禱、修德、補贖，而在於重新整頓靈魂的愛戀和欲望。第二卷第七章第七和八節會再談這個相同的話題。

在成全及認識天主與自我上，絕不會有所進步，無論他多麼努力，也不會比把種子撒在沒有耕耘的土地上，長得更好。因此，欲望如果沒有被熄滅，黑暗與荒蕪總是伴隨著靈魂。欲望彷彿眼中的白內障或沙土；除非清除乾淨，它們總是阻礙視力。

❺ 達味看到這些人的盲目，及他們的靈魂多麼受阻礙，不能清楚地看見真理，惹天主大發忿怒，對他們說：**你們的棘刺還未成枝前，祂將在狂怒中活活地吞食它們**（詠五七10）㉟。好像是說：你們的棘刺（即你們的欲望）尚未堅硬和成長，天主在盛怒中把它們活活吞下。因為欲望存活在靈魂內，致使靈魂不能領悟天主，天主將會在今生或來世，藉著懲戒與糾正吞食它們，亦即煉淨它們。他說天主要在狂怒中吞食它們，因為在克制欲望時所受的痛苦，就是欲望在靈魂內造成災難的懲罰。

❻ 啊！如果這些人知道，他們的愛戀和欲望造成的盲目，奪去了多麼好的神性光明，而不克制欲望時，每天會陷入多少的不幸與傷害！因為人不可信賴良好的理智，或仗恃得自天主的恩賜，竟至認為，即使有愛戀或欲望，也不會使他們黑暗、盲目，不會使他們愈變愈壞。因為，誰會料想到，像撒羅滿這樣的人，擁有完美的智慧和天主恩賜，到了晚年，卻變成這樣的盲目與意志的麻木，為無數的偶像建築祭壇，然後親自朝拜呢（列上三12－13；十一1－4）？然而，這無非是由於他愛戀這些女子，以及不認真捨棄欲望和他內心的快樂。他在《訓道篇》上說，**凡我心所願享受的快樂，我決不加阻止**（訓二10）。雖然開始時，他真的有所顧忌，可是對這襲擊他的欲望，卻沒有拒絕，他的理智漸漸盲目與黑暗，最後，天主上智的強光終於被熄滅了。因此，撒羅滿晚年時背棄了天主。

❼ 若不克制欲望，對明辨善惡這麼有知識的人，竟會有如此的結局，對我們這些無知

35. 詠五七10（思高聖經）：他們的鍋未覺荊火以前，願狂怒的烈風將他們吞食。

的人，又有什麼不能發生的後果呢？至於我們就像天主對約納所說的尼尼微人，不知道分辨左右手（納四10），因為我們步步以惡為善，又以善為惡；這些全來自我們的本性使然。那麼，如果欲望再加上我們本性的黑暗，那會有怎樣的後果呢？就如同依撒意亞說的：**我們摸索著牆壁，好像瞎子；我們摸索著有如無眼之人；我們在正午顛仆，有如在黑暗中行走**（依五九11）。先知說的是那些愛追求他們欲望的人，彷彿是說：我們沿路摸索著牆壁，好像瞎子；我們摸索著好像沒有眼睛的人；我們的盲目使我們在正午顛仆，如在黑暗中行走。因為，被欲望弄瞎的人正是這樣的，在真理和有益於他的處境中，卻看不見什麼，彷彿置身黑暗之中。

第九章

本章談論欲望如何汙損靈魂。以聖經中的比喻與引言證明。

❶ 欲望帶給靈魂的第四個損害，是汙損與弄髒。《訓道篇》教導說：**凡觸摸瀝青者，必被瀝青玷汙**（訓十三1）。那麼，當人在某個受造物上，使意志的欲望得到滿足時，他就是觸摸瀝青。在這裡要注意，訓道者把受造物比喻為瀝青，因為靈魂的卓越與一切最好的受造物相比，兩者間的差別，遠超過純金或閃亮鑽石與瀝青之間的比較。這就像把黃金和鑽石放在瀝青上加熱，熱力愈熔解瀝青，它們的醜陋與汙染愈是有增無減。同樣，人熾燃著某些

受造物的欲望，因其欲望的熱力，使他沾染穢物而被汙損。

靈魂與其他有形受造物之間的區別更大，正如非常清純的液體與非常汙穢的泥濘一般。如果液體中混以汙泥，必被汙染；同樣，執迷受造物也使靈魂汙染，因為這個執迷使他相似受造物。塗抹煙垢在非常美麗又完美的臉上，也同樣會使之毀損，懷著錯亂欲望的靈魂也會被醜化和玷汙，而靈魂本身是至極美麗又完美的天主肖像。

❷ 為此，耶肋米亞哀哭這些錯亂的欲望，在靈魂內造成破壞和醜陋，他首先列舉靈魂的美麗，而後說出他的醜陋：**昔日他**——即靈魂——**的頭髮比雪潔白，比乳皎潔，比古象牙紅潤，比藍寶石美麗。而今他的面容比炭還黑，在街市上已辨認不出**（哀四7-8）。在這裡，我們知道，頭髮是指靈魂的感情和思想，其整潔有序，順合天主親自的安排時，它比雪潔白，比乳皎潔，比古象牙紅潤，比藍寶石美麗。這四樣東西，意指有形受造物的種種美麗與卓絕；可是，那靈魂官能的美麗、卓絕，「即所說的獻身者㊱或頭髮，則是更勝一籌」。如果這些靈魂的官能作用是錯亂的，不順從天主的安排，就是說，投身於受造物，耶肋米亞說：**他們的面容比煤炭還黑。**

❸ 靈魂對世物的錯亂欲望，使他的美麗受到所有的、甚至更多的損害。這損傷如此之大，如果要訴說欲望給靈魂造成的醜陋和骯髒的模樣，我們找不到可以相比的東西，不是滿滿蜘蛛網與蜥蜴之地，不是醜陋的屍體，也不是今生能有、或想像的任何不潔和骯髒的東西。因為，雖然這是真的，錯亂的靈魂擁有那麼完美的本性，一如天主造生他時那樣，然而，他的理智則是醜陋、可憎、骯髒、黑暗，且充滿此處描述的所有惡事，甚至更多。雖然只是一個錯亂的欲望，如我們後來要說的，即使和大罪無關，已足以使靈魂如此地受束縛、

36. 獻身者／Nazarites：亦即守「納齊爾」願的人，古代希伯來的修行者（守不飲酒、不剃髮、避免碰觸屍體等戒律）。請參閱《戶籍紀》第六章第一至二十一節。

骯髒、醜陋；欲望若未被淨化，靈魂絕不能在一個結合中與天主和諧一致。那麼，情緒完全錯亂，且受欲望擺佈的靈魂，更將如何醜陋呢？他距離天主和天主的聖潔是多麼遙遠啊！

❹種種欲望在靈魂內引起的各種汙穢，既不能用話語解釋，理智也不能理解。因為，如果能夠說明和理解，必會驚奇，同時充滿同情，看見每個欲望，如何各按其質與量，在靈魂內，或多或少地，留下汙穢和醜陋的痕跡與沉澱；也看到，只要理智的一個錯亂，就如何能導致無數不同的、或大或小的玷汙，而每一玷汙各有其方式。同樣的，因為，義人的靈魂，只一個成全德行，此即靈魂的正直，蘊含著無數豐盈的恩賜，及許多美麗的德行；按靈魂對天主所懷愛情的多少和差異，每個人各有其恩賜與德行。同樣，錯亂的靈魂，按照他對受造物的各種欲望，他就會有各種不幸的汙穢與卑賤，這些就是上述的欲望在靈魂內畫上的。

❺《厄則克耳先知書》中，對種種的欲望有精彩的描述。那裏記載，天主指示這位先知，在聖所的內部，四周的牆壁上，畫有相似爬蟲的東西，在地上爬行，還有所有可憎的不潔走獸。天主於是告訴厄則克耳說：**人子，你有沒有看見，每人在他的暗室中所作的醜事？**所以，當天主命令先知進到更裏面，觀看更醜惡之事時，厄則克耳說：他看見女人坐在那裏哀哭塔慕次，愛情之神。天主命他再深入內庭，他看見更加醜惡之事，他看見那裏有二十五人背向聖所（則八10–16）。

❻聖所內第一個房間的牆上，畫著各種爬蟲和不潔的走獸，這就是，對於塵世的低賤東西及所有受造物，理智所形成的思想和觀念。當靈魂的理智——即第一個暗室——受阻礙時，這些受造物，就像爬蟲走獸，畫在靈魂的聖所內。

更裏面的女人，在第二個暗室內，哀哭塔慕次神；女人就是在靈魂的第二個官能——即意志——內的欲望。由於貪求意志所愛戀的而哀哭，亦即貪求畫在理智內的爬蟲走獸。

在第三個房間的男人，是受造物的形像和代表，即靈魂的第三部分——記憶，使人保存與回想。經文說這些人背向聖所，因為當靈魂以這三個官能，完全又徹底擁抱某個世物時，可以說，他背向天主的聖所，這聖所就是靈魂的正直理性，在其內，絲毫不容許受造之物。

7 為了多了解一下，欲望在靈魂內的醜陋錯亂，現在所說的已經足夠了。因為，如果我們想分別談論，較小的醜惡在靈魂內引起的不成全，及其種類；還有，因小罪而來的醜惡，這是比不成全還大的醜惡，及其許多的種類；還有大罪的欲望引起的，靈魂的完全醜惡，及其許多的種類，由於所有這三方面的種類和繁複，我永遠說不完，即使有天使般的理智，也不足以洞察無遺。

我所說和強調的重點是，任何一個欲望，即使是最微小的不成全，也會玷汙和弄髒靈魂。

第十章

本章談論欲望如何使靈魂在德行上冷淡和虛弱。

1 欲望在靈魂內的第五個損害，是冷淡和虛弱，因而沒有力量實踐德行，堅持修德。

因為，由於欲望的力量分散，比起只專心於某對象時，會更加虛弱；分散的對象愈多，每個欲望愈虛弱，為此，哲學家說：合一的德行比分散的更強有力。所以，顯然地，如果意志的欲望分散，朝向德行之外的事物，必會使德行愈來愈虛弱。那麼，靈魂的意志分散於芝麻瑣事，則如水從底部流失，不得滿盈，結果毫無用處。故此，聖祖雅各伯比喻兒子勒烏本為潑溢之水，因為在某個罪上，他曾屈服於欲望：**你有如潑溢之水，不會滿盈**（創四九4）。這彷佛說：由於欲望，你如水一般潑溢流出，你在德行上不會有所長進。所以，如果熱水不加覆蓋，即刻失去熱度，芬芳的香料沒有密裝時，也會失去芳香和馥郁。同樣，靈魂沒有專注於對天主的獨一欲望，也會失去德行上的熱心和活力。達味深知此事，對天主說：**我為祢保留我的力量**（詠五八10）。亦即，我將收斂我欲望的力量，惟獨專注於祢。

❷欲望使靈魂的德行虛弱，因為就像樹上不斷冒出的新芽，消耗樹力，結不出太多果實。對這樣的靈魂，主說：**在那些日子裏，懷孕的和哺乳的是有禍的**（瑪廿四19）。懷孕的和哺乳的是指欲望，如果不斷斷，常會逐步削弱靈魂的德行，欲望的成長造成靈魂的損失，好像樹上冒出的新芽。所以，我們的主勸告我們說：**要把你們的腰束起來**（路十二35）。在這裡，腰指的是欲望。因為，事實上，這些欲望實在像水蛭，經常吸吮血管內的鮮血。為此，智者稱呼牠們說：水蛭的女兒們（欲望）總是呼叫著：給我！給我（箴卅15）[37]！

❸那麼，顯然地，欲望不帶給靈魂任何的好處，甚至它們奪去他原來已有的。而且，如果不加克制，欲望將不會停止，直到發生人們所說的，毒蛇之子對親生母蛇所做的事：即毒蛇在母蛇腹中長大，牠們吃掉母蛇的內臟，最後，以母蛇的死做為生產的代價。同樣，沒有克制欲望，結果也是這樣，毀滅人與天主間的關係，因為，靈魂不先致死欲望，欲望單獨住

37. 思高聖經：水蛭有兩個女兒，常說「給我！給我！」
38. 從第六章開始，作者就極力強調欲望導致的心理和心靈的疲憊不堪。在此對這五種損害作個總結，扼要地指出在對自己、近人和天主三種關係上的景況。總不疲乏的活力與此正相反，乃來自真正的愛：「凡在愛內行走的，既不疲倦也不能疲倦。」（愛與光的話語96）

在他內。為此，《德訓篇》上說：不要讓肚腹的食慾和肉慾的烈火統治著我（德廿三6）。

❹然而，即使他們不會落到這種地步，想到被欲望占有的可憐靈魂，令人深感同情。他與自己相處多麼不愉快，對近人多麼冷漠，對天主的事多麼怠慢和懶惰[38]！因為，雖然惡劣的體液[39]使病人走路時，這麼的沉重和困難，或者使他厭食，但仍比不上尋求受造物的欲望使靈魂在修行德行時，這麼難過和悲傷。所以，一般說來，許多靈魂沒有勤勉與熱望去獲得德行，原因是，欲望與愛情沒有純然專注於天主。

第十一章

本章證明為得到神性的結合，必須空乏一切的欲望，即使是最小的欲望。

❶看來讀者已等待多時，想要問：為了達到這個成全的高境，所有的欲望，無論大小，是否必須先完全克制呢？或者，只要克制當中的某幾個，放開其餘的，至少是那些看來不要緊的，這樣就夠了嗎？因為，靈魂要達到這麼純潔和赤裸，無論對什麼事物，都不懷有意願和情感，好像是嚴酷又非常困難的事[40]。

❷對這個問題的答覆是，首先，雖然這是真的，不是所有的欲望都這麼有害處，或這麼阻礙靈魂，致使所有的欲望都必須同樣克制。我說的是那些故意的欲望，因為本性的欲望很少，或根本不會阻礙靈魂的結合，只要不是經過同意的欲望；而且，所有這些欲望的最初

39. 惡劣的體液／bad humor：相當於現代人所說的惡劣的情緒或體質。
40. 本章強調人本性生命和靈性生命中積極和消極的動力。愛必須不斷地成長茁壯，克勝習慣和衝動的欲望。衝動欲望的力量是分散的，本來不致於犯罪，除非故意地加以放縱，故犯小過，持續作惡，才會釀成大罪。這樣逐漸和持續的破壞，反映在作者常常使用動名詞來表達持續性的動作，例如：ir quitando, irse vaciando, ir cayendo de peor en peor。

動作，無論之前或之後，都沒有理性意志的參與。因為除掉本性的欲望，亦即完全克制，在今世是不可能的。即使如我說的，本性的欲望沒有完全克制，也不會這樣阻礙人，以致不能達到神性的結合；因為，人的本性很容易有這些欲望。至於靈魂，其理性的心靈，卻能非常自由，不受干擾。因為，有時甚至會這樣，靈魂的意志在寧靜祈禱的很深結合中，當下，這些欲望就居住在人的感官部分，然而，在祈禱中的更高部分，卻不予理會。

可是，其他所有故意的欲望，無論是大罪，即最嚴重的；或小罪，即較不嚴重的；或只是不成全，即最不嚴重的，全都必須倒空，無論是多麼微小，為達到這個完全的結合，靈魂必須空乏所有故意的欲望。理由是，因為神性結合的境界，取決於，靈魂的意志如此地在天主的旨意內神化，因而在他內，沒有任何違反天主旨意的事物，而是在一切內，透過一切，他的行動全然只是天主的旨意。

❸ 為此之故，我們稱這個境界為結合成一個天主的意志，此合一的意志是天主的意志，也是靈魂的意志。那麼，如果這靈魂渴望某個不是天主願意的不成全，就無法和天主的意志合一，因為這靈魂的意志所渴望的，不是天主的旨意所要的。那麼，顯然地，靈魂若要經由愛和意志，達到與天主完美的結合，必須首先空乏意志的所有欲望，無論是多麼微小的欲望；這就是，必須明知又故意地，不允許意志的不成全，他要有能力和自由，能夠留意地這麼做。[41]

而我說明知故意地，因為在他不留神，或不知道，或失控時，他會陷入不成全、小罪，及我們前面說的本性的欲望中。因為像這樣的罪，不是那麼自願和故意的罪，經上說，**義人一天跌倒七次，仍再爬起來（箴廿四16）**。然而，那些故意的欲望，亦即故意的小罪，雖然

41. 阿爾卡達德抄本在此附註：因而使結合成為完美的。

是最微小的事，如我所說的，如果不加以克服，仍足以阻礙結合。

我說的是，不克制習慣性的欲望；因為有時候，不同欲望的一些行為，若習慣性的欲望已克制了，這些行為甚至不會造成太大的障礙。然而，靈魂也必須不要緊握這些行為，因為它們還是會來自習慣性的不成全。可是，某些習慣性故意的不成全，如果從不加以完全的克制，不僅阻礙神性的結合，也使得在成全上的進步受阻。

❹ 這些習慣性的不成全是：如常見的習慣愛說話；從不全心克服對某樣事物的小執著，例如，執著某人、某件衣服、某本書、某間斗室，或食物的烹調方式，及其他輕率的閒談，品嚐、知道、聽到某些事物方面的小小偏愛，及其他類似的等。

若靈魂執著於任何一個這樣的不成全，且養成習慣，對德行的增加和成長造成很大的傷害，也會天天陷入許多的不成全和偶犯的小罪。至於不是來自壞習慣的小罪，不會如同執著某些事物般地阻礙靈魂。因為，只要繼續這個執著，就不可能在成全方面有所進步，即使這個不成全非常微小。因為一隻小鳥，被細線或粗繩綁住，並沒有差別。因為，即使是細線，小鳥被捆住，與綁在粗繩上完全一樣，小鳥無法掙脫細線，展翅高飛。細線較易掙斷，這是真的，然而，無論如何容易，不先掙斷，小鳥仍然不能飛翔。執著於某一事物的靈魂亦然，雖然有更多的德行，也達不到神性結合的自由。

因為靈魂的欲望和執著，具有所謂的印魚㊷黏住船的特性，極小的一隻印魚，如果黏住了船，就會使船停駛，無法抵達港口，也不能航行。那麼，這是很可惜的，眼看著有些靈魂，彷彿富裕的船隻，滿載寶藏、事業、靈修神工、德行和天主的恩惠，由於缺少勇氣了斷一些小小的偏好、執著或愛戀（這些全是一樣），他們絕不會進步，也達不到成全的港口。

42. 印魚是一種啜船底的小鯽魚。

他們必須做的，無非是展翅高飛，掙斷那細線——執著，或除掉那黏住的印魚——欲望。

❺ 這是相當令人痛心的，天主使他們掙斷其他更粗的繩索——對罪和虛榮的貪戀，他們卻沒有進步，因為他們放不開某個幼稚的行為[43]，此乃天主對他們說的，要為了愛祂而克服——這無非是一根細線或髮絲。更糟的是，不只不進步，反而，由於執著而退步，一路上，用這麼多的時間，付出這麼多的辛勞，所得的進步和收穫，全都喪失了[44]。因為人人皆知，在此路上，不進則退，不得則失。這是我們的主希望教導我們的，祂說：**不隨同我的，就是反對我，不與我收集的，就是分散**（瑪十二30）。

如果不細心修補杯子，只要一個小小的裂縫，就足以使杯中的液體流光。《德訓篇》給我們很好的教導，說：**凡輕忽小事的，不久必會失足**（德十九1）。因為，如另一處所說的：**星星之火，足以釀成燎原大火**（德十一34）。因此，一個不成全足以導致另一個，結果每下愈況；所以，你們幾乎看不到一個靈魂，若忽略克服一個欲望，他不會沒有其他許多的欲望，全都來自這一個欲望引發的軟弱和不成全；為此，他經常跌倒。我們看過許多人，天主賜予恩惠，帶領他們在超脫和自由上大有進步，只因為開始陷入一個小小的貪戀，以行善做為掩飾，放縱於交談和友誼，因此而倒空心靈，失去享有天主、及神聖的獨居，從喜樂和堅定於靈修神業中跌倒，直至失去一切所有。這是因為，從一開始，他們沒有斷絕感官的愛好和欲望，在獨居中，為天主保守自己。

❻ 在此路上，我們必須不斷前行，以達到目的，這就是，要經常除去喜好[45]，不要放縱它們。如果沒有完全除盡，也不會完全到達。因為，就像在預備燒木頭時，只要缺少一度的熱力，就不能使木頭焚化為火，同樣，只要有一個不成全，靈魂也不會在天主內神化。正

43. 某個幼稚的行為／una niñería：指孩子般的舉止，或瑣事。
44. 這裡引述的神修格言也可在聖伯爾納多（San Bernardo）的著作中找到：en la Purificación de la Virgen, sermón 2.0, n. 3: ML 183, 369.
45. 喜好／quereres：這裡說的是種種的喜歡和愛好，是偏愛某物，放不開，捨不下。

如後來談論信德的黑夜時要說的，靈魂只有一個意志，如果這意志被阻礙，專注於某個事物上，他會失去神性轉化㊻須有的自由、孤獨和純潔。

❼關於這事，《民長記》中記載，那裏說，天使來到以色列子民中，對他們說，因為他們沒有殲滅敵人，反而和他們中的某些人結盟，因此，這些敵人會留在他們中間，成為他們的羅網與陷阱（民二1-3）。天主正是這樣對待某些靈魂。祂使他們遠避世俗，致死他們罪惡的巨人，摧毀他們的眾多敵人，亦即那些在世俗中接觸的各種罪惡，只為了使他們懷有更大的自由，進入神性結合的預許福地。他們卻仍然與不成全的卑劣子民保持友誼，又締結盟約，沒有完全克制它們。為此，我們的上主大發雷霆，讓他們自陷於欲望中，每下愈況。

❽《若蘇厄書》中，關於所說的事也有記載，天主命令若蘇厄，當他必須開始進入預許的福地時，要滅絕耶里哥城，不許留下任何活口，男女老幼，牛羊驢馬，都要用劍殺盡。天主又命令他，不可貪心竊取任何戰利品（蘇六18-19、21）。這是為使我們明白，為了進入神性的結合，必須滅絕存留在靈魂中的一切，無論多或少，大或小，靈魂必須什麼也不貪求，且徹底捨棄，彷彿不存在靈魂內，靈魂也不存在其內。

聖保祿致《格林多人書》中，給我們很好的教導：**弟兄們，我給你們說：時限是短促的，今後有妻子的，要像沒有的一樣；哭泣的要像不哭泣的，歡樂的要像不歡樂的；購買的，要像一無所得的；享用這世界的，要像不享用的，因為這世界的局面正在逝去（格前七29-31）**。這是宗徒對我們說的，教導我們，為了達到天主，靈魂必須多麼捨棄萬事萬物。

46. 神性轉化／la divina transformación：意指人性轉化為神性，就是使人天主化的意思。

第十二章

本章談論其他問題的解答，說明什麼欲望足以帶給靈魂上述的損害。

❶ 關於這個感官之夜，我們還能長篇大論，說明許多必須說的，論及欲望引發的傷害，不只以前述的方式造成損傷，也以其他的許多方式。然而，為達到我們的目的，所說的已足夠了；因為似乎已經闡明了，為什麼稱欲望的克制為夜，及為達到天主而進入這個夜，是多麼適宜。在談論進入這個夜的方法，以之做為本卷的結論前，要解答的只有一件事，即讀者對於所說的，可能會有的疑惑。

❷ 第一，是否任何一個欲望在靈魂內，都足以造成並引發所說過的二種害處，亦即：消極的，是除去靈魂內的天主聖寵[47]；積極的，是在他內，造成我們已說過的五個主要損害？

第二，是否任何一個欲望，無論多麼輕微，或是什麼種類，都足以造成這一切合併的（五個）損害，或者只是各自導致個別的損害，就像有的造成折磨，有的是疲倦，有的是黑暗等？

❸ 答覆第一個疑問，我說，有關消極的害處，即剝奪靈魂內的天主，只有包含大罪的故意欲望，才能導致全部的損害。因為它們剝奪靈魂今世的恩寵，及來世享有天主的光榮。回答第二個問題，我說，無論是犯大罪的欲望，還是故犯小罪或不成全的欲望，其中任何一個欲望，都足以在靈魂內導致這一切合併的積極害處。我們在此稱這些害處是積極的，

47. 第六章所說的是天主聖神，但在此則改為聖寵，作者是有意或無意做此改變，不得而知。

雖然從某個角度來看，它們是消極的，因為它們與轉向受造物有關係，正如消極的害處表示不轉向天主。然而其中有此分別：死罪的欲望產生完全的盲目、折磨、汙損、虛弱等；其他故犯小罪或不成全的欲望，則不會以完全和至極的程度，造成這種種的損害。因為它們不會剝奪靈魂的恩寵，而喪失恩寵勢必導致充滿欲望，因為恩寵的死亡就是欲望的存活。不過，這較小的欲望造成較輕的損傷，按照欲望使靈魂失去的恩寵而定。因此，欲望愈削弱恩寵，則所導致的折磨、盲目和汙損也愈多。

❹不過，要注意的是，雖然每個欲望造成所有的這些惡事（在此我們稱為積極的損害），各有其主要與直接的損害，而間接造成其餘的損害。

因為，雖然這是真的，一個好色的欲望造成所有這一切的惡事，然而，主要和特別引發的是玷汙靈魂與肉身。

而且，雖然一個貪婪的欲望，也造成這一切惡事，但主要和直接產生的是愁苦。

還有，雖然一個虛榮的欲望，同樣造成這一切，主要和直接引起的是黑暗與盲目。

再者，雖然一個貪吃的欲望，造成這一切，主要引發的是冷淡修德。其他的則以此類推。

❺任何一個故意欲望的行動，在靈魂內同時產生這一切的效果，理由是，直接相反德行的行動，在靈魂內產生相反的效果。因為，就像一個德行的行動，在靈魂內同時產生且培育柔順、平安、安慰、光明、純淨、力量，同樣，一個錯亂的欲望導致折磨、勞累、疲倦、盲目和虛弱。修行一個德行，所有的德行隨之成長，同樣，實行一個惡行，所有的惡及其效果也隨之在靈魂內成長。雖然欲望尚未得逞時，所有的惡事不會露出真相，因為在享樂

時不會顯露出來，不過，遲早都會清楚覺察出其惡果[48]。關於這事，在《默示錄》中，講解的非常好，有一位天使命令聖若望吞下一卷小書，它在嘴裏甘甜如蜜，但在肚裏發苦（默十9）。因為欲望得以放縱時，是甜蜜且彷佛美好的，但是到後來，會感受其痛苦的後果；這事能清楚斷定那隨從自己欲望沉淪的人。然而，我不知道，是否有人這樣瞎眼和痲木，竟致無所體驗？因為，他們沒有行走在天主內，也看不見阻止他們走向天主的障礙。

❻ 至於其他不是故意的本性欲望，及沒有超過第一個動作的思想，和其他沒有經過同意的誘惑，這些都不是我這裏所談論的，因為這些都不會給靈魂帶來上述的任何惡事。因為，雖然有此遭遇的人，認為受到痛苦與擾亂，因而也會導致玷汙與盲目，實非如此，反而帶給他們相反的好效果。因為，只要抵抗它們，就會得到力量、純潔、光明、安慰和許多益處，如我們的主對聖保祿說的：**德行在軟弱中更為完美**（格後十二9）。

但是，故意的欲望，造成所說的一切，甚至更多的惡事[49]。為此，靈修指導者最要關心的，是刻不容緩地克制徒弟的每個欲望，使他們對所渴望的事物保持空虛，釋放他們免於這麼多的不幸。

第十三章

本章談論進入這個感官的夜，必須有的方式和方法。

48. 本章的第五和六節提出很有用的靈修辨識，這些欲望的損害不會從一開始就看得出來，那時正在享受著表面的甜蜜。同樣，也不會一開始就辨識忠信和棄絕自我的果實，因為處在痛苦的翻騰中（第六節），相反自己的強烈又根深蒂固的傾向，這個爭鬥導致痛苦和不安，不過，後來必會顯露其真正和持久的效果。
49. 第三卷第二十二章會再談這個相同的問題：是不是任何一個欲望會造成全部這五個損害，或只導致其中的一個損害？
50. 被動者：原文是paciente／病人，英文（K.K.）recipient／接受者，按上下文的意思，中文譯為被動者，含有忍耐和接受的意思。

❶現在，我們還得提出一些勸言，為使人知道及能夠進入此感官之夜。關於這事，要知道，靈魂通常以兩種方式進入感官之夜：一是主動，一是被動。

主動是為了進入此夜，靈魂自己能做和所做的，這些事，我們將在下面的勸言中談論。

被動是靈魂不做什麼，惟有天主在他內工作，他有如被動者[50]；這是第四卷的主題，我們將在那裏談論初學者[51]。因為，按照在此路上常有的許多不成全，依賴神性的恩惠，我將在那裏給予初學者許多的勸告，在這裡，我不想多加贅述；也因為，不是給予勸告的合宜之處；由於目前我們只談論稱此歷程為夜的理由，及夜是怎麼回事，有多少部分。

但是，如果不直接提出一些良方或勸言，以修練這個欲望[52]的夜，看來似乎過於簡略，也不是那麼有用，在此，我想簡潔地寫出應遵循的方法。下二卷（或稱之為夜的理由）論題結束時，我也要這樣做，賴主助祐，我將加以談論。

❷在此，這些克勝欲望的勸言，雖然少又簡短，我知道這些是相當有用和有效的，如同精華摘要，因此，凡真心切望修行的人，別的什麼也不需要，這些勸言已囊括所有一切[53]。

❸第一，在所做的一切事中，要懷有效法基督的經常欲望[54]，相稱於基督的生活。必須仔細思量[55]祂的生活，為的是知道如何效法祂，且在諸事中，像祂那樣行事作為[56]。

❹第二，為能做好這事，無論能給予感官的什麼享樂，如果不是純然為了天主的榮耀和光榮，都要為了愛耶穌基督，棄絕它們，並保持空虛。在祂的一生中，除了滿全祂父親的旨意，祂沒有其他的愛好，也不希望有；祂稱之為祂的食物（若四34）。

舉個例子：如果有令人享受[57]的聽覺對象出現，卻與事奉和光榮天主無關緊要，不要渴望這個享受，也不要聆聽。又如果給予令人享受的視覺對象，卻不幫助人更愛天主，不要渴

51. 第四卷，事際上是指《黑夜》的第一卷，聖人在那裏詳述了這裏所許諾的主題。
52.「欲望」，在此用的是複數名詞apetidos。
53. 這些勸言是簡短、少數和有效的。本章略含彙編的特色，重編聖人寫給貝雅斯加爾默羅會隱修女的一些規則和格言（西文版：《光與愛的話語》159–162）。本章以更嚴格的語詞簡化這些規則，沒有顧及其理論和實用上的調適，這二方面要等到下二卷論及超性生命時，再做交待。
54. 效法基督的經常「欲望」，是單數的欲望apetido。

望這個享受，也不要看那些東西。而如果在言談方面，無論出現其他的什麼，要同樣這麼做；所有的感官以此類推，只要能好好地避免即可；因為，如果避免不了，即使這些東西呈現出來，不要渴望享受它們就夠了。

這麼一來，不久必能克制和空虛感官的享受，彷彿置身黑暗中。憑著這樣的細心留神，很快就會大有進步。

❺為了克制和平息本性的四種情緒——亦即快樂、希望、害怕、悲傷，它們的和諧與平靜，帶來這些和其餘的美善——下列格言具有徹底治癒的良方，給予很大的功勞，也造就卓越的德行。

❻經常努力傾向：

不是最容易的，而是最難的；
不是最愉悅的，而是最乏味的；
不是樂趣最多，反而是樂趣最少的；
不是那令人安息的，而是辛勞費力的；
不是那安慰的，反而是沒有安慰的；
不是那最多的，而是最少的；
不是那最崇高和珍貴的，
而是最卑微和受輕視的；
不是企盼什麼，而是什麼也不企盼；
不要四處尋求現世事物中最好的，

55. 仔細思量：considerar，聖十字若望在《靈歌》第三十一詩節第四節，對這個語詞如此解釋：「細思量一個對象，就是以非常特別的注意和尊重去注視。」
56. 作者在此重新肯定一個超性生命的基本原則：除非為了愛，絕不要去做棄絕的苦行（請參閱下一章2），在修持任何的棄絕或克制工夫之前，最重要的要先開放於一個新的愛：基督的愛。他必須在整個生命和心思念慮，及全部情感和欲望上有根本的歸化。
57. 享受／gusto：關於這個用語的解釋，請參閱第三章第一節中的註解。

而要尋找最差的；
並且渴望為了基督，在世上的諸事中，
進入完全的赤裸、空虛和赤貧[58]。

❼ 應該以全心接納這些格言，且努力克服意志對這些事的反感。因為，如果全心修行，很快地，會從中尋獲很深的愉悅與安慰，而且行事有條理，又審慎明辨。

❽ 上述的勸言，如果切實付諸實行，足以使人進入感官的夜。可是，為了具有更豐富的內涵，我們提出另一種修持，藉以教導我們克制肉身的貪慾、眼目的貪慾和人生的驕奢（若壹二16），亦即聖若望說的，這些正掌握著世界，招惹其他所有的欲望。

❾ 第一，努力在行動上輕視自己，並渴望所有人同樣對待你（這是相反肉身的貪慾）。
第二，盡力在言談中輕視自己，並渴望所有人同樣對待你（這是相反眼目的貪慾）。
第三，努力貶抑和輕視地想自己，並渴望所有人同樣對待你（也相反你，這是相反人生的驕奢）。

❿ 結論這些勸言與規則，很合適在此提出「登山圖」（四〇頁）中的那首詩，即本書卷首圖中的詩節，此係登上山頂，達到結合高境的教導[59]。因為，雖然這是真的，在那裡，我們說了心靈與內在部分，但我們也論及由感官與外在部分而來的不成全精神，從中可以看見這兩條道路，分別在成全小路的兩旁。因此，就此觀點而言，可以說，我們在此將之理解為感官的部分。後來，在夜的第二部分，則必須以心靈的部分來理解。

⓫ 詩節如下：

為達到享受一切，不要渴望享受什麼。

58. 乍看之下，這些格言頗為怪異。本章第五至六節是聖人的著作中最不被瞭解之處。其用意與用語所針對的是外感官的淨化，為了愛和得到自由，能時時處處承行主旨，必須有此修持：要更喜歡，且自動自發地去選擇較不喜歡的，而不是其餘比較喜歡和容易的。這樣做時，不是出於看到某人，或為了答謝某人。而是為使人得到自由和力量，常預備好去行善，得以超然物外，不會被外在的困難及內在的反感所左右。此乃高貴而艱辛的修持，毫無違反人道。第二卷第七章第五節談及相同的原則時，會有更深入廣泛的明確解釋，述說其基督中心論及神學的涵意。

為達到占有一切，不要渴望占有什麼。
為達到是一切，不要渴望是什麼。
為達到知道一切，不要渴望知道什麼。

為達到你未有之樂，你必須經過那無樂之路。
為達到你未有之知，你必須經過那無知之路。
為達到你未有之有，你必須經過那無有之路。
為達到你未有之是，你必須經過那無是之路。

達到萬有無礙的方法：

⑫ 當你止於某物時，你不再超越萬有之上。
因為從萬有到萬有，你必須在萬有內棄絕萬有。
而當你達到擁有萬有時，你必須毫無渴望地擁有。
因為，如果你渴望在萬有內擁有什麼，
你就不是純然在天主內擁有你的珍寶。

⑬ 在此赤裸中，心靈尋獲他的寧靜與安息；因為，心靈無所貪求，受高舉不疲累，受貶抑不氣餒；因為已經處於其謙遜的中心；因為，當心靈貪求什麼時，必因此而疲累。

59. 這幅〈山圖〉共有四個部分：1）山頂，天主在最中央，周圍環繞著德行與恩賜。2）中央的道路，狹窄且突出，寫滿了「虛無」，重覆了七次。3）旁邊的二條大路，寫著短暫的世福，並標示出都要捨棄。4）山腳下，列舉一些詩節，教導登上山頂的方法。本章中只抄寫了最後這個部分。

第十四章

本章說明首詩節的第二詩行。

懸念殷殷，灼燃著愛情，

❶ 我們已說明首詩節的第一詩行，其中論及感官的夜，闡明感官的夜是什麼，以及為什麼稱之為夜；並且提出主動進入夜的規則和方法，現在要續談其中的特性和效果，這些是極美好的，包含在其餘的詩行中。我將輕描淡寫解釋這些詩行，如我在序言中的承諾，然後進入第二卷，其中論及此夜的另一個部分，亦即，心靈的夜。

❷ 那麼，靈魂說，**懸念殷殷，灼燃著愛情**，穿越並離開感官的黑夜，邁向與愛人（天主）結合。因為，為了克勝所有的欲望，和棄絕對所有事物的享受，由於懷著對它們的愛和愛戀，通常點燃意志去尋求享受它們，所以必須燃燒起另一種更猛烈的愛火，就是愛他的淨配，藉著在此愛情中獲得的滿足和力量，將會有勇氣和恆心，易於棄絕其他所有的一切⑥⓪。為了克勝感官欲望的猛力，不只必須愛他的淨配，也要灼燃著愛情，且懸念殷殷。因為會發生像這樣的事，感官的欲望懷著這樣的焦心思慕，被推動，也被吸引朝向感官的事物，如果心靈的部分沒有燃燒著其他更熱烈的渴望，渴慕屬靈的事物，靈魂既不能克勝本性的束縛，也不能進入感官的夜；他也沒勇氣處在一切事物的黑暗中，剝除對它們的所有欲望。

❸ 至於在此結合道路的開始，靈魂所懷有的這些愛情懸念，是何情景，且有多少的方式；以及為了離開靈魂的居室，亦即靈魂的意志，進入感官的克制之夜，所應有的勤勉和睿

60. 這裡再次強調愛的動力原則：未給愛新的對象之前，不要從愛的能力中取走任何對象。正如在前章中所看到的。巴魯基（Baruzi）寫道：「除非人因愛而神化，且以此愛克勝他愛，否則對抗錯亂欲望的戰鬥必敗無疑。克修的悲哀勝利是消除某一種愛，而沒有代以新的愛。」

智；還有，由於對淨配的這些懸念，使這個夜的所有困苦和危險變成多麼容易，甚至是甜蜜和愉悅的，這裡不是述說之處[61]，也無法說明；因為親身體驗與默存心中，更勝於言傳。因此，我們要續談下一章，解釋其餘的詩行。

第十五章

本章解釋首詩節的其餘詩行。

啊！幸福的好運！
沒有人留意我離去，
我的家已經靜息。

❶ 此處採用囚禁的可憐處境做為比喻，由於沒有被獄卒阻擋，從這樣的囚禁中得到釋放，**真是幸福的好運**[62]。由於原罪，靈魂真的就像有死肉身內的囚犯，屈服於本性的情緒和欲望；從圍困與屈從中，他覺察自己的離去沒有被發現，這真是幸福的好運，就是說，沒有被他的情緒和欲望所阻礙和包圍。

❷ 為此之故，靈魂最好在**黑夜中離去**，亦即，在剝奪一切的享受，及克制所有的欲望中，按照我們所說的方式。至於**我的家已經靜息**，要知道，靈魂的感官部分，就是指所有欲

61. 作者在《靈歌》的詩節註釋中詳述了這裡所說的事，描述靈魂開始尋找天主的情況。
62. 獄卒是指感官的活動。聖人在此也暗示了他在托利多的囚禁和逃亡。

望的家，已經靜息，由於它們已被克勝且沉睡。因為，若非經由克制感官使欲望沉睡，而且感官已經靜息，以致不與心靈抗爭，靈魂無法離去，得到真正的自由，歡享與他心愛主的結合。

第二卷

本卷談論登上與天主結合的最近方法，亦即信德；因此，所談論的是這個夜的第二部分，就是我們說的心靈的夜，包括在以下的第二詩節中。

第一章

第二詩節

在黑暗和安全中，
攀上隱祕的階梯，改變了裝扮
啊！幸福的好運！
在黑暗中，潛伏隱匿，
我的家已經靜息。

❶ 在第二詩節中，靈魂歌唱幸福的好運，他剝除了心靈中所有屬靈的不成全，及占有屬靈財富的欲望。這實在是一個更大的好運，因為使這心靈部分的家靜息，會遭遇更大的艱

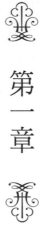

難，方能進入此內在的黑暗，這就是心靈內所有事物的赤裸，無論是感官或心靈的事物，惟獨依靠單純的信德，藉此攀登上達天主。

所以，在此稱信德為**階梯和隱祕**，因為信德的所有階級和階層，對於感官和理智都是祕密和隱藏的。所以，靈魂生活在黑暗中，完全沒有理智和感官的光明，離開所有本性與理性的界限，為了登上信德的神性階梯，此梯導引他攀登直上，透徹天主的深奧事理（格前二10）。

為此，靈魂說他**改變了裝扮**，因為當他以信德攀登時，他的外氅、衣服，及本性的限度轉變為神性的。由於這樣的改變裝扮，無論是現世、理性的事物或魔鬼，都無法認出或阻擋他。這一切完全不能傷害行走於信德之路的人。

不只這樣，靈魂的前進這麼潛伏、隱藏，遠避魔鬼的所有騙局，像這裡也說，「**在黑暗中，潛伏隱匿**」，就是說，靈魂躲開了魔鬼，因為信德的光明超越黑暗。因此我們能說，靈魂行走於信德內，就是潛藏起來，且躲開了魔鬼；當我們繼續講論時，這個道理自會更加清楚。

❷ 因此，靈魂說**在黑暗和安全中**離去，因為凡是這麼幸運，能夠行走信德黑暗之路的人，彷彿瞎子隨從嚮導，離開所有本性的幻覺與靈性的推理，如我們說的，非常安全地行走。

這樣，靈魂也說在心靈的夜中離開，因為他的家已經靜息，就是說，其心靈和理性的部分是靜息的。因為當靈魂達到與天主結合，心靈部分的本性官能、衝動和懸念都會靜息。為此之故，這裡不說懸念殷殷而離去，如同第一個感官的夜。因為，為了進入感官的夜，剝除有感覺的事物，必須懷著有感受的愛之懸念，使之離去；然而，為了靜息心靈的家，惟獨要求以單純的信德，拒絕所有心靈的官能、享受①、欲望。達到這個境界，靈魂會在單純、純潔、愛和彼此相似中，與所愛的天主結合一起。

❸ 要知道，首詩節提及感官的部分，說**在一個黑暗的夜裡**離去；而在這裡，論及心靈的部分，說**在黑暗中**離去；由於心靈部分的黑暗更是強烈，就如黑暗遠比夜的陰暗更深濃。因為，無論夜如何黑暗，仍然看得見一些什麼，但在黑暗中，就什麼也看不見。因此，在感官的夜裡，仍然留有一些光明，因為理智與理性仍然存在，並無失明之患。但是這個心靈的夜，亦即信德，除掉所有一切，無論是理智或感官的一切。為此，靈魂在這裡說，他在黑暗與安全中離去，這是上一詩節沒有說的。因為，靈魂愈少憑自己的能力工作，前進得愈安全，因為在信德內前進得愈多。

在第二卷中，我們將特別詳加解說這些事，忠誠的讀者須專注地往下閱讀，因為其中必須說明的事項，對於真正的神修人極為重要。雖然那些事會有些隱晦，但彼此之間能互相闡明，我認為全都可以清楚理解的。

第二章

本章開始談論夜的第二部分或起因，亦即信德。以兩個理由證明，為何比第一和第三個

1. 享受／gustos：關於這個用語的解釋，請參閱第一卷第三章第一節中的註解。

夜更黑暗。

❶現在繼續談論這個夜的第二部分，亦即信德，這是個極好的方法，我們說，信德引導人達到終點，亦即天主，而我們也說，對靈魂而言，必然地，天主是這個夜的第三個起因或部分②。

因為信德這個方法，可比之為深夜，那麼，我們能說，對靈魂而言，這比夜的第一部分更黑暗，在某種方式下，也比夜的第三部分更黑暗。因為夜的第一部分是感官的夜，好比黃昏時，所有可見的事物，開始從視野中消逝，所以，並非如同那麼遠離光明的深夜。

第三部分是黎明前，已經臨近曙光破曉時，不像深夜那麼黑暗，由於已經接近白天光明的照耀和投射，這好比天主。因為，雖然這是真的，按本性的說法，對靈魂而言，天主是這麼黑暗的夜，如同信德，然而，因為，當（夜的）這三個部分——從本性的觀點來說，這夜是靈魂的夜——結束後，天主開始以其神性之光的輝耀，超性地光照靈魂。這光是完美結合的開始，在第三個夜結束後隨之而來的，為此可以說，第三個夜較不黑暗。

❷但卻比第一個夜黑暗③，因為第一個夜屬於人本性較低的部分，亦即感官，因此是比較外在的；而這第二個信德之夜，屬於人較高的部分，亦即理性，也因此比較內在，也比較黑暗，因為剝除理性的光明，或者，更好說，使理性盲目。所以，實在可比之為深夜，夜晚中最深沉和最黑暗時。

❸現在，我們必須證明，為何這第二個部分，信德，是心靈的夜，正如第一個部分是感官的夜。然後，我們也要述說會有的反對，及靈魂必須如何主動地進入其中。至於被動的部分，亦即為了把靈魂放進夜裡，天主親自下手，沒有靈魂的作為，我們要在適宜的地方解

2. 參閱第一卷第二章；《靈歌》第十五詩節第二十三節。若望從這裡開始談論信德，擱下詩歌的註解，直到全書結束都沒有再提及這首詩。
3. 意指第三個夜比第一個夜黑暗，此乃接續上一段而說的。

說這事，我計畫在第三卷[4]中談論。

第三章

為什麼信德是靈魂的黑夜，用聖經的道理、權威和比喻加以證明。

❶ 神學家說，信德是一種習性（*hábito*/habit），對靈魂而言，是確實和黑暗的[5]。這是黑暗的習性，其理由是，因為信德使我們相信天主啟示的真理，這真理超越本性的所有光明，遠超過所有人類的理解，全然超越。

這裡是說，對靈魂而言，信德賦予他的這個過度強光，卻成為黑漆漆的黑暗[6]；因為較強者剝除（並克勝）較弱者，就像陽光使其他所有的光黯然失色，以致於當陽光照耀時，這些光彷彿不是光，而當太陽直射眼睛時，陽光克勝我們的視力，竟至使之盲目，剝除呈現眼前的事物；因為陽光與視力極不相稱，且過份超越視力。同樣，信德之光，由於其過份的強光，壓制並克勝理智的光明；至於理智，其能力只達到本性的知識；雖然，理智有個官能[7]可被提拔到超性的境界，當我們的主願意時，能把理智帶進超性的行動[8]。

❷ 一個人單靠自己，無法獲知什麼，除非經由本性的方式認識，亦即，惟有經由感官才能獲知，為此，這些對象必須有幻象和形像，以其本身，或以其相似之物呈現；否則他不能本性地認知。因為，如哲學家說的：靈魂內的知識來自官能與呈現的對象[9]。那麼，如果

4. 實際上是另寫了整部的《黑夜》，本書第三卷則未提。
5. 習性hábito／habit：說信德是一種習性，中文很難表明這話的涵意，這是士林神學的說法，這個字的拉丁文是habitus，含有境界或狀態／condition的意思，所以按文直譯是習性，解說其意，則是存在的狀態。參閱多瑪斯．阿奎那（Thomas Aguinas），《神學大全》2–2．1–4，6．1；Contra Gentiles 3．40；及De Veritate 14．1。若望在此偏重於只強調信德的某個面向，即信德和理智光明的對立情況。另一個強調方式，請參見《靈歌》第十五詩節。
6. 黑漆漆的黑暗／oscura tiniebla：原文用的兩個字都是黑暗的意思，是加強語氣的說法，表示非常黑暗。

告訴一個人某些事物，他根本不知道，也沒見過相似之物，到頭來他不會比先前更有知識。

我舉個例子，如果告訴一個人，在某個島上有個動物，是他從來不曾見過的，如果沒告訴他那動物相似什麼他曾見過的動物，那麼，無論人家對他說了多少關於這動物的事，他對那動物不會比先前更有知識和形像。

另有一個比較清楚的例子，更能闡明這個主題：如果有個天生的瞎子，他從來沒有看見過顏色，若有人告訴他白色或黃色是什麼，無論費多少唇舌對他說，他絕對是無知的；因為他從未見過這些顏色或相似之物，也就不能加以判斷。只能領悟它們的名稱，因為可以經由聽覺而領會；但卻不是其形式或形像，因為他從未見過⑩。

❸ 信德對於靈魂就像這樣，信德告訴我們的事物，是我們從未見過或知道的，無論是信德本身或與信德相似之物；事實上沒有任何相似信德的事物存在。所以，關於信德，我們沒有本性知識的光明，因為毫無感官相稱於人們對我們說的信德；然而，我們經由聽聞而獲知，相信信德所教導我們的，順服且盲目於我們的本性光明。因為，如聖保祿所說：信仰經由聆聽（羅十17）⑪。他彷彿是說，信仰不是經由什麼感官進來的知識，而只是靈魂同意聽進來的報道。

❹ 再者，信德甚至遠超過這些例子所解釋的；因為，信德不只生不出知識和學問，而且如我們說的⑫，剝除且盲目於其他的任何知識與學問，人們由此能夠清楚辨識出信德。因為，獲得其他的學問，是經由理智的光明；可是獲致信德，卻非透過理智的光明。信德棄置理智的光明，而且如果這個光明不是黑暗的，信德的知識就會失掉。因此，依撒意亞說：**如果你們不肯相信，你們必然不能瞭解**（依七9）。

7. 理智有個官能（potencia）可被提拔到超性的境界：指的是士林哲學中的被動理智。
8. 超性的行動：就是超自然的經驗。
9. 這句哲學格言根源於亞里斯多德（Aristotle），On the Soul 1．2，3．8。
10. 若望也採用這些例子解釋默觀，對若望來說，信德和默觀是一致的。參閱《黑夜》第二卷第十七章第三節。
11. 信仰經由聆聽／fides ex auditu；思高：信仰出於報道（羅十17）。
12. 見本章第二節，及本卷第二章第二節，若望以兩個面向談信德：其內涵無法以理性獲致，人的心智要無條件地信奉。

那麼，這是很明顯的，信德是靈魂的黑夜，也以此方式給予光明；黑暗愈深，則光明愈豐沛，因為盲目而賦予光明，按照依撒意亞說的話：**如果你們不肯相信，你們必然不能瞭解**，就是說，你們必然沒有光明（依七9）。

因此，當以色列子民進入紅海前，那分開埃及人與以民的雲柱，是信德的預象（出十四19-20）。聖經談及雲柱說：**那一夜，雲柱一面發光，一面發黑**（出十四20）。

❺多麼不可思議的事！雲柱是黑暗的，卻能照明黑夜！這是因為信德對靈魂而言，是黑暗與隱晦的雲，這也是夜，那麼，當信德臨現時，剝除人的本性光明，且使人看不見本性的光明，信德以其黑暗給予光明，並照亮靈魂的黑暗；因為，這是很適宜的，使得門徒相似師父（路六40）⑬。因為人在黑暗中，不能適當地領受光照，除非有其他的黑暗，按達味教導我們的，**日與日侃侃而談，夜與夜知識相傳**（詠十九3）。更清楚地說，這意思是：白日，就是天主，祂處於榮福中，那裡已經是白日，那些榮福的天使和靈魂已經是在白日，天主傳達並宣告給他們聖言，亦即祂的聖子，好使他們認識祂，並享受祂。至於夜，亦即信德，在戰鬥的教會中，信德仍然是夜，顯示給教會知識，因此也給每一個靈魂；這知識對靈魂是夜，因為他尚未擁有明晰的全福上智⑭，而在信德面前，靈魂的本性光明是盲目的。

❻因此，在這裡所得的推論是，由於信德是黑夜，信德把光明給予黑暗中的靈魂，由此也證實達味為此目的所說的話，他說：**夜是我愉悅中的照明**（詠一三九11）。這等於說：在我單純的默觀和與主結合的愉悅中，信德之夜將是我的嚮導。這話清楚地闡明，為了在此路上得到光明，靈魂必須處在黑暗中。

13 思高（路六40）：沒有徒弟勝過師傅的。
14. 明晰的全福上智：la clara sabiduría beatífica／the clear beatific wisdom。

第四章

概論為什麼靈魂按其能力，也必須在黑暗中，經由信德的良好引導，達到至高的默觀。

❶ 我相信你們已經有些明瞭，為什麼信德是靈魂的黑夜，及為什麼靈魂也必須是黑暗的，或處在自身光明的黑暗中，才能使自己被信德引導，達到結合的這個崇高終點。但是，為了使靈魂知道如何修行，現在最好繼續述說，更詳細說明靈魂必須有的這個黑暗，使之進入這個信德的深淵。所以，本章中，我要概論這個黑暗，接著，依賴神性的恩惠，我要特別詳細地說明，必須如何行事作為，方能不在黑暗中犯錯，也不阻礙他的嚮導。

❷ 那麼，我說，為了經由信德的良好引導，達到這個境界，靈魂不只必須處在受造物和現世事物的黑暗中，亦即本性感官與較低部分的黑暗中，這些我們已經談論過了，而且，在有關天主和心靈之物方面，亦即理智和較高的部分，他也必須黑暗和盲目，這些正是我們現在要談論的。因為，一個靈魂為了要達到超性的神化⑮，顯然地，所有包含他本性的，亦即感官和理性，靈魂必須使之黑暗和消失。因為「超性的」，就是說超越本性之上；因而本性必然處於其下。

因為，這個神化與結合⑯遠超感官和人類能力所及，靈魂必須完善又自願地空虛自己，無論是從上或從下而來的，我是說，在他的感情與意志上，盡其所能地空虛自己。因為，對天主而言，在那已經被捨棄、滅絕和赤裸的靈魂上，誰會阻止祂完成祂的意願呢？

然而，只要一個人仍有餘力，他必須全然空虛自己，因此，無論得到多少超性的交往，

15. 超性的神化：Transformación sobrenatural／supernatural transformation，我們譯為超性的神化，但也可譯為超自然的轉化，意即超越本性之上，變化成為天主性或神性。
16. 參見第一卷第五章第七節的註解。

他必須經常留在彷彿空無所有和黑暗中，就像瞎子，靠著黑暗的信德，接受信德做為嚮導與光明，絲毫不依靠他所理解、喜歡⑰、感受或想像的。因為這些全是黑暗，會引他誤入迷途。信德超越所有的理解、喜歡、感受或想像。

如果他不在這些事上成為盲目的，且留在完全的黑暗中，他必不會達到那更高超的境界，即信德的教導。

❸一個瞎子，如果沒有完全盲目，就不會讓好嚮導來導引他。如果瞎子仍然稍微能看見，他會認為自己看見的是最好的，因為他看不到其他更好的路。這樣，必會誤導比他看得更清楚的嚮導，總之，是他在發號施令指揮著嚮導。同樣，靈魂如果依靠什麼他知道的，或任何對天主的品味和感受，無論所依靠的是怎樣的了不得，與天主很不相似，而且渺小至極，致使行走此路時，很容易犯下錯誤，或耽擱不前。因為他不願真的盲目，留在信德內，信德才是他的真正嚮導。

❹聖保祿說的也是這個意思，他說：**凡接近天主的人應該相信祂存在**（希十一6）。他彷彿是說：凡願意和天主結合為一的人，其進步不該在於理解，不該依靠品味，也不該是感受或想像，卻該相信天主的存在。天主的存在既不能被理智、欲望、想像或其他任何的感官把握，在今世也不能被認知；今世中，對天主能有的最崇高感受與體驗⋯⋯等，與天主、和單純地擁有祂，相去無限遙遠。依撒意亞和聖保祿都說：**天主為愛祂的人所準備的是眼所未見，耳所未聞，人心所未曾想到的**（依六四3；格前二9）。

那麼，由於靈魂渴望經由恩寵，在今世完美地達到結合，及經由榮福，在來世達到結合（亦即，如聖保祿在這裡說的，眼所未見，耳所未聞，人心所未曾想到的）。顯然地，為了

17. 喜歡／gustar：原文有品味、高興、喜歡和滿意的意思，是指一個人的品味，對事物的欣賞方式，情感傾向。本章中喜歡／gustar（動詞）和滿足、愉悅／gusto（名詞）多次出現，讀者透徹了解有助於把握本章的重點。信德（或默觀）應該超越人的理解、喜不喜歡、感受及想像。參閱第一卷第三章第一節的註解。

在今世，經由愛與恩寵完美地達到結合，所有能進入眼睛的，所有耳朵能收聽的，幻覺能想像的，和心靈——在此表示靈魂——能領悟的，都必須留在黑暗中。

所以，當靈魂執著於任何的理解、感受、想像、看法、意願或他的作風，或其他任何一件自己的事或工作，而不知道從這一切中超脫與赤裸，他會大受阻礙，達不到與天主結合的這個高境。因為，如我們說的，他的目標是超越這一切，甚至連那能獲知與體驗的最崇高事物，也要超越；所以，必須超越一切，達到一無所知。

❺因此，在這條路上，進入此路，意即離開自己的路，或更好說，是走向終點；放棄自己的模式，就是進入沒有模式，亦即天主。因為達到這個境界的靈魂，已經沒有模式，也沒有形態，很少執著，也不能執著它們。我是說理解、品味和感受的模式。雖然在他內有一切的模式，**就像一無所有，卻無所不有（格後六10）**；因為靈魂有勇氣超越本性的內、外限度，進入超性的界限，沒有任何的模式，實質上，卻有一切的模式。達到超性的界限，即是離開本性的界限。達到超性的界限，和離開本性的界限，兩者相距非常遠，就是從低處到超越一切的高處。

❻為此，越過心靈和本性能知道或理解的一切，靈魂必須懷著全部的渴望，切望那在今生不能知道，也不能進入內心的，並且，把今生中所有現世和心靈的品味和感受，及能品味和感受的，置之於後，他必須以全部的渴望，切盼達到超越所有的感受與品味。

為了在這些事上，保持自由與空虛，絕不該緊握他的靈魂所領受的，無論是以心靈或感官的方式，如我們立即要說明的——就是當我們詳論這事時——全都要視之為無關緊要。因為愈惦記所理解、品味和想像的，無論其是否為屬靈，則愈加以珍視，也會愈消除至高的美善，在邁向天主的路上耽擱得愈久。而愈不惦念所能擁有的（理解、品味和想像）——無論這些和至高的美善有多深的關聯——則愈專注於天主和珍視祂，因此，也更快達到天主。這樣，在黑暗中，藉著也是黑暗的信德，靈魂很快靠近結合。就這樣，信德給予他非凡美妙的光明。那麼，如果靈魂想要看見，更快的是，在有關天主的事上，置身於黑暗，而非張開雙眼直視太陽的強烈光芒。

❼ 因此，在這路上，凡使其官能盲目的人，必會看見光明，根據救主在福音中說的：**我是為了判別，才到世界上來，叫那些看不見的，看得見，那些看得見的，反而成了瞎子（若九39）**。這些耳熟能詳的話，必須以此靈修之路來理解，亦即：處在黑暗中，使自己和本性所有光明盲目的靈魂，必會超性地看見；仗恃自己任何光明的靈魂，必會更加盲目，且在此結合的路上耽擱不前。

❽ 為了較少混淆地續談下去，我認為，下一章必須說明，我們所謂的靈魂與天主結合是怎麼回事；因為，明白這事，更能闡明我們後來要說的，所以我認為，這裡是談論此事的合宜之處。因為，雖然我們的談論會中斷，卻沒有離題，因為對此結合的解釋，闡明了正在談論的事理。所以，下一章好比省略三段論法中的插入，因為隨後我們將詳論，在第二個夜中，靈魂的三官能與三超德之間的關係。

第五章

本章說明靈魂與天主結合是什麼意思。列舉一個比喻。

❶ 前面的談論中，多少說明了，這裡我們所謂的「靈魂與天主結合」是什麼意思，因此，我們要說的結合，在此會更清楚明瞭。談論與天主結合的類別，不是我現在要說的，因為，如果我現在開始解釋什麼是理智的結合、什麼是意志的、或什麼是記憶的，又什麼是上述官能中短暫的結合、什麼是永久的；然後，按照上述的官能全合併一起，什麼是完全短暫和永久的結合，我將無法言盡。關於這些事，我們將逐步分別談論，時而談這個，時而談那個，所以，對於我們必會述說的事，現在沒有必要解釋，最好是在適當的地方，行文中涉及相關的主題時，再做詳細的說明，那時，我們會列舉生動的實例，配合實際的教導，到那時，讀者會覺察和了解每件事，對這些事的判斷也會更好。

❷ 現在，我只談論這個完全和永久的結合，亦即在靈魂的實體（*sustancia*）與其官能中，結合的隱晦習性[18]；因為，依賴天主的恩惠，後來我們會解說，為什麼在當下的結合中，在今生，不能有官能上的永久結合，只能是短暫的結合[19]。

❸ 那麼，為了明白我們說的這個結合是什麼，應該知道，無論哪一個靈魂，即使是世上最大的罪人，天主都實體性地居住和臨在他內。在天主和所有的受造物之間，這個結合的方式經常存在，天主藉此保存受造物的生命；如果這個結合方式終止，受造物立即歸於泯滅，也不復存在。

所以，論及靈魂與天主的結合，我們不談這個實體性的結合，這是經常存在的，而是談靈魂和天主的結合與神化（*transformación*），這並非經常存在，只當達到擁有愛的相似才

18. 參閱本卷第三章第一節的註解。
19. 結合的主要類別是：永久或短暫的；在實體或感官上的；習慣性或當下的。參見《靈歌》第二十六詩節第五至十一節；《愛的活焰》第一詩節第三至四節，及第四詩節第十四至十六節。本章是整部書的根基，因為淨化的過程來自結合的性質。

有。為此，我們稱之為相似的結合，另一個則稱為實質或實體的結合；相似的結合是超性的，另一個是本性的。超性的結合是當雙方的意志——亦即，天主與靈魂的意志——合而為一時，沒有任何事物使雙方互相反對。當靈魂完全除掉自己對天主旨意的反抗與不順從時，他藉著愛在天主內神化。

❹要了解，這個對天主旨意的反感，不只在人的當下行為，也在人的習慣上。以致於，不僅必須除掉當下故意的不成全，習慣的不成全也要滅絕。因為，無論什麼受造物，或其行為和能力，都不能合適或達到天主的本體，為此，靈魂必須剝除所有的受造物，以及他的行動和能力，亦即，他的理解、品味和感受，為的是，當所有不相似、不順合天主的事物被驅逐時，他的靈魂可以領受天主的肖像，因為在他內，沒有存留任何相反天主旨意的事物；這樣，他就在天主內神化。

雖然這是真的，如我們所說，天主始終臨在靈魂內，以其支持性的臨在，賜恩並保存靈魂本性的生命，然而，天主並不經常通傳給他超性的生命。因為天主只藉著愛和恩寵通傳超性的生命，並非通傳給所有的靈魂；而擁有超性生命的靈魂，也非程度相同，因為，有的達到較高級的愛，有的則程度較低。天主豐沛地傳達自己給更精修於愛的靈魂，亦即更與天主的旨意合一者。凡意志達到完全順合與相似的靈魂，即是達到在天主內超性的完全結合和神化。

那麼，根據以上的解釋，一個靈魂以愛戀和習慣，穿戴的受造物和自己的才能愈多，為此結合所做的準備也愈少。因為他沒有獻給天主全部的機會，使之達到超性的神化。所以，靈魂必須剝除本性的反抗與不相似，好使以本性方式傳達自己的天主，也能藉恩寵以超性的方式傳達。

❺這就是聖若望想要說明的，當時他說：**他們不是由血氣，不是由肉慾，也不是由男慾，而是由天主生的**（若一13）。這話好似說：祂賜德能給成為天主子女的人（也就是，使之在天主內神化），只給那不是由血氣而生的人（亦即，不是由天生的體質和結構），也不是由肉慾（亦即，本性才幹與能力的自由意志），更不是大男人的意志（其中包括理智藉以判斷和理解的每一個模式和形態）。

天主沒有給上述中任何人德能成為祂的子女；只給凡由天主生的人，這些人就是，藉恩寵而重生，全死於舊我⑳，超越自己而達到超性界，且從天主領受重生與子女的關係，這是超越一切所能想像的。因為，正如同一的聖若望在另一處說的：**人除非由聖神而生，不能看見天主的國**（若三5），此乃成全的境界。在今世中，由聖神重生，就是靈魂相似天主，單純潔淨，不參雜絲毫的不成全，因此，由於結合的分享，能達到單純的神化，雖然不是本質性的神化。

❻但是為了使人更容易瞭解這些事，我們要提出一個比喻：陽光照在一扇玻璃窗上。如果窗子上有一些汙痕或霧氣，陽光不能照亮窗子，使窗子轉化成為陽光，如同，如果窗子清除所有汙垢，且又純淨無瑕，那般完全照透。愈少清除窗子上的霧氣和汙垢，所得的光照也愈少；玻璃窗愈清潔，接受的光照也愈輝耀。所接受光照的多寡，不在於陽光，卻在於玻璃窗。如果玻璃窗完全清潔和純淨，陽光必會轉化且光照玻璃窗，使窗子相似陽光，且照射有如陽光。雖然，玻璃窗看起來就像陽光一樣，事實上，卻與陽光有本性上的分別，不過我們能說，由於分享，那扇玻璃窗是陽光。

20. 參閱弗四21–24：「如果你們真聽過祂，按照在耶穌內的真理，在祂內受過教，就該脫去你們照從前生活的舊人，就是因順從享樂的慾念而敗壞的舊人，應在心思念慮上改換一新，穿上新人，就是按照天主的肖像所造，具有真實的正義和聖善的新人。」
21. 本性地：天主的本性，從我們的角度來說，即是超性。就是說，天主以其本性照耀我們，我們則是超性地接受。

所以，靈魂就像這扇玻璃窗，天主的神光本性地㉑照耀其上，或者更好說，經常居住其中，如我們所說的。

❼由於靈魂獻給天主空間（亦即，消除自己內所有受造物的霧氣和汙垢，這就在於使意志與天主完美地結合，因為愛就是，為了天主，剝除和擺脫所有不是天主的一切），當此事完成後，靈魂將在天主內受光照與神化。而且天主會通傳自己的超性生命給他，竟致使他看起來就像天主，也會保有天主本身所有的一切。

當天主賜給靈魂這個超性的恩惠時，產生像這樣的結合，致使天主與靈魂的一切所有，在轉化的分享㉒中合而為一。而靈魂彷佛更是天主，而不只是靈魂，由於分享，他甚至是天主；雖然，這是真的，他的本性存有雖然已經神化，但仍然像過去那樣，和天主有本質上的分別，就像玻璃窗和陽光也是有分別的，即使窗子全然被照亮。

❽那麼，現在會更清楚明白，如我們說的㉓，預備這個結合，不是靈魂的理解，也不是對天主的品味、感受或想像，或其他任何什麼，而是純潔與愛，就是惟獨為了天主，完全剝除並棄絕這一切經驗；而且也會明白，為什麼沒有完美的純潔，就不能有完美的神化；又為什麼靈魂所得的啟迪、光照、及與天主結合，相稱於他的純潔程度。如我說的，如果這一切未臻成全，不是明亮和潔淨的，光照也不會是成全的。

❾以下的比喻也闡明這事。有一幅完美無比的畫像，畫工精緻美麗，裝飾巧妙，畫中有些地方如此精美，如此細膩，竟至不能全然辨識其精細和卓越。那麼，觀看這畫像，視力較差的人，在畫像上看見的精美和細緻處較少；視力較明亮的人，在畫中看見較多的精緻和完美；如果又有視力更明亮的人，甚至會看得更完美；最後，擁有最明亮和純淨視力的人，

22. 轉化的分享／transformación participante：意思是因轉化成為天主，而分享天主，如同玻璃窗充滿陽光一般。
23. 上一章，尤其是第四節。

會看見最精緻和完美之處；因為，在這畫像中，有如此之多值得觀賞的，無論人如何盡情觀賞，仍有許多未能盡看。

⑩ 同樣，我們能說，在此光照或神化中，靈魂與天主間正是這樣。因為，雖然這是真的，靈魂各按其能力的多寡，都能達到結合，然而，並非所有人都達到相同等級的結合；因為這在於上主願意給每個人什麼。這就像在天堂上享見天主，有的看得多，有的看得少，但全都看見天主，而且也都滿意，因為他們的能力都得到滿足。

⑪ 為此，雖然在今世，我們可能遇見有些靈魂，他們處於成全的境界，享有同等的平安和寧靜，每一位都是滿足的，但他們中可能會有人，在程度上遠超過別人，不過，都有同等的滿意，因為每一位的能力都得到滿足。然而，沒有按照自己的能力，達到足夠純潔的靈魂，絕不會達到真正的平安和滿足，因為他的官能沒有達到赤裸與空虛，這是單純的結合所要求的。

第六章

本章談論三超德如何成全靈魂的三官能，及三超德如何使三官能空虛和黑暗。

❶ 我們必須談論引領靈魂的三官能——理智、記憶、意志——進入這個心靈的夜，此乃達到神性結合的方法。但是在本章中，我們必須先解釋，為什麼三超德，信德、望德和愛

德，與上述的三官能有關，是它們的超性對象，藉此三超德，靈魂得以結合於天主，各在其官能中，造成相同的空虛與黑暗：信德在理智中，望德在記憶中，愛德在意志中。

然後，我們要談論，為了走向天主，理智為何必須在信德的黑暗中被成全，記憶在望德的空虛中，而意志則在一切愛情的空乏和赤裸中。

因此，可以清楚看出來，對靈魂而言，這是多麼必要，為了安全行走這條神修之路，穿越這個黑夜，要有三超德的支持，而三超德使一切事物空虛和黑暗。因為，如同我們已說過的[24]，在今生中，靈魂與天主結合，不是藉理解，不是藉享受（gozar）[25]，不是藉想像，也不是藉其他什麼感官，而只藉理智的信德、記憶的望德、意志的愛德。

❷ 正如我們說的，三超德空虛此三官能：信德導致理智的空虛和黑暗，望德使記憶完全空無所有，而愛德使意志空虛，剝除對所有非天主之事的情感和快樂。

因為，我們已看到，信德告訴我們的事，理智是無法瞭解的。為此，聖保祿在《希伯來書》中這樣說：**信德是所希望之事的擔保，是未來之事的確證**（希十一1）。針對我們的論題，意思是說，信德是所希望之事的實體。雖然理智堅決又確實地同意這事，但這對理智仍不是明顯的，因為，如果是明顯的，就沒有信德可言。所以，雖然信德帶給理智確實性，卻不能產生明晰性，而只有黑暗。

❸ 那麼，對於天上人間的萬有，無疑地，望德也把記憶置於黑暗與空虛中。因為望德總是涉及所沒有擁有的，因為，如果已經擁有，就不再希望了。因此，聖保祿在《羅馬書》中說：**所希望的若已看見，就不再是希望了；哪裏還有人希望所見的事物**（羅八24）呢？亦即，誰還希望所擁有的事物呢？因此，這德行也造成空虛，因為望德涉及的是沒有擁有的，

24. 第二卷第四章。
25. 享受／gozar：第四和五章中的品味／gustar，在此改為享受／gozar，兩個字略有差異，雖然都有愉悅的含意，gustar偏重於情感上的喜歡和品味，而gozar則是享受和享有的愉悅。

而非擁有的。

❹ 愛德，也同樣如此，空虛意志內的所有事物，因為愛德要求我們愛天主在萬有之上，除非斷絕對萬有的情感，完全專注於天主，否則無法做到。因此，基督藉聖路加說：**你們中不論是誰，如不捨棄他的一切所有，不能做我的門徒**（路十四33）。所以，此三超德置靈魂於黑暗中，於萬有的空虛中。

❺ 這裡我們要注意，我們的救主藉聖路加在第十一章說的寓言，祂說：**有人半夜向他的朋友要求三個餅**（路十一5）；這三個餅象徵三超德。祂說，這人是在半夜裏求的，表示靈魂必須獲得三超德，使三官能中的萬有成為黑暗，而在這個夜裡使三官能達到成全。我們讀到，《依撒意亞》第六章第二節，這先知看見兩位色辣芬，侍立在天主兩側，各有六隻翅膀：兩隻蓋住腳，象徵為了天主的緣故，在萬有中，使意志的情感盲目和熄滅；兩隻蓋住臉，象徵在天主面前理智的黑暗；他們用其餘的兩隻來飛翔，表示望德飛向未占有的事物，且飛升到上天下地，除天主之外，靈魂能占有的一切之上[26]。

❻ 為此，我們必須引導靈魂的三官能達到三超德，各以其超德陶成三官能，剝除靈魂內所有不屬於三超德的事物，且置之於黑暗。這就是心靈的夜，前面我們稱之為主動的[27]，因為是靈魂盡己之所能地進入這個夜。正如在感官之夜，我們說明了空虛感官對可見事物之欲望的方法，使靈魂離開起點，到達中途，即信德。同樣，在這個心靈的夜，依賴天主的恩祐，我們要提供一個方法，如何空虛和淨化心靈官能中不是天主的一切，使三官能留在三超德的黑暗中，如我們說過的，三超德是靈魂與天主結合的方法與準備。

❼ 這是徹底安全的方法，足以對抗魔鬼的狡猾詭計，對抗自愛及其在小事上的效應。

26. 在此我們有兩個典型的例子，若望經常以合適的意思引用聖經。他很自由地運用經句來說明他的講題，而非以之證明什麼真理或表達他的親密經驗。
27. 第一卷第一章第二節，第十三章第一節。

這些通常極巧妙地欺騙和阻礙行走此路的神修人，因為他們不知道按照此三超德，使自己赤裸，並管理好自己。因此，他們絕不可能尋獲心靈美善的實體與純潔，他們也不能盡其所能，直接快速地行走此路。

❽ 請注意，現在我說的，特別是針對已經開始進入默觀境界的人，因為對於初學者，應該更詳細地談論這事。天主助祐，在第二卷，當我們談論初學者的特質時，我們將探討這事㉘。

第七章

本章談論導向永生的道路多麼狹窄，及步行此路的人，要多麼赤裸與無罣礙。開始談理智的赤裸。

❶ 現在，為了談論靈魂三官能的赤裸與純潔，需要其他比我更博學和有靈修的人，方能給神修人解釋清楚，這條道路是多麼狹窄，這就是我們的救主所說的，導向生命的道路，因而能信服這事，才不致驚奇，在這個夜裡，我們必須把靈魂的三官能留在空虛與赤裸之中。

❷ 我們應該留心注意，聖《瑪竇福音》第七章中，我們的救世主關於這道路所說的話：**那導入生命的門是多麼窄，路是多麼狹小，找到它的人的確不多**（瑪七14）。在這段經句中，我們應該特別注意，經文中，「**多麼**」這二個字表達的誇張與強調。因為這彷彿是

28.「已經開始進入默觀境界的人」，若望視之為「進修者」。在此探討心靈官能淨化的部分，他特別針對這些人。這裡說的第二卷是指《黑夜》的第一部分，那裡談到初學者的特質。

說：真的是非常狹窄，遠超過你們所想的。

我們也必須留意，首先，祂說這門是窄的，是為了教導我們，靈魂進入基督的這個門，亦即道路的開端，首先必須縮緊和剝除意志對一切感官和現世事物的欲望，因而能愛天主在萬有之上；如我們已說過，這是屬於感官的夜[29]。

❸ 接著說，這道路是狹小的，亦即，這條路是成全的道路；是為了教導我們，行走成全的道路，不只必須進入窄門，空虛感官的對象，也必須變為狹小，在心靈的部分，交出一切所有和除掉障礙。那麼，所說的**窄門**，我們能指人的感官部分；所說的**狹路**，我們能理解為心靈或理性的部分；而所說的**很少人找到它**，應該注意其理由，這是因為很少人知道，且願意進入心靈最深的赤裸與空虛。因為這條成全高山的小路，本是直上高處，且又狹窄的，所以要求旅行者，不要加重下分的負擔，也不要妨礙上分[30]。就是說，在其中，唯一要做的是尋找並獲得天主，因此，必須尋找和獲得的，也只有天主。

❹ 由此可以清楚看得出來，不只在所有屬於受造物的部分，靈魂必須消除阻礙，更要在所有屬於心靈的部分，走上交出一切所有和滅絕自我的道路。為此，我們的主為了教導和引領我們走上此路，藉聖瑪谷，在第八章說的話，是這麼美好的教導，我認為，幾乎可以這樣確定，對神修人愈要緊的道理，實行得愈少。由於這個教導的重要性，且與我們的論題有關，我要全部引用，解釋這話的純真和靈性意義。主這麼說：**誰若願意跟隨我，該棄絕自己，背著自己的十字架來跟隨我。因為誰願意救自己的性命，必要喪失性命，但誰若為我的原故，喪失性命，必要救得性命**（谷八34-35）。

❺ 啊！此時此地，誰能了悟、修行並體驗我們的救主在此告訴我們的，這個棄絕自我

29. 第一卷第十三章。
30. 下分是指感官部分，上分則是心靈部分。

的勸諭是什麼？為使神修人看出來，在此路上，他們必須實行的方法，和許多他們的想法，是多麼不同！他們認為，隱退一下，或生活改善一下，就夠了；有些人滿足於以某個方式修行德行、繼續不斷的祈禱、做克苦，但卻達不到主在此勸告我們的赤裸、貧窮、棄絕自我或心靈的純潔，這些全是一樣的事。因為他們仍然以心靈的安慰和感受，去餵養和裝扮本性的自我，而非為了天主去剝除和棄絕這一切。他們認為棄絕世物即已足夠，不須滅絕和淨化心靈的財富。有的時候，當某些堅實和成全的食糧，亦即，滅絕天主內的所有甘飴，陷於乾枯、乏味、考驗（這些是純潔心靈的十字架，是基督心靈貧窮的赤裸），他們避之有如死亡，且處處尋求的只是和天主甜蜜又愉悅的交往。這不是棄絕自我和心靈的赤裸，而是愛好心靈的美味。由於這樣的作為，就神修上來說，他們成了**基督十字架的敵人**（斐三18）；因為純真的心靈，在天主內尋求乏味甚於美味，傾向痛苦甚於安慰，為了天主，傾向一無所有甚於持有事物，喜愛乾枯和憂苦甚於甜蜜的交往，他知道這就是跟隨基督和捨棄自我，而其他的方法，可能是在天主內的自我追尋，這是完全相反愛的事。因為在天主內尋找自己，就是尋找天主的恩惠和安慰；然而，在自己內尋找天主，不僅願意為了天主，渴望沒有這些，而且願意為了基督，傾向選擇來自天主，或來自世上最乏味的一切；這就是愛天主。

❻ 啊！誰能說明，我們的主願意的這個棄絕，究竟到什麼地步呢？的確，這必定有如在所有現世、本性、靈性上的死亡和毀滅，對於意志所看重的一切，都完全棄絕。

這是我們的救主在這裡要說的：**誰若願意救自己的性命，必要喪失性命**（若十二25）。如果人希望保有什麼，或為他自己尋求什麼，他必會失掉所有；**誰為我的緣故，喪失了自己的性命，必要獲得性命**（瑪十39）。亦即，誰為了基督，捨棄意志能渴望與享受的一切，而選擇那更相似十字架的，主藉著聖若望稱他們為**惱恨自己性命的人**（若十二25），這人會獲得性命。

二位前來要求坐在右左的門徒，至尊陛下教導他們這事，當時，祂沒有答應所請求的光榮，反而把祂必須飲的杯爵給他們，以之為今世中，比享福更珍貴、更安全的事（瑪廿十20-22）。

❼ 這個**杯爵就是**，以赤裸和滅絕，死於自我的本性，為能在一切屬於感官的事上，走上這條狹窄的小路，如我們已經說過的[31]，也能在靈魂上，如我們現在說的，亦即在其理解、享受和感受上，行走窄路。因此，不只在感官和心靈上，什麼都不占有，甚至在第二級的心靈部分，也不會被窄路阻礙。如同我們的救主教導的，在這道路上，只容納棄絕自我和十字架，十字架是達到目的的手杖，使旅途極其迅速和容易。我們的主藉聖瑪竇說：**我的軛是甘飴的，而我的擔子是輕鬆的**（瑪十一30），擔子就是十字架。因為，如果人決心順服地背負這個十字架，這就是下決心，真的願意在一切事上，為了天主，尋求和忍受考驗，他會從中尋獲很大的安慰和甜蜜。因為行走此路時，他剝除一切，什麼都不渴望。但是，如果他尋求擁有什麼，或來自天主，或來自其他事物，由於占有什麼，他並非剝除，也非棄絕萬有；所以，在此窄路上，他既不得也不能登上高處。

❽ 因此，我願意說服神修人，這條導向天主的道路並不在於繁多的思慮，也不是方法、方式和品味——雖然初學者可能需要這些方法——但需要的只有一件事，就是能真實地棄絕，無論是其內在或外在，獻身於為基督受苦和滅絕一切，因為，在此修持中，他會從中完成與尋獲這一切，甚或更多。這是一切德行的根基與總合，如果在這修持上有所欠缺，那

31. 第一卷第十三至十四章；第二卷第六章第四節。

麼，其他的方法只不過是捨本逐末，毫無益處，縱然他們如天使一般，有高超的思想和與主交往。因為除非師法基督，否則就不會有所進步，正如主藉著聖若望說的，祂是**道路、真理和生命**。**除非經過祂，沒有人能到父那裏去**（若十四6）。祂在別的地方說：**我就是門，誰若經過我進來必得安全**（若十9）。因此，凡喜愛行走在甜蜜、方便又逃避師法基督的路上，我不認為這是良好的靈修。

❾ 因為我已經說過，基督是道路，以及這道路是在感官與心靈死於我們的本性，我要來解說，為什麼這個死是效法基督，因為祂是我們的典範和光明。

❿ 首先，在祂的一生中，祂確實靈性地死於感官的部分，在祂死的時候，祂本性地死亡。因為，如祂說的，在祂生時，沒有枕頭的地方（瑪八20），在死時，祂擁有的更少。

⓫ 其次，當祂臨終時，在祂靈魂的深處，祂確實被毀滅，沒有任何安慰與解脫，因為在下層的部分㉜，天父把祂遺棄在最深的乾枯中；祂不禁放聲呼喊：**我的天主，我的天主，祢為何捨棄了我**（瑪廿七46）？這是祂一生的遭遇中，感官上的至極被捨棄。就這樣，祂完成了生命中的最大工程，遠超過祂在世上或天上所行的奇蹟和工作，這就是，經由恩寵，祂帶來了天主與人類之間的和好與結合。如我說的，這就是，當這位上主完全被徹底滅絕的當下，祂所得到的是：就人的聲譽而言，由於目睹祂的死亡，人們對祂譏諷嘲弄，而非尊敬愛戴；就人性而言，祂被毀滅至死；就來自天父的心靈護祐與安慰而言，為了償清人的罪債，帶領人與天主結合，在那個當下，祂被祂的父棄捨，如此地被滅絕，竟至如同化為烏有。達味論及祂說：**我被化為烏有，毫無知覺**（**參照詠七三22**），就是說，真正的神修人，為了與天主結合，應該瞭解基督的門與道路的奧祕，也該知道，在心靈和感官二個部分，為了天主

32. 下層的部分：la parte inferior／in the lower part，也就是指感官的部分。

而滅絕自己愈多，與天主的結合愈深，所完成的工作也愈大。當人被化為虛無，即謙虛的極致時，必會完成靈魂與天主間的靈性結合，這是今生中能達到的卓絕和最崇高的境界。

那麼，這不在於娛樂（*recreaciones*）、品味（*gustos*）和心靈的情感（*sentimientos espirituales*），卻在於活活地死於感官與心靈——亦即，內在與外在——的十字架。

⓬ 我不想大談這事，雖然我情願繼續談論，因為我看到，那些自視為基督好友的人，非常不認識基督。我們看見他們，由於極端的自愛，在基督內尋求自己的品味和安慰，而非出於對祂的深情大愛，尋求祂的痛苦與死亡。至於我說的這些人，他們自認為是基督的朋友；而那些在生活中遠離和避開基督的人、有學問又有權勢的人，及生活於世俗中，焦心於權利地位的人——對於像這樣的人，我們可以說，他們根本不認識基督。無論他們一生結局看來如何幸福，畢竟，他們是最悲苦的，在這裡我不論斷他們。然而到了審判之日，他們要被判決，因為，天主的聖道本該先傳授給他們（宗十三46）。由於他們的博學與尊高身分，天主願意他們是領受聖道的人。

⓭ 現在我要來談談神修人的理智，特別是天主已賜恩提拔到默觀境界的人，因為，如我已說過㉝，現在我特別針對這些人講論，我們論及為什麼必須在信德內歸向天主，及淨化相反信德的事物，好使靈魂緊縮自己，為能進入黑暗默觀的狹窄小路。

33. 第二卷第六章第八節。《攀登加爾默羅山》和《黑夜》所談論的信德、黑夜和默觀，其內涵是相同的。

第八章

本章概論沒有任何理智可領悟的受造物或認識，能做為與天主神性結合的最近方法。

❶尚未談論達到與天主結合的特有和適宜的方法（亦即信德）之前，我們最好先證明，為什麼既沒有受造的，也沒有想像的東西，能協助理智，做為達到與天主結合的適當方法，又為什麼凡理智能領悟的一切，如果人有意執著的話，則成為障礙而非方法。

現在，在本章中，我們要概括地加以證明，後來則要特別談論理智藉內、外感官領受的認識，以及從這些內、外認識而來的弊端和損害，導致理智的前進不依靠信德這個特有的方法。

❷那麼，要知道，按哲學的規則，所有的方法必須與它們的目的相稱[34]，就是說，必須與目的有某種的一致和相似，足以使之獲得所追求的目標。

我舉個例子：有個人想到某個城市去。他必須走通往該城的道路，這就是配合且連結該城的方法。

另有一個例子：火與木頭連結和結合。必須先用熱力（這就是方法）預備木頭，使之具有相當程度的熱力，與火極為相似與相稱。因此，如果有人想用不當的方法，例如空氣、水或土，預備木頭，則木頭與火必不可能結合在一起；這就好像，如果不走那連接該城的道路，也不可能抵達那城市。

那麼，為了使理智在今世達到和天主結合，則要盡其所能，採取與天主結合的方法，也

34. 參見亞里斯多德《形上學》2・1；多瑪斯《神學大全》1–2・96・1；1–2・102・1；1–2・114・2。

要具有和天主最大的相似。

❸所以，我們要留意，在所有的受造物當中，無論高級或低級的，沒有一樣具有與天主很近似的結合，也沒有與天主相似的。因為，雖然這是真的，如神學家說的，所有受造物和天主都有某種程度的關係，也有祂的蹤跡——有的多，有的少，各按其存有的優劣而定——其實，天主與受造物之間，並沒有本質上的關係或相似㉟。反之，天主的神性存有與受造物的存有，兩者的距離是無限的。因此，要以受造物做為方法，無論是天上的或地下的，來使理智領悟天主，這是不可能的，因為沒有相稱的相似。

因此，關於天上的受造物，達味說：**上主，沒有任何神祇能與祢相似**（詠八六8）。這裡所說的神祇，是指天使與聖靈魂。又在另一處說：**天主，祢的道路在於神聖之地，那裏有神像我們的天主那樣偉大**（詠七七14）？彷彿是說：天主，到祢那裡的道路，是神聖之路，亦即純潔的信德。因為，哪有神祇如此偉大呢？就是說，哪有天使如此受舉揚，或哪有聖人這麼受舉揚於光榮中，竟能成為相稱的道路，且足以走向祢呢？達味也說及上天下地的萬物：**上主尊高無比，仍垂顧弱小；祂自遠處，知曉高超事物**（詠一三八6）。這彷彿是說：天主尊貴崇高，垂視地上萬物，比起天主的尊高，萬有非常卑微渺小；至於高超事物，即天上的受造物，天主看見也知道，與祂的存有相距非常遙遠。

所以，所有受造物都不能做為相稱的方法，協助理智達到天主。

❹正是這樣，今生中，所有想像能構想，或理智能接收和理解的事物，都不是，也不能成為最近的方法，達到與天主結合。

因為，如果我們從本性方面來說，可以說，理智無法理解事物，除非所理解的對象包

35. 參見多瑪斯《神學大全》1・4・3；《攀登加爾默羅山》第一卷第四至五章。

含，且具有事物的形式和形像，使身體的感官有所覺知；像這些事物，我們已說過㊱，不能當做方法，本性的理智不能從中獲益。

那麼，如果我們說的是超性的認知，在今生，按照理智的普通能力，既不能也無法備妥，在此肉體的囚禁內，領受對天主的清楚認識，因為，像這樣的認識，不是屬於此一境界，因為，必須死才能獲知，若不死必不能獲知。

為此，梅瑟向天主要求這個清楚的認識時，天主回答梅瑟，沒有人能看見祂，說：沒有人看見了我，還能活著（出卅三20）。聖若望說：從來沒有人看見過天主，也沒有任何事物相似祂（若一18）。所以，聖保祿和依撒意亞也說：眼所未見，耳所未聞，人心所未曾想到的（格前二9；依六四3）。正為此故，如《宗徒大事錄》上說的，當天主臨在時，梅瑟不敢看荊棘，因為，按他對天主的感受，他明白自己的理智不能合宜地思想天主（宗七30–32）。至於厄里亞，我們的會父㊲，經上說，在山上，在天主的面前掩住他的臉（列上十九11–13），表示盲目他的理智。他在那裡所做的，是不敢以他的卑微注視如此高貴的對象，他很清楚，任何他能想到或個別理解的事物，必與天主相距很遠，且極不相似祂。

❺ 因此，在今生可朽的生命中，沒有超性的認識或領悟能做為最近的方法，達到和天主崇高的愛之結合。因為，所有理智能理解，意志能喜愛，及想像能構思的，正如我們已說過㊳，都非常不相似，也不相稱於天主。

關於這一切，依撒意亞在那相當著名的經文中，美妙地加以解釋，他說：你們能拿什麼同天主相比呢？或者你們能造出什麼形像和天主相似呢？也許鐵匠能造出某個態像嗎？或是金匠能以金子，或銀匠能以銀片揑造嗎（依四十18–19）？

36. 見本章第一至二節，聖十字若望的著作採取士林哲學的亞里斯多德理論，主張知識是經由抽象作用，來自感官。明白此事，有助於理解若望的著作，不過，他的教導並不依靠任何特別的思想體系。

37. 十六世紀的加爾默羅會士，沿襲1281年古老會憲的傳承，承認自從厄里亞和厄里叟時代起，新舊約的隱修聖父，居住在加爾默羅山厄里亞水泉旁修行，度默觀祈禱的生活。稱厄里亞為我們的會父，若望遵循加爾默羅會的習俗，遵奉他為我們的「領袖」和「會父」。參閱《攀登加爾默羅山》第二卷第二十章第二節，第二十四章第三節；第三卷第四十二章第五節；《靈歌》第十四詩節第十四至十五節。

鐵匠象徵理智，理智的工作是理解㊴，把心象和幻像㊵的鐵除掉。
金匠象徵意志，意志能接受愉悅的形狀與形式，這愉悅來自愛的黃金。
至於銀匠，即所說的，不能用銀片造出天主的形像，象徵帶著想像的記憶，這一點很可以說，記憶能捏造和製造認識與形像，就像是銀片。

所以，依撒意亞彷彿是說：理智以其智力不能瞭解任何相似天主的事物，意志也不能喜愛相似天主的愉悅和溫柔，記憶也不能在想像中放置代表天主的認識與形像。

那麼，顯然地，這些認識中，沒有一個能協助理智，做為直接走向天主的最近方法。為了達到天主，更接近神性的光明，必須以一無所知邁向天主，而非渴望知道，以盲目和置身於黑暗，而非張開雙眼。

❻ 由於默觀，理智有了對天主的崇高認識，因此，默觀被稱為神祕神學，意思是天主的隱祕智慧；因為，這智慧對於接受它的理智是隱祕的，為此，聖狄奧尼修斯稱默觀為黑暗的光㊶。關於這智慧，巴路克先知說：**沒有人認識智慧的道路，也沒有人能思想她的途徑**（巴三23）。那麼，這是很清楚的，為了與天主結合，理智必須對所有能獲得的途徑盲目。亞里斯多德說，正如太陽對於蝙蝠的眼睛是完全的黑暗，同樣，天主內最明亮的光明，對我們的理智也是徹底的黑暗。此外，他又說：天主的事理，如果愈高深、愈清晰，我們愈無知，也愈覺黑暗㊷。保祿宗徒也肯定說：**在天主內最高深的智慧，最少被人瞭解**（羅十一33）。

❼ 如果繼續引述聖經和理由，來證明並指示，在所有受造的萬物，及理智能領悟的事物中，沒有能使理智達到崇高天主的階梯，我們絕無法言盡。的確，必須明白，如果理智想

38. 見本章第三節。
39. 理解／formar las inteligencias：原文很難翻譯，直譯是形成智力，也就是理解；英文k.k.則意譯為形成觀念／conception。
40. 心象和幻像：especies y fantasías／species and phantasms。這句話的意思是說理智能形成抽象的
觀念。
41.（托名）狄奧尼修斯《神祕神學》（Pseudo–Dionysius Areopagita, De Mystica Theologia,c.1 #:PG3,999）。
42. 亞里斯多德《形上學》2·1。

要利用所有的這些事物，或其中的某樣，做為達到與天主結合的最近方法，不僅是攀登此山的障礙，甚至是許多錯誤和騙局的原由。

第九章

本章談論為何信德是理智的最近和相稱的方法，能使靈魂達到愛的神性結合。用聖經的章句和敘述加以證明。

❶ 綜合上述所言，為了準備好達到此神性的結合，對所有涉及感官的一切，理智必須保持純淨和空虛，且剝除和空出所有理智能清楚領悟的，保持內在的平靜和安寧，依靠信德，這是唯一最近與相稱的方法，使靈魂與天主結合。因為信德與天主如此相似，以至於相信天主與看見天主，其間沒有差別。因為，正如天主是無限的，信德提示我們祂是無限的；又如天主是三位一體，信德提示我們祂是三位一體；天主對我們的理智是黑暗的，同樣，信德也使我們的理智盲目和目眩。因此，經由這唯一的方法，在神性的光明中，天主把自己顯示給靈魂，這神性的光明超越所有的理智。所以，靈魂愈有信德，與天主的結合也愈深。

上述的聖經引言中，聖保祿想說的是：**凡接近天主的人，應該相信祂存在**（希十一6）。意即，以信德走向天主的人，理智必須是盲目的，且處於黑暗中，只依靠信德，因為處在這雲朵之下，理智與天主結合，在雲朵底下，天主是隱藏的，按照達味所說的：祂

使諸天低垂，親自降臨，祂的腳下密佈濃雲。祂乘坐革魯賓飛揚；藉著風的翼羽翱翔。祂的四周以黑暗作帷帳，以含雨的濃雲為屏障（詠十八10-12）。

❷至於所說的**天主的腳下、祂以黑暗作帷帳**，及居所中含雨濃雲的黑暗，指示信德的黑暗，而天主隱居其中。這詩節敘述**天主高居於革魯賓之上，鼓動風翼**，暗示天主如何凌駕於一切理智之上。**革魯賓**㊸象徵聰明或默觀的人，**風的羽翼**，表示心靈的微妙和高超的知識和觀念；在這些之上是天主，那是沒有人能藉自己的力量達到的。

❸在聖經中，我們讀到有關此事的描述，當撒羅滿建造聖殿竣工時，天主在黑暗中降來，充滿聖殿，以色列子民無法目睹，撒羅滿於是說：**上主曾決定居住在幽暗之中**（列上八12）。當天主在山上顯現給梅瑟時，也是被黑暗遮蓋（出廿四16）。每當天主與人交往時，祂顯現於黑暗中，如同在《約伯書》中看見的，聖經上說，天主從黑暗的旋風中向約伯講話（約卅八1，四十1）。這所有的黑暗，指示信德的黑暗，當信德通傳給靈魂時，天主的神性被信德覆蓋起來。就像當時聖保祿說，**局部的終必消逝**，就是說這個信德的黑暗，**圓滿的就會來到**，說的是神性的光明（格前十三10）。關於這事，在基德紅的軍隊中，我們也有相當好的敘述。按經上的記述，所有的軍人手中拿著火把，但卻沒有看到光，因為火把被藏在黑暗中，在瓦罐內，當罐子打破了，軍人立刻看到光明（民七16-20）。信德也是這樣，那些瓦罐象徵信德，其內包藏著神性的光明。當信德達其終點時，由於塵世生命的結束與了斷，信德粉碎了，包藏其內的神性光榮和光明，必會立即顯現。

❹那麼，顯然地，靈魂要在今世達到和天主結合，及直接和祂交往，必須和撒羅滿說的黑暗結合，他說，天主曾決定居住在幽暗中（列上八12），也要人處在黑暗的旋風中，天

43. 革魯賓：智品天使。

主樂於在那裏顯示祂的祕密給約伯。靈魂也必須在黑暗中，手握基德紅的瓦罐，在他的手（他意志的工作）中，握著火把（即愛的結合，雖然仍在信德的黑暗中），當今世生命的瓦罐，即信德之光的一切阻礙被打破了，他可在光榮中面對面地看見天主。

❺ 那麼，現在有待詳細說明的是，所有理智能接受的理解和領悟，在這信德的道路上，能造成的阻礙和損害，靈魂應該如何處置它們，方能從感官或心靈得到益處，而非受害。

第十章

本章劃分理智能把握的所有領悟與理解。

❶ 在有關我們說的這個方法，即以信德達到神性結合的事上，為了詳談因理智的認識與領悟，可能帶給靈魂的益處和損害，有必要在此劃分所有能獲得的領悟，無論是本性或超性的。稍後，以更清楚的次序，我們將引導理智進入信德的夜與黑暗中。我們的分類會盡可能地簡短。

❷ 那麼，應該知道，理智能以二種方式得到認識和理解，即本性與超性的。本性的認識，包括理智由身體的感官，或藉反省能瞭解的一切事物。超性的認識，包括所有以超越本性的能力和本領給予理智的一切。

❸ 這些超性的認識，有些是身體的，有些是心靈的。

身體的超性認識有二種：一種是得自身體的外感官；另一種是得自身體的內感官，能夠理解、想像，能領悟、構造和設想的一切。

❹ 心靈的超性認識也有二種：一是清楚和個別的認識；另一是模糊、黑暗和普遍的認識。

在清楚和個別的超性認識中，有四種特別的領悟，其傳達給心靈，不必經過任何的身體感官，這些是：神見、啟示、神諭、心靈的感受。

黑暗、普遍的認識，只有一種，亦即默觀，這是在信德內給予的。我們必須帶領靈魂進入這個默觀，引導靈魂越過其他所有的認識，從一開始就剝除它們。

第十一章

論超性地顯示於身體外感官的理智領悟，能造成的阻礙與損害，及靈魂應該如何處置。

❶ 前章中，我們說的第一種認識，是屬於來自本性理智的。關於這些認識，在第一卷中已談論過，在那裡，我們引導靈魂進入感官的夜，所以不在此贅述。因為，對於這種認識，我們已在那裏為靈魂講述了適宜的道理㊹。

因此，本章中，我們談論的只是屬於理智的認識和領悟，以超性的方式，經由身體的外感官，即：看、聽、聞、嚐、觸，達到理智的超性認識。經由外五官，神修人能夠，也常常

44. 其實從第一卷直到第二卷第十二章，若望的道理仍然涉及本性的認識和欲望，這裡的重點是，將感官的認識區分為本性和超性。對若望來說，超性是指不能用我們的能力獲得的。

有超性的顯現與對象。

因為在視覺上，他們常能呈顯形像，及另一生命世界的人、某些聖人、好天使與壞天使的模樣，還有一些非凡的光明與光輝。

經過聽覺，他們聽到特殊的話語，有時來自他們看見的形像，有時看不見誰在說話。

在嗅覺方面，他們有時聞到極甜蜜的芳香，卻不知從何而來。

味覺方面亦然，他們體驗到非常美妙的味道。至於觸覺，感受極深的愉悅，有時這麼歡愉，彷彿全身的骨髓和骨頭都為之歡樂、心花怒放且沐浴在愉悅中。這樣的愉悅通常稱之為心靈的傅油，因為此愉悅由心靈傳達至純淨靈魂的肢體。對於神修人，這個感官的享受是很平常的事，因為這是心靈感官內愛情與虔敬的滿盈洋溢，每人各以其方式領受之。

❷ 應該知道，雖然所有這些事物（譯按：超性認識），能經由天主，發生在身體的感官上，絕不可依賴它們，或接受它們，反而更應該完全逃避它們，毫不想望去檢定它們是好或壞。因為它們愈是外在和身體的，愈不能保證來自天主。因為，天主與心靈的交往愈適度與平凡，對於靈魂更為安全和有益，比傳達給感官更好，感官的交往，通常會有許多的危險和欺騙。由於在超性感官的交往中，身體的感官會判斷和評估心靈的事物，認為與所感受的吻合一致。這交往和所感受的非常不同，就像身體之於靈魂，感覺之於理性。因為身體的感官對於靈性的事物如此無知，就像一頭驢子面對理性的事物，甚至有過之而無不及。

❸ 因此，重視像這些事的人是非常錯誤的，而且處在受騙的極大危險中，至少會完全阻礙靈修的成長；因為，所有屬身體的事，如我們說的㊺，和屬靈的事毫不相稱。所以，像這樣的事，常該確定為來自魔鬼，而非來自天主：在比較外在和身體的部分，魔鬼擁有更大

45. 本卷第八至第九章。

的權勢，也更容易在這方面欺騙靈魂，超過比較內在和心靈的方面。

❹ 這些身體的對象和形式愈外在，對靈魂的內在和心靈的益處愈少，這是因為身體與心靈之間，有很大的懸殊和不相稱。因為，雖然這些身體的交往有些靈性，而這往往是指那些來自天主的交往，但比起更靈性和內在的交往，仍是遠不可及的。

也因此，非常容易導致在靈魂內蘊釀錯誤、傲慢和虛榮。因為，由於是這麼可觸知和物質的，它們強烈地影響感官，致使靈魂的判斷，似乎是愈有感覺的愈好。那麼，靈魂捨棄了信德，必會追隨這些交往，以為那些光明是嚮導與方法，可使他們達到目標，亦即與天主結合。可是，愈重視這些交往，則愈遠離信德的道路與方法。

❺ 除此之外，當靈魂看到，像這樣非凡的事不斷發生於他，往往會偷偷吞下對自己的某種看法[46]，就是說，現在他可算是天主眼中的寶貝了，這樣的想法恰恰相反謙德。

魔鬼也擅長慫恿靈魂暗中自我滿足，有時明顯得很。為此，牠時常供給感官一些對象，顯示給視覺聖人的形像和很美麗的光輝，給聽覺虛偽不實的話語，給嗅覺芳香的味道，也在人的口中放置甜蜜，又使觸覺愉悅。牠做這一切事，目的是誘惑人陷入許多惡事。

因此，必須時常拒絕像這樣的顯現與感受。因為，即使有些可能來自天主，也不會因為靈魂拒絕和不願意，而冒犯天主，得不到天主願意給的效果和果實，即經由它們而給靈魂的效果。

❻ 這個理由在於，因為身體的神見，或其他任何一個感官的感受，以及其他任何一個更內在的通傳，如果是來自天主的，在領受的剎那，就已在心靈中產生其效果，不容靈魂有時間思慮要或不要。

46. 意即，私下竊喜，自認為蠻不錯的。

因為，正如天主超性地賜予這些恩惠，沒有靈魂的努力與能力，祂使這些恩惠得到所要的效果，也一樣不必靈魂的努力與能力，因為這是天主在心靈中，以被動的方式施行和造成的效果。所以，不在於人要或不要。就好像，如果火很快地碰觸人的身體，那人不願被灼傷，幾乎是辨不到的事，因為火必須產生其效果。好的神見與顯現也是一樣，雖然靈魂不願意，也會在靈魂內首先和主要地造成其效果，超過身體上的效果。

那些來自魔鬼的，不必靈魂的願意，也會在心靈內惹起騷擾、乾枯、虛榮或傲慢。雖然魔鬼的通傳，對靈魂並非如此有效驗，如同天主的通傳所施行的善。因為，魔鬼的通傳只能激起意志的第一個動作，如果人堅決不為所動，魔鬼不能動搖意志更進一步。牠們引起的騷擾不安，不會持續很久，除非靈魂缺乏勇氣與謹慎，才會一直持續。

不過，天主的通傳卻滲透靈魂，推動意志去愛，並在靈魂內留下其效果。即使靈魂想拒絕，也不能絲毫抗拒它們，比起玻璃窗不能拒絕陽光的照耀，猶有過之。

❼ 因此，靈魂絕不該膽敢想望接受這些通傳，即使，如我說的，它們是從天主來的。因為，如果靈魂想要接受它們，必會導致六種損害。

第一，信德必會逐漸削弱，因為感官的經驗大大減損信德；如我們說過的[47]，信德超越所有的感官。也因此，不對所有感官的事物[48]閉上靈魂的眼睛，使人離開與天主結合的道路。

第二，如果不加以拒絕，它們會成為心靈的障礙，因為它們阻擋靈魂，使心靈無法高飛，上達無形像的境界。為此，這就是其中的一個理由，主對祂的門徒說，祂去是有益的，因為聖神將要來臨（若十六7）。同樣，主復活後，不讓瑪麗德蓮碰觸祂的腳，是為使她堅

47. 見第三章。
48. 感官的事物／cosas de sentido：指所有的感官經驗，經由感官而來的領悟。
49. 那些事物：意指感官上的超性經驗。

定於信德（若廿17）。

第三，在那些事物上[49]，靈魂逐漸地據為己有，不再繼續走向真正心靈的捨棄與赤裸。

第四，靈魂漸漸失去它們的效果，和在其內產生的靈性，因為雙眼專注於感性的部分，而這是最不重要的。也因此，它們所帶來的這麼豐富的靈性，靈魂卻得不到。如果拒絕所有的感官事物，這靈性會更豐富地刻劃和保存起來，感官的事物和單純的靈性大不相同。

第五，人漸漸失去天主的恩惠，因為他將之據為己有，也沒有從中受益。視之為己有，又沒有因之得到益處，這就等於巴望獲得它們。因為，靈魂追求它們，天主就不會賜予，所以，靈魂必定不可以堅決相信它們來自天主。

第六，因為巴望得到它們，為魔鬼大開門戶，使牠趁虛而入，利用其他相似的東西來欺騙，牠能高明地掩飾和裝扮，使人認為它們都是好的。按聖宗徒所說的，**魔鬼能變成光明的天使（格後十一14）**。關於這事，賴主助祐，到第三卷論及靈性的貪吃那一章，我們將會談論[50]。

❽因此，不管從何而來，閉上眼睛不加理睬，對靈魂而言，總是最好的。因為，如果不這樣做，必會給魔鬼的顯現留有餘地，且使魔鬼大逞其能。不僅取代從天主來的顯現，魔鬼的顯現將會增多，來自天主的反而漸漸停止，結果全都來自魔鬼，根本不是來自天主。這事是會發生的，許多輕率又無知的靈魂，接受這些事物[51]時，這麼確信不疑，致使他們中有許多人，在懷著單純的信德歸向天主上，碰到真正的困難。許多人已無法回頭，因為魔鬼已經深深紮根於其內。因此，最好是置之不理，且要全部拒絕，因為這樣，可在不好的通傳中，除掉來自魔鬼的錯謬，而在好的通傳中，除掉信德的障礙，從中取得靈性的果實。就這

50. 這裡所說的第三卷，乍看似乎是指《黑夜》第一卷第六章談靈性貪吃的不成全，然而，在《攀登加爾默羅山》第三卷第三十一章，更清楚地論述了這裡許諾要詳談的事理。
51. 指感官的超性經驗。
52. 譯按，這句話是接續上一段，意即靈魂接受魔鬼的通傳，天主給的超性通傳也會因此而減少，由於將超性的通傳據為己有，反而得不到益處，

樣，當這些通傳得到接納，天主也會逐漸除去它們[52]。由於視之為己有，他沒有得到應有的益處。那時，魔鬼灌注並增多牠的通傳，因為牠找到了下手的空隙和時機。這樣，當靈魂加以捨棄和拒絕時，魔鬼就會停止，因為牠看出來無法傷害靈魂，相反的，在這謙虛和無所依靠的靈魂上，天主必會增多並改善祂的恩寵，**委派他管理許多大事**，有如對待那**在少許事上忠信的僕人**（瑪廿五21）。

❾在這些恩惠中，如果靈魂仍然保持忠信與辭退（retirado），上主會不斷地使他級級上升，直至上達神性的結合與神化。因為我們的上主以這樣的方式，證實並提拔靈魂，首先按照感官，賜予非常外在和低等的事物，相稱於感官的能力。為此，如果靈魂接受得很得體，視自己的能力與營養之所需，節制地取用初步的微量食物，天主必會賜下更豐富與高貴的食物。因此，如果這靈魂在第一級中戰勝了魔鬼，必會繼續進入第二級；如果第二級也如此，必會進到第三級；也同樣會通過全部七個住所，亦即愛的七個等級，直到淨配帶他進入成全之愛的**酒室裏**（歌二4）。

❿知道如何與《默示錄》中的獸交戰的靈魂，真是有福！這獸有七個頭，正好與這七級的愛相對應（默十二3，十三1）。這獸各用一個頭與其中的一級交戰，牠就是這樣與靈魂在每一重住所中交戰。且在每一重住所中，靈魂修持並贏取每一級的天主之愛。無疑地，如果他忠實地作戰，在每一住所中獲勝，他必會通過一級又一級，一重又一重的住所，直到最後的住所，在兇暴猛烈的交戰中，砍掉這七個獸頭。這場交戰充滿暴力，聖若望在那裡說，這獸被許可**與聖徒們交戰**，且在每個愛的等級中，使用猛力和充足的武器，戰勝他們（默十三7）。

非常遺憾的是，許多人進入這場靈性的戰鬥，開始對抗這獸時，甚至不能斬斷第一個獸頭，拒絕世上的感性事物。有些人使盡全力，砍掉第一個獸頭，卻斬不斷第二個，這就是我們要談論的感官的神見。不過，最令人遺憾的是，有些人不只砍掉第一和第二個，連第三個（亦即內在感覺的感官，越過了默想的境界，甚至更有進境）也砍斷之後，進入純靈性的境界時，被心靈的獸所征服，牠轉過來猛力攻擊，甚至使第一個獸頭再捲土重來。由於他們的失足，最後的境遇比先前的更壞，因為這獸再來時，帶來**七個比自己更壞的魔鬼**（路十一26）。

⓫ 那麼，神修人如果想砍掉第一和第二個獸頭，進入第一個愛的住所，和第二個活潑信德的住所，他必須拒絕所有的領悟，及外感官的短暫愉悅，那些給予感官的事物，不要緊緊地握住，也不該受其阻礙，因為這些是最中傷信德的。

⓬ 所以，顯然地，感官的神見與領悟，不能做為達到結合的方法，因為和天主毫不相稱。這是基督不要瑪麗德蓮或聖多默接觸祂的原因之一（若廿17、27－29）。因此，最使魔鬼稱心的是，看見有靈魂想要得到啟示，傾向於它們。因為那時，牠有絕好的機會和手段，注入錯誤，盡情貶損信德；因為，如我已說過[53]，渴望這些領悟的靈魂變得粗魯至極，竟至有時，使他陷於相當多的誘惑和失禮的言行。

⓭ 我多少已詳述了這些外在的領悟，為能更闡明不久就要談論的其他道理。然而，關於這個部分，有這麼多要說的，講也講不完。我也覺得自己過於簡略，只說人該小心，絕不要接受它們，除非在某些罕有的情況，且有極充足的勸導，加上對它們沒有絲毫的想望。但我想，對於這一部分，我的解釋已足夠了。

53. 見第七節。

第十二章

本章談論本性的想像領悟。說明其性質，並證明為何不能做為達到與天主結合的相稱方法，以及不捨棄它們所招致的損害。

❶ 尚未談論常發生於內感官（亦即想像與幻覺）的超性想像神見之前，為使我們順序談論下去，在此，述說身體內感官的本性領悟是很妥當的。因此，我們依次前進地談論，從卑微到高超，由外而內，直達最深的收斂在那裡靈魂與天主結合。我們一直採用這個順序，因為，我們首先談論剝除外感官的本性領悟，繼而談到本性欲望的能力，這是第一卷的論題，在那裏我們講述了感官的夜。到了上一章，我們開始論及剝除外感官的超性領悟，引導靈魂進入心靈的夜。

❷ 在這第二卷中，現在首先要說的是身體的內感官，亦即想像力與幻覺。我們也須倒空內感官中，所有來自想像的形式與領悟，即內感官能以本性的方式把握的形式與領悟，我們也要證明，沒有停止這些想像的作用，與天主結合是不可能的。像這樣的想像，不能成為這結合的適當和最近的方法。

❸ 所以，要知道，在此特別提及的二個內感官，是身體的二個內感官，稱之為想像與幻覺。它們依次互相協助，因為一個推理想像，而另一個造成形像或幻像。就我們的談論而言，無需加以區分。因此，當我們沒有同時提出兩者時，要了解這裡所說的[54]。

那麼，在這裡，凡能領受與構形的感官稱為想像與幻覺，就是以有形有體的形像或形

54. 談到內感官及其作用，若望的用語會有不同的意思。按照士林哲學的理論，內感官包括：the common sense, the imagination, the estimative sense, and the sense memory（cf. Aquinas, *Summa theologiae* 1・78・4）. 以若望寫書的目的來說，他只涉及記憶和想像的感官。雖然他說想像和幻像是兩個不同的內感官，但兩者的作用如此緊密相連，為了實際的理由，他將之合併為一。

狀，顯現於內感官的形式。

這些可分為兩類：超性與本性的。超性的，是指沒有內感官的運作，而能呈現，且以被動的方式顯現，我們稱為超性的想像神見；我們後來會談論。

另一個是本性的，是指靈魂能藉形式、形狀、形像主動地構形。

所以，默想就是這二個官能的工作，因為默想是以形像、形式和形狀為媒介的推理行動，用這二個內感官來想像和構形。例如：想像基督被釘在十字架上，或被綁在柱子上，或在其他的情景中；或想像天主坐在寶座上，充滿尊威榮耀；或細思和想像光榮有如一道美麗的光明等；或其他類似的事，有時是神，有時是人，亦即凡能被想像把握的。

為了達到神性的結合，靈魂必須空虛所有的形像，且使這個內感官留在黑暗中。因為這些形像如同身體外五官的對象，不能做為與天主結合的相稱和最近的方法。

❹ 理由是，因為想像不能製造，或設想任何超越外感官經驗的事物，即眼之所見，耳之所聞等。頂多只能使這些看見、聽見、感受的東西組合成相似之物，這並不會達到更高的本質，比起所謂的經由感官領受的對象，甚至還不如。因為，雖然可以想像珍珠宮與黃金山（由於曾見過真的黃金和珍珠），但所有這些想像，其實比不上些微的黃金或一粒珍珠，雖然在想像中，可能數量更多，模樣更漂亮。也因此，正如我已說過，所有的受造物，不能和天主本身有什麼相稱，因此，所有相似受造物的想像，不能做為達到與天主結合的最近方法。反之，如我們說的，更幫不上忙。

❺ 為此，凡是想像天主有什麼形狀，如一團烈火或光芒，或其他什麼形式，且認為天主多少有些相似它們，這樣的人是非常遠離天主的。因為，雖然對初學者來說，默想中的這

些思維、形式、方法是需要的，可使靈魂藉感官而激發愛情，並得到餵養，如我們後來要說的[55]。所以，它們適合做為與主結合的遠方法，靈魂通常必須透過這些方法，以達到目標和心靈安息的住所。然而，必須像這樣地透過方法，而不是經常停留在這些方法上，因為這麼做的話，決達不到目標。目標與遠方法既不相似也不相稱，正如樓梯的階層與頂端的目標毫不相似，它們是朝向目標的方法。如果人登上階梯時不留下每一階層，直到一無可留為止，或若想停留於某一階層，他永遠達不到頂層，也上不到平坦和安適的住所，亦即終點。

因此，凡願在今世達到結合，獲得至極的安息和幸福的靈魂，必須經過所有的梯階，亦即思維、形式、知識，且使之留在後頭，因為它們與所導向的目標不相似，也不相稱，而這目標就是天主。因此，在《宗徒大事錄》中，聖保祿說：**我們不該想像，神就像人的藝術及思想製造的金銀石刻的東西，也不像人能用想像設計出來的東西一樣**（宗十七29）。

❻ 因此，嚴重的錯誤是，許多神修人，藉適於初學者的形像、形式和默想訓練自己親近天主後，天主希望藉著除去推理默想的滋味和美味，引導他們達到更靈性的福分，那是內在、無形可見的。他們卻做不到、不敢或不會超脫那些可觸知的方法，這些是他們所習慣的。所以，他們還是努力緊握這些方法，渴望行走於沉思與默想的路上，如往昔般使用形像，他們認為，常常都要這樣的一成不變。他們全力以赴地默想，得到的滋味很少，或完全沒有；靈魂的乾枯、疲勞和不安反而增長加多。他們愈力求那先前的滋味（這已經不能用先前的方法得到），乾枯愈多。因為，靈魂不再品嚐那種食糧，如我們說的，那麼有感受的食糧，而是享受其他更細膩、更內在和感受較少的食糧。這不在於以想像工作，而在於靈魂的安息，及存留在更靈性的靜默與安息中。

55.《攀登加爾默羅山》第二卷第十七章。

因為，靈魂愈深入靈修，愈不用感官作特別的祈禱行動，因為他更專注於一個普遍、單純的祈禱行動。所以，一旦官能達到旅程的終點，它們停止工作，就如人走完旅程，腳步停止不再前行。因為，如果總是不斷地前進，一個人絕不會抵達終點；再者，如果全都是方法，要在什麼地方，或什麼時候享受終點與結束呢？

❼ 可悲的是，有許多人，盼望自己的靈魂處於這個內在靜默的平安與安息中，在那裏，靈魂充滿天主的平安與小吃[56]。他們卻擾亂不安，又把靈魂拉到更外在的活動。他們想要折回原路，重行舊道，沒有目標，拋開盡頭和終點——即從方法中已達到的憩息，其方法是思維[57]。這樣的做法，靈魂不會沒有強烈的厭煩與反感。靈魂希望處在那個平安中，這是他無法理解的平安，彷彿如魚得水，適得其所。活像人辛勞地達到安息的地方，如果被迫再次辛勞工作，他會覺得痛苦。由於不懂新經驗的奧祕，他們想像自己閒散無事，而且無所事事。就這樣，努力地做思考和推理，他們無法保持寧靜，此時，充滿乾枯和艱辛，因為得到滿足的方法，在此已不再適用。反之，我們能說，他們愈加緊努力，得到的益處愈少。因為，他們愈把持那個方法，情況就愈糟；因為，他們勉強靈魂遠離心靈的平安，此乃捨大求小，退回已走過的舊路，想要做已經做好的事。

❽ 對於這樣的人，必須告訴他們，要學習在寧靜中，以愛注視天主，不要留意想像及其作用。在此階段，如我們說的，官能是安息的，官能的作用不是主動，而是被動，接受天主在它們內完成的工作。如果有時使用官能，不可使勁，也不可猛力做推理，卻要懷著溫柔的愛，讓天主來推動，而非用靈魂的能力，如我們後來會說明的[58]。不過，對於追求進步的人，現在的解釋該已足夠。他們會明白，這是多麼的適當和必須，在成熟的時機，放開所有

56. 小吃／refección：就是享受現成的便餐，以此形容祈禱時的滿足。
57. 也可以說是做默想，用理智做推理的工作。
58. 他的許諾並沒有如願以償，而是到了《愛的活焰》第三詩節第三十二至三十五節，才說明這個愛的注視。

這些方法、方式和想像的工作。

❾ 為了說明什麼時候該這麼做，下一章，我們要指出一些記號，神修人必須看到自己有這些記號，為使他們明白時候到了，能自由地享用前面說的終點⑲，及停止行走推理的道路和想像的工作。

第十三章

本章中列舉神修人應有的記號，使他能分辨該在什麼時候離開默想和推理，進入默觀的境界。

❶ 為了使這個道理清楚明白，最好在本章中闡明，神修人該在何時停止推理默想的工作，就是以前所說的想像、形式和形狀的工作，而不致放棄得太快或太慢，超過心靈的需要。因為，正如應在適當的時候放棄，方不致成為走向天主的障礙，同樣，還沒有到時候，一定不可以放棄想像的默想，而導致退步。因為，雖然這些官能的領悟，不能做為進修者走向結合的最近方法，但仍然是初學者的遠方法。為的是經由感官，使心靈對靈性的事物作好準備並養成習慣，同時也能空虛感官中所有其他卑賤、短暫、世俗又本性的形式與形像。因此，我們要在這裡述說一些記號和標記，這是神修人必須有的，好使他能明辨，此時此刻，是否該停止默想。

59. 英譯K.K.意譯為「愛的注視」，直譯則是「前面說的終點」。

❷第一，是看到自己不能用想像做默想和推理，也不像先前那樣，常常喜歡這麼做；過去常能使感官專注，並且得到滋味，現在反而得到乾枯。不過，只要在默想中能得到滋味，還能推理，就不可放棄。除非靈魂處於第三個記號所說的平安和寧靜中，才可以不必做默想。

❸第二，是當他看到，自己的想像或感官都不願專注在其他個別的事上，無論是內在或外在的。我不說，想像會停止來來去去，因為甚至在很深的收斂中，想像常是自由地遊蕩，但是靈魂不喜歡故意地讓想像專注在其他的事上[60]。

❹第三，也是最確實的記號，是靈魂喜歡留在單獨中，以愛注視天主，沒有個別的思想念慮，處於內在的平安、靜默、安息中，也沒有官能、記憶、理智和意志的行動與操練，至少沒有做推理，在推理中，人會不斷地尋思窮理；而是只懷著我們說的普遍愛的注視與認識，沒有關於什麼的個別認識或瞭解。

❺神修人至少得在自己內看到，這三個記號同時都有，方能安全地冒險離開默想與感官的階段，進入默觀與心靈的境界[61]。

❻只有第一，而沒有第二個記號，這是不夠的。因為不能如同先前一樣，想像和默想天主的事，可能來自分心和不勤勉。為此，也必須看到有第二個記號，亦即沒有意願，也沒有欲望去思想其他無關的事。因為當想像和感官不能專注在天主的事上時，如果是從分心和冷淡來的，靈魂會有欲望和意願，去專注在其他種種的事上，傾向放棄默想。

如果看到第一和第二個，沒有同時看到第三個記號，仍是不夠的。因為，雖然不能推理，也不能默想天主的事，又沒有意願思考其他無關的事，原因可能來自憂鬱病，或其他某

60. 關於默觀時思想的遊蕩，大德蘭也提及這樣的困難，參見《聖女大德蘭自傳》第十七章第五至六節。
61. 這三個記號和《黑夜》第一卷第九章說的很近似。默觀是對天主普遍愛的知識，是這個新境界的決定性因素。

種天生的體質（jugo de humor），可能在心內或腦中，產生某種感官的著迷與休止，導致什麼也不想，既不渴望，也不願意思想，只願處在快樂的精神恍惚中。為了防止這事，必須有第三個記號，如我所說的，在平安中愛的認識與注視……等。

❼ 雖然這是真的，最初開始這個境界時，這個愛的認識幾乎覺察不出來。理由有二：第一，最初的愛之認識通常極微妙和細膩的，又幾乎沒有感覺；第二，因為，靈魂已經習慣修行默想，那完全是有感覺的，對於這些沒有感覺的新經驗，亦即單純的心靈，既覺察不出，也幾乎感受不到。最主要的，由於不明瞭此事，靈魂不讓自己處於靜息中，反而尋求其他更有感覺的經驗。雖然這內在充滿愛的平安更為豐沛，靈魂卻感受不到，也無法享受這平安。不過，靈魂愈習慣處於靜息中，往往不斷地深入其中時，對天主的普遍、愛的認識，也愈有感覺。此認識比所有事物更令人享受，因為無需勞苦工作，自會有平安、休息、樂趣和愉悅。

❽ 為了使所說的更清楚明瞭，我們將在下一章中解釋一些原因和理由，說明要在心靈的道路上前行，必須有所說的這三個記號。

第十四章

本章證明應該有這些記號，說明要向前進步須有這三個記號的理由。

❶關於我們所說的第一個記號，應該知道，當神修人為了進入心靈之路（亦即默觀之路），當他不喜歡也不能推理時，就得放棄想像之路，及有感覺的默想，理由有二，但幾乎可說是同一個理由。

第一，因為，在某種情形下，靈魂經由推理和默想之路，在天主的事上，已經蒙受所有能得到的靈性恩惠。其跡象是，他已不能默想，也無法推理，如同過去那樣；從中也得不到新的美味或滋味，如同過去所得到的。因為到目前為止，尚未達到預備給他的靈性境界。因為，一般說來，每次靈魂得到一些靈性恩惠時，他們欣喜地領受，至少在心靈上是如此，經由那樣的方式而領受，也獲得益處；不然的話，會得到益處是個奇事，而且在蒙恩時，從中得到的依靠和美味，他也尋獲不到。這與哲學家的見解吻合：**有滋味的東西，哺養人，也養肥人**[62]。因此，聖約伯說：**沒有調鹽的食物豈能下嚥嗎**（約六6）？[63]這就是不能像先前那樣思考和默想的理由：心靈中得到的美味很少，神益也少。

❷第二，因為在此時，靈魂已經獲得實質和習慣的默想精神。應該知道，在天主的事上默想和推理，其目的是得到一些對天主的認識和愛。每次靈魂以默想獲得這樣的認識與愛，都是一個行動。就像不管在什麼事上的許多行動，都會在靈魂內形成習慣。同樣，重覆此愛之認識的許多個別行動，變得如此持續不斷，以致在靈魂內形成習慣。

天主也在許多靈魂內完成這習慣，而不用許多預先的行動做為方法，立刻把他們安置在默觀內。因此，靈魂先前藉個別認識的勞苦默想所得的收穫，現在，如我們說的，已經成為習慣與實質的，形成一種普遍與愛的認識。這認識既不清楚分明，也不是個別的，如先前一般。所以，一開始祈禱，這靈魂彷彿已擁有儲存的水，平安寧靜地飲水，不必勞苦，也無須

62. 參閱亞里斯多德《論靈魂》3・28。
63. 思高譯：「淡而無味的食鹽豈能下嚥嗎？」

藉過去的思維、形式和形狀的管道去取水。此時，靈魂在天主前收斂，投身於模糊、愛、平安、寧靜的認識行動中，飲著智慧、愛情和愉悅。

❸當靈魂正處於此靜息中，卻被勉強以個別的認識去默想和工作，這是他深覺困難與乏味的緣故。

因為他的經驗就像個吃奶的嬰兒，他已緊靠在胸懷中，就要吸吮時，發現乳房被挪開了，被迫再努力地擠壓和反覆觸摸，重新開始去吃奶。或者相似，已經除掉果皮，正要享受果肉時，被迫停止，又再開始除掉果皮，而這果皮早已剝除。就這樣，他找不到果皮，又不得享受握在手中的果肉；或也相似，放棄已經捕獲的獵物，再去獵捕他物。

❹也因此，有許多的人，在開始進入這個境界時，認為事情的全部關鍵在於藉形像和形式，即心靈的表皮，來推理和瞭解個別的觀念。然而，在靈魂喜歡留守的，那個充滿愛情和實質的寧靜中，找不到這些，在其中，沒有清楚理解的對象，所以，他們自認為已經迷路，又浪費時間；於是，他們轉身去尋找形像與推理的表皮。他們的尋找一無所成，因為表皮早已除去了。這樣，既享受不到實體，又無法行默想，他們因而擾亂不安，以為是退步和誤入歧途。的確，他們逐漸迷失了，雖然並非他們所想像的那樣，因為他們失落的，是感官的操練和感覺的最初形態。這個失落指示他們正靠近通傳給他們的靈性，在這個境界，他們理解得愈少，愈深遠地透徹心靈的夜，這就是本卷的主題。他們必須超越一切所知，經過這個夜達到與天主結合。

❺關於第二個記號，需要說的不多，因為很明顯的，在這時，對於世上的各種形像，靈魂必定不會滿足；甚至那些形狀更相似的，亦即那些天主的形像，如我們所說的，由於前

64. 第二卷第十三章第三節。

述的理由，他也不會滿足。只是，如前面所指出的[64]，在此收斂中，想像經常來來去去，不著邊際；但靈魂卻不覺喜歡，也不願意，反而感到痛苦，因為想像擾亂了平安和愉悅。

❻關於能夠放開所謂的默想，第三個記號——亦即對天主的愛、普遍的認識或注視——是適當和必須的，我也認為不必在此多說什麼。因為，解釋第一個記號時，我們已述說了一些道理，後來在合適之處，當我們談論普遍、模糊的認識時，會對此有個特別的交待。我們論述了所有理智的個別領悟後，這道理必會有所交待。

不過，我們要述說唯一的一個理由，使人清楚明瞭，當默觀者必須停止默想和推理時，這種對天主的愛、普遍的認識和注視是不可或缺的。這是因為，在那時，如果靈魂對天主沒有這個認識和凝神，結果是，靈魂既不做什麼，也得不到什麼。因為，放開了默想（靈魂藉感官的官能所作的推理），又沒有默觀（這就是我們說的普遍的認識，靈魂在此善用心靈的官能，亦即記憶、理智、意志，已經和這個認識結合，在其內已完成且領受了這個認識），必然地，在有關天主的事上，靈魂也不會有什麼修行。因為，如果沒有經由這兩種方式，即感官或心靈的官能，靈魂不能工作，也不能領受已在他內完成的工作。因為，如我們所說的，使用感官的官能，他能夠推理、尋求並形成對這些對象的認識；靠心靈的官能，他能享受——在所說的這些官能中——所領受的認識，不必有感官的活動。

❼因此，對於這兩類的官能，靈魂有不同的修行，就像工作與享受工作果實之間的不同；又似旅途之奔波跋涉，與旅途終點享有的安息與寧靜；再者，也相似烹調一餐飯，與享用和咀嚼已煮好的餐食，不必費力工作；或相似接收禮物，與獲益於它，兩者之間的區別。所以，如果對於感官官能的工作，亦即推理和默想，懶惰偷閒，對心靈官能所領受與形成的

默觀和認識亦然，就絕不能說，這靈魂正專注於祈禱。那麼，離開推理和默想的道路，則必須有這個認識。

❽不過，在這裡最好知道，我們所說的這個普遍的認識，有時這麼微妙和細膩，尤其當它更純潔、單純、成全，也更靈性和內在時，雖然已專注於其中，卻理會不出，也感受不到。

正如我們肯定的[65]，當這個認識的本身更明亮、完美和單純時，這事尤其如此。在那時，當這認識所照耀的靈魂，是更潔淨的，而且沒有能被感官或理智領悟的個別理解和認識時，它更難被理會出來。像這樣的靈魂，因為缺少感官部分的感受，由於沒有感官和理智習慣運作的這些個別的理解和認識，他對此認識沒有知覺。

為此之故，普遍的認識愈純潔、完美和單純，理智的理會愈少，也覺得愈黑暗。所以，相反的，這認識的本身愈不純潔與單純，理智的理會愈多，也覺得愈清楚，因為這個認識被理智或感官能碰到的一些可理解的形式所遮蓋、混合和包裹。

❾透過以下的例子，會清楚明白這事。如果我們觀察一道陽光，從窗口流瀉進來，我們看到，陽光愈充滿塵埃微粒，則愈可觸知、可感受，眼睛也愈看得清楚。顯然地，那時，這光本身比較不純潔、不明亮，也不單純和完美，因為充滿了那麼多的塵埃微粒。我們還看到，當陽光愈純潔和清淨，沒有塵埃細粒，陽光對於物質性的眼睛會愈不可觸知，也愈黑暗；陽光愈潔淨，則愈黑暗和不可領悟。如果這陽光完全清潔、純淨，什麼塵埃細粒，甚至連最細微的灰塵都沒有，眼睛看見的這道光，就會完全黑暗和不可領悟，因為其中沒有可見的事物，就是說，沒有視覺的對象。因此，眼睛找不到安息的形像。因為光不是視覺的特屬

65. 第二卷第十三章第七節。

對象，而是媒介，藉著光，才能看見有形的事物。所以，如果陽光或光線，沒有可以反射的有形之物，就會什麼都看不見。因此，如果光線從一個窗口進來，再從另一個窗口出去，沒有碰觸任何有形體的對象，光必無形可見。但這道陽光，卻比充滿有形的對象而明顯地被看到時，更為純潔與明淨。

⑩ 靈性的光對靈魂的視覺——理智——來說，也有類似的情況。這個普遍的認識與光明，即我們說是超性的，如此純潔、單純地照射理智，又如此地被剝裸，除去所能理解的形式（就是理智的對象），致使靈魂既感覺不到，也看不見。而且，有時候，當這個認識更純潔時，甚至造成黑暗，因為它剝奪理智已習慣的光明，除去形式和幻像，那時會更深刻地感覺和體會到黑暗。

然而，當這神性之光襲擊靈魂，不是這麼強勢時，他感受不到黑暗，也看不見光明，什麼領悟都沒有，無論是來自上天或下地的事物。因此，靈魂有時會處於很深的遺忘中，不知身處何方，不知發生何事，也不知時間如何溜逝。所以，可能會，也真的發生這樣的事，靈魂在遺忘中度過許多小時，當他返回自身時，只覺不過是一眨眼，或以為時間全然未曾消逝。

⑪ 這個認識的純潔與單純是遺忘的原因。當此認識占有靈魂時，它使感官和記憶中的所有領悟與形式成為單純、純潔、清淨的，而只在時間的意識下，感官與記憶才會有活動。因此，它使靈魂處於遺忘和無時間的意識之中。

雖然，如我們所說的，這個祈禱延續很久，靈魂只覺得好像一下子，因為他已經和純粹的理智（*inteligencia pura*）結合，這是不在時間之內的。這是剎那的祈禱，就是所謂**上徹高**

天的祈禱（德卅五20）[66]。它是剎那的，因它不隸屬於時間，穿越高天，因為靈魂與天上的理智相結合。當靈魂覺醒時，留下的這個認識，在他內產生效果，而他卻無所知覺。這些效果是：提升理智達到天上的理智，並從所有的對象、形式、形狀以及對它們的記憶中退出和抽離。

達味說，當這個遺忘過後，重返己身時，他的經驗是這樣的：**我甦醒過來，發現我好像是屋頂上孤單的麻雀**（詠一〇一8）。他說**孤單**，表示從所有的事物中退出和抽離；**屋頂**則表示提升理智達到高處。結果，靈魂的處境，彷彿對萬事萬物不知不覺，因為他只知道天主，卻不知道自己如何知道天主。為此，新娘在《雅歌》裏說，從她睡眠的遺忘中，在她內所產生的效果，她一無所知，當她下到祂那裡時，她說：**我不知也不覺**（歌六12）。為此，如我們說的[67]，雖然靈魂在這個認識中，自認為什麼也沒有做，也沒有專注於什麼，因為他不是以感官，也不是以官能工作。但是，他要相信自己不是在浪費時間，因為，雖然靈魂的官能停止和諧的交互作用，他的理智卻如我們所說的那樣[68]。

為此，在《雅歌》中，聰明的新娘答覆這個疑問，說：**我身雖安眠，我心卻醒寤**（歌五2）。這好似說：雖然我睡覺，這是按我的本性而睡著，停止工作；我的心卻醒寤不眠，超性地提升到超性的認識。

⑫ 但是，要知道，不該認為這個認識，如果全像我們所說的那樣，必然會產生遺忘。這事的發生，只有當天主停止靈魂所有的官能運作，無論其為本性或心靈的，才會有這個遺忘。這種事很少發生，因為靈魂並非經常被完全占有。我們所談論的諒已足夠，理智要從任何個別的認識中抽離，無論是現世的或心靈的，並且意志不願去想東或想西，這樣就夠了，

66. 這段引言取自「凡誠心誠意恭敬天主的，必蒙接納；他的祈禱上徹雲霄。謙卑人的祈禱穿雲而上，……」（德卅五20—21）參見《愛的活焰》第一詩節第三十三節。
67. 見第四節。
68. 見第八至十節。

如我們說的[69]，因為那是靈魂被占有的記號。

當這認識只施行和通傳於理智，有時靈魂無法覺知時，為獲知靈魂的處境，應該有這個跡象。因為，當這認識也一起通傳給意志時，往往，靈魂多多少少會知道一些，如果他想知道的話，他會看出來，在這個認識中，他是專注和被占有的，因為他會在其中感受到愛的愉悅，而對所愛的對象，卻不知道，也沒有個別的了解，因此，他稱之為愛的普遍認識。因為，正如它隱晦地傳入理智，同樣也給意志模糊的喜悅與愛，而對所愛的對象，也沒有分明的認識。

⓭ 現在這解釋已足以使人瞭解，靈魂專注於這個認識是多麼的適宜，使他可以離開推理的靈修之路，也能確實肯定，如果看得到這三個記號，雖然靈魂看似無所事事，他已在很好的祈禱中。而且從我們所說的例子中，也可以使人明白，如果這道光呈現給理智，是更可理解，又更可觸知的，就像陽光中充滿塵埃時，呈現於眼睛那樣，靈魂必不可因此之故，視之為更純潔、高超和明亮。不過，顯然地，根據亞里斯多德[70]和神學家的說法，愈崇高與高貴的神性之光，我們的理智愈覺黑暗。

⓮ 關於這個神性的認識，無論是其本身，或在默觀者內產生的效果，仍有許多可以細說的，我們把這些全留到適宜之處[71]。因為，雖然已在這裡談及這事，卻沒有必要這麼的冗長，除非我們不想離開這個相當含糊不清的道理。因為我承認，這確實很隱晦。就事實而言，這是很少以這樣的形式，在言語或文章上談論的主題，因其本身是特殊與隱晦的，再加以我的文體笨拙，學識淺陋。就這樣，恐怕自己的解釋不夠清楚，我自知常過於長篇大論，越出應有的限度，超出我所談論的道理部分。我承認，我之這麼做，有時是故意的；因為透

69. 見第五至七節。
70. 參閱亞里斯多德《形上學》2・1・1；《攀登加爾默羅山》第二卷第八章第六節。
71. 其實他一直沒有如願完成，雖然在不同的地方提及，尤其在《黑夜》，但並未深談。參閱本章第六節。

過某些道理無法闡明的，也許另外或其他的道理，能解釋得更好，也因為我認為，這樣會更清楚地闡明後來所要談論的。

因此，我也認為，為了結論這一部分，關於這個認識的延續性，可能會有的一個疑問，尚未答覆。下一章中，我將扼要地說明。

第十五章

本章說明，為何當進修者開始進入此默觀的普遍認識時，宜於修行本性的推理，並以本性的官能工作，往往是有助益的。

❶ 關於我們的教導，可以提出一個問題：進修者，就是指，我們已說過的，天主開始安置於默觀的超性認識中的人，是否因為他們開始有這樣的經驗，就不要再重返默想、推理和本性形式之路呢？

對這問題的答覆是，不要認為，開始有此愛的普遍認識的人，再也不必努力修行默想。因為，於此進修境界的起始，默觀的習慣尚未如此成全，所以，他們還不能隨意進入此默觀的行動；同樣，也不是這麼遠離默想，竟至有時不能默想，也無法用本性推理，像過去那樣。他能如同往昔一樣，藉形式與情節以本性的能力行默想，且在其中發現一些新的事物。的確，開始時，按上述的跡象看來，靈魂尚未專注於那個靜息與認識，還必須運用推理，直

72. 見第十四和十五章。

到在默觀上，如我們說的，獲致某一成全程度的習慣，這個需要會持續下去。這事的指標是，每當要專心默想時，立刻就處在這個認識與平安中，及他不能，也不願做默想，如我們所說的⑫。因為，還沒到這個時候，就是說，還沒有進步到這個境界，一個人會時而默觀，時而默想。

❷ 靈魂常會覺察正處於這個愛或平安的注視，卻毫無官能——亦即，個別的動作——的工作，沒有主動的工作，只有接受。為了進入這個境界，他很需要修行溫和又節制的默想，藉以幫助自己。可是，一旦靈魂安置於其中，如我們說過的，靈魂沒有以官能工作，那時真的能說，靈魂已完成工作，產生理解和喜悅，遠勝於靈魂做些什麼，致使靈魂全神專注，充滿對天主的愛，既不渴望感覺什麼，也不想看見什麼。此情此景，靈魂被動地接受天主的自我通傳，就好像張開眼睛，這光被動地通傳給他，除了張著眼睛，他什麼也沒做。接受以超性的方式灌注的光，這就是被動的認識。然而可以說，靈魂什麼也沒做，不是因為他不懂，而是因為他的理解，不是靠自己的努力，而是靠接受那所賜予的，就像在天主的光照和啟蒙或靈感中所發生的。

❸ 即使身處此境，這人仍能自由地接受這個對天主的普遍和模糊的認識。然而，如果想更單純、豐富地接受此神性之光，則不該混雜別的更可觸知的光，及其他推理的形式、認識或形狀，因為在這些當中，沒有一個相似那寧靜和純淨的光。因此，如果那時想要理解和思考個別的事物，即使是更靈性的事物，都會阻礙心靈內純淨又單純的普遍光明（在中間置入那些雲朵），這就好像把某個東西放在眼前，阻礙視力，因而看不見當前的光與景物。

❹ 因此，接下來很清楚的是，當靈魂淨化且空虛了自己內所有可領悟的形式和形像

73.《靈歌》第十詩節第六節，對此有更清楚的說明：「當靈魂沒有得到，也不渴望在天主以外有安慰和滿足時，天主非常樂意安慰和滿足她的憂苦和困乏。顯然，由於這靈魂不保留任何能使她遠離天主的事物，她也不會長久地得不到心愛主的探望。」

時，他將居住在此純潔又單純的光中，在光中完美地神化，因為靈魂從不缺少這個光；然而，由於受造物的形式與面紗，遮住又阻礙靈魂，致使這光從未被灌注。那麼，如果除去這些所有的障礙和面紗，如後來我們要說的，生活在心靈的完全赤裸和貧窮中，那時靈魂已是單純和純潔的，就會在單純與純潔的上智——即天主聖子——中神化。因為，對熱戀的靈魂而言，一旦失去本性的事物，神性立即傾瀉注入，無論是以本性或超性的方式，因為本性不能處於真空狀態㊸。

❺ 當神修人不能默想時，要學習懷著專注的愛，和寧靜的理智，留守在天主內，雖然自覺什麼也沒有做。因為這樣，漸漸地，而且很快，神性的寧靜和平安，伴隨著對天主的美妙又高超的認識，包裹著神性之愛，將傾注於他的靈魂。他也不該以形式、默想和想像，或其他的推理自我干擾，否則靈魂會擾亂不安，失去其平安和滿足，導致乏味與反感。而且，如我們說過的，他如果疑慮自己什麼也沒做，他要知道，使靈魂平靜下來，使之處於寧靜和平安中，沒有什麼工作和欲望，他所做的並非小事。這是我們的主藉達味向我們要求的：你們要停手，承認我是上主（詠四六11）。這彷佛是說：學習倒空所有的事物，亦即，無論是內在或外在的，你們會看見我是天主㊹。

第十六章

74. 按聖十字若望的教導，主動的淨化，是個人的準備工作，以「心靈的貧窮」備妥自己，接納天主的神性行動；被動的淨化，最主要的，是這神性的行動在靈魂內造就的。

本章談論超性地呈現於幻覺的想像領悟。說明為何不能幫助靈魂，做為與天主結合的最近方法。

❶ 我們已經談論了，靈魂在自己內，能以本性的方式接受的本性領悟，在其中，幻覺與想像藉推理而工作。在此，我們理當談談超性的領悟，這些被稱為想像的神見。這些神見如本性的領悟一樣，屬於這個感官⑦⑤，因為它們歸於形像、形式和形狀的範疇。

❷ 應該知道，藉此名稱「想像的神見」，我們涉及所有屬於形像、形式、形狀和心象（especie）範疇的事物，它們能超性地呈現給想像。因為，所有的領悟和心象，藉身體的五個感官，本性地呈現給人，留下印象，也能沒有任何外感官的介入，超自然地呈現給人。因為這一對內在的感官，幻覺與記憶，就像是理智的檔案室和貯藏所，在其中領受所有能理解的形式與形像。因此，好像一面鏡子，在此官能內包含這些形式與形像，無論是從身體的五個外感官進來的，或者，如我們說，由超性而來。這樣，此內在官能依次把它們呈現給理智，理智加以思考和判斷。幻覺不止於此，它甚至能夠組合與想像其他已知的類似對象。

❸ 所以，該知道，正如五個外感官，把形像與心象送達內感官，同樣，如我們說的，天主和魔鬼不必經過外感官，也能以超性的方式，把相同的形像與心象呈現給內官能，甚至會更加美麗和完美。因此，藉這些形像，天主經常呈現給靈魂許多事物，教導他許多的智慧，像這類事，在聖經中處處可見。例如，依撒意亞看見天主充滿祂的光榮，是在充滿煙霧的殿宇內，和以翅膀遮臉蓋足的色辣芬形式下看見的（依六2、4）；耶肋米亞看見一根杏樹枝（耶一11），達尼爾有許多的神見（達七、八、十）。

魔鬼亦然，企圖以似是而非的美好神見欺騙靈魂。如同在《列王紀》中看到的，魔鬼欺

75. 這個感官，指的是想像和幻覺，參見第十二章第三節。

騙了阿哈布的所有先知，在他們的想像中呈現鐵角，宣稱阿哈布將毀滅阿蘭人，而這是個謊言（列上廿二11、12、21、22）。比拉多的妻子也有不要處決基督的神見（瑪廿七19）；還有其他許多的地方。因此，我們可以明白，為什麼在幻覺與想像的這面鏡子內，進修者有這些想像的神見，比起身體外在的神見頻繁得多。

這些神見，如我們說的，就其形像與心象而言，與外感官的神見沒什麼分別；不過，就所生的效果及其成全來說，則大有不同，因為，只要是超性和更內在的（神見），在靈魂內愈微妙，也愈有成效，勝過超性外在的（神見）。雖然如此，這並不否認，某些身體上的外在神見，不可能更為有效；總之，天主隨心之所欲，給予祂的通傳。不過，我們討論的神見部分，是在更屬神的範圍內。

❹ 魔鬼通常詭計多端，有時以本性，有時以超性的方式，進入這個想像與幻覺的感官；因為這是進入靈魂的門與入口，如我們說的，在這裡，理智好像來到港口或市場，買賣它的貨品。為此，天主經常來到此地，魔鬼亦然，以其超性形像與形式的珍寶，呈現給理智。然而，天主教導靈魂，並非只用這個方法。祂實質地居住在靈魂內，祂能親自，也能用其他的方法來教導。

❺ 我沒有理由在此耽擱，遲遲不講解分辨的記號，用來辨識什麼是天主的神見，什麼不是，又什麼是這種，什麼是那種。可是，這不是我在此的意向，我的唯一意向是教導理智有關上述的事，為使理智不受好神見的阻礙，而無法達到與天主上智結合，也不受假神見的欺騙。

❻ 那麼，我說，所有這些想像的領悟和神見，及其他任何的形式或心象，只要是藉形

式、形像或某種個別的認識呈現出來的，有時是魔鬼方面的假神見，有時看得出來，是來自天主的真神見，理智必不可受其阻礙，也不可受其餵養。靈魂不該渴望接納它們，也不要擁有它們，為能保持超脫、赤裸、純潔、單純，沒有什麼模式或形態，如同神性的結合所要求的。

❼ 原因是，因為剛才所說的所有這些形式，在被領悟時，根據我們說過的[76]，經常以某種有限的模式或形態呈現；但理智所欲結合的天主上智，既無模式也無形態，既無任何界限，也不屬分明與個別的認識，因為完全是純潔與單純的。靈魂與天主上智，這兩個極端須藉某種相似達成一致，才可能結合。因此，靈魂也必須是單純與純潔的，沒有界限，不貪戀任何個別的認識，也不受限於任何有限的形式、心象和形像。因為，天主超越所有的形像、形式或個別的認識，靈魂要與天主結合，也要超越分明的形式和認識。

❽ 在《申命記》中，聖神清楚表明，天主沒有形式，也沒有相似之物：**你們聽到祂說話的聲音，卻完全看不到天主有什麼形式**（申四12）。不過祂也說，那裡有黑暗、烏雲和隱晦，就是模糊和黑暗的認識，如我們說的[77]，在其中，使靈魂與天主結合。接下來又說：**天主在曷勒布，由火中對你們說話的那一天，你們沒有看見天主有什麼相似的形像**（申四15）。

❾ 在《戶籍記》中，聖神也說，只要靈魂仍在今生今世，不能經由任何形式和形狀，達到天主的崇高境界。天主責斥梅瑟的兄姊，亞郎和米黎盎，由於他們出言反對梅瑟；為了讓他們知道梅瑟的崇高境界，在此高境中，祂賦予梅瑟和祂結合與友誼，說：**若是你們當中，有一位是上主的先知，我要在神見或形式或夢中與他談話。但是沒有人如同梅瑟，他在**

76. 見第一至三節。
77. 見第十四至十六章。經過這「模糊和黑暗的認識」，達到與天主結合，然而，這並非結合的境界，而是達到結合的途徑。

我的全家中是最忠信可靠的，我與他面對面談話，他不是藉類比、相似之物和形狀看見天主（戶十二6–8）。這些話清楚地說明，在我們說的這個崇高的結合境界中，天主通傳自己給靈魂，不是藉偽裝的想像神見、相似之物或形狀，祂也不能如此地通傳；而是以口對口，這就是，以天主純潔赤裸的本質，亦即充滿愛的天主的口，對著靈魂純潔赤裸的本質，那充滿愛天主的靈魂的口。

❿ 因此，為了達到這愛天主的本質結合，靈魂必須小心，所依靠的不是想像的神見，也不是形式、形狀或個別的理解，因為它們不能做為達到本質結合的相稱與最近的方法；相反的，它們是靈魂的障礙，所以，必須加以拒絕，並努力不要擁有它們。因為，如果有什麼情況，必須接納和看重它們，那就是真神見帶給靈魂的益處與好效果。不過，為了這個緣故，接納它們並非必須的，相反的，為求進步，最好常常加以拒絕⑱。因為這些想像的神見，如我們說的身體外在的神見，也能帶給靈魂益處，通傳給靈魂認識、愛或柔情；不過，為了從中導致這個效果，靈魂也沒有必要渴望接納它們。因為，正如前面說過的⑲，在這個時候，（想像神見的）臨現在想像中，也會發生在靈魂內，灌注認識和愛，或甜蜜，或任何天主希望它們產生的效果。

雖然它們⑳同時臨現於想像和靈魂，但其效果可能不是同時發生的，它們在靈魂內被動地產生主要的效果，靈魂不能阻擋這事，即使他想要這麼做，同樣，他也無法知道如何獲得這效果，雖然他知道怎樣好好準備自己。因為，這就好像玻璃窗，不能阻止陽光照耀其上，由於窗子已是明淨的，只被動地接受光照，無需其努力或工作；同樣，靈魂也是這樣，雖然他想拒絕這些神見，也不能不領受那些形狀的影響與通傳，無論他多麼想要抗拒。因為，拒

78. 本章中第十至十二節，教導靈魂要以什麼樣的心態獲得超性神見的益處，使靈魂達到在信德內和天主結合。
79. 第十一章第六節。
80. 它們是指想像的神見。

絕的意願，以及謙虛和愛的順從⑧，阻止不了超性的灌注。只有靈魂的不純潔與不成全，才會阻礙這些通傳，有如玻璃窗上的汙點，阻擋明亮的陽光。

⓫ 所以，顯然可見，靈魂要甘心情願地，除去相似汙點般的形式、形像和形狀的領悟，如我們說的，這些是心靈通傳的表面包裝，那麼，從中產生的美善與通傳，他不但不會失去，反而會準備得更好，以更豐富、清晰、心靈的自由和單純來領受這些美物。要把這一切的領悟擱置一邊，它們好似窗簾和面紗，遮蓋蘊含其內的靈性美善，如果靈魂渴望依賴它們，則心靈與感官必會如此地被充塞，而不可能有自由、單純的靈性通傳。因為，顯然地，如果全被表皮塞滿，理智就沒有自由去接受靈性的通傳。所以，如果靈魂那時想要接納和看重它們，就會受阻礙，且滿足於其中最不重要的部分，就是，所有他從中能領悟和認識的，亦即那些形式、形像和個別的認識。因為其中最主要的，亦即灌注於靈魂內的靈性，他既無法領悟，也不了解，不知道是怎麼回事，也不知道怎麼說，因為是純靈性的。他所知道的這些神見，如我們說的，按照他的認識方式，只是其中最無關緊要的部分，即藉感官而領悟的形式。因此，我說，在這些神見中，既不可理解，也不可想像的部分，是被動地通傳給靈魂的，沒有靈魂尋求理解上的工作，甚至也不知要怎麼去費力尋求。

⓬ 為此，所有能明顯看見和理解的這些領悟，靈魂的雙眼都要常常避開。這些領悟是經由感官通傳的，不能供給信德安全與基礎。雙眼必須專注的是那看不見的，這不屬於感官，而是屬於心靈，這不包含在感官的形狀內，這就是帶領靈魂在信德內達到結合，這就是適當的方法，如我們說的⑧。那麼，當他很懂得棄絕神見中可以感覺和理解的部分，且善用天主賜給靈魂神見的目的，把它們全都放開時，藉著信德，這些神見會對靈魂有實體性的神

81. 順從／recignación：同時含有謙辭和聽從的意思。
82. 尤其在第二章至第四章。

益。因為，如我們說過的⑧³，身體的神見，天主之所以賜給靈魂這些神見，不是要人渴望占有，或執著貪戀它們。

⓭不過，在這裡還有個疑問，就是：如果真的是這樣，天主賜給靈魂超性的神見，不是要人渴望占有，也不要人依靠它們，看重它們，那麼，究竟為什麼天主要賜給人超性的神見呢？在其中，靈魂能陷入很多的錯誤和危險，或至少，會碰到這裏所描述的，向前邁進的那些弊端。尤其是，既然天主能以實質和屬神的方式通傳給靈魂，使靈魂得到以感官的神見與形式通傳的效果，為何天主要這樣做呢？

⓮下一章中，我們會答覆這個疑問，其中包括很多大道理，也非常重要，按我的看法，這些是針對神修人，以及教導他們的人。我們會詳細說明，天主賜予神見的方法與目的。關於賞賜神見，許多人非常無知，既不會管理，也不會引導自己或他人，藉神見達到結合。他們認為，由於他們認出這些神見是真的，也是來自天主的，所以，加以接納和相信是很好的，卻沒有看到，這些神見如同世上的東西，如果不知道如何捨棄它們，靈魂也會據為己有，把持不捨，並且受到阻礙。因此，他們認為，有的神見接納，有的則予以責斥，這樣做是好的。就這樣，在分辨真假神見的事上，他們使自己和靈魂陷入很大的勞苦與危險中。天主沒有把這樣的工作加給他們，也不希望把樸實和單純的靈魂放在危險與辛勞中；因為這些人擁有健全又安全的道理，亦即信德，藉此，他們能夠向前進步。

⓯對於感官和理智是清楚又個別的所有事物，要是不閉上眼睛，進步是不可能的。因為，雖然對那光榮的神見，聖伯鐸那麼地確定，親眼看見基督顯聖容，然而，當他在第二封宗徒書信中敘述完這事實後（伯後一16－18），他不希望有人以此做為確信的主要明證，反

83. 見本章第三節，及第十一章和第十二章。

而繼續引導人進入信德，他說：我們有比大博爾山的神見更確實的明證：**我們認為先知為應驗基督所說的話更為確實，對這話，你們應十分留神且善用，就如留神在黑暗中發光的燈**（伯後一19）。如果我們細察這個比較，我們會找到正在教導的道理。因為，說到要我們注視先知宣講的信德，就像「在暗中發光的燈」，就是說，我們要留守黑暗中，對其他所有的光閉上眼睛，在這黑暗中只有信德，而信德也是黑暗的，信德才是我們要依靠的光。因為，如果我們想要依靠其他清楚理解的明亮之光，我們就不再依靠黑暗之光，亦即信德，聖伯鐸說的在暗中發光的燈，我們也不會擁有。在暗中，這裡是指理智，就是放置信德之燈的燈台，必須留在黑暗中，「直到天明」，亦即在來生，清楚面見天主的那一天；在今世，則是達到神化與結合的那一天。

第十七章

本章說明天主經由感官通傳靈性恩惠的目的和作風。答覆涉及的疑問。

❶ 關於天主為了提拔一個靈魂，從卑微上達神性的結合，而給予這些神見的目的和方式，有許多可以說的，所有的靈修書都涉及這些事，在我們的這個談論中，我們也會加以解釋⑧④。因此，在本章中，我只充分地解答我們的疑問，問題如下：既然在這些超性的神見中，有這麼多的危險與障礙，使人不得進步，如我們說過的⑧⑤，那麼，為何天主——祂是最

84. 這是非常重要的一章，能做為詮釋若望全部著作的指南。關於他所教導的，經由感官（第十一至十六章）及直接來自心靈的領悟（第二十三至三十二章），他在此提出其理論的根據。他解釋天主引導每個人的原則，按照他們的合作，並指出，打從靈修生活一開始，就有被動的因素存在。

85. 見第十六章十三節。

有智慧，且樂於幫助靈魂消除障礙與陷阱的——要通傳給人超性的神見呢[86]？

❷為了答覆這個問題，最好先提出三個基本原則。

第一取自聖保祿的《羅馬書》，他在那裡說：**天主所做的事工都井然有序**（羅十三11）。

第二來自《智慧篇》中的聖神：**祂溫和治理一切事物**。這話彷佛是說：雖然天主的智慧從天這邊到天那邊，就是說，從地極到地極，**祂溫和治理一切事物**（智八1）。

第三來自神學家，他們說：天主引導事物各按其模式[87]。

❸所以，根據這些基本原則，這是很清楚的，如果天主要帶動靈魂，提拔他從卑微低境的一端，上達神性結合高境的另一端，天主的行事必定是井然有序、溫和及按照靈魂的模式。那麼，既然靈魂得到認識的程序，是經由受造物的形式與形像，而其認識與獲知的方式，係經由感官，因此，如果天主要提拔靈魂達到最高的認識，溫和地達成祂的工作，祂必須從靈魂感官的極端低境開始工作，好使祂能逐步帶領靈魂，按照其模式，達到另一個靈性智慧的極端，這不是感官能領悟的。因此，天主帶領靈魂，首先藉形式、形像和有感覺的方法，按照他的理解方式教導他，有時以本性的方式，有時以超性的，也經由推理，達到天主的至高靈性。

❹正是這個理由，天主給人神見、形式、形像和其他感官與心靈的認識；不是因為祂不願在第一個動作時，立即給人心靈的智慧。如果這兩個極端，亦即人與神，感官與心靈，能夠只用一個動作，藉平常的方式達到一致和合一（天主一定會這樣做），不必加入許多的預備動作，它們（譯按：指這些預備動作）如此溫和有序地連接著，每一個都是下一個的基

86. 從十七章到二十二章，是一個新的段落，以精闢的聖經和神學論證解說超性的恩惠，幫助靈魂不受到神見、神諭的阻礙，答辯各種疑難。
87. St.Thomas Aquinas, De Veritate.q.12, a.6

礎與預備，彷彿是自然的動因，第一個預備動作準備第二個，第二個、第三個……以此類推。因此，天主依照人的模式，使人漸趨成全，從最低、最外的，直到最高、最內的，逐步推進。

天主先使身體的感官達到成全，引導他運用好的事物，那些事物是本性的、完善的，也是外在的，例如：聽道理、望彌撒、看聖善的事物[88]、吃飯時克制口味[89]，以補贖和聖善的嚴格[90]磨練觸覺。

當這些感官多少已準備妥當，天主往往藉著賜予一些超性恩惠和禮物，使他們更成全，為了使他們更堅定於善，賜給他們一些超性的通傳，例如：看見有形體的聖人或神聖的事物、極甜蜜的芳香、神諭和觸覺上的至極愉悅。藉著這些通傳，使感官在德行上非常堅定，並且對不好的事物失去欲望。

除此之外，還有身體的內感官，就是我們在這裡所談論的，如想像與幻覺，藉思考、默觀和聖善的推理，及透過這一切，心靈受到教導，使之逐漸成全且習慣於善。

當他們經過這本性的修持而預備好時，天主往往用一些超性的想像神見，更進一步地光照他們，且使之靈性化。這些神見，我們在此稱為想像的，如我們說過的，心靈同時從這些神見中得到許多的益處。此內感官的本性與超性的修持，逐漸革新並改善心靈。

這是天主使用的方法，帶領靈魂逐步晉級，直到內在最深的部分。雖然祂不必經常保持這麼準確的先後順序，因為，有時天主給人這個，而非那個，或是用較內在的給予較不內在的，或兩者都給。這有賴於天主的判斷，什麼為靈魂最好，或什麼是天主希望賜予的恩惠。不過，祂一向的做法和上面說的相符合。

88. 包括看聖書、注視聖像……。
89. 克制口味／mortificar el gusto：不挑食，不順從味覺的享受。
90. 聖善的嚴格／santo rigor：凡事嚴以律己之意。

❺那麼，依照這個方法，天主教導靈魂，且使之靈性化。由於靈魂的微小和薄弱的能力，天主藉外在、可觸知和適應感官的事物，開始通傳靈性的事物。祂這樣行事為的是，藉那些感性事物的表皮，其本身是好的，使心靈在特別的行動中進步，且領受如此微量的心靈通傳，可以在靈性事物上形成習慣，達到心靈的實際本體，而與所有的感官隔離。關於這事，如我們說過的，除非逐步漸進，按照靈魂的模式，經由他常常緊握著的感官，否則無法達到此境。

這樣，當靈魂與天主的交往程度，更為靈性時，他也會更深入剝除和空虛感官的方法，這些就是想像的推理和默想。因此，當他與天主的靈性交往達到成全時，他一定得倒空所有涉及天主，能被感官領悟的一切[91]。所以，就像一個東西愈靠近一個極端，也愈遠離和失去另一個極端，如果完全靠近這一極端，也會和另一極端完全分離。為此，有句常說的靈修格言，這樣說：**嚐到了屬靈滋味，凡屬血肉之事即失其味**[92]。這就是：凡經由血肉的，既得不到益處，也嚐不到滋味；意思是指，在有關屬靈的事上，全都不運用感官。這是很清楚的，因為，如果是屬靈的，感官必無法領悟；如果感官仍能領悟，就不是全然屬靈的。因為感官與本性的領悟能懂得愈多的，就愈少是靈性與超性的，如我們前面解釋的[93]。

❻為此，已達到成全的心靈不看重感官，不經由感官領受；最主要的不是使用感官，也不認為與天主間的關係，必須依靠感官，如同先前心靈尚未成長前所做的。

這就是聖保祿《格林多人書》中，有段話想要說的：**當我是小孩的時候，說話像小孩，看事像小孩，思想像小孩；幾時我一成了人，就把孩子的事丟棄了**（格前十三11）。

我們已解釋了，從感官的事物與認識中，心靈能抽取印象，為什麼這是小孩子的工作。

91. 參閱《格林多人前書》十三章10節。
92. 這句靈修格言也出現在聖伯爾納多的Epistola 111, ML 182, 2588。參見《靈歌》第十六詩節第五節。
93. 見第三節和第五節。

像這樣，如果靈魂經常要緊握著它們，且從不加以斷絕，他會一直像個小孩子，總是像小孩子一樣談說天主，像小孩子一樣認識天主，像小孩子一樣思想天主。因為，他緊握感官的表皮，這就是小孩子，他絕不會達到心靈的實體，亦即成人。因此，為了繼續成長，靈魂必定不可想望接受所說的這些顯示，即使是天主所給予的；這就像嬰兒必須斷奶，為使他的胃口習慣於更有營養和堅硬的食物。

❼ 那麼，你們馬上會問：當靈魂仍是孩子時，是否必須接受感官的事物，長大成人後，才把它們擱置一旁，就像嬰兒須用乳房哺養，直到他長大能斷奶時？

我的回答是，關於本性的默想和推理，當靈魂開始尋求天主時，那是真的，未到成熟的時機，絕不可離開感官的乳房，那就是，直到天主帶領靈魂達到更靈性的交往，即默觀時，這些我已在本卷的第十一章[94]講述過了。

不過，當事關想像的神見，或其他能被感官領悟，且不依賴個人自由意志的超性交往時，我說，無論何時，或處於何種階段，無論是成全之境，或較不成全之境，雖然是從天主來的，靈魂絕不要渴望接納它們，這有兩個理由：

第一，因為如我們說的，天主在靈魂內產生祂的效果，靈魂不能阻礙這事，雖然他會、也能妨礙神見，而這是多次發生的。結果，使得在靈魂內造成的那個效果，更實質地通傳給靈魂，雖然是以不同的方式給予。因為，如我們也這麼說的，靈魂不能阻止天主渴望通傳給他的美善，他也辦不到，除非由於某些的不成全或占有。懷著謙虛和疑慮，棄絕這些領悟，就不會有不成全，也不會占有。

第二個理由是，使靈魂從分辨好壞神見，從確知神見來自光明或黑暗的天使（格後十一

94. 實際上是第十三章，因為解釋第二詩節的首章沒有計算在內，以及第十一章和十二章合併為一章。

14）中得到釋放，免於危險和辛勞。那樣的費心勞神毫無益處，反而浪費時光，阻礙靈魂，造成許多不成全與靈修停頓的機會，靈魂並非專心於更重要的事，也非擺脫從個別領悟與認識來的芝麻小事，這在有關身體的神見上已提及了，關於這些事，後來會有更多的說明。

❽這是可以確信的：如果我們的主不必按靈魂的模式帶領他，如我們這裡說的，祂絕不會經由這麼狹窄的管道——亦即形式、形狀和個別理解——來通傳豐沛的聖神，這樣的方式，即是以碎屑養育靈魂。所以，達味說：**祂差遣智慧有如餅屑（詠一四七5）**。這也就是說：祂差遣祂的智慧給靈魂，彷佛一小口地給予。實在令人痛心惋惜，靈魂擁有無限的能力，卻由於他的微小靈性，又因感官的無能，反而要透過感官，一小口一小口地來餵養。

聖保祿致書格林多人時，也痛心於這個不夠預備，及對於接受聖神之能力的小量，說道：「**弟兄們，我從前對你們說話，還不能把你們當做屬神的人，只能當做屬血肉的人，當做在基督內的嬰兒。我給你們喝的是奶，並非飯食，因為那時你們還不能吃，就是如今你們還是不能，因為你們還是屬血肉的人（格前三1-3）**」。

❾那麼，現在還該知道的是，靈魂必不可把雙眼專注在形狀的表皮，及超性地呈現於面前的對象。有時是呈現於外感官：聽到神諭和話語；眼前呈現聖人的神見，及美麗的光輝；鼻子聞到香味；味覺嚐到美味和香甜；觸覺上，常有來自心靈的其他愉悅，這些對於神修人是很平常的事。也不可專注於內感官的任何神見，這些是想像的神見。反之，所有神見都必須完全放棄。

雙眼必須只注視從中導致的良好靈性，努力以工作和事奉天主來加以保存，不要注意那些顯現，也不要渴望任何感官的滿足。

因此，從這些事物中，只獲取天主所希望和願意的，那就是虔誠的心靈，因為天主之賜予它們，主要不為別的目的；而靈魂放棄感官的因素，這是因為，如果靈魂能接受靈性的事物，不必用它們（如我們說的，這些就是感官的修持和領悟），天主就不給他這些感官的因素。

第十八章

本章說明在神見方面，某些神師沒有妥善地指導靈魂，能夠造成的損害。也說明，雖然神見是來自天主的，為什麼也能欺騙人。

❶ 關於神見這個主題，我們不能這麼簡短了事，如我們所希望的，因為論及這些事，必須說的還有很多。雖然我們已大體上作了合宜的解釋，關於神修人對於神見應該怎麼辦，他的神師該如何指導和對待他，可是，詳細說明這端道理，闡明神見的害處並非多此一舉。即使神見來自天主，若輕信它們，神修人與神師都會受到損害。

❷ 推動我現在詳述這事的理由，有點是這樣的，我注意到有些神師缺少謹慎明辨，按照我的了解，這是因為，他們相信這些超性的領悟，認為它們是好的，而且是來自天主，這些神師與受指導者一起犯下大錯，陷於困境，不知所措，他們親身應驗了救主的話：**如果一個瞎子，帶領另一個瞎子，二個人都掉到坑裏去**（瑪十五14）。

祂不說：「他們將會掉下去」，而說他們都掉下去。瞎子不必等到陷入錯誤時才跌倒，他敢讓另一個瞎子引導，就已經是錯誤的了，也因此，雖然較不嚴重，他已經跌了第一跤。因為有些人以這樣的方法和作風，帶領有這些事（譯按，指有神見）的靈魂，使之錯誤，或妨礙靈魂領受神見，沒有引導他們行走謙虛的道路，又鼓勵他們看重這些神見，結果導致缺乏真實信德的精神。這些神師沒有教導他們植根於信德，反而讓他們時常談說那些事⑮。這麼一來，這些人認為神師重視他們的神見，結果，他們也同樣重視；導致他們的靈魂留戀那些領悟，沒有建立在信德上，空虛、剝除和棄絕那些事物⑯，好能飛翔在黑暗信德的高處。追根究底，全來自這靈魂所看見的，他的神師對於神見所表現的態度與話語。我真不明白何以如此，這人以極度的輕率和失控，對這些神見充滿極高的重視，甚至使他的眼目遠離信德的深淵。

❸ 容易發生這事的理由，必定是靈魂這麼專注於感官的事物，本性地傾向它們。由於已經品嚐到那些分明和感官的領悟，且受其擺佈，又看見自己的神師，或他人重視這些神見，這足以使他同樣重視它們。然而不止於此，他們對神見的欲望，不自覺地受到鼓舞，更加接受神見的餵養，強烈地傾向神見，並貪戀神見。

因而從中招惹許多的不成全；至少，為此之故，靈魂不再是這麼謙虛的，他認為那些神見是有點兒什麼，自己也有了點什麼好東西，天主很是看好他，他得意揚揚，對自己頗感滿意，然而這和謙虛是背道而馳的。那時，魔鬼偷偷地擴大這些感受，他卻對此毫不知覺。魔鬼開始煽動他的思想，想知道別人有沒有像這樣的事（譯按，指神見），或者是不是這樣⑰。像這類的思想，正相反神聖的單純和心靈的獨居。

95. 就是關於神見的事。
96. 指從神見來的領悟。
97. 這句話的意思是：是不是有神見，或者有了神見，這神見是真的還是假的。

❹ 關於這些損害，及如果不斷絕（神見），在信德上何以無法成長；還有其他一些同類的損害，雖然不像這些損害這麼明顯和清楚，又很難覺察，但在天主眼中更是可恨，這些都是由於沒有徹底行走赤裸的道路[98]。在這些事上，還有許多可以談論的，不過現在，我們暫且擱下，等到談論靈性的貪吃，及其他的六罪宗時，將加以談論。那時，天主願意的話，我們將談論許多的事，即有關這些巧妙又細膩的汙點，這些汙點緊粘著心靈，是因為指導者沒有引導靈魂依循赤裸的道路[99]。

❺ 現在我們來說說，有些神師的作風是怎麼回事；他們引導靈魂，卻沒有給予良好的指導。的確，我誠願知道怎麼加以說明，因為我明白，這是很難解說的事：徒弟的心靈，如何以隱藏和祕密的方式，發展成和他的神師神父一模一樣。這個主題冗長得使我感到疲累，因為看起來，解說這點時，不能不同時解釋另一點，由於這些屬靈的事，彼此關係密切。

❻ 不過，為了充分解說這裡的問題，我認為，事實也是這樣，如果神師神父傾向於心靈的顯示，甚至這樣加以重視，使得靈魂不是得意揚揚，就是歡喜滿懷，即使他沒有覺察這事，他不能不影響其徒弟的心靈，形成同樣的態度與舉止；如果這個子弟不是比他更有程度的話。然而，即使受指導者更有程度，如果這位神師神父繼續指導他，也能帶給他嚴重的損害。因為，從這些神見中，神師神父所懷有的傾向與品味，導致對神見某種程度的重視，如果沒有極度的留心警戒，面對受指導者，他不能不流露出對神見的傾向和情感。如果受指導者的心靈，也有同樣的傾向，就我所知，他們之間的許多交談，全是對這些事（譯按，指神見）的領悟和珍視。

❼ 然而，我們現在不要這麼詳談細論，我們要說的是，無論神師有否傾向於這些神

98. 就是沒有完全捨一切的意思。十字若望總是使用赤裸／*desnudez* 表示完全捨棄，一無所有。
99. 這裡指的是《黑夜》第一卷第一章第三節，及第一章到第七章所談的。

見，他沒有以應有的明智除去障礙，剝除其弟子對神見的欲望，反而對他談論這些神見，成為靈修談話的主要話題，如我們說過的，又教給他分辨好壞神見的記號。

雖然知道這些記號是好的，但也不該因此加給靈魂這些勞苦、掛慮和危險。那麼，不注重這些神見，拒絕接受它們，人便能免除這一切分辨的辛勞，而去做他該做的。然而不止於此，像這樣的神師，看到弟子從天主得到這些顯示，要求弟子向天主請求也顯示給他們，或告訴弟子有關自己或他人的種種事情，而這些愚蠢的靈魂照章行事，認為渴望以此方式得到認識是合法的。他們認為，因為天主願意以超性的方式啟示或說了些什麼，如祂所願意的，或為了祂的目的，那麼，渴望天主的顯示是合法的，他們甚至哀求天主這麼做。

❽若天主答覆他們的請求，顯示給他們這件事，他們變得更加自信，認為天主欣悅於他們的哀求，及對它們的渴望。實則不然，事實上，天主很不高興像那樣的懇求，也不願意如此。他們常常按照所得的啟示或回答來行事或相信，因為，他們熱愛這種與天主交往的方式，他們的意志漸漸順服這些啟示，而且把持不捨。他們在其中找到本性的滿足，以本性的方式順從自己的理解模式。他們時常犯下許多的錯誤，而看到事情沒有如所理解的應驗，他們感到驚愕；隨即開始懷疑是否來自天主，或者不是來自天主，因為事情沒有應驗，也沒有看到所預料的。

他們預先認定兩件事：第一，這是從天主來的，因為打從一開始，他們就這麼確定這事，然而，可能是本性傾心於這事，導致那樣的確定，如我們說過的。第二，既然是從天主來的，事情將按照他們預先的理解和想法應驗。

❾這樣的認定是很大的欺騙，因為天主的啟示或神諭，不總是按照人的理解、或話的

字面意義應驗實現。因此，雖然知道那些是天主的啟示、回答或話語，既不該肯定，也不該盲目地相信它們。因為，雖然它們可能是確實的，也是真的，但就其起因和我們的理解方式，則並非總是確實和真的。我們將在下章中證明這事。後來我們還要加以解說和證實，雖然天主有時以超性的方式回答問題，祂並不高興如此，即使回答了，有時甚至大發忿怒⑩。

第十九章

本章說明並證明，雖然這些來自天主的神見與神諭是真的，也能欺騙我們。自聖經中引證。

❶ 由於我們說過的兩個理由，雖然這些天主的神見、神諭是真的，也常是確實的，但對我們而言，卻不是經常如此。第一個理由是，因為我們瞭解它們的方式有缺陷，第二，因為它們的基本起因時有變化。我們將引述聖經證明這兩個理由。

關於第一個理由，這是很清楚的，並非經常按照我們的理解方式應驗。原因在於，由於天主是無限與深奧的，通常祂的預言、神諭、啟示，及其他的方式、概念和理解，和我們通常能懂的含意和模式，大不相同。而它們越是真的與確實的，我們越不認為如此。在聖經中，我們處處看到這事。許多先祖認為，很多天主的預言和神諭，沒有如他們所期待的應驗，因為他們用自己的模式來理解，這是很不同的方式，是非常字面的。由下列聖經章節，

100. 參閱第十九至二十一章。
101. 以下列舉的聖經典故分為三組，各有三位：1）亞巴郎，雅各伯，民長；2）依撒意亞，耶肋米亞，達味；3）聖保祿，聖路加，聖若望。

這事顯而易見[101]。

❷《創世紀》中，天主告訴亞巴郎，祂必要帶領他進入迦南人的土地，說：**我將這地賜給你**（創十五7）。由於天主多次許諾這事，亞巴郎已經年老，仍然接受這個許諾，問天主說：**我如何知道，我要占有此地做為產業**（創十五8）？那時，天主顯示給他，他根本不會占有那地，而是他的後裔要在四百年後才應驗（創十五13－14）。因此，亞巴郎終於瞭解了這個許諾，許諾本身是真實的，因為天主出於愛他，給予他，而保留給他的後裔。所以，亞巴郎在理解預言上受矇騙了。若按自己的理解去行動，能夠犯下大錯，因為占有這土地，不是在他活著的時候實現的。看見他至死沒有得到預言許諾的人，若聽到天主要把那地賜給他的這句話，必會困惑，認為這個預言是假的。

❸同樣，亞巴郎的孫子雅各伯，那時因迦南地方的飢荒，他的兒子若瑟要他去埃及，在前往埃及的途中，天主顯現給他說：**雅各伯，不要害怕下到埃及；我與你一同下到埃及；而當你離開那裡時，我將帶領你出來，引導你**（創四六1－4）。這些話沒有按字面的意義應驗，因為我們知道，這位聖善的老雅各伯死在埃及，生前不曾返回（創四九33）。但這預言應驗於他的後裔，多年後，天主自埃及人手中解救他們，沿途，天主親自帶領他們。為此，顯然可見，凡知道天主對雅各伯許諾的人，會以為由於天主的恩寵與命令，雅各伯活著進入埃及，無疑地，天主也會使他活著出來，因天主許諾了這事，也許諾了獲得許諾的幫助。這人誤解了，並且雅各伯逝世於埃及令他驚訝不已，因天主沒有如所期待的實現許諾。所以，天主的許諾本身是真實的，但解釋許諾卻能有許多的誤解。

❹我們在《民長紀》也讀到，所有以色列支派聯合作戰，懲罰本雅明支派的某個惡

行，他們確信必會得勝，因為天主已選定了作戰的首領。他們如此確定，竟至當他們的二萬二千人被殺，戰敗之時，他們在天主前大為驚愕、困惑，哭了一整天，不知戰敗的理由，因為他們理解的是，勝利應該屬於他們。而當他們問天主，是否他們該再回去作戰，天主告訴他們，要上去攻打。現在他們確信，勝利必屬他們，他們英勇無比，進攻作戰，第二次再度戰敗，損失一萬八千人。因此，面對下一個行動，他們感到極其困惑，不知所措，因為天主命令他們作戰，然而總是打敗，尤其他們的人數與人力遠超過敵方：四百萬對二萬五千七百人。在理解天主的話方面，他們誤解了，天主的言語並非欺騙。天主沒有說，他們會戰勝，只說他們該上去作戰。因為天主要在敗戰中懲罰他們的某種輕忽與妄想，貶抑他們。但到了最後，天主回答說，戰爭將會得勝，果然獲勝，雖然不是沒有許多的戰略與艱難。

❺在這事上，及其他很多的情形中，靈魂以文字和表面的解釋，誤解來自天主的神諭與啟示。因為，正如已解釋過的，天主賜予啟示的主要目的，在於表達、傳授包涵於其中的靈性意義。這是很難理解的，靈性的意義遠比字面的意義更豐富，遠超字義的界限。凡死守文字、神諭、形式或可領悟之形狀的人，不能不犯下嚴重的錯誤，不久也會陷於困境和混亂，因為受到字義的左右，沒有隨從靈性的意義，靈性的意義剝除字義。**文字使人死，神卻使人活**（格後三6）。因此，靈魂該棄絕字義，生活於信德的黑暗中，這是靈性的，是感官不能領悟的。

❻為此，有許多的以色列子民，因為以嚴格的字面意義理解先知的話和預言，由於沒有如所期待的實現，他們也就不太在意，也不相信它們。就這樣，他們中流傳著嘲笑先知的普遍說詞，幾乎已經成為諺語。為此，依撒意亞在下列章節中抱怨這事，說：**天主要教導**

誰呢？祂要向誰解釋祂的預言和話語呢？是向那方才斷奶與離開母懷的嬰兒？因為人人都說——關於預言——許諾再許諾，等待再等待，等待再等待，這裏向你說一句，那裏向你說一句。天主要用他人的口舌向這個民族說話（依廿八9-11）。在這段經文中，依撒意亞很清楚地指出，這些人民把預言當做愚弄，嘲笑地說這句俗話：等待再等待。他指明預言絕不會實現，因為人民死守文字（這就是嬰兒的奶），以及感官（這些是乳房），這恰恰相反屬靈的認識。因為這樣，他說：祂要向誰教導祂預言的智慧呢？祂要向誰解釋祂的教誨呢？豈不是向已斷絕文字的奶和感官乳房的人嗎？為此之故，這些人民不了解，他們只按文字外表的奶水，或感官的乳房去理解，因為他們說：許諾再許諾，等待再等待……。因為這是天主口中的教導，而不是他們的，天主必須用不同於他們的言語來說。

❼ 因此，解釋預言時，必不可看我們的感受和字面的意義，因為和天主的很不一樣，其靈性意義和我們的理解大異其趣，而且很難了解。這是如此地真實，甚至使身為先知的耶肋米亞發覺，天主言語中的觀念，與人通常尋獲的意義如此地相異，好似在搖動和欺騙這人民：哎！哎！上主天主！祢的確欺騙了這人民和耶路撒冷說：你們必享平安；且看刀劍甚至已到了我們的靈魂（耶四10）！誤解的理由是，許諾中的平安，指未來的默西亞在天人之間建立的和平，然而，他們把這話的意思解釋為現世的和平。因此，當戰爭與磨難降臨到他們身上時，他們以為天主欺騙了他們，因為每一件事情的發生與他們的期待相反。所以，他們也和耶肋米亞一樣說：我們原指望和平，卻不見好轉（耶八15）。所以，因為他們只尋求追隨文字的意義，就不可能不受欺騙。

因為，《聖詠》七十二篇中，關於達味所有預言基督的話，如果死守文字的意義，誰不會被困惑與誤解呢？《聖詠》上說：**祂將統治大地，從這海到那海，由大河的流域到地極的邊界**（詠七二8）。在那裡又說：**祂將從強者的權下拯救哀號的貧民，祂必扶持無援的窮人**（詠七二12）。然而後來看到的是，基督誕生在卑陋的境況，生時貧窮，死時悲慘；祂不只沒有統治現世的大地，而且祂屬於一個卑微的民族，甚至死於般雀比拉多的權下。祂不只沒有解救自己的可憐門徒，脫免現世權勢的掌握，且又讓他們為祂的名遭受殘殺與迫害。

❽ 這些有關基督的預言，要按靈性的意義來理解；根據靈性的意義，這些預言完全應驗了。因為基督不只是地上，也是天上的主，因為祂是天主。祂不只救贖跟隨祂的窮苦人，也使他們從魔鬼的權勢下得到釋放，除了這位大能者，他們沒有別的救援，而且祂也使他們成為天國的繼承人。

關於基督及祂的追隨者，天主所說的，是最主要的部分，即永遠的王國與自由。人們卻按自己的方式理解這些話，停留在微不足道的事上，即現世的王國與自由，對於這事，天主不甚留意，因為在祂面前，這些王國與自由，既非王國也非自由。為此，卑微的字義弄瞎了他們，他們不明白其中的靈性意義和真實性，殺害了他們的天主上主，如聖保祿說的：**因為耶路撒冷的居民，和他們的首領不認識祂，也不明白每個安息日所誦唸的先知預言，就判決了祂，處死了祂**（宗十三27）。

❾ 適當地理解天主的話，其困難竟然達到這樣的地步，甚至連與祂同行的門徒也被隱瞞了。例如：耶穌死後，那兩位前往厄瑪烏的門徒悲傷不信地說：**我們原指望，祂就是要來拯救以色列的**（路廿四21）。他們也是同樣的看法，視祂的拯救和統治權是現世的。可是基督，我們的贖世主，顯現給他們，責備他們為信先知所說的一切話，竟是這般的愚蠢、遲

鈍、心硬（路廿四25）。甚至當祂快上升高天時，還是有些人那樣遲鈍，問祂說：**主！是此時要給以色列復興國家嗎**（宗一6）？

天主聖神引導人說許多的事，其意義與人的理解大不相同。從祂使蓋法論及基督而說的話中，可以看得出來：**叫一個人替百姓死，比全民族滅亡更好**（若十一50）。蓋法不是自己說出這些話，他以某一種意義說出和理解這話，而天主聖神卻以另一種。

❿ 由此可見，雖然話語和啟示來自天主，我們也不能肯定它們，由於按我們的理解方式，能夠多次且很輕易地受欺騙。因為其中包含深淵般的靈性意義，若想將之限定在我們的理解，及感官能領悟的範圍內，這無異於想要把握[102]空氣，及握住手裡空氣中的一些塵埃微粒；然而，空氣全由手中溜逝，什麼也沒有留下。

⓫ 因此，神師必須努力，使其弟子的心靈，不受困於渴望注視所有超性的領悟，那些只不過是心靈內的小微粒（唯一可能留下的，而且毫無靈性）。神師應該使他離開一切的神見與神諭，且教導他存留在信德的自由與黑暗中，在其中獲致心靈的解放與富裕，因而對天主所說的話具有特別的智慧與理解。

因為，如果不是屬靈的人，不可能明智地判斷和理解天主的事；那麼，當人以感官加以判斷，他就不是屬靈的人。所以，雖然天主的事臨現於感官底下，仍是不被人理解。這正是聖保祿所說的：**屬血氣的人，不能領受天主聖神的事，因為他是愚妄的，他不能領悟，因為這些事只有藉聖神才可審斷，唯有屬神的人才能審斷一切，但他卻不為任何人所審斷**（格前二14–15）。屬血氣的人在此表示只使用感官的人，至於屬神的人，他是不受感官束縛和領導的人。因此，這是膽大妄為，竟敢藉感官的超性領悟與天主交往，或允許任何人這樣做。

102. 把握：原文是palpar，意即碰觸，也有把握的意思，表示「非常了解」，可說一語雙關。

⑫為了更清楚明白，在此我們要舉出一些例子。我們來設想，有位聖人備受折磨，因為敵人迫害他，而天主應允了他，說：「我要從你的仇敵手中解救你。」這個預言能夠非常真實；雖然事情演變的結果，他的敵人可能大勝，他也死在他們手中。所以，凡是以現世的意義來理解的人，必會受騙，因為天主所說的，是真正和主要的自由與勝利，亦即救恩，那才是靈魂更高貴真實的自由和戰勝敵人，遠超過在今世從敵人手中獲救。所以，這個預言更為真實和豐富，超過人所能理解的（如果只以今世的觀點來理解）。因為天主常用祂的言語指示更重要、更有益的意義，然而，人卻能以他自己的方式，滿足自己的目的，理解成較不重要的意思，因此受欺騙。《聖詠》第二篇中，達味預言默西亞，我們讀到這話：**你必以鐵杖將他們粉碎，有如打破陶匠的瓦器（詠二9）**。在這預言中，天主指示更重要和成全的王權，亦即永恆的王權，這事確實應驗了；並非指那最不重要的現世王權，基督在此塵世終生未曾擁有的。

⑬我們提出另一個例子。有個靈魂強烈地渴望殉道。天主回答說：「你將是個殉道者。」關於這個許諾的真實性，天主賜給他很深的內在神慰與信心。結果，這個人並非殉道而死，而這個許諾卻是真的。那麼，怎會沒有逐字應驗呢？因為這是以最主要和實質的意義應驗的，就是說，賜予實質的愛和殉道的賞報。天主真的賞報了靈魂誠懇的渴望，賜予所許諾的。因為靈魂真正的渴望，不是那死亡的方式，而是藉殉道事奉天主，以殉道表達對天主的愛。因為殉道的死亡方式，如果本身缺少這樣的愛，則是毫無價值的。天主使用其他的方法，完美地賜予殉道的愛，並賞報他。雖然並非死於殉道，這靈魂深感滿足，因為天主已滿全他的渴望。

因為類似這些渴望，及其他相似者，若出於活生生的愛，雖然沒有按所期待的方式應驗，它們以其他更好的方式實現，比實現所想所求的，給予天主更大的光榮。達味說：**上主！祢垂允了謙卑者的心願**（詠十17）。《箴言》裏，神聖的智慧說：**義人的希望終獲得應允**（箴十24）。為此，我們看到，許多聖人渴望從天主得到各種特別的恩惠，然而沒有在今世得到，這是信德的渴望，因為他們的渴望是正直和真實的，在天上必會得到完美的滿全。因此，這是真的，天主在今世給他們的許諾也是真的，祂對他們說：「你們的渴望會應驗」；但並非以他們所想的方式應驗。

⓮ 在這種種的方式中，天主的話語和神見，可能是真的和確實的，而我們卻可能受其欺騙，因為我們不會以崇高和主要的意義，並按天主的目的和觀點去理解它們。所以，最準確和穩妥的作法，就是要靈魂明智地躲避這些超性的事，如我們說的[103]，他們要習慣在黑暗的信德中，保持心靈的純潔，這是結合的方法。

第二十章

本章引用聖經加以證明，為何天主的話和言語，雖然向來是真實的，由於其特有的起因，卻不常是確定的。

❶ 現在是適宜之處，我們要證明第二個理由[104]，神見和天主的神諭，雖然本身常是真

103. 見第五節，及第九章第一節。
104. 參閱第十八章第九節，第十九章第一節。

的，為什麼對我們卻不常是確定的。這個不確定性來自它們的起因。

因為，天主所說的事，多次建立在受造物與它們的效果上，那是很容易改變，也能夠不實現的。所以，建立在這些受造物上的言語也可以改變和不實現。因為，當某事依靠另一事時，這事沒有實現，另一事也不會實現。就像，如果天主說：「一年內，我要在這個國家降下瘟疫。」這個警告的起因和基礎是，因為那國家有個冒犯天主的罪行。如果這罪行停止或改變，懲罰也會取消。然而這個警告是真實的，因為建基於這個實際的罪過，所以，如果罪過持續下去，預言的懲罰必會應驗。

❷ 我們看到，尼尼微城發生的事，天主宣佈說：**還有四十天，尼尼微城要毀滅了**（**納三4**）。這事沒有發生，因為警告的起因，亦即他們的罪行，由於行補贖而停止（納三5-10）。但是，如果他們沒有行補贖，這個警告必會實現。我們也在《列王紀上》讀到，當時國王阿哈布犯了一個非常嚴重的罪，天主藉我們的會父聖厄里亞通知他，預言要降災嚴懲他個人，他的家室和他的王國（列上廿一17-22）。但是，因阿哈布悲傷地撕破自己的衣服，身穿麻衣，禁食，穿著麻衣睡覺，低頭緩步行走，天主再派遣這位先知到他那裏，告訴他這些話：**既然阿哈布為了愛我而自卑自賤，在他有生之日，我不降此災，但是，到他兒子的日子，我要使這災禍臨於他家**（**列上廿一27-29**）。由此可見，因為阿哈布改變了先前的心意和愛戀，天主也收回祂的成命。

❸ 因此，為了我們的目的，我們可以這樣推論，雖然天主可能對某靈魂肯定地啟示或說了些什麼事，無論是好是壞，或關係這人或其他的人，而按照這個靈魂的傾向或其基本起因的變化，這成命能變輕或變重，或更改，或完全取消。因此，這事件可能沒有如同所期待

地實現，而且經常除了天主，沒有人知道為什麼。因為，儘管天主時常說話、教導和許諾許多的事，卻不是時常很快地使人理解它們，而是後來到了適當的時候，或當效果產生時，人才可以得到有關它們的光照。如我們看到的，基督以這樣的方式對待祂的門徒。祂說了許多他們不懂的比喻和訓言，等到傳佈福音的時刻來到，當天主聖神降臨到他們身上時（宗二1-4），他們才明白。如基督所說的，**聖神必要教訓他們一切**（若十四26）。聖若望談到基督榮進耶路撒冷時說：**起初祂的門徒們也沒有明白這些事，然而，當耶穌受光榮以後，他們才想起這些話是指祂而記載的**（若十二16）。結果，有許多天主的事，能很特別臨於靈魂，而除非到適當的時候，這個靈魂與他的神師都不能理解。

❹在《撒慕爾紀上》我們也讀到，天主向以色列的司祭厄里發怒，因為他沒有處罰兒子犯的罪過，天主派遣撒慕爾到他那裏，所說的話中有下面這句：**的確，我曾許下，你的家，和你的父家要在我面前永遠作司祭，但是現在——上主的斷語——決不能如此**（撒上二30）！因為，司祭的職務是建立在彰顯天主的榮耀與光榮上，為了這個目的，天主把它永遠許諾給厄里的祖先。當厄里對天主的榮耀缺少熱誠時，如天主自己的抱怨，由於他重視兒子甚於天主，掩飾他們的罪過，而沒有斥責他們，這許諾也沒有實現（撒上三13）。如果他們繼續保持良好的服侍與熱誠，這許諾必會永遠持守。

因此，我們不要認為，因為這些話和啟示來自天主，就會按字面的意義確實地應驗，尤其是當它們的起因來自人時，這是能夠變更、改變或更換的。

❺當它們取決於只有天主知道的起因時，祂經常不明顯表達，反而在祂神諭或啟示的通傳中，對此情況保持靜默。就像這個例子，天主明確地告訴尼尼微人，還有四十天尼尼

微就要毀滅了（納三4）。另一次，正如祂對雅洛貝罕所說的：如果你聽從我所吩咐你的一切，履行我視為正義的事，恪守我的律例和誡命，如同我的僕人達味一樣，我必與你同在，為你建立一鞏固的家室，像我為達味所建立的一樣（列上十一38）。然而，無論天主有否揭露其有條件的因素，人的理智無法肯定，因為天主言語中的隱祕真理和豐富意義，他不能領悟。天主高居天上，自永恆的深淵發言；我們則居處塵世，盲目無知，只憑血肉和時間的方式理解。為此，我明白智者說的：你不要在天主前冒然開口，你的心也不要急於應許，因為天主在天上，你在地上，為此，你說話不應嚕嗦或冒昧（訓五1）。

❻或許你會問我：如果我們不瞭解或不理解它們，為什麼天主要通傳給我們呢？

我已經說過，由於依照說話者天主的命令，每一件事到了適當的時候會揭曉；而天主所願意的人會獲知這事，也看得出來，這是很合宜的，因為天主行事不無原因與真理。然而，要相信這事：天主的話和事情中包涵的意義，人不能完全領悟，他也不能藉顯現確定此事，而沒有許多的錯誤，及招惹很大的混亂。

先知們非常清楚知道這事，天主的話交託在他們的手中，關於人民的預言，對他們是很嚴厲的磨難。因為，如我們所說的，這人民看到，大部分的預言沒有按字面的意義應驗。結果，他們極力譏笑和嘲弄先知；甚至到此地步，耶肋米亞先知說：我終日成為笑柄，人都嘲笑我，因為我每次發言，必得高呼：「暴虐！破壞！」實在，上主的話，為我日日成為受侮辱與譏笑的因由。而我說，我不再想念祂，不再以祂的名發言（耶廿7-9）。雖然這位聖先知以弱者的姿態順命發言，他無法忍受天主的變化方式，他清楚說明，天主神諭的應驗，與所聽到的普通字義，其間的差異。然而，這些天主的先知被視為騙子，由於他們的預言，他們忍受著那麼多的痛苦，耶肋米亞在另一處也說：**預言為我們只有恐怖和陷阱，破壞和滅亡**（哀三47）。

❼當天主派遣約納，宣佈毀滅尼尼微時，他逃跑了，因為他知道，從人的理解和神諭的起因來說，天主的話變化萬千（納一1－3）。所以，約納恐怕自己的預言沒有應驗時，這些人會嘲笑他，於是他躲開，不繼續宣講預言，在城外整整等了四十天，想看看他的預言是否會實現（納四5）。由於沒有應驗，使他煩悶至極，煩悶到如此地步，他向天主說：**上主！當我還在故鄉時，我豈不是已想到這事嗎？所以，我預先要逃往塔爾史士**（納四2）。這位聖人遂發起怒來，懇求天主收回他的性命（納四1、3）。

❽那麼，如果天主的神諭和啟示，沒有如同靈魂所理解的應驗，我們何必驚奇呢？因為，假設天主斷言或顯示給人某些許諾，好的或不好的，關於這人自己的或他人的，如果這個許諾建立在熱愛或服事天主，或冒犯得罪祂，於現在或將來，這些原因如果繼續存在，這個許諾必會完成。但由於這些原因的延續不確定，許諾的滿全亦然。所以，人所該尋求的確定，不是在於理解，而是在於信德。

第二十一章

本章說明，雖然天主有時答覆所求，使用那樣的請求使天主極為不悅。同時證明，雖然

天主屈尊遷就，給予回應，祂何以經常發怒。

❶如我們所說的[105]，某些神修人自我擔保，確信有時藉超性的方法，獲知某些事的好奇心是好的。他們想，因為天主有時回答了這些請求，所以這是好方法，而且悅樂天主。然而事實卻是，儘管天主回答他們，像那樣的方法既不好，也不悅樂天主，反而使祂不高興；不只於此，而且常使祂發怒，極其冒犯天主。

理由乃在於，越過本性的界限是不法的行為，這界限是天主為管理受造物已經建立的。祂設定了本性與理性的限度，用來治理人類。因此，渴望越過它們是不合法的，渴望以超性的方式查詢和獲得什麼，就是越過本性的限度。所以，那是不合法的事，每件違法之事都會冒犯天主，使祂極其不悅。阿哈布國王深知這事。因為，雖然依撒意亞告訴他，以天主的名向祂要求一些徵兆，他不願做這事說：**我不要要求那樣的事，我也不願試探上主（依七12）**。因為試探天主就是渴望以非凡的方式，亦即超性的方法，與祂交往。

❷你們會說：要是天主真的不高興，為什麼天主有時候回應呢？我說：有時是魔鬼的回答。不過，當天主回答時，我說，這是因為靈魂的軟弱，他想望以那樣的方法前進。由於不要使靈魂悲傷而轉身後退，或想像天主不滿意他，以致過度憂苦。或者為了天主知道的其他目的，被那靈魂的軟弱所促使，因為這樣，天主視情況之合宜，屈尊就卑給予回應。天主也同樣對待許多軟弱和多情的靈魂，當他們以非常感官的方式和天主交往時，按照前面說過的[106]，賜給他們恩惠和甜蜜。然而祂這樣行事，不是因為祂願意和喜歡人以那樣的態度和祂繼續交往。如我們說過的[107]，天主不過是按照每人的模式對待每個人；因為祂好比是個水泉，每人汲滿自己帶來的水壺。有時，祂讓靈魂通過這些特別的管道汲水；但並非順理成

105. 見第十八章第七至九節。
106. 見第十八章第八節。
107. 見第十七章。

章，也不是說以特別的管道取水是合法的，而是只有天主能許可這事，祂要在什麼時候，怎樣給，和要給祂所願意的什麼人，及祂所願的是什麼理由，在靈魂這方面是毫無權力的。所以，如我們所說的，有時祂屈就某些靈魂的請求，由於他們是良善和單純的，祂不願不允所求，以免他們憂傷低沉。但是這並非因為天主喜歡像這樣的方式。

❸以下的例子更能闡明這事。有一家的父親，在餐桌上預備了豐盛又多樣的食物，其中的食物一個好過一個。有個孩子向他要求一道菜，不是因為這食物較好，而是因為被他第一眼瞧見；孩子要求這道食物，因為比起別的食物，他更知道如何享用。現在，當這位父親發現，雖然所給的是較好的食物，孩子卻不吃，而只要他請求的，因為他喜歡的只是那道菜，於是他憂傷地給了兒子，為了不使他敗興失望，缺乏餐食。我們看到，這正是天主對待以色列子民的作法。當時他們向祂要求一位君王。祂深感痛惜地給了他們一位君王，因為那對他們毫無益處。於是，祂對撒慕爾說：**我聽見了人民的聲音，且賜給他們所請求的君王，因為他們不是拋棄你，而是拋棄我作他們的君王（撒上八7）**。天主所以屈尊俯就某些靈魂，賜予不是最有益於他們的，因為他們不願意，或不知道如何行走別的道路。因此，有的靈魂從天主得到心靈或感官的甜蜜和溫柔，因為他們不能吃更強硬和結實的食物，即天主聖子十字架的艱難困苦。天主渴望他們揀選十字架，遠超過其他的事物。

❹雖然如此，渴望藉超性的方法認識事情，比在感官上渴望心靈的滿足更壞得多。因為，我不明白，企圖以超性方法取得認識的靈魂——及命令或同意這事的人——怎能沒有罪過，至少也有微小的過失，無論他的動機多麼好，或他的全德如何高深。因為，任何這類的認識是不需要的，從本性的理智，及福音的法律與教導，就能獲得非常充足的指導。因為沒

有什麼困難與需要，不能靠這些方法來解決或補救的，這是非常悅樂天主，也使得靈魂受惠。

我們必須善用理智和福音的道理，雖然無論我們願意與否，有些事以超性的方式傳達給我們，我們只接受那些與理智和福音的法律相符合者。那麼，我們之接受，不因為來自啟示，而是因為合乎理性，而我們應該放開所有附屬於啟示的感受。對於啟示甚至更要觀看並檢視，超過那不是從啟示來的。因為魔鬼為了欺騙靈魂，說了許多真的和吻合理性的話，那是會發生的。

❺ 在我們的一切需要、磨難和困難中，沒有比祈求和希望天主，以祂所願的方法扶助我們為更好和更安全的助祐。聖經勸誡此事，我們在聖經中讀到，約沙法特國王被敵人圍困，深感憂苦（編下廿1-4），他開始向天主祈禱：**當無計可施，理智找不到急需的方法時，我們只有舉目仰望祢，希望祢以祢最稱心的方式支持我們（編下廿12）**。

❻ 雖然我們已經說明，即使天主有時回答了那些請求，祂卻發怒，然而聖經中的一些明證，還是有所助益的。

《撒慕爾紀上》說，撒烏爾向先知撒慕爾要求一個神諭，撒慕爾已是去世的人，這位先知顯現出來；可是卻激怒天主，因為撒慕爾立刻在這事上責備撒烏爾：**為什麼你擾亂我，叫我上來？（撒上廿八15）**。

我們也非常熟悉，並不因為天主回答了以色列子民，供給他們所要求的鮮肉，祂就沒有大發雷霆。根據《梅瑟五書》與達味的記載說：**天主立刻從天降火嚴懲他們：當食物仍在他們口裏，天主便對他們大發忿怒（詠七八30-31；戶十一18-33）**。

我們也在《戶籍紀》中讀到，因為巴郎先知在巴拉克王的招呼下，前往摩阿布，使天主對他極為忿怒。巴郎請求的結果，天主告訴他可以去；不過，正當他在途中的時候，有位天使顯現出來，帶著一把劍，要殺死他，對他說：**因為你走的這條路在我面前是邪路**（戶廿二32）。為此之故，要殺死巴郎。

❼ 天主雖然發怒，仍以這樣和其他的許多方法，屈尊俯就靈魂的多種欲望。關於這事，在聖經中，我們有許多證據，此外，還有許多的例子。然而這事已經非常清楚，無需加以列舉。

我只說，這是極其危險的事[108]，遠超過我所能解說的。喜愛以這樣的方式和天主交往的人，不會沒有許多的錯誤，也會時常招惹混亂不安。為此，凡曾經看重它們的人，透過他自己的經驗，會了解我的意思。

因為，要獲知在天主的神見和神諭上，沒有錯誤的這個困難之外，通常還有許多這類的神見和神諭是從魔鬼來的。因為牠慣常魚目混珠，裝扮天主的作為對待靈魂。魔鬼放進模仿品，假裝天主的通傳，好像狼披羊皮，混在羊群裏，牠的介入幾乎不能識破（瑪七15）。因為，由於魔鬼說的許多事是真的，又合乎理性，並且逐一應驗，靈魂能夠輕易地受騙，認為事事應驗成真，繼之而來也會確實無誤，這無非是來自天主的。這些人們不明白，這些事對魔鬼易如反掌，牠具有很清楚的本性光明，藉事情的原因，認出許多過去或未來的事情。由於魔鬼擁有的光明這麼靈活，牠能輕而易舉，從原因推斷結果，雖然不總是按照牠的推斷應驗，因為一切的起因全憑天主的旨意。

❽ 我們來舉個例子：魔鬼理會到，當大地、空氣和太陽，達到某一程度的相互關係

108. 意思是說，渴望以超性的方法和天主交往，這是很危險的。

時，必會在那時形成腐敗，由此而造成瘟疫。牠也曉得，瘟疫在何處嚴重，何處輕微。由此可知，這個例子就是從起因中獲知瘟疫。所以，魔鬼顯示給一個靈魂說：「在六個月，或一年內會有瘟疫。」結果應驗了，這是使人驚奇的事嗎？然而，這是魔鬼的預言。同樣，牠也能預見地震，當牠察覺大地的洞穴充滿空氣，也能預言說：「某時會有地震。」這是本性的認識；擺脫靈魂情緒的人，足以擁有這樣的認識，如波伊提烏斯[109]的教導：如果你要以清晰的本性認識真理，要拋開快樂、怕懼、希望和悲傷[110]。

❾ 超性的事件和事情，也能從起因中獲知，由於天主的措施是最明確和公義的，相稱於世人的功過。人可以本性地知道某人、某城或某事，達到怎樣的地步，或怎樣的程度，天主以其措施和公義，必要報以相稱的懲罰或賞報。憑本性的認識，他能夠說：「某某時候，天主一定會這樣，或那樣，或會發生某事。」聖婦友弟德讓敖羅斐乃知道這事，以說服他相信以色列子民必被滅亡，首先她說出他們的無數罪過與惡行，然後再說：**因為他們行了這些事，喪亡必要臨頭**（友十一7–11，十二–十三）。這說明了知其因，而知其懲罰。彷彿是說：理所當然，像這樣的罪，必定會招致至公義的天主懲罰。所以神聖的智慧說：**人用什麼來犯罪，就用什麼來罰他**（智十一17）。

❿ 魔鬼能知道這事，不只以本性的方法，甚至透過經驗，觀察天主的行事，牠能預告事情，而且正確無誤。聖托彼特也是從原因知道尼尼微未來的懲罰。他警告兒子多俾亞說：**我兒，注意，當你的母親與我去世，要離開此地，因為這地方不會久存。我看到城中充滿罪行，將成為受懲罰的原因，也是一切事物的終結與毀滅**（多十四9）。托彼特和魔鬼都能達到這個認識，不只因城市的敗壞，也由於經驗觀察到，由於世上的罪惡，天主以洪水滅世，

109. 波伊提烏斯／Boethius（約480–524）：羅馬哲學家、政治家。生平將柏拉圖、亞里斯多德的著作翻譯為拉丁文，並加以註釋，為後世西方神、哲學思想體系鋪了路，如：位格（person）概念，並有「西方之父」的雅號。著有《哲學的安慰》五冊（*De consolatione philosophiae* I–V, 523–524）、《三位如何是一個天主》（*Quomodo trinitas unus Deus,* 約520）等。

110. 這段引言取自*De Consolatione Philosophiae,* lib. 2, met. 7. PL63, 656–58。

及索多瑪被火焚毀（創六12–13，十三13，十九24）；雖然如此，托彼特也是藉聖神得知這事。

⓫ 魔鬼能獲知，伯多祿[111]的生命只能活到某一年歲，並預告此事。而且牠也能像這樣，以種種方式斷定許多事情，我絕不能盡言，一一詳述，甚至也無法開始多做解釋，因為事情的錯綜複雜，及魔鬼注入謊言時的狡猾詭詐。如果不脫離所有超性的啟示、神見和神諭，就不能從魔鬼的掌握中得到解放。

為此，天主對容許這些事的人大發忿怒，是理當的，因為祂看到他們的輕率，自陷於這麼大的危險、自大、好奇、各種驕傲、根深蒂固的虛榮、輕視天主的事、許多罪惡的根源，從中招致許多的惡事。這些人深深地激怒天主，天主故意容許他們犯錯、受騙、遭受心靈的黑暗、放棄生命之路、陷於虛榮和幻想，依撒意亞說：**上主在他們中間注入了糾紛與紊亂的昏神**（依十九14）。用一般的話來說，意即**誤解的神**。依撒意亞在這裡說的，顯然與我們的教導相吻合，因為他說的那些人，就是力求以超性的方法，獲知未來的事（依十九12）。因此，他說，天主在他們中間混入了曲解的神。不是天主願望如此，也不是祂真要給他們錯誤的神，而是因為他們想要知道那本性不能獲知的事。天主被這事激怒，允許他們胡說，且在那天主不願他們干涉的事上，不賜下光照。因此，依撒意亞說，天主以剝奪的方式，注入紛亂之神。所以，天主是那個損害的起因，亦即，剝奪的原因，天主收回祂的光明和恩寵；這麼地被剝奪，他們必然陷入錯誤。

⓬ 就這樣，天主許可魔鬼弄瞎和欺騙許多人，由於他們的罪過和大膽，實在是罪有應得。魔鬼能做得出，也辦得到，博取人的相信，認牠為善神。他們這樣堅決確信，任誰也無

111. 不是指聖宗徒，而指某人。

法說服他們，那些是從魔鬼來的。因天主的許可，已將誤解的神放進他們內。我們看到，這事發生在阿哈布國王的先知們身上，天主允許他們被虛言之神欺騙。天主許可魔鬼做這事，說道：**你必能唆使他們，也必會成功，你去照辦吧**（列上廿二22–23）！魔鬼大功告成，欺騙了國王與先知們，米加雅先知說的預言是真的，和其他人的預言恰恰相反，他們不要相信他。這是因為天主讓他們盲目，由於他們懷著愛戀和私心，希望事情的發生與天主的回答，按照自己的欲望和渴望。若要讓天主使人盲目與受騙，這是最可靠的方法與準備。

⓭ 為此之故，厄則克耳也以天主之名說預言。他反對心懷好奇——係出於心靈的虛榮——想要知道天主的人，他說：**當人要求先知為他來求問我，我上主，要親自回答他，我必要正面打擊那人，若有一位先知受騙而發言，這是我上主哄騙了那位先知**（則十四7–9）。就是說，是我，上主，欺騙了那先知。這事說明了，天主不恩待那人免於受騙，這正是以下這話的意思：**上主我發怒，必要親自回答**；就是說，從那樣的人身上，撤回我的恩寵與恩惠。當人被天主拋棄，受騙必隨之而來。魔鬼於是趁機介入，投合那人的愛好和欲望來回答；由於魔鬼的回答與通傳正合他的心意，這個人會極度地受騙。

⓮ 我們似乎有點扯到題外，本章的標題是，證明雖然天主回答了，祂有時卻發怒。不過，如果所說的每件事都能徹底探究，必有助於證明我們的論述。總之，就是渴望那些神見，使天主深感不悅，結果，天主讓靈魂遭受種種欺騙。

第二十二章

本章中解決一個疑難：為什麼在舊約法律中，以超性方式求問天主是許可的事，如今在恩寵的法律下，則是不法。引用聖保祿的話加以證明。

❶ 疑問層出不窮，我們無法如願地繼續探討。因為已經提出了問題，我們必然有責任答覆，才能使所教導的真理清晰又活潑有力。而這些問題常有這樣的好處，就是，雖然稍微拖延了我們的進度，卻有助於更清楚解釋我們的主題。現在的這個問題正是如此[112]。

❷ 在前一章中，我們已經說了，靈魂渴望以超性的方法，經由神見、神諭等，接受分明的認識[113]，為何這不是天主的旨意。另一方面而言，在同一章中，我們看到，從聖經的作證，這些與天主的通傳是合法的，且行使於舊約的法律中。這不但是合法的，也是天主所命令的。當人民不順從時，天主反而責備他們，如我們在《依撒意亞先知書》中看到的例子，當時，以色列子民想隱匿在埃及的蔭庇下，沒有先請示上主；**祂因此責斥他們說：你們沒有先請示我的許可**（依卅2）。我們也在《若蘇厄書》中讀到，當以色列子民被基貝紅人欺騙時，天主提醒他們這個過失：**他們取了他們的行糧，並沒有請求上主的諭示**（蘇九2－14）。在聖經中我們看到，梅瑟時常求問天主，達味王及以色列諸君王亦然，為了他們的戰爭和急難求問，還有古時的司祭和先知。天主回答，並與他們談話，並沒有發怒，這麼做是好的；然而，要是沒有如此行事，就是做得不好。如果這是真的，那麼，現在處於新

112. 本章有助於了解聖十字若望的基本思想，特別是他的基督論。
113. 分明的認識／cosas distintas：也可說是個別分明的交往或通傳，就是說，聽見天主說什麼，也看見什麼，等。

約恩寵的法律中，為什麼與先前不同呢？

❸ 回答這個問題：為什麼在舊約的法律中，請示上主是合法的，及先知與司祭渴望得到天主的神見與啟示，是合宜的？主要的理由是，那時信德尚未完善地建立，福音的法律也未開創。所以，他們必須求問天主，祂有時親自說話，有時藉神見與啟示回答，或以形狀、相似之物，或藉種種記號。祂所有的回答、神諭、啟示，全是有關我們信仰的奧祕，或相關之事，或引領人達到信德。因為信仰的真理不是出於人，而是出於天主的口中，因為祂親自開口講話，如我們說的，這要求他們從天主的口中尋求答覆。天主因而責備他們，因為他們處理事務，沒有從天主的口中尋求意見，使天主可以回答，並指導他們走向信德，這是他們還不認識的，因為尚未建立。但是現今，在基督內，信德已經建立，福音的法律，在此恩寵的時代已經顯明，沒有理由以那樣的方式求問，也不必如同從前那樣，期待祂說話和回答。因為，天主已經給了我們祂的聖子，祂的唯一聖言，因為祂沒有其他的什麼，祂在這獨一的聖言內，只一次告訴了我們所有的一切，祂再沒有什麼更多要說的了。

❹ 這就是《希伯來書》卷首的含意，在那裏，聖保祿努力勸服希伯來人，放棄以梅瑟法律的古老方式與天主交往，要他們把眼睛注視在基督身上：**天主在古時，曾多次並以多種方式，藉先知對我們的祖先說話；但在這末期內，祂藉著自己的兒子，一次而完全地，對我們說了話**（希一1-2）。這位宗徒解釋說，天主彷彿默默無言，無話可說，因為古時祂對先知們所說的，是局部的，現在藉著賜給我們祂的聖子，即圓滿無缺者，祂只一次說了全部。

❺ 為此，現今凡求問天主，或渴望什麼神見或啟示的人，不只愚蠢狂妄，也冒犯天

主，因為他沒有完全注視基督，而渴望其他什麼東西或新奇的事。

天主可以這樣回答，說：「如果我已經在我的聖言，亦即我的聖子內，告訴了你所有的事，而且沒有別的話了，我現在能有什麼比這更好的來回答或啟示你呢？要把你的眼睛惟獨緊盯著祂，因為在祂內，我已經說了，也啟示了一切，在祂內，你甚至會發現超過你所求和所望的。因為你求的神諭和啟示，是局部的；但若你的眼睛注視祂，你所找到的是全部的。因為祂是我全部的神諭與回答，是我全部的神見，也是我全部的啟示。這些我已經講過、回答、顯示和啟示給你們了，把祂有如一位兄弟、同伴、老師、代價和賞報給了你們[114]。因為，自從大博爾山上那天，當我以我的聖神降臨於祂時，說：**這是我的愛子，我所喜悅的，你們要聽從祂**（瑪十七5），我已經廢止了所有這些回答與教導的方法，且把祂給了你們。你們要聽從祂，因為我沒有更多要啟示的信德，或要顯示的事。因為，如果從前我說話，那是為了許諾耶穌基督；如果他們求問我，他們的求問，是指向請求基督，和期望基督，在基督內，他們會尋獲所有的美善，如同現在福音作者和宗徒解說的所有道理。但是現在，凡有人那樣地求問我，渴望我說話和啟示給他一些什麼，這好似再次向我要求基督，向我要求更多的信德，然而他卻會拋棄信德，因為已在基督內賜予了。這樣，他會深深地冒犯我的愛子，因為不只對祂缺乏信德，而且強迫祂再次降生，再經歷生與死。你們向我請求或渴望的，無論是啟示或神見，你們什麼都不會找到。要好好地注視祂，因為在祂內，你們會發現，這一切以及更多的，都已完成，且已給予。

❻ 如果你希望我回答一句安慰的話，請看我的兒子，祂服從我，因愛我而順服，且受折磨，而你會看到祂的回答有多少。如果你希望我明示某些隱祕的事或情況，只要注視祂，

114. 這句話顯然取自聖多瑪斯的Verbum supernum，見基督聖體聖血節晨禱讚美詩：「Se nascens dedit socium（companion同伴）／convescens in edulium／se moriens in pretium（ransom代價）／se regnans dat in praemium（reward賞報）.」中譯：「聖子降凡作人友，犧牲體血養我眾生，以死亡作贖罪的代價，藉復活賜我永生的保證。」若望在此加上兄弟和老師。

你會認出，隱藏在祂內最深的奧祕、智慧及天主的奇工妙化，如我的宗徒所說的：**在天主聖子內蘊藏著智慧與知識的一切寶藏**（哥二3）。這智慧的寶藏，遠比你們所希望知道的更崇高、更愉悅，也更有益⑮。因此，這位光榮的宗徒說：**他在他們當中不知道別的，只知道耶穌基督，這被釘在十字架上的耶穌基督**（格前二2）。所以，如果你渴望其他的神見和啟示，無論是神性的或身體的，請看祂，祂降生成為人，你會得到比你所想像的更多，因為這位宗徒也說：**在基督內住有整個圓滿的天主性**（哥二9）。」

❼ 那麼，人不該以那樣的方式求問天主，天主也無須說什麼，因為在基督內，祂已說了完整的信德，沒有再多的信德要啟示的，將來也不會有。現今，凡希望以超性的方法得到什麼東西的人，如我們說過的⑯，就像是責怪天主，祂沒有在祂的聖子內，給出足夠的一切。因為，雖然這麼做的人視之為信德，也加以相信，這仍然是缺乏信德的好奇行為。因此，無須藉超性的方法，期望得到教導或任何其他的事。

因為，基督在十字架上，臨終前說：**完成了**（若十九30）。祂所完成的不只是這些方法，也完成舊約法律中，其他一切的禮節和儀式。因此，在一切事中，我們必須藉著也是人的基督、聖教會和聖職人員的律法，接受人性和有形方式的引導；這些方式治癒我們心靈的無知和軟弱。從這一切中，我們會找到豐富的葯材，得到痊癒。凡遠離此路的人，不只心懷好奇，而且異常傲慢大膽。以超性方法進來的事物，如我所說的，除了人者基督⑰，及祂那也是人的聖職人員的教導，什麼也不要相信。這麼的真實，以致聖保祿說出這些話：**如果有從天降下的天使，給你們宣講的福音，與我們給你們宣講的福音不同，當受詛咒與逐出教會**（迦一8）。

115. 參閱《靈歌》第卅七詩節第四節，對此有很美的解說。
116. 見第二十一章第十一至十四節。
117. 人者基督／Cristo hombre：這是中文很難翻譯的詞句，意思是做為人的基督。聖十字若望在此強調基督的人性，祂也是人，因此把這兩個名詞放在一起，也可說是降生成人的基督。

❽因此，這是真的，必須時常接受基督對我們的教導，除非符合基督的教導，其餘的一切都不算什麼，也不要相信。現今，凡想要以舊約法律的方式與天主交往的人，實在是徒勞無益。再者，那時，並非凡求問天主者都是合法的。天主並沒有答覆所有人，僅只回答司祭和先知，一般的老百姓從他們的口中，學習法律與道理。所以，如果有人想要知道天主的什麼事，得經由先知或司祭，而非自己求問。如果有時達味求問天主，那是因為他是先知。雖然如此，沒有穿上祭衣，他不會這樣做，這在《撒慕爾紀上》是很明顯的，當時他對厄貝雅塔爾司祭說：**拿厄弗得來**（**撒上廿三9**）！厄弗得是最尊貴的祭衣，達味穿上它向天主請示。但在平時，他藉納堂先知或其他的司祭，向天主請示求問。一般民眾相信，天主向他們說話，是藉先知和司祭的口，而非藉他們自己的想法。

❾也因此，在那時，天主所說的話，如果不經過司祭與先知的口證實，就不會有權威，也沒有能力，使人完全信服。因為天主這麼喜愛的是，藉人來治理和指導人，及人必須被本性的理智管理，天主絕不希望我們完全信賴祂的超性通傳，或確認它們的力量和安全，除非經過人的口舌，這人性的管道。所以，往往當天主向靈魂說或啟示什麼，祂也給這靈魂一種傾向，亦即告明妥當的人。還沒做妥當的告明之前，他通常得不到完全的滿意，因為他沒有從另一個人，如同他自己一樣的人，領受教導。在《民長紀》中，我們看到這事發生在基德紅民長身上。雖然天主再三告訴他，他必擊敗米德揚人，雖然如此，他仍是懷疑和怯懦，因為沒有聽見天主藉人的口啟示給他的話前，天主使他留在那個軟弱中。由於天主看到他是軟弱的，天主對他說：**在那裏當你聽見人們說的話，關於我對你說的話，那時你就會得到力量，也會得到更大的安全，敢下去攻打敵營了**（民七9–11）。事情果真如此，基德紅

聽到一位米德揚人敘述他所做的夢，夢見基德紅將戰勝他們，他深受鼓舞，充滿喜樂預備作戰（民七13-15）。由此可見，天主不願基德紅只藉超性的方法得到確定，因為尚未藉本性的方法得到確認之前，天主沒有賜給基德紅安全感。

❿ 發生在梅瑟身上，與此相似的例子，更是令人稱奇。天主以許多說服的言詞，命令他帶領以民出離埃及，以棍杖變蛇，手患癩瘡做為記號，堅定祂的言詞（出四2-4、6-12），儘管天主發怒，梅瑟對這個使命還是非常怯懦和懷疑（出四13），天主尚未藉他的哥哥亞郎使他鼓起勇氣之前，他一直沒有堅信的勇氣，天主對他說：**我知道你的哥哥亞郎，他是個有口才的人：看，他現在正前來迎接你；他見了你心中必要快樂。你可向他說話，且把我所有的話告訴他，我將作你的口，也作他的口，使你們兩人都會從另一位的口中得到確信**（出四14-15）。

⓫ 梅瑟聽到了這些話，立刻受到鼓舞，他希望從哥哥的指教而得到安慰。因為，這正是謙虛靈魂的特色：他不敢獨自與天主交往，沒有人的管理和指教，他也不能全然滿意。像這樣，正是天主所願意的，因為祂靠近那些相聚一起商討真理的人，為在本性理智的基礎上，證實並確定真理。正如天主說的，當梅瑟與亞郎同在一起時，祂要同時做他們兩人的口。

因此，在福音中，上主也說：**哪裏有兩個或三個人，因我的名聚在一起，我就在他們中間**（瑪十八20）。亦即，哪裏有二、三個人聚在一起，關心什麼是我聖名的更大榮譽和光榮，我就在他們中間；就是說，在他們心中說明且確定天主的真理。值得注意的是，祂沒有說：哪裏有單獨一人，我也在那裏；而是說：至少有兩個人在那裏。這是為了說明，天主不希望有人單憑自己，相信個人的經驗來自天主，或沒有透過教會或聖職人員，而確認或肯定它們。因為對這樣孤單者的心，天主不會賦予真理的明晰和確認。像這樣的人，對於真理，必會處於虛弱和冷淡之中。

⑫因為，這正是《訓道篇》所讚揚的：**哀哉孤獨者！他若跌倒了，沒有另一人扶起他來。又如同兩人同眠，都感溫暖；若孤獨一人怎能暖和呢？若一人抵不住，兩人就能抵住——三股繩，不易斷**（訓四10-12）。這話的意思是：孤獨的人真是悲哀！因為當他跌倒時，沒有人扶他起來。如果兩人睡在一起，其中的一個會給另一個溫暖，亦即，天主的溫暖，天主在他們當中；孤獨一人，如何溫暖呢？就是說，他怎能在天主的事理上不冷淡呢？如果一方戰勝另一方，這就是，魔鬼能夠且克勝那些單獨者——他們想要單獨應對天主的事——兩人同在一起將會抵住牠，這就是徒弟與師父在一起，一起尋求認識並實行真理。尚未請教另一人之前，無論人能從天主那裏聽到多少，他在真理上所經驗到的，通常只是微溫與虛弱。這是如此真實，竟使聖保祿長時宣揚福音後——這福音不是由人聽來的，乃是從天主來的（迦一12）——仍不能不先去和聖伯鐸與宗徒們商談，他說：**免得他白白奔跑了，或者徒然奔走了**（迦二2）。直到人給了他擔保後，他才感到安全穩妥。那麼，這似乎是值得注意的事，保祿啊！那啟示給你福音的天主，難道不能也給你安全的擔保，使你在宣講福音真理時不致失誤嗎？

⑬這裡很清楚地說明了，除非經由我們說的方式，為什麼在天主顯示的事上，不會有擔保。因為，即使是人確信的事，如聖保祿之確定他的福音，因為他已經開始傳福音；不過，雖然啟示是從天主來的，人還是能在相關或涉及的事上犯錯。因為，雖然天主說了一事，祂往往不說另一事；祂經常說出事情，卻不說如何完成。因為，一般說來，凡能藉人的

努力與勸告辦到的事，祂既不做也不說，雖然天主時常親切地與這靈魂交往。聖保祿深知這事；因為，他雖明知福音乃天主啟示給他的，他仍是前去和伯多祿商討。

在《出谷紀》中，我們清楚看到這事，天主與梅瑟親密地交談，卻從沒有給他這麼有益的見解，亦即，他的岳父耶特洛教給他的：要他挑選其他的民長，做為協助他的人，這樣不必叫眾百姓，從早上到晚上站在他面前（出十八13－23）。天主贊同這個勸告，但是祂沒有親自說出，因為那是能用人的理智與判斷辦到的事。通常天主不藉神見、啟示和神諭顯示像那樣的事，因為天主的確希望，只要可能的話，人要運用自己的理智。除了信德之事，一切事都必須被理智駕馭，信德超越所有的判斷和理智，卻不與之相反。

⓮ 因此，不要有人以為，因為確實是天主和聖人，和他親密交談許多事，就必會說出他在每件事上的過失，因為他能藉其他的方法獲知這些事。像這樣的事，是無法擔保的，在《宗徒大事徒》上，我們讀到，發生在聖伯多祿身上的事。雖然他是教會的首長，直接受教於天主，但在行之於外邦人的某項禮規上，他犯了錯誤。天主靜默無言，竟致使聖保祿責備伯多祿，根據他那裡的斷言，說：**我一見他們的行為與福音的真理不合，就當著眾人對刻法說：你是猶太人，竟按照外邦人的方式，而不按照猶太人的方式生活，你怎能強迫外邦人猶太化呢**（迦二14）？聖伯多祿的這個過失，天主沒有親自勸告；因為裝假是與理智相關的事，經由理智，他能夠獲知。

⓯ 在審判之日，天主會處罰許多人的罪惡與過失，在此塵世，天主和他們交往，就像家常便飯，很是平常，又給他們許多光明與德能。因為，在他們已獲知，且應該做的那些事上，他們輕忽了自己的責任，卻信賴天主和他們的交往，及天主賜給他們的德能。為此，

如基督在福音中說的，到那時，他們會很驚訝且哀求說：**主啊！我們不是因祢的名字說過預言，因祢的名字驅過魔鬼，因祢的名字行過許多奇蹟和異能嗎**（瑪七22）？我們的主說，祂將回答他們：**離開我吧！你們這些作惡的人，因為我從來不認識你們**（瑪七23）。其中的巴郎先知，及其他類似的人，這些人雖然天主與他們交談，賜給他們恩惠，他們却都是罪人（戶廿二–廿四）。但是對於曾在此世與天主親密交往的人，由於他們的過失與輕忽，天主也會相稱地，責備祂的朋友與所揀選的人。不過，天主無須親自警告他們，因為藉著所賜予的本性法律和理智，祂已警告他們了。

⑯ 那麼，總結這個部分，我說，我的結論是：經由超性的方式，不管靈魂得到什麼東西，或是什麼情況，都必須清楚又坦誠、完整又單純，即刻告訴神師。因為，雖然認為沒有理由對神師告明，或那樣做是浪費時間，但如我們說過的[118]，拒絕和不看重，也不渴望超性的通傳，對靈魂才是安全的（尤其是關於神見或啟示，或其他超性的通傳，如果它們是不清楚的，則無關緊要）。可是，雖然靈魂認為無須這樣做，告明整個通傳仍是非常必須的。

這有三個理由：

第一，因為，如我們所說的，天主通傳許多事，其效果、力量、光明和安全，在靈魂內並沒有完全的證實，要等到，如我們說的[119]，和天主為這靈魂安排的審斷靈修者[120]商談後，才能得到完全的證實，這位指導的神師具有約束、解除、認可和責斥的權柄。根據上述的聖經引證，我們已經證實，而且也能從每天的經驗得到證實。我們看到，謙虛的靈魂領受這些超性經驗，在向妥當的人討教後，獲得新的滿足、力量、光明和安全。確實這樣，所以有的人認為，超性的通傳既不確定，也不屬於他們，而要等到他們向人請教後，那些通傳似乎再

118. 關於種種的超性認知，參見本卷第十一章起的講解。
119. 參閱本卷第十九章至二十一章，尤其是本章第十節至十五節。
120. 審斷靈修者／juez espiritual：這句話的意思是神師，一般在修會內，都有特別指定的神師，以幫助會士的靈修。一般教友也可以選擇自己的神師。

重新傾注給他們。

⑰ 第二個理由是，因為靈魂通常需要經驗上的教導，為的是能被人引導，達到心靈的赤裸和神貧，這就是黑暗的夜。

因為如果缺少這個教導，即使靈魂不想要那些事[121]，不知不覺中，也會在心靈的道路上硬化，再度靠近感官的道路，關於那些超性經驗，他只是局部地，經歷那些分明的事物[122]。

⑱ 第三個理由是，為了謙虛、順服和克苦的緣故，即使靈魂不在乎，或不看重這些通傳，他應該和盤托出，詳細告明神師。因為有些靈魂很擔心說這類的事，由於他們認為這些事不算什麼，又不知必須向之討教的人會怎樣；這就是缺乏謙虛，正為此故，他們要順服地說出這些事。還有一些人，他們深感羞於訴說，以免他們因著這些經驗，顯得如同聖人一般，也因為在告明時，他們感到其他的困難。因此，他們認為，因為自己不在意這些經驗，所以向神師告明是不需要的。但是，正為此故，他們更該克制自己，並向神師全盤告明，因而成為謙虛、單純、溫良和即時告明超性通傳的人。從那時起，他們就會很容易時常這樣做。

⑲ 但是，關於所說的這些事，必須留意，因為我們極力強調放開這類的事，及告解神師不要鼓勵靈魂談這些事，神師神父就可以對他們表示不悅，或以冷淡和輕視對待他們。這會促使他們畏縮，不敢告明這些事，如果關門不讓他們述說，則會導致產生許多的弊端。因為，如我們所說的，由於天主藉此方法和方式，帶領像這樣的靈魂，所以，沒有理由認為他們不好，或感到驚嚇，或視之為惡表；相反的，神師要懷有深度的慈善和寧靜，鼓勵他們，給他們機會說出來。如果需要的話，得規定他們這樣做，有時，遇有某些靈魂感到很難說出

121. 那些事：指超性的通傳。
122. 那些分明的事物／las tales cosas distintas：指超性經驗中可以分明認知的部分，這不是最重要的。

這些事時，一切都是需要的。

神師該在信德的道路上引導他們，給予良好的教導，教他們如何轉移眼目，離開這一切；教導他們，為了向前進步，何以必須在這些事上使欲望和心靈赤裸；也要對他們說明，在天主面前，一個愛德的工作和行動是如何的寶貴，遠超過一切能得自天上的神見、啟示和通傳，因為它們既非功勞，也非過失；況且，有好多靈魂不曾有過這類的事，比起經驗多多的人，他們更是無比地精進[123]。

第二十三章

本章開始談論純心靈的理智領悟，說明其涵意。

❶ 關於經由感官的理智領悟，雖然我們所說的道理，比起應有的講解，顯得有些簡短，但我不想要多談這事。雖然如此，我知道，為了達到我這裡的目的，即從這些領悟中除去理智的障礙，引導靈魂進入信德的黑夜，我的解說已經過多了。

所以，現在我們要開始談論其他四種理智的領悟，在第十章中，我們稱之為純心靈的領悟，這些是：神見（*visiones*）、啟示（*revelaciones*）、神諭（*locuciones*）和心靈的感覺（*sentimientos espirituales*）。這些領悟，我們稱為純心靈的，因為它們不是藉身體的感官通傳給理智，如身體想像的神見一般。而是沒有身體內、外感官的介入，清楚和分明地，以被

123. 雖然若望主張不應看重神見及其他超性的通傳，他的結論卻是，天主和每個人的交往不同，天主以祂認為最好的方式對待我們，所以，最高的準則是，去發現天主引導人的方式。在若望的嚴格主張中，流露出溫和與彈性，適應不同的個案。

動的方式，超性地呈現給理智；這沒有靈魂方面的任何行動或工作，至少是沒有主動的做為。

❷那麼，要知道，一般而言，廣義地說來，這四種領悟都能稱為靈魂的神見，因為靈魂的理解，我們也說是靈魂的看見。所以，只要這一切領悟是理智可以理解的，都說是心靈能看見的[124]。因此，這些在理智內形成的理解，都能稱為理智的神見。其他官能的所有對象，如所有能看見的，所有能聽到的，所有能聞到、嚐到和接觸到的，全是理智的對象，只要它們與真或假的概念有關係；於是，就像對身體的眼睛來說，能以身體看見的一切，產生身體的神見，因此，所有靈魂的心靈眼睛，亦即理智，能夠理解的，產生心靈的神見。為此，如我們說過的，瞭解對象就是看見對象。因此，一般說來，我們能稱這四個領悟為神見。但這不能用其餘的感官稱呼，因為它們不能像視覺一樣，領受任何其他的對象。

❸但是，因為這些領悟，是以其餘感官的方式，呈現給靈魂，為此，恰當又明確地說來，凡理智能以看見的方式所領受的（因為理智能以心靈的方式看見對象，就像身體的眼睛能實在看見一般），我們稱為「神見」。而理智的領受，彷彿領悟和理解新的事情（如同耳朵聽到沒有聽過的），我們稱之為「啟示」。至於以相似聽覺的方式領受的，我們稱為「神諭」。而以其餘的感官方式領受的，例如領悟心靈的甜蜜芬芳、心靈的美味或心靈的愉悅，靈魂能以超性方式享有的，我們稱為「心靈的感覺」。從這一切當中，靈魂獲得理解或心靈的神見，沒有想像或本性幻覺上的形式、形像或形狀的任何領悟，因為這些經驗，藉超性的事工和超性的干預，直接通傳給靈魂[125]。

❹那麼，關於這些事，就像身體的想像領悟，我們必須在此清除理智的障礙，加以指

124. 若望採用士林神哲學的術語，認為理智的領悟動作像是一種看見。類比身體用眼睛看見，理智對所了解和懂得的，也像是看見。因此，他說理智的神見。

125. 若望以感官的經驗來類比心靈的經驗。在第三十二章，他寫完四種的理智領悟。關於心靈感官的道理，可以回溯至奧利振（Origen）和納祥的國瑞（Gregory of Nyssa），而奧思定和熙篤會神祕家也涉及這些感官。然而在聖文德（Bonaventure）的神學架構中，心靈感官的道理完全整合起來，有其系統。若望詩中的象徵，常受到心靈感官經驗的影響，參見《靈歌》第十四至十五詩節。

引和領導，進入信德的心靈黑夜，達到與天主神性和本質的結合；因為，不要讓這些領悟引起的阻礙和軟弱，阻止靈魂行走於獨居與赤裸中，因為在諸事中，獨居與赤裸是這個結合須有的條件。因為，這些領悟比身體的想像神見更高貴、安全和有益，它們已經是內在、純靈性的，且較不會暴露於魔鬼的干涉。因為它們更單純且微妙地通傳給靈魂，毫不包含靈魂自己和想像的作為，至少沒有主動的做為。雖然如此，由於缺乏謹慎，又走上那樣的道路，理智不僅受到阻礙，且大受其騙。

❺ 雖說這樣，從某種意義來說，我們能給這四種領悟做個總結，給予同樣的勸告，如同其他的一樣：它們不是我們追求的目標，也不是渴望的對象。但是，為了講解有關這些領悟的一些事，且說明如何實行，特別詳談每個領悟是很好的。因此，我們將要論及第一種，即心靈的或理智的神見。

第二十四章

本章談論兩種超性的心靈神見。

❶ 現在，恰當地說，關於不經過任何身體感官的心靈神見，我說，有兩種理智能理會的神見：一種是具有形體的本質神見（de sustancias corpóreas），另一種是脫離形體或無形體的本質神見（de sustancias separadas o incorpóreas）。

身體的神見涉及所有天上和地下的物質事物。靈魂仍在肉身內，能以某種來自天主的超性之光看見這些對象，這光賜予能力，使靈魂看見天上和地下一切不在場的對象。根據我們在《默示錄》第二十一章所讀到的，在那裏，聖若望敘述天上耶路撒冷聖城的特徵與卓絕，他從天上看見這聖城。我們也讀到，聖本篤在一個心靈的神見中觀看整個世界。聖多瑪斯在Quodlibetum的卷首說，這神見是藉從上而來的光而領受的，如我們所說的[126]。

❷另一個神見，亦即無形體的本質神見，不能藉著我們這裡說的這個光而看見，而是藉另外一個更崇高的光，亦即榮福之光。所以，這些無形體的本質神見，例如天使與靈魂，不是屬於今世的，我們也不能在此肉身內看見。因為，如果天主願意讓靈魂本質地看見這些本體，靈魂會立即脫離肉身，失去此肉身的生命。因此，當梅瑟要求天主顯示祂的本體時，祂告訴梅瑟說：**沒有人看見我，仍能活著**（出卅三20）。所以，當以色列子民想到他們將要看見天主，或他們已看見祂或某些天使，他們害怕會死去。在《出谷紀》中，我們讀到這事，他們害怕地說：**不要天主同我們說話，免得我們死亡**（出廿19）。《民長紀》中，我們也讀到，三松的父親瑪諾亞，認為自己與妻子已看見了天使的本體，天使顯現給他們，有如一位非常俊美的男子，瑪諾亞對他的妻子說：**我們必定要死，因為我們看見了天主**（民十三22）。

❸所以，這些神見不是屬於今世的，除非是很罕有的情況，且以剎那的方式，即使是這樣，由於天主的特免，或解救當下的情況和本性的生命，從中整個地抽出心靈，且以天主的恩惠，多次補充肉身內靈魂的本性作用。為此，聖保祿對於所看到的（亦即在三重天裏，脫離形體的本體），也有同樣的看法，這位聖人說：**他被提到三重天上去，他不知道是在身**

126. St.Gregory the Great, Dialogue lib. 2, c.35:PL 66,198；Quodlibetum 1．1．ad 1.

內或在身外，只有天主知道……（格後十二2、4）。在這裡我們清楚看到，由於天主的介入，他超拔於本性的生命之上。還有，當天主顯示祂的本體給梅瑟時，如我們所相信的，我們讀到，祂說，當祂的榮耀經過時，祂要把梅瑟放在磐石縫裏，用祂的右手遮掩梅瑟，保護他，使他不致因天主的光榮經過而死去。這個「經過」表示剎那的顯現，天主以祂的右手保護梅瑟的本性生命（出卅三22）。不過，這些這麼本質的神見，如聖保祿、梅瑟和我們的會父厄里亞的神見（那時厄里亞蒙著臉，在天主輕微細弱的風聲中）（列上十九13），雖然短暫、罕有或幾乎很少發生，卻只給很少的人。因為天主只給對教會和天主法律有強烈精神的人，如上述列舉的那三位。

❹ 然而，雖然在今世，這些心靈的本質神見，不能赤裸與清楚地被理智看見，不過，理智能藉極愉悅的觸動與結合，在靈魂的本體中感受到它們。這些屬於心靈感受的範疇，賴主助祐，後來我們要加以談論[127]。因為我正走筆行文於此，談到靈魂與神性本體的連結和結合。當我們涉及神祕、模糊或黑暗的認識（仍有待解說），以及敘述藉此愛和黑暗的認識，天主與靈魂結合於崇高和神性的境界時，我們將談論此事。因為，就某方面來說，這個黑暗、愛的認識，亦即信德，在今世被當做達到與天主結合的方法，就像在來世，以榮福之光達到清楚地面見天主[128]。

❺ 那麼，現在，我們要談論有形體的本質神見，這是能在靈魂內，以心靈的方式領受的，這樣的神見相似身體的神見。因為，就像眼睛藉本性的光，看見有形體的東西，同樣，靈魂的理智藉來自超性的光，如我們所說的[129]，按天主的意願，內在地看見這些本性和其他的東西。這兩種神見的不同處，在於模式與形態。因為心靈與理智的神見，遠比那身體的神

127. 在第二十三章第三節，這些觸動並沒有包含在心靈感受的分類中；若望在此首次提出。觸動是屬於心靈的感受，是靈魂實體中的經驗。他計畫特別談論這事，可惜沒有達成他的心願。雖然如此，他確實在許多地方談及，附帶說了一些。不過，我們要留意，他所說的觸動並非都一樣，如心靈感受中的實質觸動。請參閱第二十六章第四節。

128. 若望沒有兌現這個諾言，特別專論神祕的認識。他在此順便提及整部著作的宗旨：與天主結合，即他帶領靈魂要達到的目標；神祕的認識，亦即默觀和普遍或黑暗的愛之認識；信德，也就是這個黑暗的愛之認識，做為達到結合的方法，就像榮福之光賦予全福神見，清楚面見天主。

見更為清楚和微妙。因為，當天主希望賜給靈魂這個恩惠時，祂通傳我們所說的那個超性之光給他，為使靈魂藉著這光，可以輕易又清楚地，按天主的意願，觀看上天和下地的事物。這些對象在或不在，則是無關緊要，也不能阻礙神見。是這樣的，有時，彷彿打開一扇明亮的門，靈魂看見（一道光）如同閃電，（如同）在黑夜裡，突然照亮東西，使人清楚分明地看見，立刻復歸於黑暗，然而，這些東西的形式與形像，會存留於幻覺中。發生於靈魂內的照明更是完美，因為在那光明中看見的東西，如此地深具印象，每當他再回顧，就如從前看見一般，如同反映於鏡面的形式，每當人一看到鏡子，就會看到反映於鏡面的形式。而所見東西的那些形式，是這樣的，絕不會從靈魂內完全消逝，雖然過了一段時日，它們會模糊些。

❻ 這些神見在靈魂內產生的效果是：寧靜、光明、充滿光榮的喜樂、愉悅、純潔、愛、謙虛、心靈高舉或歸向天主。有時這些效果較強，有時較弱；有時某個效果顯著，有時則是另一個；凡此種種，乃按照領受時的心靈，及天主的意願。

❼ 藉某種本性的光，魔鬼也能在靈魂內產生這些神見，運用心靈的唆使，無論東西在或不在，牠都能清楚地呈現出來。聖瑪竇有個記載，說到魔鬼和基督，**魔鬼將世上的一切國度及其榮華指給基督看**（瑪四8），按某些博學者的解釋，這是一個魔鬼唆使心靈的例子，因為用身體上的眼睛，魔鬼不可能使基督看到這麼多，即一切國度及其榮華。

不過，魔鬼招惹來的神見，與來自天主的神見，大不相同。因為魔鬼在靈魂內製造的效果，不像來自天主的好效果，反而在與天主的交往上，造成心靈的乾枯，且多少傾向於自我重視，容許並看重這些神見，全然沒有導致謙虛的溫良和天主的愛。這些神見的形式，也不

129. 見第一節。

能留給靈魂那樣清晰溫柔的印象，如同天主的神見一樣，而且也不會持續，反而會很快從靈魂上消除，除非靈魂非常看重，致使這刻意的重視，造成一種對它們的本性回想。不過，在回想時，這是相當乾燥乏味的，也不會產生由好神見來的效果，即謙虛和愛。

❽ 這些神見，只要是涉及受造物，由於和天主沒有本質的一致或相稱，不能協助理智，做為達到與天主結合的最近方法。因此，靈魂應該乾脆拒絕這些神見，如同對待其餘我們所說的，為能以最近的方法前進，這就是信德。那麼，對於像那樣神見的形式，在靈魂內留下的印象，靈魂必定不要貯存，不要珍藏，也不要執著它們。因為如果這樣，由於內在領受的那些形式、形像和人物，他阻礙自己，沒有藉拒絕一切事物而邁向天主。因為，如果那些形式經常呈現出來，要是靈魂不故意注重它們，它們是不會造成很大障礙的。因為，雖然這是真的，那些神見的記憶，在靈魂內激起一些對天主的愛和默觀，然而，把所有這些置於黑暗，懷以單純的信德和赤裸，反而會得到更多的鼓舞和提拔，靈魂卻不知這是怎麼回事，也不知從何而來。

所以，這樣的事也會發生，即靈魂燃燒起來，懷著非常純潔的天主之愛，懸念殷殷，卻不知從何而來，也不知其根基為何。是這樣的，就好像，透過對萬物的空虛、黑暗和赤裸，信德被傾注於靈魂內，且在靈魂內更深紮根，或藉心靈的貧窮（這一切，我們能說是同一件事），天主的愛德，也同時被傾注，且更深紮根於靈魂內。那麼，對於外在和內在能領受的一切東西，靈魂愈渴望黑暗和滅絕，信德的傾注愈多，隨之而來的，是望德與愛德的傾注，因為三超德是一起增長的。

❾ 但是這個愛，人有時領悟不到，也感受不出，因為這愛不在於感官的柔情，而是在靈

魂內擁有力量，擁有比從前更大的勇氣和膽量，雖然有時也流溢至感官，傳達溫存和柔情。

因此，為達到那個愛、喜樂和歡愉，即這些神見在靈魂內造成和引發的，靈魂應該具有剛毅、克苦和愛，為能處於所有一切的空虛與黑暗中；要把那愛和喜樂，建立在看不見、感受不到，在今生不能看見和感受的，亦即天主，祂是不可領悟和超越萬有的。為此，我們要經由拒絕萬有，走向天主，因為，如果不這麼做，就算靈魂這麼靈敏、謙虛和強壯，竟致使魔鬼不能在神見上欺騙他，也不能使他陷入任何的自負，如魔鬼常常下手的，魔鬼也不許靈魂進步。由於魔鬼設置障礙，阻止心靈的赤裸、神貧，及信德上的空虛，這些是靈魂與天主結合必須具備的。

❿ 那麼，因為第十九章和二十章中[130]，我們所教導的道理，關於超性的感官神見和領悟，同樣適用於這些神見，我們不在這裡費時談論。

第二十五章

本章談論啟示，說明其含意，並加以區分。

❶ 按照順序來說，我們的下一論題該談談第二種的心靈領悟，即所謂的啟示，正確地說，這是屬於先知的神恩。

首先要知道，啟示不是別的，啟示是揭示某個隱藏的真理，或顯示某個祕密或奧祕。

130. 應該是十七和十八章，雖然十六章也談到這裡所提及的主題。

就像（如果天主要讓靈魂知道某事），會使理智清楚某事的真相，或對靈魂揭示祂過去所做的、現在或未來想做的某事[131]。

❷所以，這麼一來，我們能夠說，啟示有兩種：一是對理智揭示真理，正確地說，這叫作理智的認識或理解；另一種是祕密的顯示。「啟示」這個名稱用於後者，比前者更恰當。因為，嚴格地說，第一種不能稱之為啟示，這是因為天主使靈魂理解赤裸的真理，不但在有關現世的，也在心靈的事物上，天主使他們清楚又顯明地理解。我們希望在啟示的標題下談論這些事，因為它們與啟示非常類似和相近，且可避免繁複多重的分類。

❸為此，現在我們可劃分啟示為兩類的領悟：一種，我們叫做理智的認識，另一種，則為顯示天主的祕密和隱藏的奧祕。以理智的認識做為開始，在下二章中，我們儘可能地扼要談論這些事。

第二十六章

本章談論理智上兩種對赤裸真理的認識，說明這二種認識，及靈魂對它們應該有的態度。

❶為能適當地說明這個賦予理智對赤裸真理的認識，天主必須牽著我的手，帶動我的筆。因為，心愛的讀者，你要知道，它們對靈魂而言，實在是完全超乎言詞的。

131. 參閱《靈歌》第十四和十五詩節。把啟示和先知的神恩連結起來，正合乎聖多瑪斯的觀點；參閱《神學大全》2・2・171–174。

不過，由於在這裡，我不是刻意講述這些事，只為教誨，且指導靈魂，藉它們達到神性的結合，所以，我們要簡短扼要地談論，這為我們的目的已足夠了[132]。

❷這樣的神見，或更好說，對赤裸真理的認識，與我們在第二十四章剛剛說的那種，大不相同。因為這不像以理智看見有形體的東西，而是在於理解及看見天主的真理，或現在、過去或未來的事，這些和先知的神恩非常相符，或許後來我們會加以解釋[133]。

❸這裡要注意，這類的認識可分為兩種：一種發生於靈魂的，是有關造物主，另一種則有關受造物，如我們說過的[134]，雖然兩種都帶給靈魂強烈的愉悅。然而，那些來自天主的認識，產生一種無與倫比的歡愉，沒有言詞能描述它們，因為它們是對天主自身的認識與歡愉。如達味所說的：**沒有事物能與祢相比（詠四十6）**。因為這個認識的發生，和天主有直接的關係，靈魂崇高卓絕地覺察天主的某個屬性，有時是祂的全能，有時是祂的剛毅，有時是祂的美善和甘飴……等。而每當有此感覺時，會使靈魂迷戀於其中。因為，只要是純默觀的，靈魂清楚看出，對此什麼也不能說，如果要說，只能說些一般性的言詞，談及所感覺的豐盈歡愉和幸福，這些言詞是有經驗的靈魂說的。不過，並非這樣，靈魂在此享有的愉悅和感覺就能完全被人了解[135]。

❹為此，達味經歷了一些這樣的事，只以這些普通和一般的話說：**上主的訓誨是純潔的，永遠常存；上主的判斷是真實的，無不公允；比黃金，比極純的黃金更可愛戀；比蜂蜜，比蜂巢的流汁更要甘甜（詠十九10-11）**。這是說，天主的判斷，亦即，我們在天主內覺察的德能和屬性，是真實的，它們是公允的，比黃金和極純的寶石更可寶貴，比蜂蜜和蜂巢更甘甜。

132. 關於這些經驗不可名狀的特質，在《靈歌》第二十六詩節第三節中，他有類似的說法。
133. 在此，我們要記得第二十五章第二節中的分類。
134. 見第二十五章第一節。

關於梅瑟，我們讀到，在一個至崇高的認識中，即天主賜給他的，一次在他面前經過，只說他能說的普通話語。事情發生時，上主正從他面前經過，在那個認識中，梅瑟立刻俯伏在地說：**至高上主天主是慈悲寬仁的，緩於發怒，富於慈愛忠誠，對萬代的人保持仁愛**（出卅四6–7）[136]。由此可見，因為梅瑟無法用一個概念，表達出他在天主前所認識的，他述說並流溢出所有這些話。

雖然，有時候對於像這樣的認識，人們說些話語，但靈魂很明白，對於所覺察的，什麼也沒有說出來，因為沒有言詞能充分地表達。因此，當聖保祿得到對天主的崇高認識時，他什麼都沒有說，只說，那是人不能說出的（格後十二4）[137]。

❺ 這些有關天主的神性認識，從不涉及個別的事物，因為它們的對象是至高的原理（*Sumo Principio*／Supreme Principle）。所以，人不能用個別的話說，除非這裡看到的，是某些較低於天主的真理，與這些對祂的認識同在一起。然而，對那神性的認識，什麼也不能說。這些崇高的認識，只有達到與天主結合的靈魂，才能擁有，因為這些認識本身即是結合；而得到這認識，就等於擁有靈魂內某種神性的觸動，因此，在那裏，天主自身被覺察，也被享有。雖然不如在光榮中那麼顯明和清楚，然而，這個認識和愉悅的觸動，卻是這麼崇高與高貴，徹入靈魂的實體，致使魔鬼無法介入，或製造任何相似之物，因為沒有與之相似的，也沒有可以相比的東西；也不能傾注相似的美味和歡愉。因為，這個認識具神性本質和永恆生命的風味，而魔鬼不能偽造這麼高貴的事物。

❻ 然而，魔鬼能夠摹倣，且呈現給靈魂一些大事，且使之深感滿足，努力說服靈魂，相信他的經驗來自天主。不過，魔鬼的作為不會進入靈魂的本體內，也不會如天主的觸動一

135. 就像其他的地方，若望也在此描述愛的普遍認識，不過，這裡說的是「純默觀」，屬於神化的境界。對天主神性屬性的詳細敘述，請參見《愛的活焰》第三詩節第二至十七節、第七十八至八十節。
136. 作者根據拉丁譯本引述這段經文，然而，在希伯來原文中，這句話是天主說的，而非梅瑟。參閱《愛的活焰》第三詩節第四節。
137. 關於這個經驗的不可言喻，請參閱《靈歌》序言第一節。在其他相似的章節中，若望也引用相同的聖經引言。參閱《靈歌》第三十六詩節第十節；《愛的活焰》第三詩節第四節。

般，立即使靈魂更新和傾心。因為有些像這樣的認識和觸動，天主在靈魂的實體內，賦予這麼樣的豐盈富裕，致使其中的一個觸動，不只足以一舉消除靈魂所有的不成全（這是他畢生不能根絕的），且使他充滿天主的德能與福分。

❼ 這些觸動對靈魂來說，是這麼甘美和親密的歡愉，它們中的一個觸動，徹底付清畢生遭受的所有艱辛，即使是無以數計的艱難困苦。這使得靈魂變得這麼有勇氣，又懷有這麼大的決心，要為基督忍受許多事，看到自己受苦不多，更讓他感到特別痛苦。

❽ 至於達到這些崇高的認識，靈魂不能經由什麼比較，或他的想像，因為它們超越這一切。這樣，天主親自在靈魂內工作，沒有靈魂自己的能力。為此，有時候，當靈魂最不期望，也不想的時候，天主經常賜給靈魂這些神性的觸動，導致一些對天主的記憶。有時，只是記起某些事，甚至是微小至極的事，就會突然引發這些觸動。它們是這麼明顯，致使有時候，不只使靈魂，也使身體震動。不過，也有時候，發生在心靈內，非常寧靜，什麼震動也沒有，在心靈內，突然有歡愉和安慰的感受[138]。

❾ 又有的時候，發生在所說或聽人說的一句話，有時是出自聖經，有時是其他的事[139]。但並非總是同一的效果和感受，因為它們往往是極其微弱的；不過，無論怎樣微弱，對靈魂來說，這些關於天主的記憶和觸動，其中的一個，遠比涉及天主的受造物與化工而來的無數認識和思想，更有價值。

只要這些認識是突然給予靈魂的，沒有靈魂的意願，也就沒有靈魂的要或不要，反而要對它們懷著謙虛和委順[140]，因為天主完成祂的工作，會以祂所願意的方式，並在合適的時候。

138. 第二十四章第四節所許諾談論的主題，他在此簡略談及。此外，純靈性的觸動對身體會有影響，這些觸動屬於成全或結合的境界；請參閱《愛的活焰》第四詩節第十二節至十三節。
139. 參閱《靈歌》第七詩節第九節。
140. 委順／*resignadamente*：這個字的動詞是 *resignar*／resigned，很難用中文表達，因為同時含有辭退、放棄和順服、聽從之意，是一種很明智的態度，也是聖十字若望極力主張的。

❿ 關於這些事，我不說要加以否認，像其餘的領悟那樣，因為，它們是結合的一部分，如我們說過的，我們正指導靈魂達到結合；為此之故，我們的教導是，要從其他的一切領悟中赤裸與超脫。促使天主施恩的方法，必須是謙虛、為愛天主而受苦，謙辭所有的酬勞；因為，這些恩惠不會賜給有所保留的靈魂，恩惠的賜予，是出於天主對靈魂的特別寵愛，因為這靈魂也非常超脫地愛天主。這是天主聖子藉聖若望想說的，當時祂說：**誰愛我，我父也必愛他，我也要愛他，並將我自己顯示給他**（若十四21）。其中包括這些認識與觸動，正是我們所說的，天主把自己顯示給真愛祂的靈魂。

⓫ 第二種內在真理的認識或神見，與我們前面所說的大不相同，因為所認識的是比天主卑微的事物，這些包括對事物本身的真實認識，以及人際間的行實與事件。像這一類的認識，當靈魂認識這些真理時，靈魂從內在確定這些認識，也沒有人對他說什麼，雖然有人主張相反的事，即使施加壓力，也得不到他的內在同意，因為對於這事，他心靈的認識不是這樣，他心靈內所呈現的是另一回事，就像清楚地看見這事一樣。這認識屬於先知性的神恩，聖保祿稱之為**辨別神恩的恩賜**（格前十二10）。

雖然靈魂對這認識的理解，這麼確定和真實，如我們說的，又不能不給予內在被動的同意，卻不能為此之故，而不相信，或理智不同意神師對他說的話，及給他的命令，即使是很相反他的感受，這是為了使靈魂在信德上，方向正確，達到神性的結合，因為靈魂必須以相信，而非以理解，達到神性的結合。

⓬ 對於這兩種認識，我們在聖經中有清楚的明證。因為，關於事物方面能有的心靈認識，智者說：**天主給了我對於事物的真實認識，就是：知道星球的排列和元素的能量；時**

間的起始、終末和中間；季節的變化循環、風俗的變更、季節的劃分、年歲的更替、星體的位置；生物的天性、野獸的本能、風的力量和人的思想；植物與樹木的繁殖、草根的醫治效能，我知曉一切或隱或明的事物。因為是智慧，這位造萬物者教導了我（智七17-21）。雖然智者在這裡說的這個認識，是天主給他對萬物的認識，是傾注與普遍的，上述的引言充分地證明，當天主願意時，以超性的方式，把一切個別的認識傾注在靈魂內。這樣做，不是因為祂要給靈魂對這認識的一般習性，如在那些事上，祂給予撒羅滿的一般，而是對智者在這裡列舉的事，祂有時顯示給他們某些真理。

雖然這是真的，在許多的靈魂內，我們的主傾注不同真理的習性，即使不是那樣具有普遍性，如同撒羅滿所得到的。這些習性好像聖保祿劃分的不同神恩；其中包括智慧、知識、**信心、先知話、辨別神恩、說各種語言、解釋語言……等**（格前十二8-10）。凡此種種的認識是傾注的習性，天主，白白賜給祂所願給予的人，有時以本性，有時以超性的方式：本性地，如巴郎，及其他拜偶像的先知，和許多女巫，天主給他們預言的神恩；超性地，如聖先知、宗徒和其他的聖人。

13 然而，除了這些習性或「白給的」恩惠，我們說，那些成全者，或接近成全的人，無論在或不在事件的現場，他們常會有光照和認識，這是很平常的。像這樣的心靈認識，是由於心靈已經受到光照和淨化。從以下的這段《箴言》，我們能了解這事：**水中照面反映其臉，同樣人的心顯示其明哲**（箴廿七19）。要知道，這些明哲的人，即那些具有聖人智慧的人，聖經稱之為明哲之士（箴十23）。至於這個認識方式，有時這些心靈也會認識其他的事，雖然不常是他們渴望的時候，因為這只專屬於那有此習性的人，即使這樣，甚至有此神恩習性的人，對於每件事情，也不是經常有這能力，因為是取決於天主願意給他們的幫助。

⓮但是，要知道，那些受過淨化的心靈，比別人更容易以本性的方式，知曉人的傾向與才能，及那在心中或內在心靈的事。他們是藉外在的徵兆獲知的，即使是非常微小的跡象，諸如話語、動作和其他的標記。因為，這是魔鬼辦得到的，由於牠是靈體，所以屬神的人亦然，根據聖保祿的話，他說：**惟有屬神的人能審斷一切**（格前二15）。再者他又說：**聖神洞察一切，就連天主的深奧事理祂也洞悉**（格前二10）。

為此，雖然屬神的人不能本性地知道他人的思想，或他們的內在境況，不過，藉超性的光照，或透過徵兆，他們能清楚洞悉。又雖然，在透過徵兆所得的認知中，他們也常能受騙，但是正確的時候還是居多。然而，這兩種方式的認識都不可置信，因為，魔鬼在其間大加干預，狡猾詭詐，如我們隨後要說的[141]。因此，他們必須經常棄絕像這樣的認識。

⓯在《列王紀》下，我們有個例子，證明即使屬神的人不在當場，如何也能對人的行實與事情有所認識。當革哈齊，我們的聖父厄里叟的僕人，企圖隱藏得自納阿曼的錢財時，厄里叟[142]說：**當納阿曼下車轉來迎接你的時候，我的心豈沒有跟你去嗎**（列下五25–26）？真是神靈妙事，靈魂目睹事情，有如發生在他面前。我們在同一書卷中，看到另一個這樣的明證，敘利亞王與臣僕在密室中商討的事，厄里叟全都知道，將之告訴以色列王；因此這些會議毫無成果。當敘利亞王知道，他們的決議已不再是祕密時，他對臣僕們說：**難道你們不能告訴我，你們當中誰支持以色列王嗎？**那時他的一個臣僕大聲說：**我主大王！沒有誰支持，只有以色列的先知厄里叟，將君王在密室裏所談的事都告訴了以色列王**（列下六11–12）。

141. 見第十七節。
142. 按加爾默羅修會的傳統，若望尊奉厄里叟為厄里亞先知的弟子，也是本會的會父。見本卷第八章第四節的註解。

⓰凡此種種對事物的認識⒁，及其他的認識，都被動地呈現於靈魂，靈魂方面什麼也沒做。因為會發生像這樣的事，當人分心走意時，對他所聽和所讀的事，會有一種敏銳的理解深植在他的心靈，其清晰遠超過所聽到的話語。有的時候，雖然他無法理解這些話（如果說的是拉丁文，而他也聽不懂），然而，這個認識的意思被呈現出來，雖然他不懂言語的本身⒂。

⓱關於這些欺騙，魔鬼能辦得到，也真的捏造出來的認識和理解，有許多可以說的，因為牠的欺騙手段非常高明，又極其隱匿。牠能夠藉唆使，在靈魂內深植豐富的認識，如此地深入靈魂，以至於看起來無非就是真理；如果靈魂沒有謙虛和戒心，無疑地，魔鬼會使他們相信一千個謊言。因為，在靈魂內的唆使，有時非常強勢，尤其當他的靈魂分受某些感官的軟弱時，感官緊緊抓住這個認識，這麼強勢、有說服力和執著，那時，靈魂需要大量的祈禱和氣力，才能拋棄它。因為有的時候，魔鬼常會呈現別人的罪、罪的意識和有罪的靈魂，虛假不實，卻夾雜很多光明，這一切都為了敗壞他人的名譽，魔鬼巴望事情曝光，好使人冒犯更多的罪，牠促使靈魂熱忱滿懷，堅心確信，所做的一切，是為了把這些罪人交託給天主。雖然這是真的，天主有時顯現給聖善的靈魂，告訴他們近人的急需，為把他們交託給天主，或解救他們。例如我們讀到的，天主把巴路克先知的愁苦顯示給耶肋米亞，使他能教導巴路克（耶四五3）。然而，魔鬼更是常做這事，而且是虛假不實，為了招惹誹謗、罪惡和悲傷；關於這些事，我們有超多的經驗。再者，有的時候，魔鬼放置其他令人極為確信的認識，且使靈魂深信不疑。

⓲所有這些認識，無論是否來自天主，如果靈魂有意把持不捨，對於靈魂的走向天主

143. 參閱第三節，及第二十五章第一至三節。
144. 像這樣的例子，請參閱《聖女大德蘭自傳》第十五章第八節。

是少有益處的。反之，如果他沒有認真拒絕它們，則不只是個障礙，甚至是嚴重的損害，招致許多的錯誤。因為，我們所說的一切危險與弊端，能夠來自超性的領悟，這是我們到此為止所談論的，關於這些事，能說的還有許多。那麼，關於這事，不在這裡多說什麼，因為前幾章中，我們已經給了足夠的教導。我只說，靈魂要極其留意，經常拒絕這樣的認識，要渴望以「不知」走向天主；也要經常向他的神師告明，順服他所說的。神師該容許靈魂簡明扼要地陳述這個經驗，但不該使之做為靈魂走向與天主結合的主要因素。因為，賜給靈魂的這些被動通傳，天主所願意的效果，往往會留在靈魂內，無需靈魂在這事上勞苦費力。那麼，我認為，沒有理由在此談論真認識導致的效果，或假認識的效果，因為這會很累人，也會沒完沒了。因為這些效果，無法寥寥數語就能讓人理解；由於這些認識很多，且花樣百出，其效果亦然，好的造成好效果，不好的則生出不好的效果……等。

（就只說全部都加以拒絕，我們所說的，就足以使靈魂不陷於錯誤[145]）。

第二十七章

本章談論第二種啟示，亦即揭示隱藏的祕密和奧祕。說明這個認識對於走向與天主結合，可能是助益，也可能是阻礙，及為何魔鬼在這方面能極度欺騙靈魂。

❶ 我們說的第二種啟示，是揭露隱藏的祕密與奧祕[146]。能有二個方式：

145. 譯按：最後一小段是從其他抄本併入的。
146. 見第二十五章第三節。

第一，有關天主本身，這包括啟示至聖聖三，天主三位一體的奧祕。

第二，有關天主的化工。這包含我們天主教信仰的其餘信條，及很明顯能成為真理的提案（*proposiciones*）。這些提案能包括並蘊涵大多數先知的啟示，天主的許諾和預兆，和其他關於信仰方面的過去和未來的事情。

在第二個方式內，我們能包括其他許多的特別事實，通常是天主啟示的，有關普遍的宇宙，和個別的國家、省份、州籍、家族和個人。

在聖經中，我們有許多這些顯示的例子，無論是普遍的，或個別的，尤其是在所有的先知書裡，能找到所有的各種啟示。既然這是清楚與顯明的事，我不願在此浪費時間，引用聖經章節。我只說，這些啟示的給予，不只藉言語而已，因為天主以多種方法和形態賜予啟示：有時只用言語；有時則只有記號、形狀、形態和相似性；有時則兩者兼之，有如在先知書中所見的。這在整部《默示錄》中尤其明顯，在那裏，不只找到我們說的所有各種的啟示，也有我們這裡說的多種方法和形態。

❷ 關於這些屬於第二種方式的啟示，我們的時代中，天主仍然賜給祂願意賞賜的人。因為祂往往啟示給某些人，他們還要活多少日子，或他們必要忍受的磨難，或某人或某國必會遭遇的事等等。甚至關於我們信仰的奧祕，祂向心靈揭露且說明其中的真理；雖然恰當地說來，這不能稱為啟示，因為它們已經是啟示過的，更好說，這是已啟示之真理的顯示與宣明。

❸ 關於這類的啟示，魔鬼能夠下手，大加干預。因為這類的啟示，通常是透過話語、形狀和相似……等，比那純心靈的啟示，魔鬼更善於偽裝。因此，如果關於我們在這裡說

的，第一和第二種方式的啟示，只要觸及我們的信仰，啟示給我們一些新的或不同的真理，我們絕不可贊同，即使我們完全確定，這是來自天上的天使所說的。為此之故，聖保祿說：**無論誰，即使是我們，或是從天上降下的一位天使，若給你們宣講的福音，與我們給你們所宣講的福音不同，當受詛咒**（迦一8）。

❹ 那麼，關於我們信仰的實體，已經啟示給教會了，再沒有更多的信條要啟示的了，靈魂不僅必須拒絕有關信仰的新啟示，還要出於謹慎，拒絕接受其他與之混雜的認識。為了靈魂的純潔，他要堅定於信德，雖然給他的新啟示是已啟示過的，不要因為是新啟示而相信，而要因為已經充分啟示給教會了，要對新啟示關閉理智，單純地依靠教會的道理和他的信德，如聖保祿所說的，信是經由聽道而進入[147]（羅十17）。所以，如果他不要受騙，不要在這些新的啟示上，放置他的信任與理智，即使它們顯得更符合信仰和真實。因為魔鬼，為了欺騙和導入謊言，首先用真的和逼真的事餵飽人，使之確信不疑，繼而施行詐騙。這就好像縫皮革用的豬鬃：先以豬鬃穿洞，為引出軟線；沒有豬鬃，線絕不能穿過洞口。

❺ 在這事上要細心留意：因為，雖然這是真的，對於所說的騙局，靈魂沒有受騙的危險，但對於信仰，千萬不要渴望理解得很清楚；為的是保持信德的單純和完整的功勞，好能進入這個理智的夜，達到神性結合的神性光明。對任何新的啟示閉上眼睛，且專注於古先知的預言，這是如此的重要。雖然聖伯多祿宗徒，以某種方式，在大博爾山上，目睹天主聖子的光榮，他的第二封宗徒書信中說：**我們認定先知的話更為確實**（伯後一19），等。這彷彿是說，雖然在聖山上，我們真的親眼看見基督，可是啟示給我們的先知話，更是確實與確定，你們的靈魂當十分留神。

147. 思高聖經：信仰是出於報道（羅十17）。

❻如果由於所提的理由，應該對這些所說的啟示，即關於信仰的提案，閉上眼睛，那麼，更是多麼必要不去接受，也不要相信其他和信仰不同的啟示，其中魔鬼慣常介入，大加干涉。我認為，不在這許多的事上受騙，是不可能的，除非盡力丟棄它們，由於魔鬼在當中放進真理的跡象和確定。為了使人相信，魔鬼加入這麼多表面和相稱的事，這麼堅固地深植在感官和想像中，使人覺得事情必會發生，毫無疑問。靈魂對它們這麼確信與執拗，如果他沒有謙虛，那就幾乎無法勸他擺脫，使他相信相反的一面。因此，純潔、謹慎、單純和謙虛的靈魂，要以很大的力氣和細心，抗拒（和丟棄）那些啟示和其他的神見，如同對待很危險的誘惑一般。因為沒有必要渴望它們；相反的，為了達到愛的結合，不要想望它們。這正是撒羅滿想說的，他說：**人何必想望和尋求超過本性能力的事呢**（訓七1）？[148]這就像我們說的：為了成為成全的，無須渴望以超性的方式，獲得超性的事，那是超越其能力的。

❼因為反對這事所能提出的異議，已在本卷第十九、二十章[149]中答覆過。對於這些事，我只說，靈魂對於這一切，該留心警戒，為能在此信德的夜裡，純潔無誤地達到結合。

第二十八章

本章談論心靈能領受的超性神諭，說明其性質與種類。

❶謹慎的讀者必須常常牢記，我在本卷中的意向與目的，亦即，指導靈魂，越過本性

148. 這句聖經引言，直接引用西班牙文，這是少有的例子，聖十字若望的聖經引言，總是引用拉丁文，這句是個例外。思高聖經的《訓道篇》沒有這句話。
149. 其實是第廿十和廿一章。由於抄本不同，章節的編排也有差異。

和超性的所有領悟，在純潔的信德中，不受騙，也不被阻礙，達到與天主的神性結合。如果他這麼做，他會了解，有關靈魂的領悟，及我所講的道理，雖然我沒有講那麼多的道理，也沒有詳察那麼多的資料和類別，如理智可能會有的需求，但在這部分，我也沒有過於簡略。那麼，關於這一切，我知道，已經給予充足的勸告、光明和資料，使靈魂在所有內在和外在的領悟中，明智行事，向前進步。

為此之故，對於預言的領悟，我的結論這麼簡略，其餘的亦然；對這類的每種預言，關於它們的不同，及領受的方法和模式，有如此之多可以說的。所以我認為，全然懂透是辦不到的。我覺得滿意的是，在我看來，已說明了主要的部分和道理，及要提防這些領悟，對所有與此相似，可能發生於靈魂的一切，都要謹慎。

❷ 現在，我將依照同樣的方法，論及第三類的領悟，我們說[150]是超性的神諭。這超性的神諭，沒有通過任何的身體感官，經常發生在屬靈之人的心靈。雖然有這麼多形態，我認為，全部可以歸納為三種：連續的、正式的、實質的神諭。

當靈魂收斂時，常會形成和推論出的一些心靈的話和理由，我稱為連續的神諭。

正式的神諭，是心靈領受的分明與正式的話語，不是來自他自己，而是來自第三者，有時是在收心時，有時則否。

實質的神諭，也是在心靈內正式產生的話語，有時處在收心中，有時沒有，這些神諭在靈魂的實體中，造成且產生神諭指示的實質和德能。我們將順序談論這一切。

150. 見第十章第四節，及第二十三章第一至三節。

第二十九章

本章談論第一種神諭，有時在收斂的心靈中形成。說明其起源，及可能引起的益處或損害。

❶這些連續的話語，往往發生於，當心靈收斂又沉浸在某些思慮中，非常全神貫注時。一個人推論他的問題，思潮泉湧，形成明確的言語和判斷，非常容易而清楚地，推論並發現那些他所不知道的事，他覺得自己什麼也沒做，而是另一位在內推論、回答和教導他。

事實上，這麼想是很有理由的，因為靈魂與自己推論，也回答自己，就像和另一位對談。就某方面來說，他真的與另一位交談，即使心靈本身像是個工具，聖神卻時常幫助他，產生且形成那些真實的概念、言語和判斷。所以，他對自己說這些話，好像對第三者。因為，正如那時他的理智是收斂的，且和他思想中的真理結合，而聖神也在那真理中與他結合。因為，聖神總是在所有的真理中，其結果是，當他的理智經由真理，而這樣地與聖神交談時，其餘的真理，也與他所想的連結，此時，聖神這位導師，為他開門並賜予光明。這是天主聖神教導的方法之一[151]。

❷在這樣的情形下，當理智了解從他處通傳給他的這些真理時，理智受到這位老師（譯按，指聖神）的光照與教導，形成有關這些真理的話語。所以，我們能說，**這聲音是雅各伯的，可是，手卻是厄撒烏的**（創廿七22）。凡有此經驗的人，無法相信這些話語是從自己來的，而是來自第三者。因為他不懂，理智怎能輕易地從己內形成話語，就好像來自第三者；至於通傳給他的概念與真理，也是從第三者來的。

151. 本章更直接談論聖神，及祂在靈魂內的行動。

❸ 雖然這是真的，在那個通傳或光照中，理智確實沒有受騙，不過，在理智所形成的正式言語和推論中，卻能夠且常常受騙。只要那個光明的給予，有時是很巧妙和靈性的，致使理智不能完全知悉；如我們所說的，那是理智以自己的能力形成的推理。所以，形成的這些話語常是假的，或虛有其表，或殘缺不全。因為從一起頭，理智就已開始握住真理的線索，隨即放入他自己卑下理智的能力或粗魯，這是很容易有的事，改變真理以符合他的能力；而這一切，就像是第三者說的。

❹ 我認得一個人，他有這些連續的神諭，其中關於至聖聖體的一些話，是非常真實和確實的，其餘的則全然是異端邪說。

我很害怕現今所發生的事，若有哪個靈魂，做了不值幾毛錢的省思[152]後，如果在收斂中，有了些這樣的神諭，隨即會把一切施行洗禮，好像全來自天主似的，且用這樣的話說道：「天主對我說」，「天主回答我」。然而事情卻非如此，如我們所說的，這些話，更多的時候是他們自己說的[153]。

❺ 除此之外，這些人對神諭的渴望和愛戀，惹起他們的自我回答，且認為天主正在回答他們，對他們講話。如果在這事上，他們不多加抑制，又如果指導這些靈魂的神師，不開導他們棄絕這些推論的方式，他們會犯下嚴重的大錯。因為，他們從中導出的，往往是賣弄空言和靈魂的不純潔，而非心靈的謙虛和克苦。他們以為發生了什麼大事，天主說了話，實則不然，其實所發生的，只不過聊勝於虛無，或者全然虛無，甚或比虛無更虛無。因為所導致的不是謙虛、愛德、克苦、聖潔的單純和靜默……等，又有何價值呢？

所以，我說，在走向神性結合的路上，這神諭能夠是嚴重的障礙，因為，如果加以重

152. 不值幾毛錢的省思：原文是「con cuatro maravedís de consideración」，maravedís 是面值的硬幣，這句話直譯是四毛錢的省思，就是說做了一點不怎麼樣的反省而已。
153. 若望在此告誡當時的神光派／the alumbrados，及很容易把自己的看法、感受和洞見歸之於天主和聖神的人。

視，會使靈魂遠離信德的深淵。在此信德的深淵中，理智必須留在黑暗中，藉著愛德在信德內，行走於黑暗中，而不是藉許多的推理。

❻ 如果你問我：「為什麼理智必須剝除那些真理呢？因為天主聖神藉它們光照理智，所以不能夠不好。」我說：聖神光照收斂的理智，祂按收斂的模式而光照，理智找不到比在信德中更好的收斂；為此，聖神在信德中光照他，遠超過在其他的收斂中。因為靈魂在信德上愈純潔和純淨，他擁有愈多天主灌注的愛德；他擁有的愛德愈豐富，所受的光照愈多，通傳給他的聖神恩賜也愈多，因為愛德是得到通傳的原因和方法[154]。

雖然這是真的，在這些真理的光照中，確實通傳給靈魂某些光明，可是與在信德內給予的光明，這麼不同，在其中沒有清楚的理解，在質的方面，也與其他的不同，就像極純的純金和粗劣的金屬；在量方面，則如海洋和一滴水。因為在一種光照中，所通傳的是一個，二個，或三個等真理的智慧；而在另一種光照中，普遍地通傳一切天主的智慧，亦即，天主聖子，在信德內，祂被通傳給靈魂。

❼ 如果你對我說：「一切都好，因為二種光照互不阻礙。」我說，如果靈魂看重它，就會大受阻礙。因為這就已經是專注在清楚的事上，而這些事是微不足道的，足以妨礙信德深淵中的通傳。在此信德內，天主超性且祕密地教導靈魂，以一種靈魂不知道的方式，在德行與恩賜上提拔他。

那連續神諭的益處，必不會得自故意以理智專注它們，因為如果這樣做，反而會偏離正路。因此，在《雅歌》中，智慧對靈魂說：**轉過妳的眼去，不要看我，因妳的眼使我飛走**（歌六4）。亦即，使我離你遠飛，置我於更高之處，除非是單純地，不要在超性的通傳上

154. 若望首次明確說出聖神的恩賜，和愛德有直接的關係。當人通過愛的等級而前進，聖神的恩賜也會漸趨完美；請參閱《靈歌》第二十六詩節第三節。他沒有採用神學理論論述聖神的恩賜，視之為被動地受聖神推動的原則和準備。在第五至六節，若望建立了信德和愛德之間的關係；由於信和愛的動力，其超性運作有如認識與愛的本性作用。

運用理智，而要懷著對天主的愛，運用意志，那麼，在愛內，會通傳那些福分，比先前的通傳更為豐富。

因為，在這些超性和被動的通傳中，如果本性理智的能力，或其他官能的能力，主動地介入，由於其模式和粗劣，必達不到這麼高的境界，為此，他必會按自己的模式強制修改，結果，必然花樣百出。這麼一來，理智勢必犯錯，形成的是自己的判斷，既非超性的，也沒有超性的樣子，而是非常的本性、充滿錯謬和卑劣。

❽ 不過，有些理智這麼活躍和細膩，在某個思慮中收斂心神時，極容易用本性的方式，在一些概念上推理，非常生動地形成上述的話語和判斷，所以他們認為，確實無誤，這些是從天主來的。其實不然，一個已從感官的作用得到釋放的理智，使用本性的光明，不必其他什麼超性的援助，有能力做到這事，甚至能做得更多。像這樣的事多得很；而有許多人受騙，視之為祈禱的高境，及天主的通傳。為此，他們親自筆錄書寫，或要別人寫。結果，這無非是虛無，毫無任何實質的德行，這麼做，只會更助長驕傲。

❾ 這些人要學習不看重別的，所要看重的是，使意志紮根於謙虛的愛，真的努力工作，忍受痛苦，師法天主聖子的一生和克苦。這才是獲致所有心靈美善的道路，而非許多的內在推理[155]。

❿ 在這種內在的連續神諭中，魔鬼也大加干涉，尤其是，當人對它們有什麼傾向和愛戀時。因為，當他們開始收心斂神，魔鬼慣常呈現給他們綽綽有餘的分心資料，唆使理智形成那些概念和話語，以逼真的事物，狡猾地欺騙他們，使之一敗塗地。這是魔鬼的一個通傳方法，通傳給那些已同祂立約的人，無論是默許或表明的約定；或通傳給異教徒，尤其是異

155. 參閱第一卷第十三章第三節；第二卷第七章。

教創始人，使他們的理智充滿非常巧妙、虛假和錯誤的觀念和判斷。

⓫ 由此可知，理智內的這些連續神諭，能來自三個理由，亦即：天主聖神，祂推動並光照理智；理智的本性光明；魔鬼，牠能藉唆使向理智發言。

現在說到辨識的記號和徵兆，為分辨神諭來自哪個起因，如果要給予完整的標記和徵兆，多少會有些困難，雖然如此，我們還是很可以舉出幾個一般的記號，如下所述：

處在這些話語和觀念中，靈魂同時愛著天主，並覺察到這愛充滿謙虛和崇敬天主，這是聖神正在他內工作的記號，因為，當聖神賜予恩惠時，總是包裹著這愛而賜予。

如果神諭只來自理智的活躍和光明時，所有的起因都是理智，沒有任何德行的行動。雖然意志能本性地愛那些真理的知識和光明，然而，經過默想之後，意志仍存留在乾枯中，雖然如此，靈魂沒有虛榮和不好的傾向，除非魔鬼再度以他的經驗誘惑他。來自善神的神諭不是這樣，因為這神諭過後，意志通常會愛慕天主，且傾向於善。可是即使這通傳來自善神，有時意志後來也是乾枯的，天主如此安排，是為了靈魂的一些益處。有時，對於德行運作和行動，靈魂沒有強烈的感受，雖然如此，這神諭是好的。為此我說，種種不同的神諭，由於所導致的效果形形色色，有時很難加以辨識。不過，所說的這些效果是最普通的，雖然有時比較多，有時沒那麼多。

甚至來自魔鬼的神諭，有時也難於理解和辨識。因為這是真的，它們通常使意志在對天主的愛上，處於乾枯中，內心傾向虛榮、自我重視或自滿；更有甚者，有時在內心導致假謙虛，及意志植根於自愛的強烈情感，所以，人有時必須充滿靈性地辨識這事。而魔鬼這麼做，是為了把自己隱藏得更好，有時候，在這方面牠是個老手，使人對牠所置入的感情，淚流不止，這是為了在靈魂內，不斷置入魔鬼要給靈魂的貪戀。不過，牠經常盡力推動意志，重視這些內在的通傳，非常看重它們，致使靈魂所投身和專注的不是德行，反而是喪失已有的德行。

⑫ 那麼，讓我們存想這個必要的警告，無論是這種或那種的神諭，以免受其欺騙和阻礙：我們不要珍惜它們，唯一要知道的是，引導意志堅決地歸向天主；要成全地奉行天主的法律，和祂的神聖勸諭，這是聖人們的智慧，以單純和真誠，滿足於認識教會給我們的奧蹟和真理。這足以使意志熱烈燃燒起來，我們不必窺探奧妙和稀奇古怪的事，若其中沒有危險，可才是令人驚怪。關於這事，聖保祿說：**人不該把自己估計得太高而過了分**（羅十二3）。有關聯續神諭的解釋，所說的該已足夠。

第三十章

本章談論以超性的方式，在心靈內正式產生的內在神諭。對它們能招致的損害提出警告，及不受欺騙必須有的警戒。

❶ 第二種內在的話語是正式的神諭，有時超性地產生於心靈內，而沒有運用任何感官，有時是在心靈收斂時，有時則否。我稱之為「正式的神諭」，因為由第三者正式地對心靈發言，而沒有靈魂的介入。為此，和我們剛剛說的連續的神諭大不相同。事實上，其不同

處，不只心靈本身不包含在起因之內，而且，如我所說的，有時是發生在沒有收斂的時候，靈魂與所說的思想南轅北轍。在連續的神諭中，情況則非如此，因為它們總是與人的默想主題有關。

❷有時，這些話語非常清楚明白，有時則否。因為許多時候，它們好像是講述給心靈的觀念，或是回答，或以別的形態對心靈講話。有時只說一句話，有時是二句話或更多些；有時這神諭是連續的，如同前述的連續神諭，因為當靈魂被教導時，或當談論某些事時，神諭可能持續著。這一切話語的發生，沒有任何心靈的介入，因為它們之被領受，有如一個人正對另一人講話。如我們所讀的，發生於達尼爾的事，他說天使同他講話，天使在他的心靈內正式且連續地推理，且教導他，天使甚至說，**他要前來教導他**（達九22）。

❸這些話語，若只是正式的神諭時，在靈魂內產生的效果不多；因為，通常它們只是為了教導或闡明某些事。所以，為達到這個效果，除了被帶領達到的目的外，無需其他的果效。當天主是神諭的起因時，往往在靈魂內產生這個效果，因為它使靈魂迅速完成，且清楚明白所命令和教導的。有時候，靈魂對這些神諭，並非沒有反感和困難，有時反而更多。天主這樣做，是為了更進一步的教導，使靈魂更謙虛，也為了靈魂的好處。當天主任命某些高位，或能使靈魂受顯揚的事時，天主更是時常許可這個反感。至於謙卑和低下的事情，祂使靈魂感到更為容易和迅速。為此，在《出谷記》中，我們讀到，當時天主命令梅瑟去見法郎，要使人民得到釋放，梅瑟感到這般抗拒，使得天主必須三次命令他，並且顯示記號給他；然而，這些全然無用，直到天主給了他亞郎做為同伴，分享這光榮（出三10－22，四1－18）。

❹相反的，當神諭和通傳來自魔鬼時，在更有價值的事上，會感到容易和迅速，卑賤的事，則感到反感。的確，看到那些靈魂傾向高位，天主覺得非常憎惡，甚至當祂給予這樣的命令，要靈魂負責高位時，也不要靈魂迅速執行。正式神諭與連續神諭之不同，在於天主慣常給予的迅速上，連續神諭不會像正式神諭，這麼深刻地感動靈魂，也不會這麼迅速，因為這些更為正式，理智很少加以干預。雖然如此，有時，連續的神諭也大有效果，這是因為，有時天主聖神與人有深度的交往；不過，其效果的形態則大不相同。在這些正式的神諭中，靈魂毫不懷疑，是不是他自己說的，因為他清楚知道不是，尤其是，對他說的那些事，想也沒有想。如果是正在想的事，他會清楚又分明地覺察，這神諭是從另一方來的。

❺至於這一切正式的神諭，靈魂必不可這麼看重，如同其他連續的神諭；因為，若使心靈充滿的，不是達到與天主結合的合法又最近的方法，亦即信德，也能使他很容易上魔鬼的當。因為，有時幾乎無法分辨，什麼話是善神說的，什麼是惡神說的。由於這些神諭生不出許多效果，幾乎無法從效果來辨識，因為，在不成全的靈魂內，有時魔鬼神諭的效驗，甚至超過善神給予神修人的效果。這些神諭所說的話，絕不可奉行，也不該拿著當一回事，無論善神或惡神的；然而，他該向成熟的神師，或謹慎又博學的人告明，此人會給予教導，明察該如何是好，且給予勸告。至於對神諭的態度，應是辭退或拒絕。如果找不到像這樣的專家，最好不要看重這樣的神諭，也不要告訴人，因為靈魂很容易碰到一些人，他們將毀壞靈魂，而非建設靈魂。所以，靈魂必不可和任何人談論這些神諭，在這麼重要的事上，事情的對或錯是這麼的嚴重。

❻要謹記於心，靈魂絕不可隨從自己的想法，而沒有得到他人的許多贊同和勸告，對

於告訴他的這些神諭，不要理會，也不要接納。因為從中生出的騙局，既巧妙又怪異，如此之多，致使我相信，不反對像這類事的靈魂，不能不從中受到許多欺騙。

❼ 因為關於這些欺騙與危險，及對之須有的警戒，已是本卷第十七、十八、十九及二十章⑯談論過的主題，這些事我已作了交待，這裏也就不再贅述。我只說，主要的教導是什麼也不加以理會。

第三十一章

本章談論內在地產生於心靈中的實質神諭。說明這與正式神諭的不同，它們的益處，及靈魂對它們該有的辭退和尊敬。

❶ 第三種內在的話語，我們說⑰，是實質的神諭，雖然這些也是正式的神諭，因為它們非常正式地刻印在靈魂內，但是，其間的不同在於，實質神諭的效果，在靈魂內是活生生的，也是實質的，正式的神諭並非如此。雖然這是真的，所有實質的神諭是正式的神諭，但並非因此所有正式的神諭是實質的，如我們上面說的，只有把話語所表達的內涵，實質地刻印在靈魂內的，才是實質神諭。這就好像，如果我們的主正式地對靈魂說：「會好的」，靈魂立刻會實質地好起來；或如果祂說：「愛我」，靈魂馬上就有，並覺察自己內這愛天主的實質；或者如果，祂對非常害怕的靈魂說：「不要怕」，靈魂隨即感受到很大的剛毅和寧

156. 應該說是十六到十九章。
157. 見第二十八章第二節。

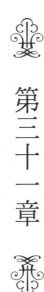

靜。因為天主說的話，及其言語，如智者說的，**具有威力**（訓八4）；因此，在靈魂內，實質地產生天主對他說的話。達味意指這事，當他說：**看！祂的聲音發出，具有威力的聲音**（詠六八34）。天主如此對待了亞巴郎，因為當時祂說：**你當在我面前行走，作個成全的人**（創十七1）時，亞巴郎馬上就是成全的，且經常敬愛天主而行走[158]。在福音中，這就是天主話語的威力；只要說一句話，祂治好了病人，復活了死人……等。這樣，祂賜給某些靈魂實質的神諭。這些神諭是那麼重要和寶貴，給予靈魂生命、德行和無與倫比的幸福。因為一個實質的神諭對靈魂所行的善，超過他畢生所做的一切。

❷ 對於這些實質的神諭，靈魂不能做什麼，不能想要什麼，或不想要什麼，不能拒絕或害怕什麼。

在完成所說的話上，他什麼也不能做，因為天主之賜予實質的神諭，是為了親自完成神諭所說的。為此緣故，實質的神諭不同於正式和連續的神諭。所以我說，對靈魂而言，沒什麼想要或不想要的。因為，為使天主完成事工，靈魂的渴望是沒有必要的；為了不要有所說的效果，即使靈魂不渴望，也不足以取消那效果。靈魂反而要以辭退和謙虛待之。

也沒什麼要拒絕的，因為這些神諭的效果，實質地存留在靈魂內，充滿天主的福分。由於靈魂被動地領受，他的動作完全是不必要的。

也不必怕有什麼欺騙，因為無論理智或魔鬼，都不能介入其中，不能在靈魂內製造被動的實質效果，也不能使神諭的效果和習性留在靈魂內，除非，靈魂自願與魔鬼立約，屈服於魔鬼。這樣，魔鬼居住在他內，如同他的主人，魔鬼能刻印像那樣的實質效果，不是好的，而是邪惡的效果。只要這靈魂在自願的邪惡中，已與魔鬼結合，魔鬼就能把牠的神諭及話語

158.「行走」：意指所有的行事作為。

的邪惡效果，輕易地刻印在靈魂內。因為，甚至透過經驗，我們看到，即使對善良的靈魂，魔鬼利用唆使，在許多事上大施魔力，使牠的唆使極具魔效；如果這些靈魂是邪惡的，魔鬼就能對他們下手，完成此舉。然而，牠不能在靈魂內留下相似好神諭的效果，因為天主的神諭是無法相比的。與天主的神諭相較之下，魔鬼的話語和效果是完全的虛無。為此，天主藉耶肋米亞說：**麥稈怎能與麥粒相比？我的話豈不是像火？豈不是像擊碎巖石的鐵鎚**（耶廿三28－29）[159]？

所以，這些實質的神諭，非常有助於靈魂與天主的結合。神諭愈是內在，愈是實質，對靈魂愈有益處。天主向他說這些實質話語的靈魂，是有福的。**上主！請發言，祢的僕人在此靜聽**（撒上三10）。

第三十二章

本章談論以超性的方式，賦予靈魂內在感受的理智領悟。說明其原因，及靈魂必須用什麼方法，使他在走向與天主結合上，不受其阻礙。

❶ 現在接下來談的是第四，也是最後一種的理智領悟，我們說，理智從心靈感受所領受的這種領悟，時常超性地賜予神修人。我們把心靈的感受歸於理智的分明領悟[160]。

❷ 這些分明的心靈感受能有兩種：

159. 按若望的見解，魔鬼阻礙完善者獲得恩惠，更是使勁，遠超過誘惑和擾亂不成全和軟弱的人。請參閱《靈歌》第十六詩節第二至三節，第二十詩節第十五節；《愛的活焰》第三詩節第六十三至六十五節。
160. 參閱第二十三章第一至第三節，第二十四章第四節。

第一種，包含在意志情感中的感受；

第二種，在靈魂實體內的感受。

這二種能有許多的方式。

意志中的感受，若來自天主，是非常卓越的；不過，靈魂實體內的感受，卻是最崇高，極好和有益的。無論是靈魂或神師，都不能知道，也不能理解起因從何而來，也不知是做了什麼事，天主賜予這些恩惠。這些恩惠，不在於靈魂所做的工作，也不取決於所行的默想，雖然這些事是領受恩惠的好準備，天主將之賜給祂所願意的人，也為了祂所願意的理由。因為有可能發生的是，某人已做了許多神工上的修練，天主卻沒有給他這些觸動；另一個人的修練少得多了，卻蒙受最卓越的觸動，而且是豐沛大量。所以，靈魂沒有必要實際地從事和專務靈修之事（雖然為能得到恩惠，這麼做是更好的，為使天主賜予靈魂這些觸動，因而得到所說的心靈感受），因為大多半的時候，是當靈魂非常分心時賜予的。至於這些觸動，有些是分明且為時短暫的，有的則不是如此分明，且持續較久的。

❸ 這些感受，只要是純感受，則不屬於理智，而是屬於意志。所以，它們不是我在此談論的主題，到了我們談及意志在愛戀方面的夜和煉淨時，該是在第三卷，會續談這事⑯。

不過，因為許多及多半的時候，這些感受滿溢到理智的領悟、認識和理解，所以，我們應該在此提及，只是為此之故。因此，應該知道，關於這些感受，無論是來自意志的，或靈魂實體的觸動，天主的觸動，有時是突來的，有時則是持久與連續的，如我所說的，許多時候，認識或理解的領悟，滿溢湧入理智。這些通常是對天主的至高感受，對理智也是最愉悅的，那也是不可名狀的，從中滿溢的感受亦然。這認識有時是這樣，有時是那樣；有時更崇

161. 第三卷第十六章開始談意志的淨化，不過，他並沒有如願地續談這事。

高和清楚，有時則否。按照天主所賜予的觸動，從中衍生的感受，也按照這些觸動的特質。

❹ 在此無須多費唇舌，勸告和指導理智，藉這些認識，在信德內，達到和天主結合。因為，雖然我們所說的心靈感受，在靈魂內被動地產生，為領受它們，沒有靈魂方面任何有效的作為，同樣，它們的認識也是被動地在理智內接受（哲學家稱之為「可能的理智」），理智什麼也沒做。那麼，為了不要因它們（譯按，指心靈的感受）而犯錯，也不要阻礙其中的益處，任何有關心靈感受的事，什麼也不要做，而要對之保持被動，不要介入本性的能力。因為，如同我們說過的，在連續的神諭中所發生的，理智用自己的活動，很容易擾亂和破壞那微妙的認識，這些是超性的愉悅理解，本性無法達到，也不能憑己力領悟，只能領受[162]。

因此，靈魂必不可力求這些認識，也不可想望接納它們，以免理智因而形成它自己的認識，也不要讓魔鬼找到入口，注入多樣又虛假的認識。魔鬼能造出假的認識，易如反掌，藉著上述的心靈感受，或用其他的方法，對迷戀這些認識的靈魂，魔鬼能注入假的認識。對此認識的態度應該是辭退、謙虛和被動。因為，由於是被動地從天主領受的，所以當天主樂意給予，且當祂看見靈魂是謙虛和無所保留時，才會通傳給靈魂。這樣，靈魂就不會阻礙自己，得不到這些認識賦予神性結合的益處，這是很大的益處，因為所有這些接觸都是結合，而且這結合是被動地產生於靈魂內的。

❺ 關於這事，我所說的已經足夠，因為，無論靈魂的理智所得到的是什麼，在上述的類別中，他都能找到警戒和教誨。雖然有的領悟看似不同，或不包括在內，然而，沒有一個理智的領悟不包括在內的，所以，都可以從中得到教導。

162. 參閱第二十八章第二節，及第二十九章。

第三卷

本卷談論記憶和意志的主動煉淨之夜。教導靈魂必須怎樣應對這二個官能的領悟，為能達到與天主結合，即按照所說的這兩個官能，處於成全的望德和愛德中。

第一章

❶ 我們已教導了靈魂的第一個官能，亦即理智，使它的所有領悟在第一個超德，即信德中，按照這個官能，使靈魂能經由單純的信德，與天主結合。現在還要做同樣的事，教導靈魂的另外兩個官能，記憶和意志，也淨化各自的領悟，為的是，經由這兩個官能，靈魂在成全的望德和愛德中，達到與天主結合，在這第三卷中，將扼要地談論這些事。由於在理智的部分，我們已經作了結論，理智按其作用，是所有其他對象的容器①，我們已涵蓋了大部分的事理，所以對這兩個官能的論述，無須如此贅述。因為，如果神修人按照給他的教導，在信德中好好指導他的理智，他也會在其他二個超德中，指導另外兩個官能，不這麼做，是不可能的。因為這些官能的作用彼此互相依賴②。

❷ 然而，為了繼續所採用的談論方法，及更容易理解，我們必須個別談論每個重點，列舉每一官能的專有領悟。首先是記憶的領悟，為了充分達到我們的目的，我們在這裏加以

1. 意即，所有的對象都經過理智。
2. 按照若望的實際觀點，及當代人的說法，靈魂的三官能：理智、記憶和意志，各有其特屬的作用和對象。若望沒有提出哲學上的問題，探討是否官能各有不同和區別。他注重的是它們的互相依賴和互動。在靈修上，凡適用其一者，也同樣合適其他二個官能。這三個官能對稱於三超德：信德、望德和愛德，貫徹他的整部著作。

分類。按照記憶的對象，我們能區分成三類：本性的、想像的、心靈的。配合這些對象，記憶的認識也有三種：本性的、超性想像的、心靈的。

❸ 關於這些事，賴主恩祐，我們將在此談論，以本性的認識開始，它們是比較外在的對象。隨後談論意志的情感，第三卷主動的心靈之夜就此結束。

第二章

本章談論記憶的本性領悟，並說明為什麼必須使之空虛，為使靈魂能按此官能與天主結合。

❶ 讀者必須牢記，我們在本書的每一卷中所說的宗旨。因為，若非如此，對於所閱讀的內容，可能會有許多的疑問，就像對於我們已談論的理智，或現在要說的記憶，及後來要說的意志，可能都會有疑問。因為，看到我們如何滅絕這些官能的作用，或許這看來彷彿我們是在毀壞，而非建設心靈修行的道路。這可說是真的，如果在這裡，我們指導的只是初學者，他們得靠這些推論和可理解的領悟來預備自己。

❷ 不過，因為我們在此講述的道理，是為了在默觀中前進，達到與天主結合（為此，所有官能的感性方法和操練必須擱置，處於靜默，使天主親自在靈魂內完成神性的結合），所以，必須經由這個方式，清除障礙、空虛、捨棄官能中本性的管轄和作用，給出空間，接

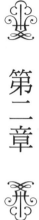

受超性的傾注和光照，因為他的能力不能達到如此崇高的交往，反而是阻礙，如果他沒有轉眼不看的話。

❸ 因此，如果這是真的，事實也是真的，靈魂邁向天主，必須藉著知道天主不是什麼，而非因為知道天主是什麼，為了歸向天主，他必須極盡所能，拒絕和不接納本性與超性的領悟。為此，現在對於記憶亦然，我們必須使記憶離開本性的限度和支持，超乎其上，亦即超出所有分明的認識，及所有可領悟的，處於對不可理解之天主的至高望德中。

❹ 那麼，從本性的認識開始，我說，記憶上的本性認識是所有能由五個身體感官——亦即聽、看、聞、嚐和觸——形成的認識，及所有記憶能形成和構造的這類的認識。所有這些認識和形式都應該剝除和空虛，且力求放開對它們的想像領悟，使之不留有任何認識的印象，也不留下事物的痕跡，而處於空曠和空無③之中，就好像從未有過似的，處於完全的遺忘和休止。

如果要與天主結合，除非滅絕記憶中的所有形式，否則無法達到。因為這是行不通的，如果沒有徹底剝除所有的形式——這些都不是天主，正如我們在理智的夜所說的，天主不包含在任何形式或分明的認識內④。如基督說的，**沒有人能事奉兩個主人**（瑪六24），記憶不能同時與天主結合，又與形式和分明的認識結合。由於天主不具有記憶能領悟的形式和形像，當記憶與天主結合時，記憶沒有形式、形狀或幻像；就像從每天的經驗看到的，靈魂處於沒有形式和沒有形像之中，失去想像，記憶全神貫注於至高無上的美善，在最深的遺忘中，什麼也不記得，因為這個神性的結合空虛記憶中的幻像，掃除所有的形式和認識，提拔記憶達到超性的境界。

3. 空曠和空無／calva y rasa：如果照原文直譯calva是禿頂的意思，而rasa則是光滑平坦。
4. 見第二卷第十六章第七節。

❺因此，在這個情況下，有時所發生的是值得注意的事；因為有些時候，當天主在記憶中導致結合的觸動時，頭腦經驗到一個突來的翻轉（而記憶在頭腦中占有一席之地），這個翻轉這麼明顯，致使整個腦袋彷彿完全失靈，也失去判斷和感覺的能力⑤。就這樣，按此觸動力的強或弱，腦袋失靈的情況，有時深，有時淺。所以，由於這結合，如我說的，空虛並煉淨記憶中所有的認識，且留在遺忘中，有時則是完全遺忘，他必須使勁費力，努力記住一點什麼⑥。

❻這個記憶的遺忘和想像的休止，有時就是像這樣，因為記憶與天主結合，經過一段很長的時間，對所發生的事沒有知覺，也不知道那時所發生的事。由於那時的想像休止，雖然加給他會疼痛的事物，他卻毫無感覺；因為沒有想像就沒有感覺。

為使天主導致這些結合的觸動，靈魂必須不使記憶和所有能領悟的認識結合。值得注意的是，已經處於成全之境者沒有這些休止，因為他們已經達到成全的結合，這些休止發生於結合開始之時⑦。

❼也許有人會說：「這道理似乎是好的，但是卻會導致摧毀本性的運作和官能的使用，使人如同牲畜，留處遺忘中，甚至更糟的是，既不推理，又記不起本性的需要和作用。然而，天主並不破壞，而是成全本性⑧。但根據這裡的教導，必然結果是破壞本性，導致忘記本性的作用、道德和理性的行動。因為這一切完全記不得，由於剝除了認識和形式，也就是除去了記憶這個方法。」

❽對於這事，我回答說，是這樣的，記憶與天主結合得愈深，分明的認識也愈成全，直至完全失去，那就是，處於成全之境，已經達到結合的境界時。因此，在開始的時候，當

5. 雖然若望表示，記憶也是心靈的官能，和理智、意志一樣。不過，他經常把它當做身體的感官，在這裡，為了符合士林哲學的系統，把它放在頭腦的部分。同時也提到這個被動經驗的生理效應，參閱《靈歌》第十三詩節第四節。
6. 參閱第二卷第十四章第十至十二節；《靈歌》第一詩節第二十節，第十三詩節；《黑夜》第二卷第八章。
7.《靈歌》第十三詩節第六節。
8. 關於這個原則，請參閱聖多瑪斯的《神學大全》1・1・8 ad. 2。

這個結合處於達到成全的過程中，人不能不經驗到對一切事情很深的遺忘，由於形式與認識逐漸從記憶中除去，致使外在的習慣和舉止會有許多缺乏，不記得吃或喝，也記不起來是否做了什麼，是否看見什麼，是否說了什麼，這是因為記憶全神貫注於天主。

然而，一旦有了結合的習慣，那是一個至極的美善，在道德和本性的理智方面，就不再有這些遺忘。更好說，在適宜和必須的行動上，會更成全。這些行動，不再是經由記憶的形式與認識而產生的，因為處於擁有習慣的結合中，這已經是超性的境界，記憶和其餘官能的本性作用完全無效，越過本性的界限，進入天主的境界，那是超性的。這樣，當記憶在天主內神化了，事物的認識與形式就不能刻印其上。

結果，在此境界中，記憶和其餘官能的作用全都是神性的。因為天主已占有這些官能，就像是它們的絕對主人，因為它們在祂內神化了，天主按照祂的聖神和旨意，神性地推動和命令它們。那麼，這些官能作用與天主的毫無差別，靈魂做的全是天主的工作，也是神性的作用。為此，如同聖保祿說的，**凡與天主結合的，便是與祂成為一神（格前六17）**，就是說，靈魂的作用與聖神的作用結合，也成為神性的作用。

❾ 因此，像這樣的靈魂所做的，只是適宜和明智的工作，而非不適當的；因為天主聖神使他們知道那應該知道的，不曉得那不必曉得的，記住那應該記住的，無論有或沒有形式，忘記那應該忘記的，且使他們愛那應該愛的，不愛那不在天主內的。因此，像這樣的靈魂，其官能所有的第一個動作是神性的；也不必驚奇，這些官能的活動和作用是神性的，因為它們已經神化為神性的存有[9]。

❿ 關於這些作用，我來舉一些例子，以下即是一個例子：某人請求另一個處於此境界

9. 若望在此說的不是記憶的淨化，而是記憶的結合境界。請參閱《靈歌》第二十六詩節第十四至十八節，第二十七詩節第六至八節，第二十八詩節第二至八節，第三十四詩節第五至六節，第三十八詩節第四節。
10. 就是說為他祈禱，祈求天主保祐。

的人，把他交託給天主[10]。這人並非因為那人留在記憶中的某個形式或認識，而記得為他祈禱。如果把他交託給天主是適宜的，也就是，天主希望得到為那人的祈禱，天主會推動他的意志，並且給他這樣做的渴望；如果天主不想要那個祈禱，雖然使勁為他祈禱，既做不到，也沒有渴望；有時天主會給人為他人祈禱的渴望，而那人是他不認識，也沒聽過的。

這是因為，天主單獨引導這些靈魂的官能，去做合乎祂旨意與命令的工作，它們也不能轉向別處。所以，這些靈魂的工作與祈禱總是有其效果。

這就是榮福童貞聖母的祈禱與工作，從起初，聖母已被高舉到這個崇高的境界，在她的靈魂裏，從未印上任何受造物的形式，她也不受其引導，而是經常接受聖神的引導。

11 另一個例子：在某個特定時刻，（處於此境的）這個人應該處理某些必要的事；他會記起這事，不是藉任何的形式，而是，不知怎麼回事，處理那事的時間與適當的方式，會呈現給靈魂，毫無差錯。

12 聖神不只在這些事上給予光照，也在其他許多現在發生，及未來要發生的事上，還有許多的事，甚至是不在當場的事。關於這點，雖然有時是經由理智的形式，但許多時候是沒有可領悟的形式，致使這些人不知道，他們是怎麼獲知的。然而，這是從天主的上智來的；因為，由於這些靈魂所修行的，不是以官能知道或領悟任何事情，如我們在「山圖」[11]中所提及的，他們通常獲知所有的事；按照智者所說的：**所有或隱或明的事，我都知道，因為教導我的是造萬物的技師——智慧**（智七21）。

13 或許，你們會說：「靈魂不能這麼地倒空和剝除記憶中所有的形式與幻像，竟至能達到這麼崇高的境界。因為會有兩個困難，超越人的力量和能力，亦即，以人的本性能力排

11. 「山圖」／el Monte：亦即卷首的「攀登加爾默羅山圖」（40-41頁）。請參閱第一卷第十三章第十節。

除本性，這是做不到的，而與超性界的接觸和結合，更是難上加難；而且說真的，單靠人本性的能力，是不可能的。」

我說這是真的，天主必須把靈魂安置在這個超性界。不過，在可能的範圍內，他應該善做準備。這是他能以本性做到的，特別是有天主不斷賜予的助祐時。所以，就這樣，盡己之力，進入這個捨棄和倒空形式之中，天主會使他擁有結合。天主在他內被動地工作著，賴主助祐⑫，在靈魂的被動之夜⑬，我們將會解說。為此，當天主樂意時，按照這靈魂的預備模式，祂會賜予完美神性結合的習性⑭。

⓮ 有此習性時，在靈魂內導致的神性效果，無論是理智、記憶或意志上的效果，不是我們在此主動的夜與煉淨中要說的，因為單靠主動的夜，無法造就神性的結合。不過，在被動的夜中，我們會談及這些事，因為經過被動的夜，才會完成靈魂與天主的結合。

所以在這裡，我只說必須有的方法，為使記憶，盡其力之所及，主動地進入這個夜和煉淨。一般說來，神修人要採納以下的警戒：在記憶中，不要儲存，也不要捕捉所有聽見、看見、聞到、嚐到或觸到的事物，反而要立刻忘記；而且，如果有必要，就得力求忘記，一如別人力求記住；致使記憶中，不存留事物的任何認識或形狀，彷佛它們已不在這世界上。記憶是自由和沒有阻礙的，完全不受縛於從上或從下而來的思慮。就好像沒有記憶的官能，自由地在遺忘中失去所有，好像那是阻礙的事。因為所有本性的事物，如果想將之應用在超性界，反而是障礙，而非幫助。

⓯ 如果這裡也有那些疑問和反對，即之前在理智方面所出現的，就是無所事事，浪費時間，剝除了靈魂能藉記憶得到的心靈美善，所有的解答全在那裡，到了被動之夜時，我們

12. 賴主助祐／Deo dante：原文在此引用拉丁文。至於「天主在他內被動地工作著」，從靈魂的角度來說，天主的工作是被動的，但從天主的角度，則是主動的。這裡是以靈魂的角度為主，所以說「被動地工作著」。
13. 指《黑夜》第二卷，談心靈的被動之夜。
14. 習性／hábito：意指恆常的存在狀態。
15. 有關理智方面的解答請參考第二卷第十二章至十五章，更進一步的解釋是在《黑夜》第一卷。

將更進一步解釋這些異議⑮。為此，我們不必在此耽擱。

在這裡，唯一適宜的勸告是：雖然有時候，沒有覺察休止認識及形式⑯的這個益處，神修人也不該因此而庸人自擾。因為時候一到，天主不會不來協助他的，對這麼大的一個福分，最好是懷著忍耐和希望去度過和忍受。

⑯ 雖然這是真的，幾乎找不到一個靈魂，他完完全全，又時時刻刻受天主的引導，這麼繼續不斷地與天主結合，致使他的官能沒有任何形式的介入，總是在神性的引導下；仍然，還是有些靈魂，他們的官能非常習慣接受天主的引導，而非自己的引導。關於這些人，聖保祿說：**凡受天主聖神引導的**，這就是，在其官能上的神性工作，**都是天主的子女**，即在天主內的神化和結合的這些人（羅八14）。這些作用是神性的，因為靈魂的結合是神性的，這是沒什麼好驚奇的。

第三章

本章說明靈魂若沒有使記憶中的認識與推理黑暗，所引起的三種損害。這裡談論第一種。

❶ 如果神修人仍然想用記憶的本性認識和推理，走向天主，或尋求其他的什麼，他就會有三種損害與障礙。兩種是積極的，一種是消極的。

16. 休止／suspensión：這句話的意思是，記憶內的認識和形式被暫停，因天主的帶領，暫時失去作用。

第一種來自世俗的事物；第二種來自魔鬼；第三種消極的，是神性結合的障礙和阻擋，乃由於記憶的認識和推理所造成和引發的。

❷ 第一種，來自世俗，包括許多由認識與推理而來的損害，例如虛偽、不成全、欲望、判斷、浪費時間和其他許多的事，在靈魂內產生很多的不純潔。

顯然地，如果容許這些認識與推理，必會陷於許多的虛偽不實，也必會常常以真為假，以確實的為可疑；反之亦然，因為我們幾乎不能徹底認透某事的真相。而如果使記憶的所有認識和推理黑暗，就會從那些所有的事中得到釋放。

❸ 如果把記憶放在聽到、看到、觸到、聞到和嚐到等的事物上，不成全也會步步相隨而來。由於這樣做，某些情感會纏住靈魂，無論是痛苦、害怕、憎恨、空虛的希望、輕浮的享樂、虛榮……。所有這些，至少是不成全，而且有時真的是小罪……；巧妙無比地，在靈魂內黏貼許多的不純潔，甚至在事關天主的認識和推理上亦然。

同樣顯然可見，它們會在靈魂內產生欲望，因為這些欲望，自然而然地，來自我們所說的認識與推理，只要渴望那認識和推理，就已經是欲望了。而必定也會有許多判斷他人的機會，這是可以清楚看出來的，因為使用記憶，在別人的是非善惡上，他不能不絆倒；這些事，有時惡的彷彿是善的，善的彷彿是惡的。關於這一切的損害，我相信，如果記憶對這所有的事，不使之盲目和黑暗，沒有人能徹底得到釋放。

❹ 如果你對我說：「當這些事臨身時，人能輕而易舉地克服這一切。」我說，如果注意這些認識，這是絕對不可能的，因為，其中混進去成千的不成全和不適當的言行，有些是這麼巧妙和細膩，靈魂對之無所知覺，它們黏貼在靈魂上，好像瀝青黏住碰觸到的人。這些

不成全，最好藉著完全棄絕記憶，一次而全部克服。

你也可能說，要靈魂剝除許多有關天主的好思想和默想，可是，為使天主賜予恩惠，這些對靈魂是很有益的。關於這事，我說，更有益的是靈魂的純潔，這在於情感不執迷於受造物和現世的事物，也不予以留意。我認為，由於官能本身作用的不成全，這些情感不能不糾纏住靈魂。最好學習使這些官能沉默和安靜，為的是，使天主發言。因為，如我們所說的⑰，要達到這個境界，本性的作用必須從視覺中消失⑱，這是會發生的，如先知所說的，當靈魂達到其官能的獨居時，**天主與她談心**（歐二16）。

❺ 如果你仍然反駁，說：「如果記憶沒有對天主的默想和推理，靈魂什麼好處也得不到，且有許多的分心和軟弱會逐漸闖進來。」我說這是不可能的，如果記憶收斂，一概不理天上和地下的，即不理進入其內的惡事和分心，就不會有什麼不適當的言行和惡事，這些事的進入，往往是由於記憶的遊蕩；因此也沒有進來的入口。如果對於屬天之事的默想和推理關上門，我們又開門給屬地的事，就會有分心走意。但是在這裡，對於所有能進入的事，我們關閉門戶，讓記憶留守於寂靜和無聲中，在靜默中，只有心靈的聽覺專注於天主，和先知一起說：**上主，請發言，祢的僕人在此靜聽**（撒上三10）。這是聖淨配在《雅歌》中說的，也是新娘的情況：**我的妹妹是關閉的花園和關鎖的泉源**（歌四12），亦即，對所有能進來的事物關閉和關鎖。

❻ 那麼，讓靈魂留守於關閉中，就沒有掛慮和難過，因為當門窗緊閉時，祂的身體進入門徒們中間，賜給他們平安（若廿19-20）。他們不知道，也沒想到，這事如何可能。當這些官能——理智、記憶和意志——的門，對所有的領悟關閉時，祂也會以靈性的方式進入

17. 本章第三至八節。
18. 意即完全見不到本性的作用。

靈魂內，靈魂不知是怎麼回事，也不知祂是怎麼進來的。天主會在他們身上廣賜和平，如先知說的，有如河流一般（依六六12）。在此平安中，天主會除掉使靈魂害怕，自覺已趨喪亡的所有擔心、懷疑、慌亂和黑暗。不要疏於祈禱，並在赤裸和空虛中期待，因為天主的降福就要來到。

第四章

本章談論第二種損害，即魔鬼藉記憶的本性領悟，帶給靈魂的損害。

❶ 第二種帶給靈魂的積極損害，能來自記憶中的認識，是從魔鬼來的，牠使用這個方法，在靈魂裏的魔力超大。因為牠能增加形式、認識和推理，且藉用它們，導致靈魂引發驕傲、貪婪、氣憤、嫉妒……等，並且放進不義的憎恨、虛空的愛和多種的欺騙。除此之外，牠常常在幻覺裡留下東西，又讓人確定不疑，致使假的事物，彷彿是真的，真的是假的。而最後，魔鬼招惹的所有其餘的騙局，及對靈魂施行的惡事，是經由記憶的認識和推理進來的。如果記憶使所有這些（認識和推理）黑暗，且在遺忘中滅絕它們，完全關閉這扇魔鬼損害人的門，從所有的這些事中得到釋放，這是極美好的。因為，魔鬼在靈魂內一無所能，除非利用記憶的官能作用，最主要的是透過記憶的認識，因為幾乎其餘所有的官能作用，全仰賴它們。那麼，如果滅絕記憶中的認識，魔鬼就什麼也不能。因為牠找不到有什麼能緊握靈

19. 讀者請注意，這裡的魔鬼是複數而非單數名詞。

魂的，而什麼都沒有，也就什麼都不能。

❷ 我願神修人徹底明白，魔鬼⑲利用記憶（趁他們經常使用記憶時），在靈魂內造成的損害有多少；同樣，在有關他們所想的天主和世物上，又會有多少的悲傷和憂苦，及虛空和罪惡的快樂；又有多少的不純潔，根植於他們的心靈內，也使他們從至高的收斂中分心，這收斂在於靈魂以其官能，完全專注於不可理解的美善（天主），也是離開所有能領悟的事物，因為它們（即能領悟的事物）並非那不能理解的美善（天主）。雖然這個倒空，比不上置身於天主內，有那麼好的效果，不過，單就其使人擺脫許多的痛苦、憂苦和悲傷，而且，也從不成全和罪惡中得到自由，已是卓絕的好事。

第五章

談論靈魂順從記憶中本性的分明認識，造成的第三種損害。

❶ 經由記憶的本性領悟，在靈魂內產生的第三種損害，是消極的；因為，這些領悟能阻礙道德的善，且剝奪心靈的善。

為了首先說明，這些領悟如何阻礙靈魂內道德的善，要知道，道德的善在於控制情緒和約束錯亂的欲望。靈魂所得的結果是寧靜、平安、靜息和倫理的德行，這就是道德的善。

靈魂沒有忘記且離開這些情緒的來源，就不能真的有這個控制和約束。如果不是來自記憶中的領悟，靈魂絕不會掀起擾亂；因為，忘記所有的事，就沒有什麼來騷擾平安，也不會煽動欲望，那麼，如人們說的，眼無所見，則心無所願。

❷這個經驗我們常常有，所以，我們看到，每當靈魂開始想事情時，多多少少，按照對那事的領悟而被感動和煽動：如果是煩悶和討厭的領悟，惹起的是悲傷或憎恨……；若是令人愉快的，惹起的是欲望和享樂……。

所以，隨著領悟的變動，騷擾必定接踵而至；這樣，他會時喜時悲，一下子恨，一下子愛，總是沒有定性（此定性乃寧靜倫理的效果），除非他努力忘掉一切事。

那麼，顯然地，這些認識非常阻礙靈魂內良好的倫理德行。

❸我們所說的已清楚證明，有障礙的記憶也阻礙心靈的美善；因為朝三暮四的靈魂，沒有良好倫理的基礎，不能獲得心靈的美善，這些心靈的美善，只刻印在節制和平安的靈魂上。

除此之外，如果靈魂看重和注意記憶中的領悟，由於靈魂所專注的事物，不能多於一個，如果費力在可領悟的事物上，亦即記憶中的認識，對於那不可領悟的，亦即天主，就不可能懷有自由。因為，正如我時常說的，靈魂必須憑著不理解，而非理解走近天主，他必須捨棄能改變、可理解的領悟，以換得不變和不可理解的。

第六章

談論靈魂忘記和倒空本性記憶能有的一切思想和認識所得的益處。

❶ 從靈魂觸及記憶的領悟，而導致我們所說的損害中，我們也能推論出，忘記和倒空領悟的相對益處；如哲學家所說的：同一的事理，適用於相對的雙方⑳。

相對於第一種損害的是，靈魂享受寧靜和平安，因為從記憶的思想和認識而來的擾亂和變動不在了；隨之而來的，是靈魂和良心的純潔，這是更大的益處。也因此，他做了最好的準備，以承受人性和神性的智慧，以及德行。

❷ 相對於第二種損害，是從魔鬼的許多唆使、誘惑和行動中得到釋放，魔鬼利用那些思想和認識，將之放進靈魂裏，使他陷入許多的不純潔和罪惡；如達味說的：**他們的思言邪惡**（**詠七三8**）。所以，除去介於當中的思想，魔鬼勢必沒有什麼可用來和心靈作戰的。

❸ 相對於第三種，靈魂藉此對事事物物的遺忘和收斂，準備好接受天主聖神的引導，及祂的教導；關於這事，如智者說的，**施訓的聖神遠離無知的思念**（**智一5**）。

不過，即使這個記憶的遺忘和倒空，除了使人擺脫痛苦和擾亂外，沒有其他的益處，這對他仍是浩大的獲益和福分。由於事事拂逆，在靈魂內導致的痛苦和擾亂，對於靜息拂逆的諸事，既無助也無用；相反的，不止於此，甚至傷害靈魂本身。因此，達味說：**的確，每個人徒受擾亂**（**詠卅九7**）。因為這是很明顯的，自我擾亂總是徒然，對誰都沒什麼用處。所以，如果事事物物都告終結和毀滅，諸事不順又拂逆，自我擾亂也是徒然，因為，這將造成損害，而不是補救，而以同等的寧靜和平安承受一切㉑，不只有助於靈魂得到許多福分，還能幫助處於逆境的靈魂，做出準確的判斷，採取適當的補救良方。

20. 參閱聖多瑪斯《神學大全》1・54・2 ad. 1。
21. 意即與其擾亂不安，還不如以寧靜和平安處之。同等／igualdad：表示和擾亂等量的寧靜和平安。

❹ 撒羅滿很了解這個損害和益處，說：**我明瞭，人類的幸福只有在此生歡樂享受**（訓三12）。他在此指出，諸事中，無論多麼拂逆，與其擾亂，不如欣喜，而不致失去比所有的順境還大的福分，也就是寧靜的心神㉒，舉凡逆境和順境，無不平安處之。如果人不只忘記那些認識，且放開他的思想，甚至，在可能的情況下，避開聽、看與交涉，他就絕不會失去這個寧靜。我們的本性這麼不穩和脆弱，雖然已經好好訓練過，還是會被記憶絆倒，不絆倒幾乎是不可能的；所記憶的事物，對於不再記起事物，而處於平安和寧靜中的心神，仍是擾亂和變動。因此，耶肋米亞說：**我的心愈回想，愈覺得沮喪**（哀三20）。

第七章

本章談論記憶的第二種領悟，即超性的想像和認識。

❶ 雖然在第一種本性的領悟中，我們也講解了本性想像的領悟，這個劃分是適宜的，因為記憶喜愛保有其他的形式與認識，這些是超性的事物，就像神見、啟示、神諭和感受，以超性的方式進來的。當這些事臨於靈魂時，有時在靈魂、有時在記憶或幻覺中，經常留下形像、形式、形狀或認識的印象。有時留下的印象極為生動，也很有效驗。關於這些領悟，必須給予勸告，以免成為記憶的障礙，阻止記憶在純潔和完整的望德中與天主結合。

❷ 我說，為了得到這個好處，靈魂絕不該反省清楚和分明的事物——那些是以超性的管

22. 心神／ánimo：原文這個字還含有勇氣、膽量的意思。

道進入的，而想要在其內保存那些事物的形式、形狀和認識。因為我們必須時常牢記這個原則：愈重視清楚、分明的領悟，無論是本性或超性的領悟，靈魂愈沒有能力，也沒有備妥進入信德的深淵，在那裏，所有一切都被吸收㉓。因為，如我們說的㉔，所有能被記憶領悟的超性形式或認識，都不是天主，靈魂必須倒空所有不是天主的一切，為能達到天主。所以，記憶也必須毀掉所有這些形式和認識，為達到在望德中與天主結合。因為，一切占有都相反望德，對於這事，如聖保祿所說的，**望德是希望那未有之事**（希十一1）。

因此，記憶愈不占有事物，愈有望德，望德愈深，也愈和天主結合；因為，接近天主時，靈魂的望德愈大，所得也愈多。那麼，當他愈不占有時，他的望德愈深；而當他完美地無所占有時，他會在神性的結合中，完美地擁有天主。不過有許多人，對於記憶從那些認識得到的甜蜜和美味，他們不願失去，因此，他們不能達到至高的占有與完全的甜蜜。因為**凡不捨棄一切所有的人，不能成為基督的門徒**（路十四33）。

第八章

談論反省超性事物的認識能引起的損害。說明會有多少種損害。

❶ 神修人對經由超性的管道進來的東西，刻印於其內的這些認識和形式，如果加以重視又反省，就有危險陷入五種的損害㉕。

23. 吸收／absorbe：原文除了吸收的意思，還有同化、併吞和專注等含意。
24. 第二章第三至四節。
25. 記憶的望德，是第二卷理智之信德的延續，其推論方式是一致的。

❷第一，他將會時時受騙，視本性的為超性的。

第二，他處在陷於自負和虛榮的機會中。

第三，利用上述的（超性）領悟，魔鬼大展魔力來欺騙他。

第四，阻礙他在望德中與天主結合。

第五，他對天主的判斷力，大部分是卑劣的。

❸關於第一種，這是很清楚的，如果神修人看重又省思所說的這些形式和認識，他常會在判斷上受欺騙。因為，正如以本性的方式經過想像的事物，沒有人能完全獲知，對它們也不能有整全和確實的判斷，對於超越我們的能力，又很少發生的超性事物，更是無能為力。所以，往往認為是來自天主的事物，其實並不是，而只是他的幻想；多次認為來自天主的，卻來自魔鬼；那來自魔鬼的，卻是由天主而來。許多許多次，對於別人和自己的好或壞，留給他很確定的形式和認識，還有其他呈現給他的形狀，他會以之為確定和真實的，然而它們不會是真的，反而是很大的騙局。其他有些是真的，卻斷之為假的；最後這一點，我認為比較安全，因為經常是來自謙虛。

❹即使在真實性方面沒有受騙，仍能遭受質或量上的欺騙，他會以少為多，或以多為少。關於質方面，在他的想像中，斷之為某物，其實不是，而是另一物。如依撒意亞先知說的，他會**以光明為黑暗，以黑暗為光明，以苦為甜，以甜為苦**（依五20）。最後，就算他猜中某事，別的事不弄錯，那才怪；雖然他無意對之下判斷，只要他稍稍看重這些領悟，已足以使某個損害黏住他，至少是消極地。如果不是這一類的損害，必會是我們將要談論的另外四種之一。

❺ 為了不陷於在判斷上受騙的這個損害，神修人不該自行下判斷，以求獲知自己的經驗和感受是什麼，或這樣那樣的神見、認識或感受是怎麼一回事；不該渴望知道這事，也不要理會；除非只是為了報告神師神父，得蒙賜教，去倒空記憶中的那些領悟。無論所有這些（領悟）是什麼，都比不上在空虛和捨棄一切中，以活潑的信德和望德，做出的最小行動，那麼有助於人愛天主。

第九章

談論第二種損害，亦即陷於自我重視和虛榮自大的危險。

❶ 前述記憶中的超性領悟，如果神修人加以理會，想要保有它們一點兒什麼，也會成為陷於自負或虛榮的大好機會。因為，沒有這些（超性領悟）的人，得到相當的釋放，不會陷於這個毛病，因為他看不到自己有什麼可以自大的。所以，相反的，有（超性領悟）的人，由於有了那些超性的交往，他大有機會自認為真是有點兒什麼。雖然這是真的，他能將之歸因於天主，且為之感恩，自認為不配；即使這樣，在心靈中，往往存留某種隱藏的滿足，重視這交往，也重視他自己。就這樣，不知不覺，導致他極其心高氣傲。

❷ 這事能夠很清楚地看穿，對於不讚美他們的靈修，又不重視他們得到的那些交往的人，他們頗感不快和討厭；而當他們想到，或被告知其他人得到相同或更好的神恩時，則感

到難受得很。凡此種種，皆出自隱祕的自我重視和驕傲，他們沒有弄清楚，或許，他們渾身傲慢，已到極點。他們認為，某種程度地認識自我的可憐就夠了，同時又充滿著隱藏的自我重視和滿足，更心喜於自己的靈修和心靈的美善，超人一等。就像那個法利塞人，他感謝天主，因為他不像別人，又因為他有這樣、那樣的德行，所以他從這些德行的思想中，導出自我滿足和自大（路十八11–12）。雖然外表上，他們不像法利塞人那樣說話，但他們習慣在心靈中有此感受。甚至有些人變得驕傲極了，比魔鬼還要糟糕；他們看到自己內有些領悟，及虔誠和甜蜜的感受，就認定是從天主來的，滿足萬分，自認為非常靠近天主，而沒有那些體驗的人，就是非常卑劣，所以，像法利塞人那樣輕視別人。

❸ 為了躲避這個危害性的損害——在天主的眼中，這是可憎惡的——他們應該顧慮兩件事：

第一，德行不在於對天主的領悟和感受，無論是怎樣崇高的德行，也不在於自我內能感受的這類事；相反的，卻在於他們內不能感受的事上，就是在於很深的謙遜，及輕視自己和屬於他們的所有事物——靈魂對此非常認真又靈敏，樂於別人也同樣輕視自己，不願在他人心中受重視。

❹ 第二，必須警戒的是，所有來自天上的神見、啟示、感受，及他們能想到的更多什麼，都不如最小的謙虛行動那麼有價值。謙虛具有愛德的這些效果：他不看重自己的事物，也不尋求，不尋思惡事，而是顧念自己，他自認乏善可陳，別人卻很好㉖。

那麼，就此而論，不該滿眼都是超性的領悟㉗，卻要為了保有自由，努力忘記它們。

26. 參閱格前十三4–7：愛是含忍的，愛是慈祥的，愛不嫉妒，不誇張，不自大，不做無禮的事，不求己益，不動怒，不圖謀惡事，不以不義為樂，卻與真理同樂：凡事包容，凡事相信，凡事盼望，凡事忍耐。
27. 意即，不要只看著這些超性的領悟。

第十章

談論經由記憶的想像領悟，魔鬼能帶給靈魂的第三種損害。

❶ 從前面的述說中，可以推論出，也很容易了解，利用這些超性的領悟，魔鬼能帶給靈魂多少的損害。由於魔鬼不只呈現給記憶和幻覺許多假的認識和形式，它們看來像是真的和好的，藉著唆使，在心靈和感官上，留下許多有效和確定的印象，致使靈魂認為鐵定沒錯，就像所感受的，事實就是如此；因為魔鬼變為光明的天使（格後十一14），在靈魂看來牠是光明的。而且，即使是真從天主來的，魔鬼也能用許多方法誘惑人，有時在心靈，有時在感官上，煽動欲望和情感，造成對真神見的錯亂行動。因為，如果靈魂喜歡像這樣的領悟，魔鬼很容易下手，增加他的欲望和情感，使之陷於靈性的貪吃和其他的損害中。

❷ 為了更高明地完成此舉，在這些天主的事㉘上，魔鬼經常唆使感官，又把愉悅、樂趣和歡娛放進感官中，使靈魂在那樂趣中，甜蜜愉快，眼花撩亂，用那個愉悅使靈魂盲目，全神專注在樂趣，而非在愛上，或至少不是那麼在愛上，使他更留意超性的領悟，超過在信德、望德和愛天主上的赤裸與空虛。因此，魔鬼逐漸欺騙靈魂，輕而易舉，讓他相信魔鬼的虛偽。

因為，對於盲目的靈魂，虛偽看來不是虛偽，罪惡看來不是罪惡……；因為黑暗像是光明，而光明像是黑暗（依五20）。為此緣故，靈魂會在本性、倫理和心靈的事上，墮入成千

28. 就是指來自天主的超性領悟，那些神見、神諭、啟示等。

的胡作非為；即使是酒也會變為醋。凡此種種，係因打從一開始，沒有捨棄那些超性的愉悅；由於開始時，愉悅不多，或沒那麼不好，靈魂無所顧忌，而使之存留和成長，有如芥菜子長成大樹（瑪十三31-32）。因為，就如人們說的：始為小過，終至鑄成大錯。

❸ 因此，為了逃脫魔鬼的這個大損害，靈魂絕不要渴望享受像那樣的事物（譯按，指超性的領悟），因為確實無疑地，這樣的愉悅會使他盲目和失足。因為，愉悅、歡娛和樂趣本身的特性，無須魔鬼的協助，就會使靈魂盲目。所以，達味意指這事，當時他說：**或許在我的歡樂中，黑暗會使我盲目，使我以夜為光明**（詠一三九11）。

第十一章

談論來自靈魂記憶中超性分明領悟的第四種損害，亦即成為結合的障礙。

❶ 關於第四種損害，並沒有太多要說的，因為在這第三卷中，我已經說了又說，從中證明，為了在望德中達到與天主結合，靈魂必須棄絕記憶中的一切所有，因為，望德就是全然專注於天主，凡不是天主的事物，都不該存在記憶中。而且，我們也說過，凡記憶能把握的形式、形狀、形像或其他的認識，都不是天主，也和祂不相似㉙，無論來自上天或下地，本性或超性。因此，達味教導說：**上主，沒有任何一個神能與祢相似**（詠八六8）。所以，如果記憶想要緊緊把持這些領悟，必會被阻礙，而不能與天主結合：其一，因為被阻礙；其

29. 這個原則請參閱第二章第七節的註解。

二，因為記憶占有愈多，望德愈少。

❷ 因此，對超性事物的分明形式和認識，靈魂必須處於赤裸和遺忘中，使記憶在成全的望德中與天主結合，不受阻礙。

第十二章

談論超性想像的形式與領悟能帶給靈魂的第五種損害，亦即卑劣和不當地判斷天主。

❶ 第五種損害，就是靈魂想要在記憶和想像中，保存以超性方式通傳的，即前面所說的，那些事物的形式和形像，這並不亞於其他的損害，尤其是，如果靈魂想拿來做為達到神性結合的方法。因為，凡判斷天主的存有和崇高，極其容易不夠相稱其尊威和崇偉，因此不合乎天主的不可理解性。因為，雖然理智和判斷沒有表達觀念，指出天主相似什麼，不過，重視這些領悟的本身，到頭來，如果看重它們的話，會導致在靈魂內，對信德所教導的，這麼崇偉的天主，既不尊敬，也沒有感受：信德告訴我們：天主是無與倫比的，是不可理解的……。

因為，靈魂從天主奪走所有的注意，專注於受造物，除此之外，由於重視那些領悟的事物，靈魂在自己內，自然地形成天主與它們間的某種比較，致使靈魂對天主的判斷和尊崇，不如祂應有的那麼尊高。因為，無論是上天或下地的受造物，所有本性和超性的分明認識和形像，凡屬於靈魂官能所及的，在今世，無論如何崇高，都不能與天主的存有相比，也不配。天主不屬於任何的種或類別㉚的範疇，而受造物則有所歸屬，如神學家說的㉛。所以在今世，除非是屬於種或類別的範疇者，靈魂不能清楚又分明地領受。為此，聖若望說：**沒有人看見過天主**（若一18）；依撒意亞說，**天主相似什麼，未曾進入人心**（依六四3）；天主也對梅瑟說：**在今生，你不能看見我**（出卅三20）。

因此，凡以能理解的事物，阻礙記憶和靈魂其他官能的人，不能尊崇天主，也不能感受天主，如他該當的。

❷我們舉個淺顯的例子：顯然地，一個人愈把雙目緊盯著國王的侍從，愈注意他們，對國王的留意愈少，對他的尊崇也愈少。因為，雖然在理智內，這個評估並非正式和分明的，但卻是個事實。因為愈專注於侍從，奪走對主人的專注也愈多。那時，他對國王的判斷就不會很崇高，因為與侍從的主人國王相比，侍從似乎比較重要些。當靈魂留意上述的受造物時，他對天主，也會發生同樣的事。雖然這個比喻很粗淺，因為，如我們說過的，天主的存有與受造物不同，天主的存有，與所有受造物有無限的距離。因此，靈魂不該注目所有的受造物，也不該專注於其形式，為使他藉著信德和望德，專注於天主。

❸所以，凡不只留意所說（超性的）想像領悟，又認為天主與之有點相似，藉之能達到與天主結合的人，這些人已經犯下大錯，他們的理智會失去信德的光明；而經由信德，這個官能（理智）才能與天主結合。他也不會在崇高的望德中成長，經由望德，記憶與天主結合。這結合該是（記憶）與所有想像的事物分離。

30. 種或類別：género y especie。
31. 請參閱聖多瑪斯《神學大全》1．3．5。

第十三章

談論靈魂離開想像領悟所得的益處，回答一些反對的意見，並說明本性與超性想像領悟之間的不同。

❶ 倒空想像中所有想像的形式[32]，會得到的益處，從我們說的，如果靈魂想要擁有它們（想像的形式）就會引起的五種損害中，能清楚地看出來。

不過，除了這些以外，尚有其他心靈的益處，即很深的安息和寧靜。因為，當人獲釋於形像和形式，除了本性地享有靜息之外，他也從操心辨識好的或不好的，及該怎麼面對這些或那些的（領悟）中得到自由。也不必耗費辛勞和時間，在神師們當中，詢問調查是好的或不好的，是這種，還是那種的（領悟）；他沒有必要渴望知道這事，因為他什麼都不該理會。

所以，靈魂在這事及理解它們上，所浪費的時間和精力，可用在其他更好和更有益的修持上，亦即意志尋求契合天主，及認真尋找心靈和感官的赤裸和貧窮，這在於渴望真的完全不依靠安慰，及內外的領悟。這樣的修持是很好的，渴望並努力超脫這些形式，他因而得到一個大益處，亦即親近天主，（因為）天主沒有形像、沒有形式、也沒有形狀。愈親近天主，則愈遠離所有的形式、形狀和形像。

❷ 或許你會說：「為什麼許多神修人士勸告靈魂，努力在天主給予的通傳和感受上尋獲益處，要他們渴望從天主蒙受恩惠，為能有些什麼來回報祂，因為如果祂什麼都不給我

32. 按照聖十字若望第一章的分類，這一句的完整說法是：倒空記憶中想像的所有想像形式。

們，我們也沒有可以給祂的？

聖保祿也說：**不要消滅神恩**（得前五19）；還有，新郎對新娘說：**請將我有如印璽放在妳的心上，有如印璽放在妳的肩上**（歌八6），因為這印璽就是某種領悟。按照前面說的道理，這一切，不只不該謀求，甚至，即使是天主賜給的，也要排除和離棄。然而，顯然地，既然天主賜恩，是為好事而給予，也會造就好效果。我們不該扔掉珠寶（參閱瑪七6）。不願接納天主的東西，這甚至是某種驕傲，好像是不需要它們，我們自己很行。」

❸ 為了解答這個異議，必須記得在第二卷第十五和十六章[33]中，我們所說的，針對這個疑問，已在那裏做了相當透徹的答覆。因為在那裡，我們說，超性領悟在靈魂內流溢出來的好結果，如果來自好的根源，在靈魂內，是以被動的方式產生的，就在剎那間，這些領悟被呈現於感官，沒有任何官能作用的運作。

因此，意志不必做出接納它們的行動，我們也說，如果靈魂那時想要用他的官能工作，反而會以其卑劣的本性作用，阻礙超性的恩惠，此乃經由這些（超性的）領悟，天主那時在他內工作，而非他用勞苦的工作取得某個益處。不過，由於那些想像領悟的神恩被動地給予靈魂，他應該以被動處之，什麼內在或外在的行動都不要做。

而這就是守住來自天主的感受，因為懷持這個態度，才不會以其卑劣的工作失去它們。這也就是不消滅神恩，神恩的消滅，係由於，如果靈魂想要以不同於天主引導他的方式行事作為。如果天主以被動的方式，賜給靈魂神恩，就如在這些（超性的）領悟中所做的，那時，倘若靈魂想要在其中，以主動的方式有所作為，用理智工作，或從中渴望什麼，這就是消滅神恩。

33. 現譯本為第十六和十七章。

這是很明顯的，因為，如果靈魂那時想要使力工作，他的工作無非是本性的，因為單憑己力，他不能多做什麼；因為達到超性界，不是靈魂引導自己，他也辦不到，而是天主引導他，並將他安置於其中。那麼，如果那時，靈魂想要出力工作，盡其所能，必會以他的主動工作，阻礙天主通傳給他的被動工作，亦即神恩。因為所做的是他自己的工作，比起天主所通傳給他的，那是另類的，也是更卑劣的；因為天主的（通傳）是被動和超性的，而靈魂的（作為）則是主動和本性的。這樣就是消滅神恩。

❹ 這是更卑劣的，同樣也顯然可見；因為，除非依靠一些形式、形狀和形像，單憑自己，靈魂的官能不能有所反省和作用；這些是實體和神恩的表皮與附質，在那些表皮和附質底下的，才是實體和神恩。非等到官能的作用停止，這實體和神恩不會在真實的理解與愛中，和靈魂的官能結合。因為官能作用的意向和目的，無非是在靈魂裡，透過那些形式，領受實體性的理解和愛。所以，主動與被動的作用，其間的差別，及後者的優勢，相當於那正在做，和那已經做好了，也像那力求獲取，和那已經獲取，兩者間的不同㉞。

因此，也能得到論斷，在那些超性的領悟中（如我們說的，天主藉超性的領悟，以被動的方式，賜予神恩），如果靈魂想要以主動的方式，運用他的官能，那麼，這簡直就是放棄那已經做好的，為了重新再做；既享受不到那已完成的，也不能不以其行動，阻礙已完成的工作。因為，如我們說的，這些行動，單憑自己，不能得到神恩，天主賜給靈魂神恩，用不著有這些動作。這樣，就會直接消滅神恩，這是天主藉所說的這些想像的領悟傾注的，如果靈魂加以注意的話。所以，靈魂應該放開它們，懷持被動和不要（*negativamente*）的態度；因為那時天主引導靈魂，達到更超越的地步，這是他不能也不知的。因此，**先知說：我要立**

34. 請參閱第二卷第十四章第三節；《黑夜》第一卷第十章第一節。

在我的守望台上，置身於堡壘上窺探，默觀那對我所說的（哈二1）㉟。這好像是說，我要站立在一切之上，看守我的官能，我的官能作用不向前舉步，因此，我將默觀那告訴我的，也就是，我將會理解和品嚐，那以超性的方式通傳給我的。

❺至於所引證的新郎說的話㊱，也該理解為他向新娘請求這愛，這是愛人之間應有的本分，在其最主要的部分，使彼此相似。所以他告訴新娘，把他當做一個標記，放在她的心上（歌八6），在那裏，所有的愛情箭矢，亦即愛的動作與動因，從箭囊裏射出。因為所有的箭都射向祂，祂在那裏有如標記，這樣，一切都朝向祂，經由愛的行動和動作，靈魂變得相似祂，直到在祂內神化。祂告訴靈魂，也要把祂當做標記，放在他的手臂上，因為愛的修行是在手臂上，由於是以手臂去維持和安慰所愛者。

❻因此，對於這些從上而來的所有領悟（想像的或其他任何種類的，無論是神見、神諭、心靈感受或啟示），靈魂應該努力的，是不理會文字和表皮（這就是，所象徵、呈現或使人理解的），只應留意的是擁有天主的愛，此乃在靈魂內引發的。所以，他不該理會美味、溫柔或形狀的感受，該留意的是所引起的愛的感受。

只有為了這個好效果，有時，可以回想那導致愛的形像和領悟，以引導心靈去愛；因為，雖然回想時，後來所生的效果，比不上第一次時的通傳，但回想時，還是會有效果，愛會更新，也會有在天主內的心神高舉。最主要的，是在回想起某些超性的形狀、形像或感受時，它們經常在靈魂內蓋印，且留下印痕，致使存留很長的時間，有些則一直留在靈魂裡，不曾消除。像這樣蓋印在靈魂裡的這些（通傳），幾乎每一次，靈魂回想它們時，就會導致神性的效果：愛、溫柔、光明……，有時多，有時少，因為，正是為此而使靈魂留下印象。

35. 請參閱《愛的活焰》第三詩節第36節。在那裡同樣引用這句經文，清楚地解釋，「單純的默觀就在於領受」，是被動的。
36. 見本章第二節：請將我有如印璽放在妳的心上，有如印璽放在妳的肩上（歌八6）。

所以，凡蒙天主賜予者，是個極大的恩惠，因為，在他內擁有一個福源。

❼ 導致如此效果的這些形狀，非常生動地留在靈魂裡；不像保存於幻覺的形像和形式。所以，靈魂要回想時，不必透過這個官能（幻覺），因為知道在自己內有它們（譯按，即這些形狀），就像在鏡子裡看到形像㊲。有時會發生這樣的事，有的靈魂正式地在自己內有這些形狀，這是很好的，他能回想它們，以獲得我說的愛的效果，因為，它們不會阻礙在信德內愛的結合，由於靈魂不願專注於形狀，而是立即放開形狀，從愛中得到益處；這樣，反而有所助益。

❽ 這些形像什麼時候刻印在靈魂上，什麼時候在幻覺上，很難加以辨識；因為幻覺的形像也很常見。因為，有些人往往在想像和幻覺上，動不動就有想像的神見，而且高度頻繁地，以同一方式呈現出來。有時是因為，他們的（感覺）器官非常靈敏，稍微想一想，那常見的形狀，馬上呈現並畫在幻覺上；有時是出於魔鬼的布局；有時也來自天主的安排，而沒有正式地刻印在靈魂內。

不過，仍能從效果來辨識，因為那來自本性或魔鬼的，雖然回想的次數更多，既生不出好效果，在靈魂裡，也沒有心靈的革新，而是在乾枯中注視它們。至於那些好的，在回想時，仍會有好的效果，這是第一次就通傳給靈魂的（效果）。然而，那些正式刻印在靈魂上的，回想時，幾乎都會生出一些效果。

❾ 凡有這些經驗的人，很容易辨識這兩種的區別，因為對有經驗的人來說，其間的懸殊非常清楚。我只說，那以持久的方式，正式地刻印在靈魂上的（領悟），是極少發生的；不過，無論是這種或那種，為靈魂的好處而言，除了在望德中，以信德歸向天主，不要渴望

37. 意即，靈魂的回想，如同照鏡子，不必再構思和想像什麼。

理解什麼。

至於異議提出的另一點說，如果這些東西是好的，不要的話，似乎是驕傲。我說：並非如此，明智的謙虛是，以最好的方式，從中獲益，如已說過的，且以那最安全的來指引。

第十四章

本章談論記憶能把握的心靈認識。

❶ 我們把心靈的認識歸於第三種記憶的領悟，不是因為它們屬於身體的幻覺感官（其實，它們沒有具體的形像和形式），如同其他的（領悟），而是因為它們也歸屬心靈的回憶和回想[38]。因為靈魂得到這種認識之後，隨時願意，都能回想起來。而關於這個回想，不是藉留在身體感官上的畫像或形像——因為，由於是身體的（感官），如我們說的，（幻覺感官）對心靈的形式，是無能為力的——而是藉刻印在靈魂上的形式，這也是一種心靈的或正式的形式、認識或形像，或藉所產生的效果，以理智和心靈的方式回想的。因此，我把這些領悟歸於記憶，即使它們不屬於幻覺。

❷ 這些認識是什麼，及為了達到與天主結合，靈魂要如何處理它們，第二卷第二十四章中[39]，已有足夠的講解，我們在那裏談論了理智的領悟。請閱讀那一章，因為，我們在那裏解說，為什麼有兩種（領悟）：一種是有關造物主，另一種是受造物。

38. 若望現在回來談記憶的第三種領悟，即心靈的認識，這個認識不是來自幻覺，而是來自回想所得的認識。

至於觸及題旨的部分，即為了達到結合，記憶該如何對待它們（心靈的認識），我只說，如在前章中，我剛剛說的那些正式的認識，屬於有關受造物的那一種，當這種認識產生好效果時，靈魂能夠回想它們，不是為了繼續保留，而是為了激起對天主的認識和愛。不過，如果回想它們（對受造物的認識），生不出好的效果，記憶絕不要渴望念及它們。

然而，對於非受造的（認識）[40]，我說，應該盡其所能，常常回想，因為將導致很大的效果。正如我們在那裏說的，由於這些認識是與天主結合的觸動和感受，這（與主結合）是我們帶領靈魂要達到的目標。關於這事，記憶的回想，並非經由刻印在靈魂上的任何形式、形像或形狀，因為，與造物主結合的那些觸動和感受，不具形式、形像或形狀，而是藉產生其內的光明、愛、歡愉和心靈的更新……，每一次回想起來時，某些效果會再更新。

第十五章

本章提出通用的方法，指導神修人如何管理這個感官（記憶）。

❶ 那麼，為了結束記憶這個論題，最好在此提出通用的方法，給予靈修的讀者，使之奉行，為達到這個感官（記憶）和天主結合；因為，雖然所說的已十分清楚，然而在此做個總結，會使之更容易明瞭。

為此，應該留意，由於我們的宗旨是，在記憶方面，使靈魂以望德和天主合一。而凡所

39. 現譯本為第二十六章。
40. 即對造物主的認識。

希望的，是尚未擁有的事物，擁有的其他事物愈少，包容力也愈大，愈有能力期望所希望的事物，因此也愈有望德。而占有愈多的事物，希望的包容力和能力愈小，因此望德也愈差。就此而言，在記憶中保有不是天主的形式或想起的東西愈少，靈魂的記憶愈能專注於天主，也愈倒空記憶，使之期待天主來充滿他的記憶。那麼，為了生活在對天主的完整和純潔的望德內，必須做的是，每次想起分明的認識、形式、形像時，不要停留於其中，靈魂要立即轉向天主，懷著愛情，倒空所有記起的事。不該想，也不該看那些事物，如果是盡義務的事情，其記憶也不該超過需要的理解和盡責。所以，不要把情感和喜歡放進去，以免在靈魂內留下它們的效果。那麼，對那應該做和知道的事，人不可以不存想和回想；只要他不貪戀所擁有的，也就不會受損害。第一卷第十三章中，（攀登加爾默羅）山圖的詩節有助於這個修持㊶。

❷但是，在這裏應該留意，按我們的道理，我們既不同意，也不願贊同那些有危害性的人㊷，他們信服魔鬼的驕傲和嫉妒，企圖從信眾眼前除去天主和聖人的聖像，這些是神聖、必須使用的，也是卓越的欽崇。反之，我們的道理則大相逕庭，因為，在這裡我們不說，不必有聖像，也不必敬禮聖像，像他們那樣；而是加以說明，聖像與天主間有何不同，及要用什麼方法超越畫像，不阻礙他們歸向活的聖像，並且，不要過分重視聖像，竟至達不到靈性的境界。

因為，為了達到目的，這是很好也是需要的，這些聖像使我們回想天主和聖人們；然而，如果過於使用和注意方法，致使什麼都只是方法，這就像其他各種的東西，也會有一樣多的障礙和阻礙。在我特別提出的超性神見和形像中，這情況更嚴重，從中衍生許多的欺騙

41. 在第一卷第十三章第十至十三節。這些詩節適用於淨化過程的每個層面。
42. 有危害性的人，是指歐洲第八世紀的聖像破壞論者，以及誓反教（即基督新教）、神光派等。

和危險。

至於天主教會以本性的方法，提供我們紀念、崇敬和尊敬的聖像，既沒有欺騙，也沒有危險，因為在其中，尊敬的無非是再臨現的天主或聖人。對它們（聖像）的記憶，也不會使靈魂失去益處，因為這不是把持記憶，而是對臨現者懷有愛。那麼，如果停留㊸於其中，不超過這個目的，聖像常有助於達到與天主結合，當天主賜予這個恩惠時，會使靈魂飛翔，從畫像上達生活的天主，處於遺忘所有的受造和受造的萬物中。

第十六章

本章開始談論意志的黑夜。劃分意志情感的類別。

❶ 如果藉著淨化理智，使理智在信德中紮根，再淨化記憶，在望德中紮根，卻沒有藉著第三超德，即愛德，也淨化意志，我們必會一事無成。因為，在信德內，藉愛德而行的工作是活的，且有很高的價值；沒有愛德，它們分文不值，所以，如聖雅各伯說的：**沒有愛德的工作，信德是死的**（雅二20）。

現在，為了談論這個官能（意志）的主動黑夜和赤裸，使意志在愛天主的這個德行上，得到教導㊹和陶成，我找不到比《申命紀》第六章所寫的，更貼切的經文，梅瑟在那裏說：**你們應當全心、全靈、全力愛上主，你們的天主**（申六5）。其中包含所有神修人該做的，

43. 停留／repare：原文也有留意的含意，這句也可說是，停留在注意聖像中。
44. 教導／enterar：enterar這個字的意思是知會，告知；K.K.英譯本譯為成全／perfect，是否因為和entero（整全）近似，不知其詳。

及我在此必須教導的，使意志藉著愛德，真的達到和天主結合。因為，在這句話中，命令人要使靈魂的所有官能、欲望、官能作用、情感，全運用於天主，致使靈魂的所有能力和力量，不去服事其他的什麼，這與達味的說法一致，他說：**我要為祢保存力量（詠五九10）**。

❷靈魂的力量包括官能、情緒和欲望，全都由意志管理。那麼，當意志主導這些官能、情緒、欲望歸向天主，離開不是天主的一切，那時，靈魂為天主保存他的力量，所以能全力愛天主。

為使靈魂做得到這點，我們將在此談論淨化意志的所有錯亂情感。其導致的錯亂欲望、感情和感官作用，也衍生出不為天主保存所有的力量。

這些情感或情緒[45]有四種，即快樂、希望、痛苦和怕懼[46]。當這些情緒按天主的意思，受理智管理時，靈魂只為純屬天主榮耀和光榮的事而快樂，他不希望其他的任何事，只為像這樣的事痛苦，也只敬畏天主。這是很明顯的，這些情緒主導和保存靈魂的力量與才能，使之歸向天主。因為，靈魂愈歡樂於非天主的事物，他在天主內的快樂愈微弱；他愈希望其他的事物，對天主的希望愈少；其他的以此類推。

❸為了更清楚說明這整個的道理，依照我們的慣例，我們將分別談論這四個情緒，及意志的欲望。因為，達到與天主結合的全部關鍵，在於淨化意志的情感和欲望，由於這樣，人性又卑微的意志能成為神性的意志，與天主的意志成為一個。

❹這四個情緒，愈在靈魂內稱霸為王，攻打靈魂，意志在天主內，就愈微弱無力，也愈依賴受造物。因為在那時，很容易歡樂於不值得歡樂的事，希望無益的事，痛苦於，或許應該歡樂的事，害怕那不必害怕的。

45. 聖十字若望交互使用的情緒／pasiones和情感／afecciones，這兩個語詞，兩者並沒有很清楚的界線。
46. 快樂／gozo，希望／esperanza，痛苦／dolor，怕懼／temor。

❺當這些情感不受約束時，在靈魂裡導致所有的罪過與不成全，而當它們循規有序，又安排妥當時，也會衍生所有的德性。應該知道，如果其中之一依靠理智，成為循規有序，又安排妥當的，其餘的情緒也會如此。因為靈魂的這四個情緒這麼靠近，又這麼親密相連，其中一個去到哪裏，其餘的也跟到哪裏；如果有個情緒在收斂，其餘三個也會以同一程度收斂。因為，如果意志歡樂於某事，隨之而來的，也必是以同樣的程度，希望那事，對該事的痛苦和怕懼亦然。所以，按照對這事的享有程度，去掉快樂，對這事的害怕和痛苦會漸漸失去，對它的希望也會消除。

因為，帶有四個情緒的意志，是厄則克耳所見之形狀的象徵，四個活物有四個臉，但只有一個身體，他們的翅膀互相連接，行走時不必轉身，各朝自己的前面行走（則一5-12）。所以，每一個和其他情感的羽毛㊼，這麼緊密糾結，無論哪個的臉，亦即情感的作用，朝向何方，其他的必然緊跟相隨；當某一個降低時，如經上說的，其餘的也必全部降低；當它升高時，其他也高升（則一19-25）。你的希望所到之處，快樂、怕懼和痛苦也會隨之而到，所以，如果它轉動，它們也隨之轉動，其餘的以此類推。

❻因此，你應該留意，無論當中的一個情緒到何處，整個靈魂及意志和其餘的官能，也會相隨，全都成為活在那個情緒下的俘虜；其餘三個情緒也會活在當中，用它們的監禁折磨靈魂，也阻止靈魂飛翔，達不到甜蜜的默觀和結合，獲享自由和安息。所以，波伊提烏斯說，如果你要清楚明瞭真理，必須拋棄你的快樂、希望、怕懼和痛苦㊽。因為只要這些情緒稱霸為王，就不會讓靈魂處於寧靜和平安中，這是達到智慧必須有的寧靜和平安，也是能以本性和超性方式獲得的。

47. 前面說翅膀，這裡改成羽毛／las plumas，不知是筆誤，或是故意。
48. 請參閱第二卷第二十一章第八節，若望引用相同的一句話。

第十七章

本章開始談論意志的第一個情感。說明快樂是什麼，劃分能使意志快樂的事物。

❶靈魂的第一個情緒及意志的情感，是快樂。關於快樂，在我們想要說明的範圍內，不是別的，是意志的滿足，重視那認為合適的對象。因為，除非是有價值，又能滿足的事物，意志絕不會快樂。

這也就是主動的快樂，亦即，當靈魂分明又清楚地了解，他享有的快樂是什麼，而且他能決定要或不要快樂。因為，另有一種被動的快樂，意志能從中尋獲快樂，但對此卻沒有清楚又分明的理解，雖然有時也理解。至於這樣的快樂，要或不要，不是他能決定的。我們後來會談論這些（被動的快樂）。

現在，我們要說的快樂，是在清楚和分明的事物上，主動和故意的快樂。

❷快樂可以來自六種事物或福分[49]：現世、本性、感官、倫理、超性和靈性的快樂，關於這些，我們將順序談論，以理智來管理意志，以免受其阻礙，而無法使快樂的力量全專注於天主。

為了這一切，最好先假定一個基本原則，這原則如同手杖，使我們一路上都有依靠。最好精通這個原則，因為這是光，我們應該接受這光的引導，藉之理解本道理，也使所有這些快樂的美物，全歸向天主，這原則是：意志不應快樂，而只該在那光榮和榮耀天主的事上歡樂，而我們能給天主的最大榮耀，就是依照福音的全德來服事祂；任何與此無關的事，對人

49. 事物或福分／cosas o bienes：事物／cosas指東西、事情，甚至是傢伙；福分／bienes，西班牙文這個字，意思很廣，所有好的、幸福的、善的都是bien，成為複數bienes，甚至可說是財產、資產。下文中，視上下文的需要，譯為事物、福分、美物、美好的事物、好東西。

毫無價值和益處。

第十八章

本章談論現世美物的快樂，說明為何必須使其快樂歸向天主。

❶ 我們說的第一種事物是現世的。關於現世的美物，我們在此意指：財富、身分、職位和其他追求的事物，還有兒女、親戚、婚姻……。所有這些都是意志能享有快樂的事物。

然而，顯然地，要是人欣喜於財富、榮銜、身分、職位和其他經常追求的這類事，這是多麼虛空的事；因為，如果人更富有，成為更好的天主忠僕，他就該歡樂於富有。可是，富有反而導致冒犯天主，根據智者所教導的，他說：**我兒，如果你是富有的，難免會沒有過失**（德十一10）。雖然，這是真的，現世的美物，其本身並非必然造成犯罪，不過，由於情感的脆弱，人心通常會把持它們，辜負天主，這就是罪，因為罪就是辜負天主；為此之故，智者說，**你難免會沒有過失**。

因此，上主在福音中稱富有為荊棘（瑪十三22；路八14），是為說明，凡用意志一再觸摸它們的人，必因某罪而受傷。福音中那個感嘆（藉聖路加說的，多麼令人害怕），說：**有錢的人，進入天主的國是多麼難啊**（瑪十九23；路十八24）！有錢的人，也就是，歡樂於其中的人，這話清楚地闡明，人不該歡樂於財富，因為他會自陷於相當多的危險中。為使我們避開這個危險，達味也說：**如果財富日增，也不要掛念在心**（詠六二11）。

❷這麼清楚的事，我不想在此多加引證聖經，因為也引證不完，至於撒羅滿在《訓道篇》說的，有錢人的那些罪過，要說到什麼時候才講得完呢？撒羅滿是個財寶富裕的人，也深知財富是什麼，他說，**太陽底下所發生的事，虛而又虛，使心靈憂苦，靈魂徒勞憂慮**（訓一3、14）；**愛錢財者，不能從中收穫果實**（訓五9）；還有，**財主積蓄財富，反而害了自己**（訓五12）。根據在福音中看到的，那富翁歡樂於多年積存的大量穀物，天上有聲音對他說：**糊塗人哪！今夜就要索回你的靈魂，你所備置的將要歸於誰呢**（路十二20）？最後，達味教導我們同樣的事，說：**不要嫉妒他人變成富翁，也不要忌恨他人家產倍增；因為他死時什麼也不能帶走，他的財產也不能隨他同去**（詠四九17－18）。那是表示，我們反而要同情他。

❸那麼，人不該歡樂於財富，無論是當他或他的兄弟擁有財富，除非是藉財富來服事天主。因為歡樂於財富，如果還有些可容忍之處，就是當財富的花費和使用，是為事奉天主，否則就不能從中獲益。

同樣的道理也闡明其餘的美好事物：榮銜、（地位）、職位……，歡樂於所有的這些是虛空的，除非因它們而服事天主更多，行走永生之路更安全。因為顯然不能知道是否全是這樣，即是否全都更服事天主……，堅決地歡樂於這些事物，也是虛空的事，因為那樣的快樂不能是合理的，如我們的主說的：**即使人賺得了全世界，也能失落他的靈魂**（瑪十六26）。那麼，除非更服事天主，是沒有理由歡樂的。

❹那麼，關於子女，也沒有理由歡樂於他們的眾多、富有、天生的才能和恩典及財

產，除非他們服事天主。達味的兒子阿貝沙隆，他的俊美、血統或富有，對他一點用處也沒有，因為他沒有事奉天主（撒下十四25）。因此，歡樂於像這樣的兒子，是虛空的事。

所以，渴望有子女，也是虛空的事，如有些人所做的，他們為求得子女而勞師動眾，煩擾整個世界。他們卻不知道，子女是不是會很好，又會事奉天主；也不知道，對他們期望的滿足，是不是會變成痛苦，或安心和安慰會變成磨難和憂傷，或榮耀成為恥辱，會不會由於子女而更冒犯天主，如同許多人那樣。基督論及這些人說，他們走遍海洋陸地，為使子女致富，結果，卻使他們成為比自己加倍壞的地獄之子（瑪廿三15）。

❺因此，雖然人萬事如意，遇事無不飛黃騰達，他應該擔憂，而非快樂，因為置身其中，會增加他忘記天主的機會和危險。為此，這是撒羅滿所說的含意，他在《訓道篇》中說：**我稱歡笑為錯謬，我對快樂說：為何你欺騙而徒勞**（訓二2）？這彷彿是說：當我事事如意時，我認為歡樂於其中是欺騙和錯誤，因為無疑地，人歡樂於諸事順暢又如意，是很大的錯誤（和糊塗），他不能確知，是否會獲致一些永恆的幸福。智者說，**愚人的心是在歡笑的家中，智者的心是在居喪的家中**（訓七4）。因為快樂盲目人心，也不讓他深思和細想事情，然而，悲傷使人眼睛張開，看清事情的利弊。所以，智者也說，**怒氣勝於歡笑**（訓七3）。因此，**往居喪家去，勝於赴宴會，因為在居喪家，我們看見人人的結局**，一如智者所言（訓七2）。

❻那麼，當夫妻並非清楚知道，他們的婚姻有沒有更好地服事天主，歡樂於妻子或丈夫也是虛空。他們更該感到羞愧，因為如聖保祿說的，結婚者的心只想怎樣取悅對方（格前七32–33），婚姻是不能全心事奉天主的原因。為此他說：**你有妻子的束縛嗎？不要尋求解**

脫；你沒有妻子的束縛嗎？不要尋求妻室（格前七27）。我們對於現世的美物所說的，他也用以下的話來教導我們：弟兄們，我給你們說：時限是短促的，今後有妻子的，要像沒有的一樣；哭泣的，要像不哭泣的，歡樂的，要像不歡樂的；購買的，要像一無所得的；享用這世界的，要像不享用的，因為這世界的局面正在逝去（格前七29–31）。

所以，不要把歡樂放在別的事上，要放在涉及服事天主的事上，因為其餘全是虛空，也是無益的事，因為不是根據於天主的快樂，也不能有益於靈魂。

第十九章

談論靈魂把快樂放在現世的美物上，能導致的損害。

❶ 把意志的情感放在現世的美物上，其損害使靈魂四面受敵，如果我們必須加以說明，墨水和紙張都會不夠用，時間也嫌不足。因為小小的肇端能導致很大的罪惡，且破壞很大的幸福；這樣，如同星星之火，如果沒有熄滅，能燃起熊熊大火，燒盡全世界。

在這種快樂中，會有的一個主要消極的損害，也是所有這些損害的根基和起源，就是離開天主；因為，正如靈魂親近天主，是由於意志的情感，從中生出所有的福分。同樣，離開天主，也是藉這個對受造物的情感，從中生出所有的損害和罪惡，其受損的程度，相稱於意志怎樣以快樂、情感，來連結受造物，因為這正是他的離開天主。所以，按照每個人遠離天主的多少，能獲知他的損害是多或少，是廣泛或強烈，但大多半，兩者（廣泛和強烈）兼而有之。

❷ 這個消極的損害，從中生出其餘負面和正面的損害，共有四個等級，一個比一個壞。當人達到第四級時，也會達到所有的損害和罪惡，就是在這事上所有能說出的（損害和罪惡）。梅瑟在《申命記》中，針對這四個等級，用以下的話，做了很好的註解：**愛人吃得太飽了，會踢人了。的確，他飽滿了，肥了，擴張了，遂拋棄了造他的天主，輕視了他的救主（申卅二15）。**

❸ 靈魂**吃得太飽了**，未吃飽前，他是愛人，吃太飽，就是沉迷於受造物的歡樂。第一等級的損害由此而來，就是倒退；這也就是對天主心思遲鈍，對天主的福分昏暗無光，如同雲朵使天空陰暗，太陽光不能輝煌照耀。因為，經由同樣的情況，神修人把快樂放在某個東西上，又讓欲望霸權為王，以致魯莽無禮，他對天主盲目，做為判斷的純樸理智受蒙蔽。按照聖神在《智慧書》中的教導，說：**虛榮與欺騙狼狽為奸，使美好的事物黑暗，欲望的要求，顛覆又擾亂無罪的感官與判斷（智四12）**⑩。聖神在此指明，雖然靈魂的理智不懷有罪惡，單單對這些事物的貪慾和欲望，就足以產生第一級的損害：即在理解真理，好好判斷每件事的真相上，心智遲鈍、判斷黑暗。

❹ 如果讓步於貪慾，或歡樂於這些現世的事物，人的聖善和良好判斷，都不足以避免陷入這個損害；為此，天主藉梅瑟警告我們，說了以下的話：**不可接受賄賂，因為賄賂能使明眼人眼瞎（出廿三8）**。這話特別針對要做法官的人說的，因為他們的審判必須清白和靈活，如果貪愛又歡樂於禮品，事情就不是如此了。

50. 思高：罪惡的蠱惑，使人喪失天良，情慾的風暴，毀壞純樸的心靈。

也是為此緣故，天主命令梅瑟，任命法官，要指定憎惡貪心的人，因為，他們不致尋求滿足情緒，而使斷案愚鈍（出十八21）。這裡說的，不只是不想望，而是厭惡貪心。因為，為了完善地保護一個人愛的情感，必須維持憎惡之情，用另一個相反的情緒防衛。同樣，撒慕爾先知斷事，常是這麼正直和明智，其理由是因為，如他在《撒慕爾紀》上說的，他未曾從任何人手中接受贈物（撒上十二3）。

❺第二級的消極損害，來自第一級；前面引述經文的下一句，已經指明：**飽滿了，肥了，擴張了**（申卅二15）。就這樣，這第二級是意志的擴張，在現世的事物上，更加自由無度；真自由卻在於不再那麼看重受造的美物[51]，不因之而受折磨，也不那麼歡樂和滿意於其中。這損害生自，從一開始就受到快樂的控制；因為屈服於快樂，使得靈魂長胖，如經文所說的，快樂和欲望的肥胖，使意志更擴張和延伸，達及受造物。

隨之而來的結果是嚴重的損害；因為這第二級導致離開天主的事和神業，及不喜歡它們，因為喜愛其他的事，投身於許多不成全和無關的事、快樂和虛空的愉悅中。

❻當第二級達到極點時，會完全除掉人的經常修行，他的整個心思和貪求都在世俗的事物中。已在第二級的人，不只在瞭解真理和正義上，理智和判斷皆昏暗無光，像處在第一級的人；甚至非常虛弱和冷淡，在認識和修行（真理）上，馬馬虎虎。論及他們，依撒意亞說了這些話：**他們都愛好賄賂，索取報酬，不為孤兒伸冤，不受理寡婦的訴訟**（依一23）。像這樣，他們不會沒有過失，尤其當他們負有職責時；因為，凡已經達到這個等級的人，如同第一級的人，不會沒有罪惡。所以，他們更遠離正義和德行，因為意志更加擴張，達及愛戀受造物。

51. 這裡接續上句，說明對現世事物的真正自由是什麼。

為此，第二級的特色，是在靈修的事上極不熱心，修行神業糟糕透頂，其修行係出於形式化，或被迫，或習慣，而不是由於愛。

❼ 第三級的消極損害，是完全捨棄天主，不認真遵行上主的法律，為的是，不要缺少世上的東西和美物，由於貪心而陷入死罪。

這第三等級，標示於上述經文的下一句，說：**他拋棄了天主，他的造主（申卅二15）**。在這一級中，包括所有以其靈魂的官能，專心致志於世上的東西、財富和交易的人，至於滿全天主法律的義務，他們一概不理。對於有關他們得救的事，不但忘得一乾二淨，也很笨拙；對世上的事物，則是靈活得很，又精打細算。為此，基督在福音中稱他們為**今世之子**，又說，在處理自己的事情上，他們更是明智和敏銳，超過**光明之子（路十六8）**。因此，對天主的事，他們一竅不通，對今世的事物，卻樣樣精通。真的，這些都是貪心的人。他們的欲望和歡樂於受造物，都已這麼擴張和流溢，又這麼一往情深，使他們不能心滿意足；不過，他們的欲望愈增加，乾渴也同樣增加，也愈遠離天主，這唯一能滿足他們的泉源。由於這些人，天主藉耶肋米亞親自說：**他們捨棄了我，這活水的泉源，為他們自己掘了不能蓄水的漏水池（耶二13）**。這是因為，受造物不能解除貪心人的口渴，反而增加乾渴。這些貪心人，由於貪愛現世的美物，墮入數以千計的各種罪過，其損害也是多得無數。達味論及他們說：**他們的邪惡，出自肥胖的心田（詠七三7）**。

❽ 第四級的消極損害，是上述經文的最後一句指示的：**他拋棄天主，他的救主（申卅二15）**。這就是剛才所說的第三級的下場，因為，為了現世的美物，他沒有留意，把心放在天主的法律上，貪心人的靈魂非常遠離天主，他的記憶、理智和意志忘記了天主，彷彿完全

不是他的天主。這是因為，他用金錢和現世的美物，為自己製造了神祇，如聖保祿說的，**貪婪無異於偶像崇拜**（哥三5）。因為這個第四級，已達到忘記天主，把應該給天主的心，正式地放在金錢上，彷彿他們沒有其他的神。

❾至於這第四級的人，他們毫不猶豫地，把超性的事物祝聖[52]為現世的，彷彿成為他們的神祇。他們應該做的正好相反，要把現世的事物祝聖為天主的，如果他們奉祂為天主，這樣才是合理。邪惡的巴郎屬於這類人，因他出賣天主賜給他的恩寵（戶廿二32）；還有西滿術士，他想以金錢衡量天主的恩寵，想要買下它（宗八18–19）。這麼做，他更看重的是金錢，因為他想會有更看重錢的人，為了錢而出賣恩寵。

今日，有許多人，以多種的方式，屬於這第四級。在靈性的事物上，他們的理智因貪心而昏暗，所服事的是金錢，而非天主；主導他的是金錢，而非天主；擺在首位的是價錢，而非神性的價值和報酬。他們用許多方式，把金錢當做首要的神祇和終點，使之優先於終極目標，即天主。

❿屬於這最後一級的，還有那些可憐的人，他們這麼愛世上的美物，這麼的奉之為神祇，當看到他們的這個神[53]，遭受什麼現世的折損時，他們為之犧牲性命，毫不遲疑。他們為了可憐的目的，絕望而自殺，親手證明這不幸的報酬，是從那樣的神來的；因為，假神是沒什麼可指望的，所給的是絕望與死亡。至於沒有追逐（世物），達到這最後的損害——死亡——的人，也會因生活在憂心痛苦，和其他許多的不幸中，導致死亡。他們不讓任何喜悅進入內心，或讓任何世物有益於他們，總是把心獻給金錢，竟至為錢受折磨，他們積蓄財富，導致活該下地獄的最終災難，如智者的勸告：**財主積蓄財富，反而害了自己**（訓

52. 祝聖／ordenar：略帶諷刺的語意，原文這個字是用來指祝聖修士成為神父，或祝聖神父為主教。這些人卻反其道而行，把超性的事物俗化。
53. 這個神：指所愛的世物。

五12）。

⓫ 屬於第四級的人，就是聖保祿所說的：**天主任憑他們陷於邪惡的心思**（羅一28）。因為歡樂於財產，以之為最終目標的人，會招致這些損害。

然而，對那受損害較少的人，還是令人萬分惋惜，如我們說的，這使得靈魂在天主的道路上，走回頭路，愈行愈遠。為此，如達味所說：**不要嫉妒他人變成富翁，也不要忌恨他人家產倍增，因為他死時什麼也不能帶走，他的財產也不能隨他同去**（詠四九17–18）。

第二十章

談論斷絕對現世事物的享樂，靈魂所得的益處。

❶ 那麼，神修人應該留心細察，不使他的心和快樂執著於現世的事物，要害怕小事釀成大事，級級增長，由於小事成大事，開始時小事一樁，末了卻變成滔天大事；恰如星星之火，足以焚盡整座山及全世界（雅三5）。千萬不要信誓旦旦，因為所執著的是小東西，而沒有立刻斬斷，由於他以為後來會斬斷；然而，當執著的東西這麼小，剛開始時，沒有勇氣斷絕，等到粗大又根深蒂固時，怎能設想，他會有能力斷絕呢？尤其是，我們的主在福音中說：**凡不忠於小事的人，也不會在大事上忠信**（路十六10）。因為那避免執著小東西的人，將不會陷於執著大事。不過，那執著小事者，仍有嚴重的損害，因為已經進入人心的圍籬和

城牆；如格言說的：開始是成功的一半。所以，達味警告我們說：**即使財富日增，也不要掛念在心**（詠六二11）。

❷那麼，雖然人所做的不是為了天主，及善盡基督徒全德的本分，他也要為了隨之而來的現世益處，及其餘的靈性益處，使他的心從歡樂於所有前述的世物中，獲得完全的釋放。所以，他不僅獲釋於前一章所說的危害人的損害，除此之外，由於除去歡樂於現世的美物，也獲得自由的德行；這自由是天主的主要屬性之一，絕不能與貪婪並存。

此外，他得到靈魂的自由、清楚的理智、安息、寧靜、平安的信賴天主，及意志真的朝拜和尊崇天主。

由於不占有受造物，他從中得到更多的歡樂和娛樂，如果他懷著據為己有的貪戀來看它們，他不能歡樂於其中；因為這是一種牽掛，好像圈套，把心靈綁在地上，不讓他有內心的逍遙自在。

在放開事物時，他得到對事物更清楚的認識，使他更瞭解事物的真理，無論是本性或超性的真理。所以，放開和緊抓住事物，兩者的歡樂大不相同，放開事物，使他得到很大的優勢和好處。因為，這一個歡樂於事物的真相，那一個則是假象；這一個歡樂於最好的，那一個最差的；這一個事物的本體，那一個以感官緊抓著事物，歡樂於事物的附質；因為感官不能得到，也不能達到附質以外的本體，反之，已清除附質的雲障和形狀㊹的心靈，透徹事物的真相與價值，因為這才是心靈的對象。為此，快樂蒙蔽判斷猶如雲霧，因為沒有自願的占有，也就不會有自願的歡樂於受造物，這就如同，沒有內心習慣性的占有，也不會有快樂的情緒伴隨；而拒絕和淨化這樣的快樂，使判斷力清明，如同煙霧消散的空氣。

54. 已清除附質的雲障和形狀／*purgado de nube y especie de accidente*：這句直譯是清除附質的雲和種類，雲表示障礙，種類是指事物可以看見的形式、形狀。

❸ 那麼，凡不以占有事物為快樂者，他能歡樂於所有事物，彷彿他什麼都有；另一種人，卻是以特別據為己有的心懷注視事物，普遍地失掉其中所有的歡樂。不占有事物的這種人，心中什麼都沒有，如聖保祿說的，處於很大的自由中，他什麼都有（格後六10）；另一種人，如果故意地緊抓住些什麼，他就什麼也沒有，什麼都掌握不住，反之，他的心卻被它們掌握住；為此，他如同囚犯，備受痛苦。所以，他想在受造物上有多少歡樂，在他那貪戀又占有的內心，也必會有相當的折磨和痛苦。

對那放得開的人，關懷事物不會妨礙他，無論是在祈禱的時間內，或時間外，這樣，不必浪費時間，他很容易積存豐富的心靈美善；至於另一種人，卻耗盡光陰，在圈套旁轉來轉去，他的心執著貪戀，又據為己有，儘管辛苦費力，也幾乎不能有片刻的自由，離開這個圈套，亦即離開他的心緊抓住的思想和歡樂。

那麼，神修人歡樂於事物，在起心動念的第一個動作時，應該加以克制，要記得我們在此提出的原則：沒有什麼事物是人應該歡樂的，除非是服事天主，並在一切事物中，尋求天主的榮耀和光榮，要引導所有的事物，惟獨的歸向這個目的，離開事物中的虛榮，不從中探尋自我的愉悅和安慰。

❹ 放棄歡樂於受造物，有另一個很大和主要的益處，就是為了天主，使內心自由無礙，這是天主賜予所有恩惠的基本準備，沒有這個準備，天主不會賜予恩惠。這些恩惠是這樣的，甚至是從現世的角度來看，靈魂為了愛天主和福音的全德，放棄一個快樂，在今生會得到百倍的賞報，如至尊陛下在福音中的許諾（瑪十九29；谷十30）。

然而，就算不是為了這些利益，神修人還是得在他的靈魂內，熄滅這些在受造物上的歡樂，因為它們令天主不悅。我們在福音中看到，只因那個富翁歡樂於積存多年的財物，天主這麼生氣，對他說，今夜就要收回他的靈魂（路十二20）。因此，我們應該相信，每當我們徒然地歡樂，天主會按照我們應得的報應，細察並安排一些懲罰與痛苦的飲料，所以，有的時候，從歡樂而來的痛苦報應，千百倍於歡享的快樂[55]。聖若望在《默示錄》中，關於巴比倫所說的：**她從前怎樣自誇自耀、奢侈享樂，它們就怎樣加給她痛苦和哀傷**（默十八7），雖然這話是真實的，但這並不是說，痛苦不會比享樂大，確實這樣，為了一時的愉快，所施加的是永遠的痛苦。這話意指，凡事都各有懲罰，因為那懲戒閒言的天主（瑪十二36），必不寬免虛空的歡樂。

第二十一章

本章談論意志歡樂於本性的美物是如何的虛空，及多麼應該藉它們歸向天主。

❶ 至於本性的美好事物，在這裡我們指的是美麗、姿色[56]、靈巧[57]、身材和所有身體方面的資質；還有靈魂上的良好理智、判斷力和其他屬於人理性上的天賦。

如果人歡樂於這一切（恩惠，只不過為了自己或親人擁有它們），卻沒有感謝天主，而天主賜恩，原是為了經由它們而更被認識和被愛；人只為此而享樂，即是虛空和受騙，如撒羅滿所說的：**姿色是騙人的，美麗是虛空[58]；敬畏上主的女人，才堪當受人讚美**（箴卅

55. 這話的意思是，放棄一個快樂，得到百倍的賞報，歡享一個快樂，則不止百倍的痛苦懲罰。
56. 姿色／gracia：原文的含意很廣，指天生的恩賜、恩典、魅力、風趣、優雅等，為了配合下文引用的經句，在此譯為姿色。
57. 靈巧／donaire：原文還有風趣、灑脫、敏捷、文雅、優美……的意思。
58. 思高：姿色是虛幻，美麗是泡影。

一30）。這段經文教導我們，人更該擔心這些本性的恩賜，由於它們，人很容易分散天主的愛，陷入虛榮，迷上它們而受騙。為此之故，他說**身體的姿色是騙人的**，因為它們在道路上欺騙人，以虛空的歡樂，以自己或所具有的姿色自滿自足，而吸引人陷於不當的事。所以，他說**美麗是虛空**，因為，如果看重美麗，又歡樂於其中，會使人以無數的方式墮落；而他唯一應該快樂的，是有否藉美麗來服事天主和他人。再者，他更該害怕和擔心，他的本性才能和姿色，有可能成為他冒犯天主的原因，由於他的虛榮自負，或由於極端的情感，使他專注於它們。

因此，擁有這些恩惠的人，應該謹慎，在生活中行事慎重，不致因他的虛榮炫耀，而成為某人的心稍稍離開天主的原因。因為這些天生的姿色和才能，無論對擁有的人，或注視它們的人，都是這麼的挑撥和刺激，幾乎沒有誰的心，能逃脫其中的陷阱和羅網。為此，由於這個擔心，我們知道，許多神修人有某些這類的恩賜，他們祈求天主加以毀損，為的是，不要成為（害人的）原因或機會，使自己或別人陷於虛榮的快樂或情感。

❷ 那麼，神修人在這個虛空的快樂上，應該使他的意志受淨化，置之於黑暗，提醒自己：美麗和其餘所有的天賦，都是塵土，從土而來，復歸於土；姿色、靈巧無非塵世煙霧。為了不陷於虛榮，就該以這樣的（心情）持有和看待[59]；在這些事物中，懷著愉悅和喜樂，全心歸向天主。因天主本身即是所有的這些俊美和優雅，卓越絕倫，無限地超越所有的受造物；而且，如達味說的，**萬物必要如同衣裳一樣衰敗，有如更換衣服，都要新陳代謝，惟有祢永存不變**（詠一〇二27–28）。為此，在萬事萬物中，如果快樂沒有導向天主，就會常常是虛假和受騙的。當撒羅滿說及受造物的快樂時，他說的就是這種：**我對快樂說：你為何讓**

59. 就是說，視之為塵世煙霧。

自己徒然受欺騙（訓二2）⑥⓪？這就是，當人的心迷戀受造物時。

第二十二章

談論把意志的快樂放在本性的美物上時，靈魂所得到的損害。

❶ 我講的這種種快樂，雖然其中的損害或益處，有許多是共有的，總之，都是因為享受或放棄快樂的直接結果（雖然這快樂可能是我所說的六種⑥①當中的一種）；為此我說，在每種快樂中的損害和益處，在另一種中也找得到，因為，如我說的，所有的快樂都附帶其損害和益處。

不過，我的主要意向是說明⑥②，在或不在每個事物上尋樂，帶給靈魂的個別損害和益處；我說它們是個別的，因為是每種快樂各自導致其主要和直接的結果，但卻不會引起其他的結果，只是次要和間接地受影響。

例如：心靈冷淡的這個損害，是所有的快樂，也是任何一種快樂的直接結果，所以，這個損害是這六種（快樂）都有的。然而，通姦是一種個別的損害，只直接來自歡樂於本性的美物，即我們現在要說的。

❷ 當靈魂歡樂於本性的美物時，直接又有效地，導致心靈和身體的損害，可歸納成六種主要的損害。

60. 思高：我對喜樂說：這有何用？
61. 參閱第十七章第二節，來自六種事物的快樂：現世、本性、感官、倫理、超性和靈性的快樂。
62. 請參閱第一卷第十二章，那裡解說各種欲望造成的個別和共有的損害，其理由是一致的。

第一種，是虛榮、自大、驕傲和輕視鄰人；因為，如果人的雙眼專注於看重某物，就不能不從其餘的事物移開目光。其結果至少是，真的不尊重其餘的事物；因為，很自然的，專注於看重某物時，會全心貫注在所看重的對象，其餘的就不予理睬。由於這個實際的輕視，易於陷入故意和自願的看輕其他的事物，無論是以個別或普遍的方式，不只在內心，還會用話語顯露於外，說：某物或某人，不像某某這個或那個。

第二種損害，是誘使感官尋求滿足、感官的愉悅及淫蕩。

第三種損害，是導致陷於諂媚和虛空的誇讚，其中包括欺騙和虛榮，如依撒意亞說的：**我的百姓啊！那誇讚你的人欺騙了你**（依三12）。理由是因為，雖然讚美姿色和美麗，有時說的是事實，仍然，其中要是不含有一些損害，那才怪。若不是引人陷入虛空的自滿和快樂，就是招惹他自己的不成全情感和意向。

第四種損害，是普遍的，因為理智和心靈的感官變得非常愚鈍，也就像歡樂於現世美物[63]的人，在某方面看來，甚至更為愚鈍。由於本性的美物比起現世的（美物），與人的連結更緊密，本性事物上的快樂，產生更有效和更快的印象，在感官上留下痕跡，更是常常令人陶醉。所以，理智與判斷失去自由，被那緊密連結的快樂情感蒙蔽。

由此生出第五種損害：因受造物而心神分散。

隨之而來的，是心靈的冷淡和虛弱，這是第六種損害，也是普遍的，常達到如此的地步，導致靈魂在天主的事上，感到萬分厭煩和低沉，竟至憎惡。在這種快樂中，必會失去單純的心靈，萬無一失，至少從一開始就已如此。因為，如果感受點什麼靈性的，必是非常感性和粗劣的，很少靈性，也很少內在性和收斂，更在於感性愉悅，而非心靈的力量。因為，

63. 請參閱第十八章第一節，現世的美物是指：財富、身分、職位和其他追求的事物，還有兒女、親戚、婚姻……。

由於心靈這麼卑劣和虛弱，所以斷絕不了這個快樂的習慣（因為，只要失去心靈的單純，就足以擁有這個不成全的習慣，儘管當快樂呈現時，並沒有同意這些快樂的動作），從某方面來說，靈魂更是生活在脆弱的感官中，而非在強有力的心靈中；否則，當靈魂遇有機會時，他會有剛毅和全德。雖然我不否認，許多德行和不成全能同時並存；然而，由於這些快樂沒有平息，也就沒有單純和愉悅的內在心靈，因為肉慾的霸權，**使本性的私慾相反聖神的引導（迦五17）**，雖然心靈不覺得有損害，至少也會惹起隱藏的分心。

❸不過，我們回來說第二種損害，其中包括無數的損害，雖然不能以筆墨表達，也不能訴諸言詞，但對於歡樂於本性的姿色和美麗的人，造成的不幸災害，其程度和罪行卻不是晦暗和隱藏的。為了這個緣故，我們每天聽到這麼多的謀殺案、身敗名裂、侮辱、揮霍錢財、競爭、吵架，以及這麼多的姦淫、強姦、通姦，又這麼多跌落地上的聖人，**他們好比是天上三分之一的星辰，被大龍的尾巴勾下來，投在地上（默十二4）；好似失去美麗、暗淡無光的純金，又像熙雍高貴的女子，身披純金，反而被看作破瓦器（哀四1-2）。**

❹這個惡毒的損害，有何未及之處呢？《默示錄》中，巴比倫婦女手中的金杯，誰沒有多少也喝了一點呢（默十七4）？事實上，她坐在巨獸身上，牠有七個頭和十隻角，這表示，不論高或低階層的人，聖人或罪人，幾乎沒有不喝她的酒，稍稍使他的心屈服於她的。因為，如經上指出的，**所有世上的君王都來同她行淫**（默十七2）。她遍及一切領域，甚至達及至高又著名的聖殿和司祭，而在神聖的地方設立可憎之物，如達尼爾說的（達九27），幾乎沒有一個強者能倖免，而不多多少少飲用其杯爵，就是說，這種虛空的快樂。為此，《默示錄》上說，**所有世上的君王都被這酒灌醉了**，因為只找到很少的人，無論如何神聖，

他不會稍有陶醉和混亂，只因喝下這杯美酒——歡樂並享受本性的美麗和姿色。

❺ 這裡要注意的是，經上說，他們喝醉了。因為，無論這快樂的酒量多麼微小，它立刻抓住人心，使之陶醉，造成理智黑暗的損害，如同酗酒的人。如果沒有立刻服用一些解毒劑，快快解毒，靈魂的生命必會陷於危險。因為，心靈的虛弱加深，帶給靈魂這麼大的不幸，如同三松（民十六19－31），他的眼睛被剜出，他的頭髮被剪掉，失去原有的大力氣，在磨邊推磨，成為敵人的囚犯。後來，有可能如三松一樣，第二次死亡，與敵人同歸於盡。這個快樂之飲，也能以心靈的方式，造成所有的這些損害，如同三松肉體上的損害，也如現今的許多人。靈魂的敵人後來會回來，對他說培肋舍特人告訴三松的話，說出他的矛盾：你不就是那扭斷繩索，撕裂獅口，殺死一千培肋舍特人，拔出城門脫離敵手的人嗎？

❻ 那麼，我們的結論是，提出必要的資料，用以解除這個毒藥。這就是：內心一感到被這個本性美物的虛空快樂吸引時，要立刻想起，歡樂於不是服事天主的事，是多麼虛空的事！又是多麼的危險和有危害！人該深思，天使歡樂又自滿於本性的美麗和恩惠，因此墮入醜惡的地獄，那是何等的損害！由於這個虛榮，每天降到人身上的不幸，不知有多少！因此，人應該鼓起勇氣，及時採用良葯，即對那開始要愛戀這些（美物）的人，詩人說的：「玉體違和把醫延，妙手回春也無難，若待沉痾膏肓入，人間那有續命丹？」[64] 智者說：你不要注視酒色怎樣紅，在杯中怎樣閃耀，飲下去怎樣痛快，終究它要咬人如蛇，刺人如虺（箴廿三31－32）。

64. Ovid, *Remedia amoris*,1, 91–92；參閱《師主篇》1・13。

第二十三章

談論不把快樂放在本性的事物上，靈魂得到的益處。

❶ 由於斷絕心中這類（本性事物）的快樂，靈魂得到許多的益處，因為，除了準備靈魂愛天主和其他的德行外，還直接為自謙自卑和泛愛近人舖路；因為，不為表面的本性美物——這些都是騙人的，而愛戀任何人，靈魂了無阻礙，自由地去愛所有理性和靈性的（事物），就像天主所希望的那樣去愛。他從中曉悟，沒有人值得愛，除非他具有德行。而以此方式去愛時，非常合乎天主的心意，甚至會有深度的自由；如果其中含有執著，就是對天主的更大執著[65]。因為，當這個愛增加，對天主的愛也會增加；對天主的愛增加，對近人的愛也同樣增加；反之亦然。因為凡是在天主內的愛，都有同一的理由和原因。

❷ 拒絕這種（本性事物的）快樂，另有一個卓絕的利益，即實現我們救主的勸告，祂藉聖瑪竇說，**凡要跟隨祂的人，應該棄絕自己**（瑪十六24）。如果靈魂把快樂放在本性的美物上，決不能做到棄絕自己，因為有幾分看重自己的人，就不能棄絕自己，不能跟隨基督。

❸ 棄絕這類（本性事物的）快樂，另有一個大益處，就是在靈魂內導致很深的寧靜，除去分心走意，使感官收斂，尤其是眼睛的收斂。因為，不願歡樂於其中，不想看，也不想使其餘的感官充滿這些東西，為的是不受迷惑，也不掉進它們的圈套，既不浪費時間，也不想它們。就像精明的蝮蛇，塞住耳朵，不聽巫士的語音，以免留下一些印象（詠五八5–6）[66]。因為，把守靈魂的門，就是把守感官，就能安全防衛，且增加靈魂的平安與純潔。

65. 執著／asimiento：是指緊抓不放，這裡的意思是更愛天主。這個執著是好的。
66. 思高：他們又像塞住耳朵的聾蝮，不聽巫士的音語，不隨靈妙的妖術。

❹在克制這種快樂上已是精修的人，另有一個毫不遜色的益處，這就是，醜陋的對象和認識，不會導致他們留下印象和不純潔，如同對那仍然同意某些這種快樂的人。為此，拒絕和克制這快樂的結果，是獲得靈魂和身體（亦即，心靈和感官）的靈性純潔；這人漸漸像似天主的天使，使得他的靈魂和身體，成為相稱於聖神的聖殿。所以，如果他的心歡樂於本性的美物與姿色，這是不可能的；為此，不必同意，也不必回憶醜陋的東西，這種對本性事物的快樂和認識，就足以導致靈魂和感官的不純潔。所以智者說，**聖神遠離沒有理智的思念**（智一5）[67]，這（理智）就是，天主所安排的較高的理性。

❺除了免於上述的惡事[68]和損害之外，另有一個普遍的益處，就是：避免無數的虛榮，及其他許多心靈和現世的損害，尤其是不會陷於受輕視；這些是誇耀本性的恩賜，又歡樂於其中者的下場，無論這些恩惠是他們的或別人的。因此，凡不理會這類東西，而只求取悅天主的人，的確，這些人會受到尊敬，被視為明哲之士和智者。

❻隨著前述的益處而來的，最後一個益處是，靈魂的非常慷慨[69]，這在服事天主上是那麼要緊，如同心靈的自由，藉此，靈魂很容易克服誘惑，越過考驗，德行突飛猛進。

第二十四章

本章談論意志能放置其快樂情感的第三種事物，亦即感官的事物。說明那是什麼及有多

67. 思高：聖神遠離無知的思念。
68. 第二十一至二十二章。
69. KK英譯本在此沒有譯出這句「靈魂的非常慷慨／un generoso bien del alma」，只直接說「心靈的自由」。

少種類，意志該如何歸向天主，淨化這種快樂。

❶ 接下來要談論的，是對於感官美物的快樂，亦即第三種事物，我們說是能使意志歡樂的事物。要注意，所謂感官的事物，這裡我們意指在今世，所有能以視、聽、嗅、嚐、觸的感官把握的，及推理想像的內感官能構造的事物，全都屬於身體的感官，包括內在和外在（的感官）。

❷ 為了弄暗和清除意志對感官事物的快樂，且藉之歸向天主，必須假設一項真理，這就是，如我們常說的人下分的感官，正是我們要談論的，既沒有能力認識，也不能領悟真正的天主[70]。因此，眼睛不能看見天主，也沒有相似天主的東西，聽覺不能聽見祂的聲音，也沒有和祂的聲音相似的，嗅覺不能聞到這麼甜美的氣味，味覺不能品嚐這麼強烈和甘美的味道，觸覺不能感覺這麼細膩，又這麼歡愉的觸動，也沒有相似的東西；祂的形式，或代表祂的什麼形狀，都不能進入思想或想像。依撒意亞這樣說：**祂是眼所未見，耳所未聞，人所未曾想到的（依六四3；格前二9）**[71]。

❸ 這裡要注意的是，感官能得到喜樂或歡愉，是從心靈的部分，經由一些通傳，即得自天主的內在通傳；或從通傳給感官的外在事物上。然而，根據我所說的，人的感官部分，無論經由心靈或感官，都不能認識天主。因為，他沒有能力達到這樣的認識，他領受屬靈之事，是經由感覺和感受的方式，別無他法。因此，意志歡樂於這些領悟造成的愉悅，至少是虛空的，而且阻礙意志的力量，不能盡全力服事天主，惟獨歡樂於祂。如果沒有清除和弄暗這類（感官）的快樂，如同對待其他的（快樂），要惟獨歡樂於天主，靈魂無法完全做到。

❹ 我提醒說：如果把歡樂停留在前述的什麼事上，這是虛空的，因為意志不停留於其

70. 領悟真正的天主／comprehender a Dios como Dios es：這話直譯是，領悟天主，如同天主是天主。
71. 這是很重要的一段，若望用來指示天主的超越性。請參閱第二卷第四章第四節，第八章第四節；第三卷第十二章第一節；《黑夜》第二卷第九章第四節；《靈歌》第三十八詩節第六節。

中，反而在覺察出歡樂於所聽見、看到和處理的事時，立刻心神高舉，歡樂於天主，使所覺察的快樂，成為歡樂於天主的動機和力量，這是非常好的。那麼，當（感官的快樂）導致虔誠和祈禱時，意志不只不必逃避這樣的動心經驗，反而能從中受惠，又為了這麼聖善的修行，甚至是應該的；因為有的靈魂，感官事物非常影響他們歸向天主[72]。

然而在這個事上，應該小心翼翼，細察其中的效果。因為有許多神修人，以祈禱和虔誠事主做為藉口，往往利用所說的方法[73]來娛樂感官。就這樣，可以說，他們尋求娛樂甚於祈禱，悅樂自己，甚於取悅天主。雖然他們的意向是歸向天主，取得的效果卻是感官的娛樂，從中取得的是虛弱與不成全，而非鼓舞意志，及順服天主。

❺ 為此，我願在此提出一個勸告，為辨識所說的感官的樂趣，什麼時候會有益處，什麼時候沒有。就是，每當聽見音樂或其他的什麼，看見令人愉快的東西，聞到甜美的氣味，享受什麼美味和溫柔的觸動時，即刻做出第一個動作，使意志的認識和情感專注於天主。那個認識給他的愉悅，超過從感官的動機[74]所得的愉悅，除此之外[75]，不享受那樣的動機，這是標記，表示他正從中受惠，感官部分協助心靈。在這個情形下，就能夠使用（感官的事物），因為在那時，感官事物的服務，達到天主創造和賜予它們的目的，也就是，經由它們，天主更被愛和認識。

在此應該知道，這些感官的事物，如果帶給誰我所說的純靈性效果，他不會因此而有欲望，他也幾乎完全不理會[76]，雖然感官事物呈現面前，給了他極大的愉悅；如我已說過，這愉悅使他專注於天主。所以，他不追求它們，如我說的，當人們把它們給他時，他的意志立即超越它們，放開它們[77]，專注於天主。

72. 由於若望本人的藝術氣質，說這是他的親身經驗，實不為過。
73. 指感官的事物帶來的快樂或動心經驗。
74. 感官的動機／el motivo sensual：意即，那些使感官快樂的動機因素。
75. 意指除了專注於天主的認識和情感之外。

❻雖然它們有助於歸向天主，他不太留意這些動機[78]的理由是因為，他的心靈迅速地在一切中，透過一切，歸向天主，他的心靈受到天主聖神這麼的養育、準備和飽足，致使他不想念什麼，也不渴望什麼；而如果他為此[79]而渴望什麼，他馬上超越和忘記（所渴望的），不加理會。

不過，若有人在所說的感官事物和愉悅中，沒有體會這份心靈的自由，他的意志反而逗留在這些愉悅中，受它們餵養，因而遭致損害，他應該斷絕使用它們。因為，雖然照理來說，他希望藉感官事物的幫助歸向天主，仍然，只要欲望喜愛它們，即感官的事物，其效果總是順乎感官的愉悅，他所遭遇的必然是障礙而非協助，是損害而非受惠。當他看到，那些尋樂的欲望在他內稱霸時，他應該加以克制；因為他的欲望愈強，他愈不成全和虛弱。

❼那麼，感官部分的某個愉悅呈現給神修人時，有時是偶然的，有時是故意的，他應該只為了天主而從中受惠，將靈魂的快樂提昇上達天主，這樣的快樂才是有用、有益和成全的。他該明瞭，所有的快樂，若沒有包含捨棄和滅絕其他任何（感官）的快樂[80]，雖然是些看來非常高超的事，也全是虛空和無益的，是意志與天主結合的障礙。

第二十五章

本章談論把意志的快樂置於感官的事物，靈魂所招致的損害。

76. 就是說，不理會感官的事物，純靈性的效果使人放開感官的事物，不停留於其上，不會產生占有的欲望。
77. 這句話中的「它們」，指的是感官的事物，也指感官事物導致的愉悅。
78. 這些動機／estos motivos：就是指感官的事物。
79. 原文只說「為此」，就是「為了這個」，按上下文的脈絡，應該是為了歸向天主。
80. 為使上下文清楚，括號內的「感官」是譯者加上的。

❶首先，凡能從感官事物導致的快樂，如果靈魂不使之黑暗和熄滅，使這樣的快樂歸向天主，如我們說的，其他任何一種的快樂都會導致所有共同的損害[81]，至於感官事物上（享樂）的後果，則有：理智的黑暗、冷淡和心靈的厭煩等。

不過個別說來則有很多損害，包括心靈和肉體感官（的損害），能直接來自這個快樂。

❷首先，關於可看見之事物的快樂，沒有為了歸向天主而捨棄，能夠直接導致：心靈的虛榮、心神的分散、錯亂的貪婪、不正經的行為、內在和外在的不潔淨、思想的不純潔和嫉妒。

❸至於聆聽無益之事的快樂，直接生出想像的散漫、饒舌多嘴、嫉妒、不確實的判斷和飄蕩的思想，從中生出其他許多惡性的損害。

❹至於甜美氣味的享樂，造成唾棄窮人——這正相反基督的教導，還有厭惡僕人、對謙卑的事內心不順服，及心靈的麻木，其程度至少和他的欲望相稱[82]。

❺至於歡享食物的美味，直接生出貪吃和醉酒、氣憤、不睦、對近人和窮人缺乏愛德，就像對待拉匝祿的那位大吃大喝的人，每天奢侈享樂（路十六19－21）。由此生出身體的不節制、疾病；因為淫慾的刺激，也生出惡劣的行動。直接產生嚴重的心靈麻痺，破壞對靈性事物的欲望，以致不能歡享，甚至不能參予和涉及靈性的事物。這個快樂也生出其餘感官和內心的散漫，及不滿足於許多的事情。

❻至於接觸溫柔事物的快樂，生出更多的損害和嚴重的危害，感官更快脫離心靈，熄滅它的力量和活力。由此生出令人憎惡的毛病，即嬌柔或傾向嬌柔，相稱於享受這種（感官的）快樂的程度；淫慾的增加，導致靈魂變得女人氣[83]又膽小，使感官變得挑逗，又花言

81. 指除了感官的事物之外，其他五種的快樂：現世、本性、倫理、超性和靈性，請參閱第三卷第十七章第二節。共同的損害／los daños generales：意指六種不同的快樂都會有的損害。
82. 意即，欲望和心靈的麻木成正比，欲望愈多，心靈愈麻木。
83. 變得女人氣／afeminado：就是說脂粉氣十足，所謂的娘娘腔。

巧語，準備好去犯罪和作孽。傾注虛妄的歡樂和快樂於內心，又產生口舌的放肆、眼目的放縱，而且按照欲望的強度，導致其餘感官的陶醉和遲鈍；阻礙判斷，養育心靈的愚鈍和愚蠢，在道德上產生懦弱和反覆無常。由於靈魂的黑暗和內心的虛弱，甚至在不必害怕的地方也害怕。有時，這個快樂導致精神混亂，及良心和心靈的痲痺，致使理智極其衰弱，竟至不知道採納好的勸告，也不能給予[84]，沒有能力承受倫理與心靈的福分，就像破碎的玻璃杯，毫無用處。

❼ 所有這些損害都出自這種快樂，有的比較強烈，按照這快樂的強度，也按照這個人的輕浮、軟弱或善變。因為有些天性，在微小的事上受傷害，比別人在許多事上受到的傷害更嚴重。

❽ 最後，關於觸覺這種快樂，一個人能墮入這麼多的罪惡和損害，如我們所說的關於本性的事物，因為已在前面談論過[85]，這裏我不再贅言，我也不談所導致的其他許多的損害，例如，減少神業和肉身的補贖，及對告解和聖體聖事冷淡和不虔誠。

第二十六章

談論拒絕感官事物的快樂，靈魂所得的益處，包括心靈和現世的益處。

❶ 拒絕這種快樂，靈魂得到的益處是令人欣羡的：有的益處是心靈的，有些則為現世

84. 原文這裡表達得不是很清楚，但按上下文，應該是說，他不能採納好的勸告，別人也不能給他好的勸告，因為他已失去良好的判斷力。
85. 在第二十一至二十二章。

的。

❷第一，靈魂避開感官事物的快樂，能從過分使用感官而墮入的分心中復原，在天主內收心斂神，護守已獲致的靈性和德行，使之增長，且持續獲得益處。

❸第二個心靈的益處是，一個人不渴望歡樂於感官的事物，這是個卓絕的益處，要知道：我們真的可以說，他從屬感官的，變成屬靈的；從動物性而理性，甚而從屬人的，進展為有分於天使；從屬現世和屬人的，成為屬神和屬天的。因為，就像在感官的事物上尋找快樂，又置歡樂於其中的人，他堪當，也應該被稱為我們所說的，亦即：屬感官的、動物性的、屬現世的等；同樣，當他提升這些感官事物的快樂時，堪受這一切名稱，亦即：屬靈的、屬天上的等。

❹真是這樣，這是很明顯的。因為，如（保祿）宗徒說的，感官的修練和感官的力量，相反屬靈的修練和力量（迦五17）[86]；一方的力量削弱和耗盡時，相反的一方必隨之增長和擴大，由於阻礙它的一方沒有增長之故。所以，當心靈達到成全（心靈指靈魂的上分，這是相稱和獲得天主通傳的部分），他堪當得到前述的所有屬性，因為在來自天主的屬心靈和屬天的福分和恩賜中，他達到完美之境。

聖保祿證實了這兩方面的事，那追逐感官的人，即他的意志只運用於感官事物的人，他稱之為屬動物的，就是那不接受天主之事的人；至於另一種人，他提升意志上達天主，稱為屬靈的人，他就是那**洞察與審斷一切的人，甚至洞察天主內的深奧事理**（格前二14、10）[87]。所以，靈魂在此擁有令人艷羨的益處，即在接受天主的福分及靈性的恩賜上，有了極好的預備。

86. 思高：因為本性的私慾相反聖神的引導，聖神的引導相反本性的私慾。
87. 思高：因為聖神洞察一切，就連天主的深奧事理祂也洞悉（格前二10）。

❺然而，第三種益處，是意志在現世的愉悅和快樂，格外豐盈地增加；因為，如救主說的，在今世捨棄一個（快樂），會賜給百倍的賞報（瑪十九29；谷十29-30）。以至於，如果你棄絕一個快樂，在今生，上主會賜給你百倍現世和屬靈的賞報；同樣的，接受這些感官事物的一個快樂，你也會有百倍的痛苦和悲傷。因為，在眼睛方面，視覺的快樂已被淨化，使靈魂獲致靈性的喜樂，所看見的一切，無不歸向天主，無論是聖或俗的事物。在聽覺方面，已淨化聆聽的快樂，使靈魂得到百倍非常靈性的快樂，凡所聽見的，無不歸向天主，無論所聽的是聖或俗的事；其餘已淨化的感官，以此類推。因為，我們的原祖父母在無罪的境況中，在樂園裡所見、所說、所吃的一切，全都幫助他們獲得更愉悅的默觀，因為他們的感官部分，非常順服，且受理智管轄。這樣，對於所有的感官事物，感官已受淨化，且順服於心靈的人，從第一個動作開始，就得到認識與默觀天主的甘美愉悅。

❻因此，純潔的人，所有的事物，無論高超或卑微，都會使他更美好，幫助他更純潔；就像不純潔的人，無論事物高超或卑微，由於他的不純潔，通常從中導出惡事。不過，沒有克服欲望快樂的人，那透過受造物，在天主內恆常喜樂的寧靜，他也歡享不到。

已經不隨從感官生活的人，他的感官與官能的所有作用，全歸向神性的默觀，因為，這是真的，根據良好的哲學，每一事物的作用，相稱於其存有的狀況，或所活出的生命[88]。如果靈魂度著靈性的生命，克制動物性的生命，顯然而不容辯駁的，在諸事上，他必然奔向天主，因為所有屬靈的行動與動作，都來自這靈性的生命。因此，像這樣的人，內心已經潔淨，隨之而來的是，在諸事中認出天主，知道祂是快樂、愉悅、貞潔、純潔、靈性、喜樂和充滿愛的。

88. 請參閱聖多瑪斯《神學大全》1・89・1，operari sequitur esse。

❼從上述所說，我推論出以下的道理，亦即：直到人這麼習慣於清除感官的快樂，在第一個動作時，就獲得所說的益處，立刻把這些事物轉向天主，在這之前，他必須拒絕感官事物的快樂與愉悅，為使靈魂脫離感官的生活。由於感官的事物不是靈性的，他應該害怕，或許在使用這些事物時，感官得到更多的趣味和力量，超過心靈。因為感官的力量在其作用中佔優勢，導致更多的快感，又得以維持和養育；如同我們的救主所說的：**由肉生的，屬於肉；由神生的，屬於神**（若三6）。

這話應該深思細想，因為這是千真萬確的。若人尚未克制感官事物的快樂，不該膽敢想望，從感官的力量和作用中，會獲得許多益處，相信會有助於心靈。因為沒有這些感官的事物，更能增加靈魂的力量，就是說，熄滅對感官事物的快樂和欲望，比從中取樂更為有用。

❽那麼，藉棄絕這種快樂，來世必得享光榮福樂，實在不必贅述。因為除了賜予肉身的光榮，如神速和神光，遠比那些不棄絕自己的人卓越，這樣，在靈魂內增加一種實質的光榮，相稱於靈魂對天主的愛，由於靈魂是為了愛天主，而棄絕上述的感官事物⑧⑨。棄捨每個剎那和短暫的快樂，如聖保祿所說的，**正分外無比地給我們造就永遠的光榮厚報**（格後四17）。

現在，我不想在此敘述其餘的益處，如倫理的、現世的以及心靈的，它們是來自這個快樂的夜，因為和已說過的他種快樂（的益處）完全相同，不過，在這裏，它們更加卓越，因為所棄捨的這個感官快樂，與人的本性結合得更密切，因此，棄捨它們，會獲得更深入的純潔。

89. 傳統的神學道理區分二種榮福，一是本質的榮福（essential glory），即靈魂與天主的結合，使靈魂更完美地看見和愛天主；另一種是非本質的榮福（accidental glory），即賜予榮福直觀（the beatific vision）。請參閱聖多瑪斯《神學大全》Suppl. 96. 1.

第二十七章

本章開始談論第四種事物，亦即倫理的事物。說明這是什麼，及在這些事物上，要以什麼態度使意志的快樂成為許可的。

❶ 第四種能使意志快樂的是倫理的事物。倫理的事物，我們在此意指：倫理上的德行和德行的習慣、任何德行的實踐、慈善事工的布施、遵守天主的法律、審慎知禮[90]及在良好本性和傾向上的所有修行。

❷ 當人擁有和實行這些倫理的事物時，或許，比前述那三種（美物），更值得意志快樂。因為，人能歡樂於這些事物，是由於以下兩個理由之一，或兩個理由兼有，亦即：由於其本身的緣故，或以它們做為方法和工具，隨之而來的好處。這樣，我們會明白，擁有已說過的那三種事物[91]，不值得意志快樂，因為，如所說過的，它們對人沒有好處，它們本身也不好，由於是這麼的短暫和不定[92]；反之，如我們也說過的，它們產生痛苦、傷心和靈魂的憂苦。雖然第二個理由值得些許快樂，亦即，當人使用它們而奔向天主時，但這個益處這麼不可靠，如我們通常看見的，人從中受害比受益多得多。

不過，倫理的事物，由於第一個理由（即由於事物本身的緣故），值得擁有者有些快樂；因為伴隨而來的是平安、寧靜、運用理智正確又條理分明，行動和諧審慎。從人的方面看來，在今生，人不能擁有更美好的事了。

90. 原文在此為la politica，字意是政治或禮貌，是指謹慎之德的主觀部分，人藉以管理自己，造福人群公益，所以，譯為審慎知禮。請參閱聖多瑪斯《神學大全》2–2 · 48 · 1；50 · 2。
91. 即現世、本性和感官的事物，請參閱第十七章第二節。
92. 不定／deleznables：易斷、易碎、不永久和不安定之意。

❸所以，從人的觀點來說，這些德行值得愛與尊敬，是因為其本身的緣故，人能好好地歡樂於擁有和實行它們，也由於其性質，及帶給人現世和人性方面的福分。因為這樣，也因此，哲學家、智者和古代王子尊崇、讚美它們，努力去擁有和踐行[93]。雖然是外邦人，只以現世的方式看中倫理好事，因為他們知道，從中會得到現世、肉身和本性的益處，經由它們，不只得到所追求的福分和聲譽，除此之外，天主愛所有的善事，甚至在野蠻人和外邦人中，如智者說的，也不阻止任何善舉（智七22）[94]，增加他們的壽命、榮耀、權勢和平安，如同祂之善待羅馬人，由於羅馬人施行公正的法律，整個世界幾乎都歸服他們。對那沒有信仰，而不能得到永生酬報的人，因他們的良好習俗，天主賜予現世的賞報[95]。

因為天主這麼愛這些倫理的好事，只因撒羅滿求賜智慧，管教他的子民，公正治理他們，指導他們良好的習俗，他格外獲得天主的歡心。天主對他說，因為他為此目的要求智慧，必要賜給他，他沒有要求的榮華富貴，也要賞賜他，無論過去和未來，都沒有像他那樣的國王（列上三11–13）。

❹不過，雖然在第一種情況中，基督徒應該歡樂於現世所行的倫理好事和善工，只要它們導致我們說的現世的福分，但是，他的歡樂不該停留在第一種方式（如同我們說的外邦人，他們靈魂的眼睛，沒有超越今生可朽生命的事物），因為基督徒有信德的光明，盼望永生，如不然，所有天上人間的事物，都沒什麼價值。唯一和主要的，他應該以第二種方式，歡樂於擁有和踐行這些倫理好事：亦即，他做善工是為了天主的愛，這些工作將使他獲得永生。

也因此，他應該以良好習慣與德行，只專心注目，並歡樂於事奉天主，彰顯主榮。若不

93. 他在此影射斯多噶學派學者the Stoics ，例如塞尼加（Seneca），愛比克泰德（Epictetus）、馬可・奧勒利烏斯（Marcus Aurelius）。聖女大德蘭一向稱呼若望「我的小塞尼加」，可看出斯多噶學說影響若望的痕跡。
94. 思高：好善的。
95. 這些見解可能來自聖奧思定，在《天主之城》5・12–17・3，他詳談這事。

是這樣，這些德行在天主眼中分文不值，如同顯然可見的福音中那十位童貞女，她們都保持童貞，也行善工，但因為其中有五位，沒有以第二種方式歡樂（亦即，使善工的快樂歸向天主），反而以第一種方式，歡樂於保有善工，而被拒於天堂門外，沒有得到淨配的感激和報酬（瑪廿五1－13）。還有許多古代的人持有許多德行，也行善工，今日的許多基督徒亦然，既有德行，也做大事，卻對永生毫無助益，因為他們從中尋求的，不是只屬於天主的榮耀和光榮。

那麼，基督徒的歡樂，不該在於做了善工和遵守良好的習俗，而該在於只為了天主的愛而做，沒有其他任何的動機。因為，正如只為事奉天主而行的善工，會受到光榮的厚報，為其他的動機而行善的人，到了天主面前時，也會有很大的羞愧。

❺所以，為使倫理事物的快樂歸向天主，基督徒應該留意，他們的善工、守齋、施捨、補贖、（祈禱）等，價值不在於它們的量與質，而在於引導他們行善的天主之愛；那麼，行善時，所懷的天主之愛愈純潔和完整，其素質愈有深度，對於無論人間或天上的快樂、安慰和稱讚，愈不存私心。為此，他的心不該執著於愉悅、安慰、樂趣和其餘的私利上，這些常伴隨良好的修行和善工，而要使快樂專注於天主，並渴望藉此服事天主。他要淨化自我，留守於此快樂的黑暗中；他暗地盼望的是，惟獨天主欣喜於他的善工，他且悅樂於其中，而不要有其他的動機或趣味，超過天主的榮耀和光榮。這樣，在這些倫理的事物上，意志的全部力量會專注於天主。

第二十八章

論意志在倫理事物上的快樂，能導致七種損害。

❶ 人對自己的善工和好習慣的虛空快樂，能招致的主要損害，我發現有七種。因為這損害是靈性的，格外具有危害性，我將在此簡潔地描述。

❷ 第一種損害是虛榮心、驕傲、虛榮和自負[96]；因為歡樂於自己的善工，就不能不看重它們。由此生出自誇和其餘的毛病，如福音所說的法利塞人：他以誇耀自己的守齋、禁食和善工，在天主前祈禱和自我吹噓（路十八11-12）。

❸ 第二種損害，通常與此相關聯：亦即，以比較的方式，判斷他人不好和不成全，認為別人的行為與善工，不像自己的這麼好，在心中輕看別人，有時還訴諸言詞。

這位法利塞人也有這個損害，因為他在祈禱中說：**我感謝祢，因為我不像其他的人，勒索、不義、姦淫**（路十八11）。因此，藉著一個行動，他招致二種損害：重視自我和輕視別人。就像在今日，許多人也有相同的作風，說：「我不像某某人，我也不做這或做那，像這個某某或那個某某所做的。」

這些人甚至比法利塞人更壞。雖然法利塞人不只輕視別人，甚至指出某人，說：**我才不像這個稅吏**（路十八11）。然而，他們不滿足於這兩種態度，在看到別人受讚美，或完成更多的事，又比他們更被看重時，他們甚至大發忿怒和嫉妒。

❹ 第三種損害是，在善工中，他們注意的是愉悅，除非看到從中會有些愉悅或讚美，

96. 這裡論及的驕傲、輕視和法利塞人，在《黑夜》第一卷第二章會再出現。

他們通常是不做的。這樣，如同基督說的，**他們所作的一切，都是為了叫人看見**（瑪廿三5）。他們行善工，不是只為了天主的愛。

❺ 第四種損害由此而來：亦即，在善工中，他們希望找到今生的快樂或安慰、榮耀或其他事物的利益，因而就不會找到天主內的賞報。關於這事，救主說，**他們已經得到他們的賞報了**（瑪六2）。所以，他們只得到工作的辛勞，而不知何以沒有任何酬報。關於這種損害，在世人中有這麼多的不幸，所以我認為，大部分公開完成的善行，若不是有毛病，就是分文不值，或在天主面前是不成全的，因為沒有超脫這些私利和人性的觀點。有的人行善工，又建立紀念碑，不就是那一回事嗎[97]？因為，如果沒有被包裹在人的尊敬和榮耀（這些是人生的虛榮）中；或者，如果他們的名字、血統、權貴沒有永久留芳，竟至到此地步，把他們的紋章（名號）或家徽擺在聖堂內，彷彿他們要擺上自己，取代聖像，在那裡供眾人禮拜，除非這樣，他們就不想實行善工了。可以說，在這些善工中，有的人崇拜自己，甚於崇拜天主。事實是如此，如果為了這些理由才行善工，那麼，沒有這些理由時，他們就什麼也不做了[98]。

然而，除了這些糟糕透頂的案例外，還有多少人在他們的善工中，以多種的方式受到這個損害！有的人希望受讚美，有的則希望得到感謝；又有人數算自己的善工，沾沾自喜，巴望這個某某或那個某某，甚至全世界都知道他的善行；有時，他們希望透過第三者來施捨和行善，更可曉諭眾人；還有人希望上述的一切。像這樣就是吹喇叭，是救主在福音中說的，這是愛虛榮者的行善，為此，他們的善工得不到天主的酬報（瑪六2）。

❻ 那麼，為避免這種損害，這些人應該隱藏他們的善工，只讓天主看見，不渴望任何

97. 原文 *¿qué otra cosa se puede juzgar ……*，在此的直譯是「能判斷出什麼別的事嗎？」
98. 整個的中世紀，包括聖十字若望的時代在內，世俗的贊助人捐助教會的機構，他們捐贈修院或教堂時，會要求得到特權，埋葬在某個祭台或聖堂。對貴族世家來說，最重要的是裝飾他們的徽章和盾形紋章，清楚昭示其家世門第。

人的理會。不只該在別人面前隱藏，甚至也該自我隱藏；亦即，他既不該渴望滿意於其中，好像頗有價值而重視他的善工，也不該從中獲取絲毫的快樂。我們的救主指出其靈性的意義，說：**不要叫你的左手知道你右手所行的**（瑪六3），這彷彿是說，不要以現世和血肉的眼光，重視你的心靈善工。這樣，意志的力量專注於天主，在祂的面前結出善工的果實。所以，不但不浪費善工，反而大有功勞。

《約伯書》有段經文，具有這個意思：**如果我以口親吻我的手，我心暗自歡樂，這是很大的罪過和罪惡**（約卅27）。因為，這裏說的手，是指善工，口是指意志在善工中的滿意。如我們說的，由於自我滿意，他說：如果我的心暗自歡樂，這是很大的罪惡，且背棄天主（約卅27–28）；這好似說，他既沒有自我滿意，也沒有暗自歡樂於心。

❼ 第五種損害是，在成全的道路上無法前進。因為，執著善工中的愉悅和安慰，結果，在他們的善工和修行中，找不到愉悅和安慰，當天主要帶領他們前進時，這是常有的事，——會給他們堅硬的食物，即成全的食糧，取走嬰兒的奶水，以驗證他們的力量，淨化他們的虛弱食慾，為能品嚐大人的食糧[99]——這時，由於從善工中找不到所說的樂趣，他們通常變得缺乏勇氣，又失去堅忍的精神。關於這事，智者所說的，指出其靈性的意義：**一隻死蒼蠅，能敗壞香膏的芳香**（訓十1）。因為，當某些克苦臨於這些人時，善工就此告終，不再行善，也失去堅忍，然而在堅忍中，才會有心靈的甘飴和內在的安慰。

❽ 第六個損害是，他們通常被以下的思想欺騙，即令人愉悅的好事和善工比較好，超過那不覺愉悅的。所以，他們讚美和看重這些，而輕看那些。然而，通常向人要求更克苦的善工，尤其是當他尚未精修於全德時，這在天主的面前更被悅納，也更寶貴，因為比起有安

99. 若望在此所說的，近似煉淨的默觀；請參閱《黑夜》第一卷第十二章第一至二節。煉淨也涉及人的善工，因為靈性的甜蜜和內在的安慰，不只來自祈禱，也來自善工。

慰的善工，更能實行棄絕自己，至於有安慰的善工，則易於引導人尋求自我。關於這事，米該亞說：**他們顛倒一切，以惡事為善工**（米七3）。就是說，他們做的是惡事，卻自稱為善工。他們置歡樂於其工作，而非惟獨取悅天主，隨即產生這個惡事。

至於這個損害如何掌權，操控神修人和一般人，說來必會冗長不堪，因為幾乎找不到一個人，完全只為天主工作，而不依靠一些安慰、愉悅或其他方面的利益。

❾ 第七種損害是，只要人不熄滅倫理善工的虛空快樂，對於他該做的事，他會變得不能接受合理的勸告和教導。因為在行善工方面，他有虛弱的習性，把持虛空的快樂而受束縛，或由於他不認為別人的勸告更好，或雖然認為更好，也不願順服，因為他已經喪失這麼做的勇氣。

這些人對於愛主愛人，變得非常馬虎懈怠，因為他們的善工充滿自愛，導致愛德漸漸冷淡。

第二十九章

談論斷絕倫理事物的快樂，靈魂所得的益處。

❶ 不要把意志的虛空快樂，專注在這種事物上，靈魂所得的益處極大。

因為，有關第一個益處[100]是，得免陷於魔鬼的許多誘惑和欺騙，這些誘騙隱藏在這類善工的快樂中，從《約伯書》中所說的話，我們可以瞭解這事：**牠睡在陰影下，在蘆葦的遮**

100. 因為，有關第一個益處／Porque, cuanto a lo primero：原文的表達傾向口語時，就會有如此的現象，多一句「因為」，為使原文完整呈現，在可能的情況下，加以保留。
101. 思高：牠臥在蓮葉下，躺在蘆葦和沼澤深處；蓮葉的陰影遮蔽牠，溪邊的楊柳掩護牠（約四十21–22）。

蔽下，和沼澤深處（約四十21-22）[101]。這段經文說的是魔鬼，因為牠在快樂的沼澤深處，在虛榮的蘆葦（亦即，虛空的工作）中，欺騙靈魂。在這個快樂中，魔鬼暗地欺騙靈魂，並非奇事，因為不必等到魔鬼的唆使，虛空的快樂本身就是騙人的勾當，尤其在心中對善工有些吹噓時。關於這事，耶肋米亞說得很好，他說：**你心內的驕傲欺騙了你**（耶四九16）。因為，有什麼比吹噓還大的欺騙呢？靈魂因淨化這個快樂，得以免受欺騙。

❷第二種益處是，實行善工更平穩和完全[102]。這樣的善工，並非懷著快樂和享樂的情緒；因為透過這個快樂的情緒，忿怒和情慾變得這麼過分，不給理智留有餘地[103]，通常使人在善工和志向上，朝三暮四，扔開這事，開始那事，走走停停，一事無成。因為，他工作是為求愉悅，而這是變化無常的；有些人，比別人具有更強烈的本性，愉悅一中斷，善工和志向也隨之告終，雖然可能是重要的事。像這樣的人，他們善工中的活力和力量，就是其中的快樂：快樂一熄滅，善工就毀滅而告終止，不能堅持。因此，基督提及他們時說：**他們很高興地接受那話，但是魔鬼立刻來到，從他們心中把那話奪去，使他們不至信從而得救**（路八12）。這是因為，除了所說的快樂外，他們沒有其他的力量和根基。那麼，意志離開和斷絕這個快樂，是恆心和成功的原因。所以，這個益處是很大的，反之，損害亦然。智者關心的是工作的實體和益處，而不是工作給與的樂趣和愉快；這樣，他才不會如同打空氣（格前九26），反而能從善工中獲得穩定的快樂，不致乏味。

❸第三種是神性的益處，亦即熄滅這些善工中的虛空快樂，使心靈貧窮，這是天主聖子所說的真福之一：**神貧的人是有福的，因為天國是他們的**（瑪五3）。

❹第四種益處是，棄絕這個快樂的人，行善工時必然溫良、謙虛且明智；因為他的行

102. 平穩和完全／acordadas y cabalmente：兩本英譯在這裡的翻譯略有不同，K.K.：diligent（勤勉）and precise（準確）；A.P.：deliberation（慎重）and perfection（完全）。acordadas這個字含有成熟、和諧、安排得妥當等含意；cabalmente是完全地、準確地，中文根據上下文的解說而譯為平穩和完全。

103. 若望簡略地提及情慾和忿怒的欲望。根據感官和理智對事物的領悟，聖多瑪斯將此欲望分為感官的和理智的欲望。感官的欲望依次劃分為情慾／concupiscible（即尋善避惡的傾向），及忿怒／irascible（對於會阻礙善或造成惡，加以抗拒的傾向）。請參閱聖多瑪斯《神學大全》1·80·2；81·2；1–2·23·1。

事不會猛烈又急躁，受快樂的情慾和忿怒驅使，也不因善工中的快樂，影響他重視工作，因而導致自負，不因快樂而盲目，以致失去謹慎。

❺ 第五種益處是，悅樂天主和人，且得免於靈性的貪婪、貪吃、懶惰及靈性的嫉妒，和其他數以千計的惡事[104]。

第三十章

本章開始談論能使意志快樂的第五種事物，亦即超性的事物。說明何謂超性的事物，與靈性的事物有何不同，以及何以必須使超性事物的快樂歸向天主。

❶ 現在宜於談論第五種能使靈魂歡樂的事物，即超性的事物。所謂超性的事物，在此意指天主的所有恩賜和恩惠，超越本性的官能和能力，稱之為 *gratis datas*（白白賜予的恩寵）[105]。如天主賜給撒羅滿智慧和知識的恩典，及聖保祿說的神恩：信心、治病的奇恩、行奇蹟、說先知話、辨別神恩、解釋語言，還有舌音的神恩（格前十二9-10）。

❷ 這些好事，雖然是真的，也是靈性的，如我們後來要談論的那種，但由於它們之間大有分別，我想要加以區別。因為施行這些神恩，直接涉及人的益處，而天主賜予神恩，正是為了這個益處和目的，如聖保祿說的：**聖神顯示在每人身上的雖有不同，但全是為人的好處**（格前十二7），這話說明了這些恩惠。不過靈性的事物，其施行和使用，只在於靈魂對

104. 在《黑夜》第一卷第一章至第七章，若望詳細談論他所說的靈性的惡事。
105. 原文在此引用拉丁文，也可說是白給的恩典。

著天主，及天主對著靈魂，其間有理智和意志的通傳等，如我們後來會說的⑩⑯。所以，兩者的對象不同，因為靈性的事物，其對象只有造物主和靈魂，然而，超性事物的對象是受造物。在實體上也不同，因此其作用亦然，所涉及的道理必然也不一樣。

❸至於現在要講的超性恩賜和恩惠，即我們在這裡所理解的，我說，為了淨化其中的虛空快樂，在此宜注意這種事物具有的兩個益處：即現世的和靈性的。現世的（益處）是治癒病人、復明盲者、復活死人、驅逐魔鬼、預言未來的事，為使人能小心防備，及其餘這類的事。

靈性和永恆的益處是，透過施行這些善工⑩⑦，或是施行善工的人，或在他們內，或在人面前施行的善工，因而認識和服事⑩⑧天主。

❹至於第一種益處，即現世的，其超性的事工和奇蹟很少值得，或根本不值得靈魂快樂；因為，除掉第二種益處時，對人甚少或毫無益處可言，由於它們並非靈魂與天主結合的方法，有如愛德。而這些超性的事工和恩惠，不必在恩寵和愛德內，照樣能施行。有時天主真的給予恩賜和恩惠，如祂之對待居心不正的巴郎先知（戶廿二—廿四），及撒羅滿；有時透過魔鬼，施行假的事工，如西滿術士（宗八9—11），或經由其他本性的祕道。這些事工和奇事，如果其中有什麼能給施行者某些益處，它們必是真實的，是天主給予的。關於這些（超性事工），若沒有第二種益處，聖保祿已經教導它們所值為何，說：**我若能說人間的語言，和能說天使的語言；但我若沒有愛，我就成了發聲的鑼，或發響的的鈸。我若有先知之恩，又明白一切奧祕和各種知識；我若有全備的信心，甚至能移山；但我若沒有愛，我什麼也不算（格前十三1—2）**等。因此，對以這樣的方式，看重自己及其事工的許多人，當他

106. 見第三十三章第二節。
107. 請讀者注意，這裡說的善工，是指超性的善工，或所謂的超性恩賜或恩惠，也就是現代一般所說的特殊神恩。
108. 服事：原文在此寫的是服事／servido，K.K.英譯本譯為愛／love，不知其詳。

們向基督邀功求榮時說：**主啊！主啊！我們不是因你的名說過預言**，行過奇蹟嗎？那時，基**督要對他們說：你們這些作惡的人，離開我吧**（瑪七22–23）！

❺ 那麼，人該歡樂的，不是自己擁有這些恩惠和施行（神恩），而是，是否從中獲得第二種靈性的果實，即以真愛德用它們來服事天主，在其中存有永生的果實。為此，我們的救主責備門徒們，因趕出魔鬼而歡樂，說：**你們不要因為魔鬼屈服於你們而喜歡，你們應當喜歡的，乃是因為你們的名字已經登記在天上了**（路十20）。根據好的神學，這彷彿是說：歡樂吧！如果你們的名字已經登記在生命冊上。因此，該瞭解，人不該歡樂，除非行走導向永生的道路，在愛德內施行這些事工。因為，不是愛天主的事，有什麼益處呢？在天主眼中，又有什麼價值呢？如果不是堅強和謹慎地淨化所有這些事工，且使之只專注於承行主旨，這愛就不是成全的。總之，經由在愛德內超性的事工，意志才能和天主結合。

第三十一章

談論把意志的快樂置於這種事物上，靈魂所招致的損害。

❶ 我認為，把快樂專注在超性的事工上，能帶給靈魂三個主要的損害，亦即：欺騙和被騙、毀損靈魂的信德、陷於虛榮或某些虛空的事。

❷ 有關第一個損害，因歡樂於這種事工，非常容易自欺欺人。

理由是，為了分辨這些事工，什麼是假的，什麼是真的，又要怎麼樣，及在什麼時候該施行它們，需要許多的勸告，許多天主的光明，由於看重又歡樂於這些事工，兩者都格外受阻礙⑲。

這是由於兩個理由：其一，因為快樂使判斷愚鈍和黑暗；其二，因為有了那些（事工）的快樂，不只使人貪求更快地信以為真，甚至未到時間，就催促人下手行事。

設若這些施行的異能和事工是真的，這兩個缺點也足以使人常常受騙，或不懂它們，一如它們本該被懂的，或沒有受益於它們，也沒有適時合宜地使用它們。因為，雖然是真的，當天主給予這些恩賜與恩惠時，會給人有關它們的光明，也會帶動要怎樣及在何時去施行，然而這些人，由於能對神恩有所貪戀和不成全，仍然能夠犯下嚴重的錯誤，沒有按照天主的完善意願，及天主願意的方式和時間使用它們⑩。如我們讀到的，巴郎就想這麼做，當時，他違反天主的旨意，決定起身前去咒罵以色列。為此，天主發怒，要殺死他（戶廿二22-23）。還有聖雅格和聖若望，希望叫火從天降下，焚毀撒瑪黎雅人，因為他們不收留我們的救主，祂卻為此而責斥他們（路九54-55）。

❸ 由此顯然可見，這些人決定在不適當的時候，施行這些事工，是被某些不成全的情緒推動，沉浸於歡樂和看重它們。因為，當類似的不成全沒有時，只在天主引導的時間和方式下，靈魂被推動和決定施行這些異能，未到那時則是不合宜的。為此緣故，天主藉耶肋米亞抱怨某些先知，說：我並沒有派遣這些先知，他們卻自動奔走；我並沒有對他們說話，他們卻擅自說預言（耶廿三21）。繼續又說：我要懲罰那些預言和傳述幻夢，以自己的謊言妄語迷惑我人民的先知；我既沒有派遣他們，也沒有對他們有所吩咐（耶廿三32）。在那裏也

109. 兩者：指的是許多的勸告和許多天主的光明。
110. 使用它們：即運用超性的好事，也可說是施行神恩。

提及他們說：**他們宣講自己心中的幻想**（耶廿三26）；如果對這些事工，他們沒有可憎的占有，這事也就不會發生。

❹ 因此，這些（聖經）章節，清楚明示，這個快樂的損害，不只來自運用天主給的這些恩惠時心術不正，邪惡敗壞，如巴郎，及這裡所說的，那些以奇蹟騙人的事件，甚至來自天主沒給恩典，卻擅自施行這些事工，就像那隨意講預言，及發表神見的人，這些是他們自己捏造的，或魔鬼呈現給他們的。

因為，當魔鬼看到他們貪愛這些事時，就大開寬敞的田野[111]，提供大量的資料，以多種方式介入其中。於是，這些人因此得意洋洋[112]，膽敢厚顏無恥，大行這些驚人的事工。

❺ 不只這樣！他們歡樂於這些事工，貪求它們，竟然達到這樣的地步，如果先前與魔鬼立約是祕密的（因為施行這些事工，常是透過某種祕密的契約），現在則大膽無恥，與牠立約，明顯又公開，屈服於魔鬼，同意成為魔鬼的門徒，做牠的支持者。所以，才有巫師、奇術師、魔法師、占卜者和巫婆。

這些人歡樂於這些事工，達到這麼糟糕的地步，不只希望用金錢購買恩賜和恩惠（宗八18–19），如西滿術士想要做的；為了服事魔鬼，他們試圖獲取聖物，甚至神性的事物——說來不能不令人戰慄——如已有的見證，竟偷取我們的耶穌基督的至聖聖體，用來做邪惡和可憎的事。祈願天主在此顯示並廣施祂的大仁大慈[113]！

❻ 每個人都能很清楚地瞭解，這些人是多麼惡毒，又是多麼傷害基督信仰。這裡要注意，居住在以色列子民當中，所有被撒烏耳逐出國土的巫師和占卜師，由於他們想要模仿天主的真先知，陷於這麼多令人憎惡和欺騙的行為。

111. 此處，中國人會這麼說，大開方便之門。
112. 這些人因此得意洋洋／con esto tienden ellos las velas：原文直譯是「他們因此大展帆布」，也就是公然開始大行奇事。

❼ 那麼，凡有超性恩賜和恩惠的人，應該斷絕貪求和歡樂於施行它們，不要在意施行這些事工；因為天主以超性的方式賜予恩寵，是為了祂的教會，或其成員的好處，天主也會以超性的方式引導他們，應該要怎樣，或在什麼時候施行。所以主命令祂的門徒們，不要憂慮說什麼，或怎樣說，因為那是信德的超性事工，（由於這些事工無非是超性之事），天主也希望人等待，讓祂推動人心，成為事工的執行者，由於賴天主的大能，才能施展其他的異能。為此，在《宗徒大事錄》中，雖然這些恩惠和恩賜都傾注給門徒們，他們仍向天主祈禱，懇求天主樂於伸出援手，藉他們顯徵兆、施行（超性）事工和治病，使我們的主耶穌基督的信仰廣傳於人心（宗四29－30）。

❽ 第二個損害來自第一個，亦即毀損信德。能有兩種方式：

第一，關於別人。因為，在不適當又沒有必要的時間，施行奇事和異能，除了是試探天主——這是個大罪——之外，他也辦不到，反而在人心中，造成對信仰的不信和輕視。因為，雖然有時做到了，那是為了其他的理由和事故，天主願意如此，如撒烏耳的招魂事件，好似撒慕爾真的顯現在那裏（撒上廿八7－15）。由於在不適當的時候，運用這些恩惠，他們必會犯錯，而且有罪。

第二個方式，能夠使信德的功勞受毀損，因為非常看重這些奇蹟，使人大大失去依靠信德的本質習性，此即黑暗的習性⑭。所以，徵兆與證據愈多之處，相信的功勞愈少。因此聖國瑞說，當人的理性提供了驗證時，信德就沒有功勞了⑮。

因此，除非對信仰有必要時，天主從不施行這些奇蹟。為此，如果祂的門徒見聞祂的復活，就會失去功勞，所以在顯現給他們以前，祂做了許多事，使他們沒有看見祂，而相信

113. 1556年，Pedro Ciruelo在撒拉曼加出版《譴責迷信和巫術》（Reprobación de las supersticiones y hechicerías）。此書顯露巫術在西班牙造成的損害，尤其是在未受教育者當中，他說，在一般人性事務中，魔鬼具有相當的影響力，幾乎和天主等同。當若望應邀斷定是否為附魔事件時，他極其謹慎。他有各種的不同斷定：有一次，在梅地納（Medina del Campo），他認為是修女方面的判斷力不夠；另一次在里斯本（Lisbon），他發現了一個異乎尋常的騙局；其他也有精神憂鬱症的案例。不過，也有真的附魔事件，例如在亞味拉，他為一位奧思定會的修女驅魔，那修女曾用自己的血和魔鬼立約。凡此種種，由於害怕巫術，導致不公平的控訴和殘酷的刑法。

祂。因為瑪麗德蓮首先看到空墳墓，後來天使告訴她有關復活的事——因為**信仰是出於報道**（**羅十17**），如聖保祿所說的——聽到後，使她在看見之前先相信（瑪廿八1-8）。雖然瑪麗德蓮看見祂，如同普通的人，由於祂臨在的溫暖，祂能充分教導瑪麗德蓮在信仰上的缺乏（瑪廿八1-6；路廿四4-6；若廿15-17）。先是這些婦女被派遣去通知門徒們，他們後來才去看墳墓（瑪廿八7；若廿1-10）。還有，祂假裝同行，與門徒前往厄瑪烏，也是先使他們信德的心火熱起來，才讓他們看見祂（路廿四15-32）。最後，祂責備所有的門徒（谷十六14），因為他們不相信來傳報祂已復活的那些人。祂責怪聖多默，因為他要親自驗證祂的傷口，對他說：**那些沒有看見而相信的人是有福的**（**若廿29**）。

❾ 所以，行奇蹟並非天主想要的，就是說，當祂這麼做，是不得不才如此。為此，祂責備法利塞人，因為沒有徵兆，他們就不要相信：**如果你們沒有看到神蹟與奇事，你們總是不信**（**若四48**）。那麼，喜愛歡樂於這些超性事工的人，在信德方面會有許多的毀損。

❿ 第三個損害是，歡樂於這些超性事工，通常使人陷於虛榮，或陷於某些虛空。因為，就算歡樂於這些奇事，這個歡樂本身，如我們說的，沒有完全專注於天主，也沒有歸向天主，是虛空的。我們的主責備門徒們，他們因為魔鬼屈服於他們而歡樂，從中可以看出來：這樣的歡樂，如果不是虛空的，祂也不會責備他們（路十20）。

第三十二章

114. 關於信德的黑暗習性，請參閱第二卷第三章第一節。
115. Homilia 26 in Evangelium 1, in Migne, PL 76. 1197。

談論拒絕超性恩惠的快樂，所獲得的兩種益處。

❶ 由於捨棄這種快樂，靈魂得以避免上述的三種損害，除了這個益處之外，靈魂還得到兩種卓絕的益處。

第一是讚美與頌揚天主；第二是靈魂自己受舉揚。

因為，天主在靈魂內受頌揚，有兩種方式：第一是，人的心，及意志的快樂，斷絕不是天主的一切，而且只專注於祂。在開始這個官能之夜時，我們引用的聖詠中[116]，達味想說的就是這事，亦即：**人心達及高處，天主也必受頌揚**（詠六三7-8）。當人心高舉超越萬物之上，靈魂也受舉揚，超越萬有。

❷ 因為以此方式，惟獨專注於天主，天主受到讚美與頌揚，而向靈魂顯示祂的卓絕與莊嚴。因為，在祂內這個快樂的提升，天主證明了自己是誰。意志沒有倒空對萬物的快樂與安慰，這是不會實現的，一如祂也藉達味說：**放空一切，就會看見我是天主**（詠四六11）[117]。達味又說：**在沙漠之地，沒有水，乾旱涸竭，沒有道路，我出現在祢面前，想要看到祢的威能和祢的榮光**（詠六二3）[118]。那麼，這是真的，把快樂專注於天主，斷絕萬物時，天主受到頌揚，而斷絕這些更神奇的事工，為把快樂惟獨專注於祂，天主受到更大的頌揚，因為超性事物具有更崇高的本質。所以，把它們放開，為使快樂惟獨專注於天主，就是獻給天主更大的光榮與尊崇，更甚於給它們[119]。因為，為了另一位，而輕視那更多和更好的事物，就是給那另一位更大的尊敬與頌揚。

❸ 除此之外，由於意志斷絕這類的事工，天主以第二種方式受到頌揚；因為，不必證

116. 事實上，本書中沒有任何地方引用這句聖詠。
117. 思高：你們要停手！應承認我是天主。
118. 思高：昔日我曾在聖殿裡瞻仰過 ，為看到 的威能，和 的光輝。請參閱《黑夜》第一卷第十二章第六節，若望重覆引用這段詩節。
119. 它們：是指施行超性事工所得的快樂。

據和徵兆，天主得到的信任與服事愈多，天主由靈魂所得的頌揚也愈多，因為他更相信天主，遠超過徵兆和奇蹟能給他的印證。

❹ 第二種益處，靈魂受到舉揚，這是因為，意志斷絕所有外表的證據與徵兆，在非常單純的信德中，靈魂被舉揚，天主格外樂意地傾注和增加這單純的信德，連同其他二個超德，即愛德和望德，也一起增加。因此，透過黑暗和赤裸的信德習性，靈魂享受神性與崇高的認識；透過愛德，享受崇高的愛之歡愉，意志不在別的事上歡樂，只歡樂於生活的天主；透過望德，在記憶中享受滿足。這一切是令人艷羨的益處，是靈魂與天主完美結合的直接與本質的要素。

第三十三章

本章開始談論能使意志快樂的第六種事物，說明其性質，且先加以分類。

❶ 我們這項工作的意向，是指導靈魂藉靈性的事物達到與天主的神性結合。現在這個第六種，我們談的是靈性的事物，這些事物在靈性方面是最有幫助的，讀者和我都要特別留意我們的意見。因為是相當確定且常有的事，由於有些人所知不多，致使靈性的事物只為感官服務，使心靈空空如也。幾乎找不到一人，他感官的樂趣不毀損心靈的美好福分，因為尚未抵達心靈以前，感官已先痛飲而盡，使心靈留處乾枯與虛空之中。

❷那麼，論及我們的主題，我說的靈性事物，是指所有幫助和推動靈魂的那些事物，使之達到神性之事，並使靈魂與天主交談，及天主在靈魂內的通傳。

❸那麼，要開始劃分這最後一種的事物，我說，這些靈性的事物有二種方式：一種是令人愉快的，另一種則是令人痛苦的⑳。每一種也有兩個方式：愉快的靈性事物，包括能被清楚與分明理解的，和其他不能被清楚或分明理解的事物；同樣，痛苦的事物也包括清楚分明的事物，和其他模糊和黑暗的事物。

❹所有這些，我們也能按照靈魂的官能來劃分；涉及認識的，是屬理智的，其他有關情感的，則屬意志，其他想像範圍的，歸屬記憶。

❺後來，我們會談論痛苦的事物，因為它們屬於被動的夜，我們會在那裡加以談論㉑，還有，關於愉快的事物，我們說是模糊和不分明的那種，留到最後再談，因為它們屬於普遍、模糊和愛的認識，形成靈魂與天主的結合，在第二卷中，當我們列舉理智領悟的類別時，我們也說留到最後再談㉒。在此，我們現在要談那些令人愉快的事物，它們是清楚和分明的事物。

120. 若望在此的分類，不同於前五種事物的區分方式，各以三章的篇幅來講解。現在他的分類比較詳細，從本章直到第四十五章，已談了十幾章，還談不完，終至不了了之。
121. 請參閱《黑夜》，尤其是第二卷。
122. 在本書第二卷第十章第四節，第十四章第六節及第十四節，若望答應要在合適之處談論「神性的認識」，即愛的默觀認識。但在這裡，對於這個最重要的題目，他還是說留到後來再談。由於《攀登加爾默羅山》沒有寫完，我們得從其他的著作，即《黑夜》、《靈歌》和《愛的活焰》，去了解若望所要說的。

第三十四章

談論能被理智和記憶清楚領悟的靈性事物。說明關於這些事物的快樂，意志應有的作為。

❶ 如果不是在第二和第三卷中，已詳細談論記憶和理智上繁多的領悟，我們可能要在此費時地說明，用以教導意志，對於能從其中得到快樂的事物，應該如何行事作為。不過，因為在那裡，我們已詳細說明，這二個官能應有的適宜作為，為走上神性結合的道路，意志亦然，對於其中的快樂，也要持相同的態度，在此就不必重覆這事。因為所說的已足夠，無論在什麼地方說到，這二個官能應倒空這些或那些的領悟，要知道，意志亦然，也必須倒空其中的快樂。同樣地，已說過的，對那些所有的領悟，記憶和理智應有的作為，意志也該這麼做。因為意志沒有介入的事，理智和其餘的官能，既不能接納，也不能拒絕，顯然地，同一道理，適用於其一，也適用於其二。

❷ 因此，在這事上應有的作為，可在那裡看到，因為對於所有的那些領悟，如果靈魂不知道把意志的快樂歸向天主，就會陷入那裡所說的，所有的損害和危險中[123]。

第三十五章

123. 這一段取自奧爾巴（Alba）抄本，句子比較完整，根據原文註解譯出。

談論愉快的靈性事物，這是意志能清楚領悟的。說明有多少類別。

❶能以分明的方式，給予意志快樂的所有事物，我們能分為四種，亦即：動機的、誘發的、指導的和成全的。我們將依次談論，首先，動機的事物，就是：聖像、聖者畫像、經堂和禮儀。

❷關於接觸聖像和畫像，能有許多虛榮和虛空的快樂。因為，雖然它們對神聖的禮拜這麼重要，激發意志虔誠這麼的必須，如那些得到我們慈母聖教會批准和使用的（我們常該從中獲益，覺悟我們的冷淡），有許多人，他們的快樂更專注於圖畫，及其裝飾品，而非它們所代表的對象。

❸為了兩個主要的目的，聖教會規定聖像的用法，亦即：為了敬禮聖人；為了激發意志，藉聖像喚醒對聖人的虔敬。當聖像有助於此目的時，它們是有益，也是必須使用的。因此，應該選擇的聖像是，更相像和栩栩如生的，及更激發意志虔敬的，要更專注在此虔敬上，超過工藝及其裝飾的價值和新奇。因為，如我說的，有些人更關注聖像的新奇及其價值，超過所代表的對象。至於內在的虔敬，就是應該以靈性的方式，歸向看不見的聖人，立即忘掉聖像；因為聖像的作用，無非是激發虔敬。這麼專注外在的裝飾和新奇，致使感官稱意又愉快，而意志的愛和快樂都留守於其中。這對真正的靈修完全是障礙，因為其所要求的，是在所有個別的事物上滅絕情感。

❹這事相當明顯，在我們的時代中，有些人以可憎的習俗使用聖像。世俗的浮華裝扮，他們毫不憎惡，他們給態像穿上衣服，那些輕浮的人，時時發明花樣，以滿足他們的

消遣和虛榮；至於連穿在他們身上都該受譴責的衣服，卻給聖像穿起來，這是多麼可憎惡的事，對聖像代表的聖者，更是可憎的行為。在這事上，魔鬼一起合力連手祝聖[124]他們的虛榮，給聖像穿那些衣服，這不會不嚴重地冒犯聖者們。像這樣的態度，對於真誠又極虔敬的靈魂而言——他們拋棄和扔掉所有的虛榮，也不隨從虛榮——幾乎是裝扮洋娃娃。有些人使用態像無異於偶像，他們把快樂專注於其上。所以，你們會看見，有些人增加一尊又一尊的態像，總不滿足。盼望是這樣或那樣，這個或那個工藝，除非是這樣或那樣放，否則就不擺，樣樣都在中悅感官；至於內心的虔敬卻少之又少。他們多麼執著於此，如同米加之貪戀他的神像，或如同拉班；因為神像被偷走，米加遂離家呼喊；而拉班長途追趕後，非常憤怒，搜遍了雅各伯的整個帳幕，尋找它們（民十八23-24；創卅一23-34）。

❺ 真正虔敬的人，使他的虔敬主要專注於看不見的對象上，他需要的態像很少，使用也少，他使用的那些聖像，更相稱於神性而非人性。他給這些聖像——也藉聖像給自己——穿上合適的衣服，相稱於來世及其情況，而非俗世的，因為，不只不讓世俗的形像惹他引起欲望，甚至不讓自己因之而念及世俗，即使眼前有看似世俗之物。他的心也不執著所使用的這些聖像，因為，如果被拿走了，他的難過少之又少；因為他在自己內尋找的活肖像，是被釘的基督，為此，他反倒欣喜於全被取走，空無所有。

這些方法和動機的事物，引導他更親近天主，甚至當它們被拿走時，他依然平靜。因為，這些動機的事物被剝除時，仍保持寧靜與喜樂，比懷著欲望和執著占有它們更為成全。欣喜於幫助靈魂更虔誠的那些聖像，雖然好（為此，應該選擇更能感動人的聖像），不過，這麼貪戀聖像，據之為己有，萬一聖像被取走，則憂傷難過，這樣就不是成全。

124. 祝聖／canonizar：原意指列入聖品，教會宣封為聖人。這是很諷刺的說法。

❻靈魂應該確定這事，他愈以占有的心態執著聖像或動機，他的虔誠和祈禱愈難上達天主。雖然這是真的，因為有的（聖像）比別的更逼真，也有的比別的更引人虔誠，只為這個理由，而喜愛那較好的（聖像），這是適宜的。但卻不是以我說的占有和執著，致使本該帶領心靈，從這裡（譯按，指聖像）飛向天主，立即忘掉這個或那個，卻被感官完全占有，整個沉沒在那工具的快樂中。我本該只用來幫助我（飛向天主），由於我的不成全，卻成了我的障礙，無異於貪戀和占有別的東西[125]。

❼不過，由於你並不清楚知道，成全所要求的赤裸和心靈的神貧，在這個有關態像的事上，你可能有些異議；但在使用玫瑰唸珠時，通常會有的不成全，至少你不能反駁。不在這事上有些軟弱的人，幾乎找不到。希望唸珠是這種造形，而非那種，或是這種顏色和聖牌，而非別的，或這樣的款式，而非那樣。這個不會比那個更打動天主，祂垂允玫瑰經的祈禱，不在於所用唸珠的種類，卻在於單純和內心真誠，這樣的祈禱，關心的無非是悅樂天主，除非與大赦有關，毫不在意這個或那個唸珠。

❽我們的虛榮貪心，其下場和光景就是這樣，不論什麼東西都要緊抓不放；好似蛀蟲，咬噬好的木頭，無論事物好壞，它都有事做[126]。你喜歡帶著新奇的玫瑰唸珠，得要這個樣子，而不要那樣；又寧願選擇這個態像，而不要那個，你注意的，不是它是否更喚醒你內的愛，而是它是否更寶貴和新奇，這豈不是把你的快樂放在工具上嗎？如果你只在愛天主上，運用欲望和快樂，你不會在意這個或那個。可悲的是，看到有些神修人，這麼執著這些動機和用物的樣式與工藝，及其中的新奇和虛空的愉悅。因為你總看不到他們心滿意足，往往擱下一物，另尋他物，變來變去，由於這些看得見的方法，他們逐漸忘掉心靈的虔誠。他

125. 括號內的字是譯者加上的，為使上下文連貫。作者在此忽然轉換成第一人稱。
126. 它是指我們的虛榮貪心／vana codicia：略帶諷刺，意謂貪心無孔不入。

們的執著和占有，等於把聖物當做世俗的首飾，從中導致的不是微小的損害。

第三十六章

本章繼續談論態像，並說明有些人使用態像時的無知。

❶ 許多人對待聖像的粗魯，有許多可以說的；因為他們竟然糊塗到這樣的地步，有的人更信這些聖像[127]，不信那些，認為天主俯聽這聖像的祈禱，比那聖像更多，即使兩個聖像代表同一位，如兩個基督或聖母的聖像。這是因為他們更愛某個工藝，超過另一個，因此，在與天主交往、參與禮拜和應歸於天主的榮耀上，他們粗魯至極，然而，天主只看祈禱者心中的信德與純潔。

因為，天主有時藉某聖像，賜予更多的恩惠，超過同樣的另一個，並非因為這個比那個更靈驗，雖然在工藝上大有不同，而是因為透過這聖像，喚起這些人更深的虔誠，超過別的；而如果，不管透過這個或那個，或甚至連這或那聖像都沒有，他們有同樣的虔誠，也會從天主得到相同的恩惠。

❷ 因此，天主透過這些，而非那些聖像，行奇蹟，賜恩惠，理由不是要使這些聖像受的尊崇比別的多，而是為了藉那個奇事，更喚醒信者祈禱時已沉睡的虔誠和愛情。於是，透過那個聖像，點燃虔誠之情，使祈禱延續（這或那聖像，都是方法，天主藉之俯聽和賜予

127. 聖像／imágenes：指畫像或態像。

所祈求的）；所以，透過那聖像，由於祈禱和愛，天主繼續在那聖像上賜恩寵，行奇蹟。當然，天主不是為了聖像做這些事，因為聖像本身不過是畫作，而是為了，使人對所代表的聖人懷有虔敬和信德。為此，在代表聖母的聖像前，不管是這個或那個聖像，如果你有同樣的虔敬和信德，由於代表的是同一位，即使沒有聖像，如我們說的，你也會得到同樣的恩惠。甚至透過經驗可以看出來，如果天主賜予一些恩惠，行一些奇蹟，通常選用的那些聖像，都是不算很好的雕刻，也不是稀奇的畫作或造形，為使教友不將之歸功於態像或畫像[128]。

❸ 許多時候，我們的主賜予這些恩惠，往往透過那在偏遠又人煙稀少之處的聖像。一個理由是，費力抵達該處，增加更多的愛，也使祈禱更為熱烈。另一個理由是，由於離開喧囂和人群祈禱，如我們的主所做的（瑪十四23；路六12）。因此，無論誰去朝聖，最好去的時候沒有人同行，即使得在特別的時候前往；我從不勸人跟著大夥人去朝聖，因為往往回來時，比沒有去以前更加心神分散。有許多人去朝聖時，一路上尋求娛樂甚於虔誠。

這樣，要是有虔敬和信德，不管什麼聖像，一個就夠了；但若沒有虔敬和信德，什麼都不夠。當我們的主在世時，祂真是活的聖像，然而，那些沒有信德的人，雖然常到處跟隨祂，也看祂行奇蹟，卻沒有得到益處。也就是這個緣故，在自己本鄉，祂沒有行許多的異能，如福音聖史說的（瑪十三58；谷六5-6；路四24）。

❹ 在這裏，我也想說些超性的效果，有時候，某些聖像對特別的人會造成的效果，亦即，對有的聖像，天主賜給他們特殊的靈性，致使那來自聖像的形像和虔敬，存留心頭，彷彿就在聖像面前；當他突然想起這聖像時，會帶給他相同的靈性，像當初看見時一樣——有

128. 十六世紀的西班牙，大部分的人是文盲。畫像、態像和聖像，有助於提醒他們的信仰內涵、聖人的生平，因而喚醒他們的虔敬之情。人們很容易貪戀這些方法，而常常陷於迷信，認為聖像能使他們豐收，或能治好疾病。

時少，但有時甚至更多；可是在別的聖像上，即使工藝更完美，他卻找不到那樣的靈性。

❺ 也有許多人，對某工藝品，比對其他的更有虔敬之情。至於有些人，他們的虔敬，無非是本性的喜歡和愛好，這樣就像當人更喜歡某個人的面容時，自然會更加喜愛他，更會呈現在他們的想像中。雖然作品並不是像別的那麼美麗，因為他們的本性傾向那種形式或形狀的樣式。因此，有些人會認為，他們對這樣或那樣聖像的熱愛是虔敬，但很可能，無非是本性的喜歡和愛好。

有時會發生，注視某聖像時，他們看見聖像移動、顯現和做記號、指示事情或說話[129]。在這裡，我們說的關於聖像的這個情況，及其超性的效果，雖然是真的，也往往是真有效果和好的，那是天主導致的，或為了增加虔敬，或是由於靈魂的軟弱，為了使靈魂有些依靠，而不致分心，但是魔鬼經常下手行事，導致欺騙和傷害。所以，在下一章中，我們會講道理解釋這一切。

第三十七章

談論為何意志的快樂應該藉聖像歸向天主，不致因之而犯錯，也不受阻礙。

❶ 由於聖像有很大的益處，以平常的方式使用，可以幫助人記憶天主和聖人，引導意志虔誠熱心，這是合宜的。不過，聖像也會導致嚴重的錯誤，如果，當所發生的超性事件涉

129. 若望在塞谷維亞時，曾把修院內的基督背十字架聖像移至聖堂，供更多教友敬禮。後來他在聖堂內祈禱時，聽見主對他說：「若望會士，因為你對我做的好事，無論你向我求什麼，我必會應允所求。」若望回答：「主！請給我磨難來為受苦，使我受輕視，不被看重。」此畫像至今仍在塞谷維亞聖堂。

及聖像時，靈魂不知如何自持，以穩妥地邁向天主。因為魔鬼用其中之一的方法，輕而易舉她捉住沒有防備的靈魂，在真正靈性的道路上阻礙他們；就是透過聖像顯現超性和特異的事件，有時藉教會使用的聖物和有形的事物，有時是在幻覺中，安裝某某聖人或其聖像，魔鬼將自己變成光明的天使，進行詐騙（格後十一14）。因為狡猾的魔鬼，在用來補救和幫助我們的方法上，力求偽裝，為使我們上當，更加疏於防備。為此，良善的靈魂使用好事物時，更該心存疑懼，因為惡事本身將證實自己為惡。

❷ 因此，為了避免靈魂能在這事上碰到的所有損害——這些是：阻礙靈魂飛向天主，或以拙劣和無知的方式使用聖像，或因之受到本性或超性的欺騙（這些事，是我們前面說過的），他為了淨化意志在聖像上的快樂，及藉它們使靈魂歸向天主（這是聖教會使用聖像的宗旨），我願在此提出的勸戒只有一句，針對所有情況，這句話就夠了，亦即：由於聖像用來當做看不見之事物的動機，對於這些聖像，我們唯一要努力的，是使動機、情感和意志的快樂，專注於它們所代表的活對象。

那麼，信者要留意，注視聖像時，不要渴望感官沉迷其中，有時（沉迷於）有形的聖像，有時想像的（聖像）；有時美麗的工藝，有時華麗的裝飾；有時是感官來的虔敬，有時是靈性來的；有時來自超性的顯現。這些附質，什麼都不要理會，更不要逗留於其中，卻要立刻高舉心神，上達所代表的對象上。他要以其心靈的祈禱和虔敬，把意志的趣味[130]和快樂，專注於天主，或所祈求的聖人，為使那本該達到真實本尊及心靈的，不會只達到畫像和感官。這樣就不會受騙，因為不理會聖像對他說什麼，不讓感官，也不讓心靈受阻礙，以致不能自由地上達天主；也不會信賴這個聖像，比那個多。由於立即懷著情感轉向天主，那以

130. 原文在此為jugo，即汁液之意，K.K.譯為滿足／satisfaction，A.P.譯為甜蜜／sweetness。

超性的方式給他虔敬的聖像，會賜給他更豐沛的虔敬。因為天主常常賜下這個或那個恩惠，使意志的情感和快樂傾向那看不見的，所以，祂希望我們這麼做，在所有感官和看得見的事物上，滅絕官能的力量和趣味。

第三十八章

本章繼續談論動機的事物。說明經堂及用做祈禱的地方。

❶ 我覺得，我已經解說了，為什麼在這些聖像的附質上，能使神修人有這麼多的不成全，也許危險更多，如果他的愉悅和快樂專注於其中，就像對待其餘有形和現世的事物。我說，也許危險更多，因為人們說：「它們是聖物」，使得人更有把握，而不怕本性的占有和執著。所以，神修人有時大受其騙，因為在這些聖物上感覺愉悅，而自認虔敬滿懷，然而，也許只不過是本性的境況和欲望，因為，就像專注別的東西那樣，他們專注於聖物。

❷ 由此，我們開始談論經堂，有些人，在他們的經堂裡，添加這些或那些聖像，從不覺滿足，悅樂於所布置的風格和裝飾品，為使他們的經堂裝璜雅緻、適意悅人。但是，如此這般，他們愛天主並沒有更多，反而更少，因為他們的愉悅專注在那些彩飾畫作上，而非真實本尊，如我們說過的[131]。雖然這是真的：能加給聖像的所有彩飾、裝飾和尊敬，是很少的，為此，對他們的聖像失禮和不敬的人，該受嚴厲的責備，連同雕刻那麼拙劣態像的人亦

131. 見第三十七章第二節。

然。（拙劣的態像）使人失去虔敬，而非增加。因此，有些做聖像的人，在這個藝術方面既差勁，又粗製濫造，應該加以禁止[132]。然而，懷著占有、執著和欲望，看待這些外表的彩飾和裝飾，當你讓感官這麼樣地投入，強烈地阻礙你的心奔向天主、愛天主、為了天主的愛而忘記萬物，這又是什麼呢？如果為了那些事物，而有這樣的過失，你不只得不到賞報，反而要受處罰，因為在萬事萬物中，你尋求的不是天主的愉悅，而是自己的。

這件事，從以下的敘述可以清楚理解，至尊陛下進入耶路撒冷，在為祂舉行的那個慶祝會中，群眾以歌唱和棕櫚枝歡迎祂時（瑪廿一9），祂流淚哭泣（路十九35－44）；因為，他們的心離祂很遠，他們只以那些外在的記號和裝飾報答祂。我們可以說，他們是為自己慶祝，而非為天主，就像現今常常有的事，當某地方舉行什麼隆重慶典時，他們的歡樂，往往是由於從中得到的娛樂，有時是因為看見什麼，或被人看見；有時是因為吃東西；有時則是為了他自己的一些什麼，而非為了悅樂天主。由於這些傾向和意圖，他們毫不悅樂天主，尤其是那些舉辦慶典的人，發明荒唐和不敬的事物，穿插其中，為引人發笑，使人更加分心；還有一些人，他們布置事物，只為討人喜歡，而非激發虔敬。

❸那麼，有關在所舉辦的慶典中，企圖謀取私利的人，我有什麼話說呢？如果他們更關注和貪求這些，超過事奉天主，他們明知這事，天主也在看著。然而，無論是這樣或那樣做，只要是如此慶祝，與其說為天主，不如說為自己舉行慶典。因為，對那些取樂自己，或討人歡心的做為，天主是不認帳的。許多參加天主慶典的人，尋求的是娛樂自己，於是天主對他們大發忿怒。如同祂之對待以色列子民，當他們舉行慶典，向偶像唱歌跳舞，認為是在為天主舉行慶典時，天主殺死了成千的以民（出卅二7－28）；或如同亞郎的兒子，司祭納

132. 第三十六章第二節，若望為了強調敬禮聖像的超性面，說天主施恩的聖像，通常「都是不算很好的雕刻，也不是稀奇的畫作或造形」。為了避免含糊和偏心，這裡他重申美好聖像的靈性價值，表示應該禁止差勁的雕刻師，他們雕刻的態像「那麼拙劣，使人失去虔敬，而非增加。」

達布和阿彼胡，仍在手中奉獻乳香時，天主殺死了他們，因為他們奉獻上主禁止的凡火（肋十1-2）；或如同那參加婚宴，卻沒有好好裝扮和穿禮服的人，**國王命令捆起他的手腳，把他丟在外面的黑暗中**（瑪廿二12-13）。從中可知，為服事祂而舉行的集會中，這些不敬之舉，對天主是多麼忍無可忍。因為有多少慶節，我的天主啊！世人之子為光榮祢而舉辦，魔鬼卻比祢得到更多好處！這使魔鬼很開心，因為在其中，如同商人，可以做牠的買賣。關於這些事，祢說了多少次：**這個民族用嘴唇尊敬我，他們的心卻遠離我，他們恭敬我也是假的**（瑪十五8-9）。

理由是因為，天主應該受服事，只因天主是天主，不能摻雜別的目的。所以，沒有只因祂是天主而事奉祂，就是沒有以天主為事奉的終極原因。

❹ 那麼，重返經堂的話題，我說，有的人裝飾經堂，為的是悅樂自己，而非取悅天主。有的人這麼疏忽其中的虔敬，比起對自己的俗世小房間[133]更不關心；有些人甚至毫不在意，因為在世俗的東西上，他們得到的快樂，比神性的事物多。

❺ 不過，現在暫且擱下這事，我們還有話要對特別的人說，就是那些自視為虔敬的人。因為其中有許多人，他們的欲望和愉悅，這麼專注於經堂及其內的裝飾，竟致本該用於向天主祈禱和內在收心的時間，全耗費在這些事上。他們看不出來，由於布置經堂時，沒有顧及靈魂的內在收心和平安，在經堂中，就像在別的事物上，導致同樣多的分心，其中那樣的愉悅，使他們時刻不得安寧，又如果想要擺脫這事[134]，情況更糟。

133. 小房間：原文在此是camariles，但在字典查不到這個字，按Fr. Federico Ruiz Salvador的註解，此字等同於camarín 即camarines。
134. 這裡用的是代名詞，按上下文，可解作擺脫從中得到的愉悅，或內心的不安。

第三十九章

談論應該如何使用經堂和聖堂，且藉之使心靈歸向天主。

❶ 為了使心靈在這種事物上歸向天主，要留意的是，由於初學者對世物的喜好尚未斷奶和超脫，准許他們從聖像、經堂和其他看得見的虔敬事物中，得到感官的愉悅和趣味，這是很好，甚至也是適當的，因為用這個快樂來放開另一個；就像對待小孩子，為了拿走他手中的東西，得給他別樣東西，方不致因雙手空空，放聲大哭。

不過，為了進步，所有這些意志能享受的愉悅和欲望，神修人也該予以剝除；因為對於這些事物，單純的心靈極少被捆住，他只處於內在收心，及與天主談心中。雖然他也獲益於聖像和經堂，卻短暫得很，他的心靈立即專注於天主，忘記所有的感官事物。

❷ 為此，雖然在最合宜的地方祈禱更好，不過，總而言之，應該選擇的，是最不阻礙感官和心靈歸向天主的處所。在這事上，我們要採納我們的救主給撒瑪黎雅婦人的答覆，那時她問，何處是最適當的祈禱地點，在聖殿或山上；祂回答她說，真正祈禱的地方，不在山上，也不在聖殿，那些悅樂天父的朝拜者，是以**心神和真理朝拜祂的人**（若四20–24）。

所以，雖然聖堂和清靜優雅的地方，是專用和適用於祈禱之處（因為聖堂不該有其他用途），然而，像與天主交往，這樣內在的事，應該選擇最不占有和吸引感官的地方。所以，不該是惹感官歡喜和愉快的地方，像有些人常常謀求的，因為，心靈沒有專注於天主，取而代之的，是感官的娛樂、愉悅和樂趣。為此，孤寂，甚至簡陋的地方，有益於心靈確實又直接地上達天主，不受阻礙，也不逗留於感官的事物；雖然，感官事物有時幫助提升心靈，不過，這是來自立刻忘記它們，留守在天主內。為此，我們的救主選擇孤寂之處祈禱（瑪十四23），為給我們立榜樣，那些地方不會太干擾感官，反能提升靈魂上達於天主，如那些高山，聳出地面，常是不毛之地，感官無所取悅。

❸ 所以，真正的神修人，從來不受縛，也不掛心，在祈禱的地方，該有這樣或那樣的舒適，因為這仍然是被感官捆綁；而是只求收斂內心，處在忘記這個或那個當中。他選擇的祈禱地點，是最避開感官事物和趣味的地方，注意力從這一切中抽離，為能更享受與天主的獨處，遠離受造物。因為這是明顯可見的事，有的神修人，耗盡時間，布置經堂，成為稱心愉悅的地方，投合自己的性情或傾向；至於內心的收斂，這最要留意的，他們非常不在意，也不很收心；因為，如果他們是收心的，就無法在這些方法中尋樂，反而會使他們厭煩。

第四十章

繼續談論在所說的事上，心靈歸向內在的收斂。

❶ 那麼，有的神修人，從未完全進入心靈的真正喜樂，其原因是，因為在這些外在和看得見的事物上，他們從來都沒有提升欲望的快樂。這些人要留意，雖然合宜且專用的祈禱地方，是看得見的聖堂和經堂，聖像是幫助祈禱的動機事物，仍不該是這樣的，使靈魂的趣

味和樂趣全專注於看得見的聖堂和動機上，使人忘記在活聖殿中祈禱，這就是靈魂的內在收斂。

為了提醒我們這事，聖宗徒說：你們不知道，你們是天主的宮殿嗎？天主聖神住在你們內嗎（格前三16）？這個看法，來自基督所說的，即我們已引述的⑬⑤：真正朝拜的人，將以心神以真理朝拜（若四23）。因為，天主很少理會你的經堂，及你用來祈禱的地方，如果你的欲望和快樂都被它們捆綁，你就不會有什麼內在的赤裸——就是心靈的貧窮，棄絕你能擁有的萬事萬物。

❷ 所以，在這事上，應該清除意志的虛空快樂和欲望，使之在祈禱中歸向天主，只關注於使你的良心純潔、你的意志完全順服天主，及理智真的專注於祂。所以，如我說過的⑬⑥，要盡力選擇最退隱和孤寂的地方，意志的所有快樂，都歸向祈求和光榮天主；至於外在的小小快樂，不要理會，反而要力求捨棄。因為，如果靈魂留意感官虔敬上的愉快，就絕達不到愉悅心靈的活力，此乃在心靈赤裸中，藉內在的收斂尋獲的。

第四十一章

談論以前述的方式，在感官的事物及虔誠敬禮的地方尋樂，所招致的一些損害。

❶ 對於前述的事物，由於神修人渴望從中取得感官的樂趣，會招致許多的損害，包括

135. 第三十九章第二節。
136. 第三十九章第二節。

內在和外在的。因為，關於心靈方面，他絕達不到心靈的內在收斂。內在收斂在於放開所有這些，使靈魂忘記所有這些感官的樂趣，進入靈魂的真正收斂，獲得堅強的德行。關於外在的損害，導致人沒有適應的能力，不能在所有的地方祈禱，只能在投合心意之處祈禱；因此，常常欠缺祈禱，因為，如俗話說的，只知他小村子的那部書。

❷ 除此之外，這個欲望花樣百出，因為這些人從來不會恆心留守某處，有時在某狀況中，他們也呆不住，而是看見他們一下子這裏，一下子那裏；有時在這個獨居室修行，有時在那個；時而布置這經堂，時而那經堂。

其中還有一些人，耗盡他們的生命，全在變換生活的境況和方式；至於這些靈性的事物，他們只有感官的熱心和快樂，他們從來不曾努力，藉捨棄意志，和承受不舒適的痛苦，達到心靈的收斂，每次看到有什麼他認為虔敬的地方，或什麼生活方式，或什麼境況，合乎他們的身分和傾向，馬上追隨它們，丟開原來有的。由於被感官的快樂推動，所以很快就去尋找別的東西，因為感官的快樂是無常的，很快就歸於泯滅。

第四十二章

談論對於三種不同的虔敬地方，意志應該如何自持。

❶ 有三種地方，我發現，天主常藉它們激發意志虔敬。

第一，是某些整頓好的地區和地點，各具不同的悅人布景，有時是地區的布局，有時是樹林，有時是孤寂的寧靜，自然地喚起虔敬之情。使用這些地區是有益的，若能使意志立刻歸向天主，忘記所處的地方，這樣，為達到目的，最好不要逗留在方法與動機上，超過所需要的。因為，如果他們力求娛樂欲望，又謀取感官的趣味，得到的，反而是心靈的乾枯和分心走意；因為除非處於內在的收斂中，無法尋獲心靈的滿足和趣味137。

❷因此，處在那樣的地方時，要忘記那地方，應該力求在己內與天主相守，彷彿不是處身於那地方；因為，如果追求那地方的樂趣和愉悅，四處遊蕩，他們尋找的是感官的娛樂，及靈魂的不穩定，而非心靈的寧靜。

獨居隱士和其他的聖隱士都這麼做，在廣闊無際、優美怡人的曠野裡，選擇為他們夠用的最小地方，建築最狹窄的斗室和洞穴，退隱其中。聖本篤在這樣的地方居住三年，還有別的人，亦即聖西滿，用一條繩子綁住自己，使他的行動不越出繩索的範圍；至於許多這類的事，我們說也說不完。因為那些聖人清楚明瞭，尋求心靈愉悅和樂趣的欲望和貪心，如果沒有熄滅，他們不能成為神修人。

❸第二種方式是比較個別的，因為這些地方，不一定是曠野，或其他什麼地點，而天主常在那裡，賜下一些很令人愉快的靈性恩惠，給某些個別的人。通常，對於在那地方得到恩惠的人，他的心會受吸引，有時也會給他強烈的渴望，切盼重返該地。雖然重返，卻已事過境遷，因為這不是他們能操控的事。因為天主賜予這些恩惠，要在什麼時候、或怎麼樣、或在哪裡，全憑祂的意願，毫不受限於地點、時間或蒙恩者的自由意志。

不過，如果剷除了占有的欲望，有時重返該地祈禱，還是很好的。這有三個理由：第

137. 若望是極有審美眼光的人，他常帶會士們出去，到人跡罕至的孤寂之處，在美麗的大自然中祈禱。他主張的收心，不是只有外在的收心，放棄外在的覺察和使用事物，而是超性的收心（theological recollection），亦即容許大自然傳達超越界（the transcendent）。

一，因為，雖然如我們說的，天主不受限於地點，但好似天主在那地方賜予恩惠，也願意在那裡得到該靈魂的讚美。第二，因為，靈魂的回憶更多，感謝天主在那裡賜給的恩惠。第三，因為，懷有那些回憶，仍會喚起更多的虔誠。

❹由於這些理由，應該重返，但不要認為，天主被限制，只在那地方賜予恩惠，彷彿祂不能隨處施恩，對天主而言，靈魂是更合宜和適當的地方，勝過任何具體的地方。為此，我們在聖經中讀到，亞巴郎建築祭壇，就在天主顯現給他的地方，也在那裡呼求祂的聖名。後來，從埃及返回，依循原路，回到天主顯現給他的地方，在他所築的祭台前，向祂祈求（創十二7－8，十三3－4）。雅各伯亦然，天主立在梯子上，顯現給他的那地方，他做記號，把那塊石頭立作石柱，在頂上倒了油（創廿八13－18）。還有，哈加爾給天使顯現的地方取名字，對那裡十分尊崇，說：**的確，我在此看見了那看顧人的天主**（創十六13－14）。

❺第三種方式是一些特別的地方，是天主選擇的，使人在那裡向祂祈求，如西奈山，天主在那裏頒佈法律給梅瑟（出廿四12），及天主示意亞巴郎祭獻兒子的地方（創廿二2）。

還有曷勒布山，天主在那地方顯現給我們的會父厄里亞（列上十九8）。（以及聖彌格天使奉派服事的地方，亦即加爾加諾山[138]，天使顯現給斯波提諾主教[139]，並說他是該地的守護天使，要在那裡獻給天主一座聖堂，以紀念天使們；還有，榮福童貞聖母選擇羅馬，藉降雪的特殊標記，指示建立聖堂的地點，她希望巴瑞特烏斯[140]以她的名建造這聖堂。）

❻天主選擇這些地方受讚頌，而不選別處，其中的理由，只有天主知道。我們要知道的是，這些全是為我們的好處，為在那些地方俯聽我們的祈禱，及在我們以完整的信德祈求

138. 加爾加諾山：Mt. Garganus。
139. 斯波提諾主教：obispo sipontino／Bishop of Siponto。
140. 巴瑞特烏斯：Patritius。

祂的任何地方。不過，在已祝聖做為敬禮天主的地方祈禱，會有更多的機會得蒙垂允，因為聖教會為此目的，標示並祝聖那些地方。

第四十三章

本章談論許多人用來祈禱的其他動機，亦即各式各樣的禮儀。

❶ 對我們已說過的這些事物，許多人懷有無用的快樂和不成全的占有，由於這些人對它們的無知，也許還有點可以容忍。然而，那些沒有受過什麼教育，又缺少單純信德的人，所導入的各式各樣的禮儀，有些人卻極度依賴它們，真是教人忍無可忍。

禮儀中，那些古里古怪的名稱，或毫無意義的用語，我們要刻不容緩地除掉，以及其他不神聖的事物，就是說，那些愚蠢的人[141]，及粗魯和可疑的靈魂，常在他們的祈禱中置入的不神聖事物，這些，顯然是惡事，而且犯罪，其中有許多是與魔鬼暗中立約的，因此，他們激怒天主，而非得到憐憫。這些事我在此暫且擱下不提。

❷ 不過，關於那些事，我想說的只是，今日，許多人以不明智的虔敬舉行的禮儀（這些並不包括其他那些可疑的方式），對實行虔敬和祈禱的方法和方式，賦予如此之大的效力和信賴，致使他們認為，如果少了某一點，或越過某些限度，他們的祈禱就沒有益處，也得不到天主垂允，他們更相信那些方式和方法，遠超過他們祈禱的活力，因此他們極不恭敬且

141. 在這裡，中國人可能會說：笨蛋。

得罪天主。所以，就像舉行彌撒，一定要有這樣多的蠟燭，不多也不少；或神父得要這樣或那樣主祭；一定要在某某時刻，不早也不晚；或要在某某天以後，不可提前（也不可延後）。祈禱和拜苦路，一定要這樣多，要某某樣子，也要在某某時間，用某種禮儀，並且要不早也不晚，也不可用別的方式。至於舉行禮儀的人，得具備這樣的才能，及這樣特質。他們認為，如果少了點什麼沒做到，勢必一事無成。（然而，其他成千的事物，他們卻允許也使用。）

❸ 更糟糕和不可容忍的是，有些人渴望親身感覺某個效果：如不是他們祈求的事應驗了，就是要知道，他們那些祈禱禮儀的目的應驗了。這無異於試探天主，也極其激怒天主。所以，天主有時許可魔鬼欺騙他們，讓他們感覺和理解根本無益於靈魂的事，由於他們帶入祈禱中的占有心態，他們真是罪有應得，他們渴望的不是承行天主的旨意，而是逞一己之私意。因此，由於沒有完全信賴天主，他們什麼好處也得不到[142]。

第四十四章

談論為何意志的快樂和力量，透過這些虔敬的禮儀，應該歸向天主。

❶ 那麼，這些人該知道，愈依靠這些事物和禮儀，他們對天主的信賴愈少，從天主得到渴望的（恩惠），也得不到。有些人，他們的祈求是為自己的意圖，而非為天主的光榮。

142. 按照若望．依凡哲立斯大會士（Fray Juan Evangelista）的阿爾卡達德抄本，到此就已結束。以下的部分，取自杜魯耶洛（Duruelo）的古老抄本，於1762年併入阿爾卡達德抄本。

即使他們假定，如果天主得到服事，必應允所求，如不然，則不得所求，仍然為了對所求事物的占有和虛空快樂，他們為之增加超量的祈禱。對他們來說，最好把祈禱轉換成實行更重要的事，如：真的潔淨自己的良心、切實關注自己得救的事，所有他們的那些祈求，如果不是這樣的[143]，應該置之不顧。由於這麼做，獲得對他們更重要的，還從中得到其他有益於他們的一切，雖然他們並沒有要求這些，比他們傾全力求這些，獲得更快又更好的應允。

❷ 因為這樣，主在福音中已有許諾，祂說：**你們先該尋求天主的國和它的義德，這一切自會加給你們**（瑪六33）。因為這是最悅樂天主的意向和祈求。為使我們內心的祈求獲得應允，要把我們祈禱的力量，專注在那更悅樂天主的事上，沒有比這更好的方法了。因為那時，祂不只給予我們所求的，即救恩，甚至還賜下祂認為適合我們，又有益於我們的其他事物，雖然我們沒有向祂請求。根據達味在一篇聖詠中的美好解釋，他說：**上主親近那在真理中呼求祂的人**（詠一四五18），就是向祂請求至高真理之事物的人，如有關救恩的事。關於這些人，他接著說：**祂必成全敬畏自己者的心願，俯聽他們的呼號，必施以救援。凡愛慕上主的，上主必保護他們**（一四五19–20）。所以，達味在這裡說的這個親近，無非是天主滿意他們，甚至賞賜那想都沒想過要請求的事物。因此，我們讀到，因為撒羅滿求了一件悅樂天主的事，即智慧，為了能公正地管理人民，天主回答他說：**因為你喜愛智慧超過其他的事物，你沒有要求富貴、財寶、光榮，也沒有要求你敵人的性命，也沒有要求長壽，只為自己求智慧和聰明，好能治理我的民族，即我使你為王管理的民族；為此，智慧與聰明已賜予你了，但我還願將富貴、財寶和光榮賜予你，是你以前的君王從沒有過，你以後也不會有的**（編下一11–12）。於是，天主實現這個許諾，平息撒羅滿的仇敵，邊界諸國都向他進貢，

143. 即良心的潔淨和自己的得救。

表示臣服，彼此相安無事（列上五1、4）。同樣，我們在《創世紀》中讀到，在那裡，天主許諾亞巴郎，要賜給他嫡子的後裔，有如天上的星辰那樣多，祂說：**至於這婢女的兒子，我也要使他成為一個大民族，因為他也是你的兒子**（創十五4-5，七20）。

❸ 那麼，按此方式，在我們的祈求中，意志的能力和快樂應歸向天主。至於天主教會不使用、也未經核准的新發明禮儀，是不可靠的方法；舉行彌撒的方式應由司鐸決定，他在祭台上代表教會，應該如何舉行彌撒，他已有教會的指示。所以，他們不要使用新的方式，好像比聖神和教會還精通。如果以這樣的單純，天主沒有俯聽他們，讓他們確信，即使耍弄更多的新花樣，天主也不會應允。

因為天主是這樣的，如果人與祂要好，承行祂的旨意，他們所渴望的事，祂必會實現；但是，如果只顧自己的利益，那就不必對祂說了[144]。

❹ 至於口禱和其他敬禮方面的禮儀，除了基督所教導我們的，人的意志不要依賴別的什麼禮儀、方式和祈禱。這是很明顯的，當門徒請求教他們祈禱時，祂告訴了他們所有該做的事，為能得到永恆聖父的應允，因為基督深知天父的旨意；而事實上，祂只教給他們〈天主經〉中的七個祈求，這包括我們的心靈和現世的所有需要（瑪六9-13）。祂沒有教導其他許多式樣的話語和禮儀（路十一1-4）。相反的，在另一處，祂告訴他們說，祈禱時，不要說許多話，因為我們天上的父很清楚我們的需要（瑪六7-8）。祂只極力推薦地勸告，我們祈禱要恆心，亦即，以〈天主經〉祈禱，另一處，祂說：**人應該不斷地祈禱（路**十八1）。不過，祂沒有教導各式各樣的祈求，而是要我們時常重覆這些（譯按，即〈天主經〉的七個祈求），也要熱心和認真；因為，如我說的，其中包括所有的天主旨意，和所有

144. 請參閱《靈歌》第一詩節第十三節，第三十二詩節第一節。

適合我們的事。為此，當至尊陛下三次向永恆聖父祈求時，三次都用〈天主經〉內的話，如福音聖史說的：**我父！如果這杯不能離去，非要我喝不可，就成就祢的意願吧**（瑪廿六39、42、33；谷十四36、39；路廿二42）！

祂教我們的祈禱禮儀，只有二選一[145]：在我們隱密的內室祈禱，在那裏沒喧嘩，也不必告訴任何人，我們能以更完整與純潔的心祈禱，如祂說的：**你們祈禱時，要進入你們的內室，關上門祈禱**（瑪六6）；或如果不在內室，則要在孤寂的曠野，如祂一樣，在夜裏最好和最安靜的時間（路六12）。因此，為我們的敬禮，沒有理由指定固定的時間，或固定的日期，或指定要這些日子，而不要那些；也沒有理由指定用其他的式樣，或詼諧的語句，或祈禱文，而只要教會所使用的，並遵照教會的方式使用，因為全都來自我們說的〈天主經〉。

❺ 至於有些人，有時擇日舉行特別敬禮，如九日敬禮、守齋及其他類似的事，我不為此而責備，反而贊許；我責備的是，他們實行敬禮的限定方式和禮儀。如友弟德對拜突里雅的居民說的，她責備他們，因為他們限定天主的時間，等待天主的仁慈，她說：**你們已定了時日等候天主的仁慈。這不會感動天主施予仁慈，反而要激起祂的忿怒**（友八11–17）。

第四十五章

本章談論第二種分明的事物，能使意志陷於虛空的快樂。

145. 意即兩種方式的其中之一。

❶第二種令人愉快的分明事物，亦即，能使意志徒然快樂於其中的事物，包括誘導或說服人事奉天主的事物，我們稱為誘導的事物。宣道者屬於這一類，我們能以兩個方式講論，即有關宣道者，和有關聽眾。因為，無論是宣道者或聽眾，我們都必須勸告，何以在講道的事上，雙方意志的快樂都應該歸向天主。

❷關於第一種，即宣道者，為使人獲得益處，又不使自己受虛空的快樂和自大的阻礙，他應該留意，講道更是靈性的修持，而非只是開口發言；因為，雖然藉外在的言語宣講，除非來自內在的靈性，否則沒有力量或功效。所以，無論宣講的道理多麼崇高，或修辭多麼講究，或台風多麼優美至極，通常帶來益處的，並非這些因素，而是宣道者的靈性。因為，雖然這是真的，天主的話語具有效力，按達味說的，他說，**天主發出聲音，隆隆的聲音**（詠六八34），不過，雖然火有燃燒的能力，但若沒有預備好燃料，火無法燃燒。

❸為使道理有影響力，雙方都應該有準備，即宣道的一方，及聽道的另一方。因為，使人獲益，通常和教導者的預備相稱。為此，一般人說，有其師必有其徒。從前，在《宗徒大事錄》中，猶大司祭長的七個兒子，用聖保祿所說的話驅逐魔鬼，魔鬼憤怒地回答他們，說：**耶穌我認識，保祿我也認識，可是，你們是誰呀？**於是攻擊他們，剝去他們的衣服，打傷了他們（宗十九14–16）。這無非是因為他們缺乏適宜的準備，而不是因為耶穌不願他們奉祂的名做這事；因為有一次，宗徒們責備一個人，他不是門徒，卻以基督的名驅魔，於是要禁止他，主責備他們，說：**不要禁止他，因為沒有任何人，以我的名字行了奇蹟，就會立即誹謗我的**（谷九38–39）。不過，祂反對的是，那些教導天主的法律，卻又不遵守的人，及向人宣講好的靈修，自己卻沒有的人。為此，祂藉聖保祿說：**那麼，你這教導別人**

的，就不教導你自己嗎？為什麼你宣講不可偷盜，自己卻去偷呢（羅二21）？而透過達味，天主聖神說：**天主卻對惡人說：你怎麼膽敢傳述我的誡命，你的口怎敢朗誦我的法令**（詠五十16–17）？這些話指出，天主也不給他們能結出果實的靈性。

❹ 在今世能判斷的情況下，我們平常看到的是，宣道者有良好的生活，也會有豐富的果實，不管他的宣道台風多麼笨拙，修辭多麼貧乏，道理多麼平凡，因為活的靈性點燃熱火。然而，不是這樣的宣道者時，無論他們的台風和道理多麼優美，獲益卻很少。因為，雖然這是真的，美好的台風和動作[146]、優美的道理及能言善道，再加上好的靈性時，會感動人，也會有好效果；然而，沒有好的靈性，即使道理能給感官和理智樂趣和快樂，給予意志的趣味卻很少，或根本沒有。因為，通常，意志仍如往昔一樣，對於善工，還是那麼鬆懈和怠慢，雖然以美妙的方式，說出美妙道理，也只有使聽覺愉快，好像是一場音樂會，或一串鐘聲，如我說的，不會比先前更擺脫自我，這聲音不具有使死人從墳墓中復活的德能。

❺ 聆聽比什麼都好聽的音樂，重要性不大，如果這好聽的音樂，並不比別的更感動我行善工，因為，雖然說的道理很美妙，很快會被忘記，因為沒有點火燃燒意志。因為，除了沒有產生許多果實的事實外，感官執著於道理提供的愉悅，使道理達不到心靈，只讓人看重講道的方式和附質，為了諸如此類的理由，讚美宣道者，追隨他，而非為了從中獲益，以改善生活。

這道理，聖保祿對格林多人解釋得很清楚，他說：**弟兄們，就是我從前到你們那裏時，也沒有用高超的言論或智慧給你們宣講天主的奧義，並且我的言論和我的宣講並不在於智慧動聽的言詞，而是在於聖神和祂德能的表現**（格前二1、4）。

146. 指宣道者的演講動作。

所以，雖然如此，保祿宗徒和我的心意，在這裡，都不是要責備美好的台風和修辭，及能言善道，因為，相反的，宣道者對這些事要非常認真，也像處理所有的事務那樣。美好的台風和能言善道，對於已墮落和毀壞的事，甚至能改善和重建，這就像措詞不當，導致破壞和毀滅好事，……[147]

147.《攀登加爾默羅山》在此突然中斷。根據若望的著書計畫，有許多付之闕如：1）最後這一章，只講宣道者，另外有關聽眾的部分，尚未提及；2）有些地方提到後來再談的，也沒有交待；3）第三十五章第一節，所提的指導的和成全的事物，完全沒有講解；4）至於十六章說的四種情緒，快樂、痛苦、希望和怕懼，只談及快樂，甚至連快樂這個部分也沒有講完。

導讀篇

導讀篇分成三個部分，一、〈聖十字若望純愛的一生與著作〉①；二、〈登山導遊〉；三、〈明鑒洞照、趣機若響〉。第一、二篇由譯者執筆，第三篇是特約導讀，由關永中教授執筆。

〈聖十字若望純愛的一生與著作〉：本篇係譯者應邀發表於輔大《神學論集》的短文，介紹聖人的一生和靈修著作，轉載於此，有助於讀者深入閱讀並了解《攀登加爾默羅山》這本鉅著。

〈登山導遊〉：以導遊方式，聊聊有關本書各方面的趣事和史實，讓讀者了解，本書為何這麼難看難懂，又為何這麼珍貴？聖女大德蘭的書，行雲流水，動人心弦，若望的書卻不然，理由何在？……總之，隨意聊聊，為的是增加讀者的閱讀興趣。

〈明鑒洞照、趣機若響〉：關永中教授以嚴謹的認識論，論述聖十字若望的神祕經驗。這篇特約導讀，寫得既清楚又有深度，集關教授一生的學術功力，他是國內數一數二的認識論專家。為寫本文，他暫停正在進行中的郎尼根專著，並謙虛自承是聖十字若望召喚他寫的，又說，很榮幸刊登在《攀登加爾默羅山》做為導讀。我們深深感激他在專研聖十字若望著作上的貢獻。

1. 這篇文章發表於輔大《神學論集》第168期（2011年7月）：〈聖十字若望靈修的一生與著作〉。

導讀篇1

聖十字若望純愛的一生與著作

前言

聖十字若望和聖女大德蘭是特利騰後期的靈修大師，和聖依納爵同為十六世紀靈修的主流人物。聖依納爵創立耶穌會，他的神操有效地抵抗了文藝復興的異教主義及路德派的寧靜主義，對基督徒靈修有著歷久不衰的影響，一九二〇年，教宗宣封他為退省的主保。至於聖女大德蘭和聖十字若望，歷經四百多年後，於二十世紀，先後受封為教會聖師，肯定他們在默觀祈禱上的卓越貢獻。歐邁安在《天主教靈修學史》上說：「**聖女大德蘭和聖十字若望，他們兩人對於教會靈修教導的貢獻，一直以來，尚無人能出其右，他們的影響深遠，他們的地位卓越，他們的光芒，掩蓋西班牙靈修黃金時代其他所有的靈修學派**②。」

聖十字若望逝世於一五九一年十二月十四日淩晨，八十四年後，一六七五年，教宗克勉十世宣封他為真福，再過五十一年，一七二六年，教宗本篤十三世將他列入聖品，再兩百年，一九二六年，受封為教會聖師，二十六年後，一九五二年，他成為西班牙詩人的主保。綜觀聖人逝世後四百多年來，他的影響持續增長，時至今日，我們可以列舉他的名銜如下：

◆十六世紀的西班牙加爾默羅會士
◆聖女大德蘭的同伴和共同改革者

2. 《天主教靈修學史》，歐邁安著，宋蘭友譯（香港公教真理學會，1991，香港），275頁。
3. 教宗若望保祿二世的博士論文〈*Faith according to St. John of the Cross*〉。
4. 如多瑪斯．牟敦（Thomas Merton）的著作，及許多談論默觀祈禱的書籍。
5. 如本會聖女德蘭本篤（St. Teresa Benedicta of the cross）的*The Science of the Cross~A Study of St. John of the Cross*，她是現象學大師胡塞爾的高足，以現象學的方法探究聖十字若望。關永中教授魯汶大學的神哲學博士論文*Knowledge of the*

◆默觀者和靈修大師
◆聖人及教會聖師
◆基督徒神祕家中的佼佼者
◆最優質的詩人和作家
◆系統的思想家和神學家

這位十六世紀的加爾默羅會士，他講述的天主、祈禱、克苦、黑夜、信德、望德和愛德，至今仍碰觸人心，引發共鳴，除本會會士，喜愛他的人範圍廣泛，可列舉如下：

◆神學和靈修學家③
◆一般的信友和默觀者④
◆神祕家和激進份子
◆哲學家和心理學家⑤
◆文學家和人文主義者
◆教會合一和宗教交談者⑥

描述了聖十字若望現今的粗略輪廓，接下來進入正文，主要分成兩大部分：聖者的一生和靈修著作。

Transcendent~A Comparison of St. John of the Cross and Carlos Castaneda 從認識論的角度和現代的神祕作家比較。精神病治療醫師兼暢銷作家Gerald G. May的The Dark Night of the Soul～A Psychiatrist Explores the Connection Between Darkness and Spiritual Growth，以他的親身體驗印證聖十字若望的教導。

6. 愛爾蘭耶穌會士威廉・強斯頓（William Johnston S.J.）是宗教交談的名將，他對聖十字若望的推崇，清楚流露在《無聲之樂》和《愛的內心注視》中。

聖十字若望的一生

聖十字若望在世四十九年，前二十五年，在赤貧的環境中成長，答覆加爾默羅會的聖召；後二十四年，因會晤聖女大德蘭，改變了他的生命方向，從此捲入加爾默羅男修會的重整和改革。

生命的序幕：

聖十字若望的母親佳琳（Catalina Alvares），生於托利多（Toledo），很小就失去父母。有位來自方堤貝羅（Fontivero）的寡婦，見她乖巧溫順，收容她，帶回到自己的小村莊，教她操持紡織機，紡織絲綢。若望的父親龔撒羅（Conzalo de Yepes），雖也是孤兒，卻是絲綢富商的子弟。由於經營事業，在方堤貝羅巧遇佳琳，墮入情網，不顧家族勸阻，一五二九年和佳琳結婚。從此，龔撒羅遭驅逐，與家族斷絕關係，屈從貧寒處境，辛勞操作，紡織維生。婚後，孩子相繼出生，龔撒羅積勞成疾，久病兩年，若望（Juan de Yepes y Alvares）誕生後，終於撒手人寰。若望出生前不久，小哥哥路易（Luis de Yepes）夭折，佳琳在老二路易的墓旁埋葬了丈夫，回到赤貧的家中，在這世上，她所擁有的只有十二歲的大兒子方濟各（Francisco de Yepes）、及抱在懷中的小若望，也就是未來的聖十字若望，佳琳什麼都沒有，但卻擁有丈夫留給他的愛。

赤貧的黑夜是若望生命的序幕，交織著堅強有力的純愛。佳琳滿懷著龔撒羅的純愛，他

「是一位準備好為愛犧牲一切的人。若望就是這麼一位父親的兒子。……也難怪他後來會在〈情詩〉（*Romances*）中寫道：**在完美的愛中，遵奉的是這條法律：愛人變成相似他所愛的那位。**……當十字若望說到天主對我們的無限大愛時，他只知道溫柔熱情的言語⑦。」

成長：

佳琳挑起撫育的責任，當若望九歲時，做了很明智的決定，舉家遷往商業中心梅地納（Medina del Campo）。從九歲到二十一歲，若望在梅地納接受教育、工作並答覆聖召。他先在一所為窮人設立的教義學校讀小學，除了上學，每天也在聖奧思定修女會的瑪達肋納修道院（the Monastery of la Magdalena）服務，聽候修女的差遣、服事聖堂並做輔祭，同時為教義學校的窮小孩求捨施。小若望聰明乖巧，博人喜愛，讀書能力很強，但對於學習手藝則不太行。

年約十六、七，若望服務於照顧傳染病人的慈善醫院（The Hospital of Conception）⑧，深得院長亞龍索·阿巴雷斯先生（Don Alonso Alvares de Toledo）的賞識，送他進入當地新成立的耶穌會學院就讀，課餘仍在醫院服務。十七歲到二十一歲（一五五九—六三），若望是耶穌會學院的學生，接受非常紮實的人文教育，培育出深厚的古典文學素養。這期間，天天上課，課餘服事窮苦病人，並為醫院乞討捐助，他的日程表緊湊，常是挑燈夜讀。若望積極上進，聰慧有德，深受器重。四年的學業結束，醫院的院長鼓勵他成為教區神父，將來做醫院的駐院司鐸，耶穌會歡迎他。面對未來許多的可能，若望卻選擇進入梅地納的聖安納

7　*Upon This Mountain,* Mary McCormark OCD,（Teresian Press, Oxford,2009）p.14。
8.　這是一間照顧性病患者的醫院，俗稱 Las bubas。

加爾默羅會院。

聖召是個奧祕的吸引，無法解釋，但我們確實知道，他對聖母的虔敬深愛是決定性因素之一。小若望約四、五歲時，有次遊玩掉進小池塘，在危急中，看見一位很美的女子，伸手要牽他的小手，但若望不願把手給她，因為怕弄髒她的手。從幼年起，若望對至聖童貞聖母就懷有深切的虔誠熱愛，他之選擇完全獻身於聖母的修會，是可以理解的。

答覆聖召：

一五六三年，二十一歲的若望入會，取會名瑪迪．若望（Juan de San Matías），發願後，次年進入撒拉曼加大學（Universidad de Salamanca），這是當時的名校，與波隆那、巴黎和牛津大學並駕齊驅。若望是資優生，有責任在課堂上教導講解，協助教授解決反對的意見。藝術學院三年課程結束，二十五歲的若望被祝聖為神父。此時的若望陷入一種內在的掙扎，他所渴望的默觀理想催迫他，不禁嚮往轉入更嚴格的加杜仙會（Carthusians）。一五六七年九月，若望返鄉舉行首祭彌撒，這次返鄉會晤了聖女大德蘭，成為他一生的轉捩點，也是革新加爾默羅會史上的大事。

會晤聖女大德蘭：

聖女大德蘭於一五六二年，在亞味拉（Avila）建立第一座守嚴規的加爾默羅女隱修院，並且完成她的《自傳》初稿，繼而於一五六六年開始寫《全德之路》，革新的會院正穩定地成長。那年總會長魯柏神父（Rubeo）從義大利來到西班牙巡視修會，次年於四月底五月初會見大德蘭，並授權創建更多的革新女隱院，且於八月得到創建兩座男會院的恩准信函。八月十五日，梅地納加爾默羅隱修院正式建院，成為大德蘭的第二座革新女隱院。接著，九月會見若望，說服他留在加爾默羅會內，一起重整修會，同樣可以好好事奉聖母。一五六七年，若望二十五歲，大德蘭五十二歲，他們攜手合作，展開了全面的修會革新，從此，若望的後二十四個年頭，完全投入革新的浪潮，備嘗艱辛，受盡折磨，但也寫下了不朽的史頁。

第二次初學：

次年，一五六八年，若望二十六歲，大德蘭建立了她的第三和第四座女隱院：馬拉崗（Malagón）和瓦亞多利（Valladolid）隱院，分別成立於四月十一日和八月十五日。八月十日大德蘭帶若望到即將成立的瓦亞多利女隱院，教導他革新加爾默羅會的生活方式和精神，大德蘭以實際的修道生活示範，並且為若望裁縫革新修會的會衣，若望是第一位領會衣的會士，說他是大德蘭的真正傳人，一點也不為過。兩個月後，九月底，若望告別瓦亞多利，帶著約七、八封德蘭姆姆的推薦函，路經梅地納和亞味拉，前往杜魯耶洛（Duruelo），預備即將成立的首座男修院。

年輕的小聖人：七、八封推薦信，主要是請求各方可能的援助並介紹若望，只有寫給方濟·撒爾謝多（Francisco de Salcedo）的信留傳下來，大德蘭這麼述說：「……雖然他個子小，但我認為他在天主的眼中是很大的。確實，在這裡的我們會很想念他，因為他是個有智慧的人，非常合適我們的生活方式，所以我相信，我們的主為此召喚了他。沒有會士不稱讚他的，因為他雖年輕，卻奉行非常克苦補贖的生活。不過，看來是上主在帶領他……在他身上，我從未看到有何不成全之處。……上主的神已賜給了他，在這麼許多的困難當中，他的德行給了我很大的鼓勵，也讓我認為我們有個很好的開始。他具有深度的祈禱和明智……。」

此外，根據某位亞味拉修女——安納瑪利亞（Ana María de Jesús）的作證，我們知道二十五歲的若望已是個聖人。這位修女曾問他的神師，在首祭彌撒時，他向天主求什麼？若望回答她：「我懇求至尊陛下賜我恩寵，絕不因大罪冒犯祂，而如果至尊陛下不親手保護我，就像一個軟弱的人，我也可能開罪祂，我也求祂賜我在今生為所犯的罪做完補贖。」修女又問，是否相信天主應允所求，他答說，確實相信天主完全應允。

創立革新男會院：

若望和一名石匠辛勤工作兩個月，簡陋的農舍改頭換面，成為至極簡樸的修道院。十一月二十八日，男修會正式成立於杜魯耶洛，若望和另外兩位會士一起發願，遵守加爾默羅原初會規，並改會名為十字若望（John of the Cross）。兩年後，因聖召激增，房舍不敷使用，遷往曼色納（Mancera de Abajo），一五七〇年六月十一日正式搬遷，這是一次大遊行的遷移，所有參禮者連同會士，步行約五英里，從杜魯耶洛到曼色納，然後舉行彌撒慶典。不過，搬遷前一年，一五六九年七月已在巴斯特日納（Pastrana）成立第二座男修院。一五七〇年十一月，若望必須前往巴斯特日納，那裡已有十五位會士，包括初學生和已發願的會士。他整頓初學院，定立應奉行的規條及應修行的克苦生活，並講解成全的靈修生活。之後，再返回曼色納。

一五七一年，一月二十五日，聖保祿歸化慶日，聖女大德蘭的第八座女隱院創立於奧爾巴（Alba de Tormes），若望前去協助，像個工人般清理新修院，並為修女講解靈修道理。四月，若望被任命為亞爾加拉（Alcalá de Henares）加爾默羅學院的校長，這是本會修生的首座學院，擔任校長者，必須有靈修又有學識，若望是不二人選。一五七二年，若望三十歲，擔任學院的校長，大約在四、五月時，他再去巴斯特日納，改正新初學導師的怪異作風，取消不當的補贖克苦、過長的祈禱時間，明智溫和地勸導：靜默、愛斗室的獨居、聆聽天主聖言及如何祈禱。巴斯特日納及亞爾加拉修生學院是男修會發展的重要據點，由此，我們可以肯定若望在修會發展上的重要影響。

大德蘭求救：

一五七一年，宗座視察員伯鐸．斐南德斯（Pedro Fernádez O.P.）委派她回降生隱院擔任院長，改革、整頓並解決修院的諸多問題。面對這個艱難的處境，大德蘭很快覺察出來，她需要一位靈修大師的協助，即使發展中的男修會很需要十字若望，她還是呈請伯鐸．斐南德斯任命若望為降生隱院的告解神師。三十歲的若望於五月至九月間抵達亞味拉降生隱院，和大德蘭合作了將近五年，直到一五七七年十二月被非革新的會士綁架為止。這五年中，除了幫助改善降生隱院的風氣，導入更退隱獨居的修道生活，還有三件事值得一提。

大德蘭的神婚：

在若望的指導下，大德蘭得到神婚的恩典。大德蘭曾對若望說，她喜歡領大一點的聖體，一五七二年十一月十八日，十字若望故意給她一個分開的小聖體，大德蘭知道神父有意抑制她，就在她領聖體時，耶穌清楚地說：「不要怕，女兒，沒有人能使妳和我分離。」又以想像的神見顯現給大德蘭，伸出祂的右手說：「請看這釘子，這是個標記，表示從今天起妳是我的新娘……我的光榮就是妳的，妳的光榮也是我的。」⑨

神魂超拔：

一五七三年五月十七日，聖三節，大德蘭和若望在談話室談說榮福聖三的奧蹟，兩人同時神魂超拔，離地浮懸，大德蘭跪著升起，若望連同坐椅上升。來談話室找院長姆姆的修女目睹這情景，事後大德蘭感嘆說：「誰也不能和十字若望神父談天主，他會立刻神魂超拔，使別人也跟著出神。」

9. 參閱Santa Teresa Obras Completas, séptima edición, preparada por Tomas Alvares（Burgos, Monte Carmelo, 1994）p.1160, Las Relaciones36；The Collected Works of St.Teresa of Avila. Translated by Kieran Kavanaugh & Otilio Rodriguez（Washington, D.C.：ICS, 1979）Vol. I. p.402, Spiritual Testimonies31。

驅魔事件：

當時亞味拉聖奧思定修女會中，有位修女名叫瑪利亞·歐莉巴蕾思（María Olivares），她沒有受什麼教育，卻能說多種語言，精通各種科學，擅長講解聖經。當代的名人蜂擁拜會，不覺異樣，而她的長上卻對此深感不安。那時，若望的聖德及靈修素養為人稱道，會長修女於是邀請若望來看這位修女。起初若望不允，也許自認年紀尚輕，只三十二歲，又沒有經驗。會長修女再三邀約，難以婉拒，因而前往。

原本能言善道的瑪利亞·歐莉巴蕾思，面對若望，默不作聲，開始顫慄發抖，全身冒汗，彷彿面對法官的罪犯。離開談話室後，若望告訴她的長上，這位修女附了魔，需要多次驅魔。接下來八個月，若望熱心祈禱、守齋和補贖，為瑪利亞·歐莉巴蕾思多次驅魔。原先魔鬼堅持不走，聲稱這位修女是牠的，因為她小時候以血簽下合約書，若望不屈不撓，繼續幫助瑪利亞·歐莉巴蕾思。

有一天，當若望舉行彌撒聖祭時，忽然從上飄下來一張紙，就是這位修女簽署的約書，若望將之燒毀，再經過幾次艱苦的驅魔，終於解救了這位修女。整個驅魔過程，從一開始就向教會法庭報備，若望寫了一份報告，因此有完整的紀錄留傳。一五七四年十月二十三日，教會法庭召見若望，詢問他呈遞的報告。轟動一時的驅魔事件，使若望聲名大噪，此後，他的牧靈服事又多了個驅魔項目。

亞味拉五年：

一五七二—七七年，是若望和大德蘭相處最長的時期，以後再也沒有什麼相逢的機會。但這五年已經夠了，大德蘭於一五七七年十一月二十九日寫完她的《靈心城堡》，不到五天，若望被逮捕。當大德蘭寫這本書時，必定有若望的協助，這是不可否認的。大德蘭是會母，她教導若望革新修會的精神和生活方式，同時，若望也以他的神哲學、深度的靈修素養致富了大德蘭。歐邁安說得很好：「若望的著作與大德蘭的著作，互補長短，配合得天衣無縫，甚至要了解其中一個的思想，最好的辦法是研究另一個的著作。當然他們兩人有顯著的分別，不過，所不同的是他們的取向，而非本質⑩。」雙方的影響深入而互惠，亞味拉的五年，實在是恩寵滿滿。

監禁九個月：

赤足和非赤足修會間的衝突和誤解日漸白熱化，十字若望被視為非赤足修會的頭號叛徒，一五七七年十二月初，被非赤足會士以武力夾持帶往托利多，關進非赤足加爾默羅會在卡斯提最大的會院，接受判決和處罰。另一位和他同住的會士也被逮捕，拘禁在亞味拉，這位會士很快逃脫，為此之故，他們把若望從正式牢房轉到超小的牢房，只有九英尺長、五英尺寬的地方，受盡肉體和精神的折磨。在暗無天日中，若望構思並寫下不朽的名詩——〈靈歌〉。一五七八年聖母升天節前夕，半夜裡，他撕開床單接成繩索，從窗口逃出牢獄，奇蹟

10. 《天主教靈修學史》，歐邁安著，宋蘭友譯（香港公教真理學會，1991，香港），270頁。

般地找到托利多的赤足加爾默羅會女隱修院，得到修女的庇護，送他就醫，再送他到比較安全的南方。

受苦很少：

兩個月後，若望出現在貝雅斯（Beas）隱院，距離他要前往的埃加耳瓦略（El Calvario）只有七英里。貝雅斯隱院是聖女大德蘭在安大路西亞創立的第一座女隱院，此時的院長耶穌·安納姆姆（Ana de Jesús），面對受盡折磨、骨瘦如柴、面色蒼白的小會士，散心時，安排路西亞和方濟加（Srs. Lucía de San José、Francisca de la Madre de Dios）兩位修女唱歌愉悅若望，她們選唱當時出名的隱士貝德羅會士（Fray Pedro de San Angelo）作的曲子：

> 在今生充滿痛苦的幽谷
> 凡不知受苦者
> 對美好事物必一無所知
> 也品嚐不到愛
> 因為受苦是愛人的裝扮。

方濟加修女作證，當若望聽見所唱的歌詞，深受感動，淚流不止，他一手緊握格窗，另一手示意停唱，整個人出神了一個小時，沉浸在痛苦中。等若望返回己身時，他說天主使他明白了，為天主受苦蘊含極大的美善，他之所以痛苦，是因為他「**所受的苦很少，以致不能**

獲知這美善」。這句單純誠摯的話打動在場的修女，也引發她們為主受苦的渴望。

平靜的十年：

接下來的十年，一五七八—一五八八年，若望歷任男會院的長上，也是女隱院的神師，照管修會的發展，一五七九年於培亞城（Baeza）創立南方的首座本會修生學院，兼任校長。一五八一年修會得到教宗的批准，革新修會得以獨立，不受非赤足修會管理。赤足修會於三月三日在亞爾加拉召開大會，若望參加這次的開會，被選為總會第三參議，兼任革拉納達的會院院長。

一五八一年十一月二十八日，他路經亞味拉，會見聖女大德蘭，這是他們今生最後一次的會面。次年元月抵達革拉納達，開始他的新任職。革拉納達可以說是聖十字若望的書桌，因為他在此完成了大部分的著作，在埃加耳瓦略時，很可能已開始註解《攀登加爾默羅山》和《靈歌》，但真正完成則是在革拉納達。一五八五年參加里斯本會議，獲任總會第二參議及安大路西亞的代理省會長。

修會內部的陰影：

修會持續地拓展，不斷在各處建立隱院和男會院，不過，革新修會的內部開始出現陰影。

一五八五年多利亞神父（Doria）繼承古嵐清神父的會長職，由於古嵐清神父保護隱修女，並且堅持聖女大德蘭的管理原則和理想，和多利亞的觀點相左，一五八八年五月二日古嵐清喪失修會內的重要任職，成為一名普通會士。

同年六月十九日，若望參加里斯本總會會議，受委任第一總參議，並擔任塞谷維亞（Segovia）院長，兼代理總會長，當總會長視察各地時，由他管理會務。十字若望同樣忠於大德蘭的修會理想，一五九〇年六月，多利亞召集特別會議，提出兩項議案：第一，放棄管轄修女的職權。這是報復的舉動，因為耶穌．安納姆姆獲得聖座的諭令，禁止更改大德蘭的會憲，並規定修女只受一位革新修會的神父管理，而且是由總會長從院長中選出的神父，而非多利亞所願，由他提議的參議團來管理。第二，從革新修會中開除古嵐清神父。此時，聖十字若望公開說：「如果你們要處罰古嵐清神父，你們也該處罰我。」這是靈魂的聖潔高貴，他以非常清晰的方式表明意見。

次年會議，一如所料，若望喪失修會內的任職。消息傳出，掀起強烈的保護熱潮。若望寫信給塞谷維亞隱院院長降生．瑪利亞姆姆：「女兒！不要讓發生於我的事惹你憂苦，因為這並沒有惹我煩憂。最令我憂苦的是未犯過者受了責備。是天主做這些事，不是人，祂知道什麼最適合我們，且替我們做最好的安排。要想是天主安排一切，而非其他，在那沒有愛的地方，給予愛，你會導出愛。」此乃若望面對黑夜時的心態。

我願為祢受苦：

若望擔任塞谷維亞院長時，有一次在修院的聖像前祈禱，這畫像栩栩如生，耶穌頭戴茨冠，背負十字架，臉上流著血絲，受苦的面容寧靜出奇，雙目下垂微張，情願受苦的神情，深深觸動若望的心。他想這麼好的畫像只放在會院內，太可惜了，要是供奉在聖堂，不只會士，連外界人士都可以敬禮。他立刻採取行動，完成此舉。某日當他在這聖像前祈禱時，基督對他說：「若望會士，因為你對我所做的好事，無論你向我求什麼，我必會應允所求。」若望回答：「主！請給我磨難來為祢受苦，使我受輕視，不被看重。」

主基督真的應允若望的祈求，一五九一年六月，若望喪失修會內重要任職，被貶下放到南部的偏僻會院，八月十日抵達該會院。雖然若望欣喜地在培紐耶納獨居，卻有會士採取陰謀和毀謗，刻意中傷他，打算開除他。這真是若望一生中最痛苦的黑夜。九月中旬，若望腿部發炎，發燒不退，長上命他尋求更好的醫療，要他選擇去培亞城或烏貝達，他說：「我去烏貝達，因為培亞城的人熟識我，而烏貝達則沒有人知道我。」

九月二十八日，若望前往烏貝達，烏貝達修院的院長很不友善，讓他住在最糟的斗室，又當面數落他帶來的麻煩。若望的病勢每下愈況，腿部的潰瘡擴散，後背出現一個比拳頭大的腫瘤。雖然若望欣喜於烏貝達沒有人認識他，結果卻使全城的人為之傾倒。照顧他的醫生震驚於他的溫良慈善和忍受病苦，稱讚若望的聖德，引起全城的人對他的關注，大家爭先恐後提供給他所需要的一切。

生命末刻：

十二月十三日，若望自知時間到了，請院長神父來，求他寬恕帶來的麻煩和花費，最後說：「那邊有件我向來穿著的聖母聖衣，我貧窮且一無所有，我請求可敬的您，為了天主的愛，把這聖衣當做施捨，給我埋葬時穿。」院長神父接著請求若望的寬恕，淚流不止，步出斗室，從此徹底悔改，成為一個很好的會士。院長神父再走進來，跪在若望床前，請求若望把日課經本送給他當做紀念，若望親切地回答：「我什麼也沒有可以給您的，一切都是您的，因為您是我的長上。」

中午一點時，若望問是什麼時候，他說：「願光榮歸於天主，我問是因為，今夜我必須在天堂詠唱誦讀日課。」下午五點，祈禱的鐘聲響起，若望說：「主！我是幸運的，無功無德的我，祢卻願意我今夜在天堂享見祢。」到了晚上十一點半，若望自知時候到了說：「現在我的時候近了；請告訴會士們。」所有會士都進來，圍繞在他身邊，開始唸起助善終禱文，不一會兒，若望對院長說：「神父！請唸《雅歌》，因為這些（經文）我不需要！」他熱切地聆聽《雅歌》中充滿愛情的話語說：「多麼寶貴的珍珠啊！」當誦讀的鐘聲響起，若望問：「響起的鐘聲是什麼？」他們回答：「是唱誦讀日課的鐘聲。」若望張開他的眼睛，慈愛地注視在場的每一位，彷彿向大家說再見，以歡欣喜樂的聲調說：「我要到天堂詠唱誦讀日課。」他親了親手上的苦像，祈禱說：「主！我把我的靈魂交在祢的手裡！」輕柔地閉上雙眼，離開人世。

一五九一年十二月十四日星期六，特敬榮福童貞聖母的日子，開始的第一秒，若望進入天堂。

《愛的活焰》第一詩節30小節，聖十字若望描述達到高境靈魂的死亡，正是他的寫照：

須知，已經達到這個境界之人的死亡，即使死亡的自然環境相似，他們的死因與死狀和其他的人大不相同。如果其他的人因老病而死，這些人的死亡則非如此，儘管他們也是生病或年邁。因為，除非藉著某些愛的衝勁和相遇，他們的靈魂不會被強奪而去。這遠比前者高妙卓絕，更有力，也更英勇，因為它撕破此紗，並且帶走這顆寶石，亦即靈魂。

這些人的死亡是非常溫和甜蜜的，比塵世的全部靈性生命還要甜蜜溫和。因為他們在愛的至高衝勁和歡愉相遇中去世，相似天鵝在瀕死之際，所唱的歌更是甜蜜無比。所以達味說：「聖人的死亡在天主眼中是珍貴的（詠一一六15）。」靈魂的富裕全都匯聚在這裡，愛的河流全部傾注入海，因為這些愛的江河被封鎖，以致浩瀚無垠，有如海洋。義人離世升天之際，從他的第一個寶藏，到最後一個，全都堆積在一起，伴隨著他，如依撒意亞說的：「我們從地極聽到讚美的歌聲：光榮歸於正義者（依廿四16）。」

下葬和移靈：

十二月十四日當天中午舉行葬禮，各修會的會士及神職、民眾蜂湧前來，他們說，不是來為亡者祈禱，而是求亡者代禱。還有許多人拿著剪刀，要剪若望的衣服和身體當做聖髑，為此，必須無比費力地加以阻止，否則後果不堪設想。九個月後，由於安納夫人（Doña Ana de Peñalosa）獲准移靈至塞谷維亞修院，派人前來，打開墓穴，發現聖十字若望屍身完好，彷彿才下葬一般。移靈者不敢輕舉妄動，隨即再次封墓，兩年之後才正式將若望的聖身遷至塞谷維亞。安置之前，因民眾的請求，得於聖堂中瞻仰，八天之久，聖身散發香氣，滿堂芬芳，令人稱奇不已，讚美天主。

靈修著作

聖十字若望和其他的教會聖師比較起來，他的著作實在很少，而且呈現出前後的一致性，及不變的主題。他的中心主題是指導人達到神性結合：《攀登加爾默羅山》和《黑夜》談的主題是靈修生活中的淨化，外、內感官和心靈的主動和被動的淨化。《靈歌》：談論靈修生活中的進程，靈魂如何經歷煉路、明路和合路達到神婚，等待圓滿的榮福境界。《愛的活焰》：更深地發揮已達神婚者的結合特質。

聖十字若望的著作劃分如下：

1. 詩集
2. 光與愛的話語
3. 勸言；勸告一位會士
4. 書信
5. 《攀登加爾默羅山》
6. 《黑夜》
7. 《靈歌》（包括A和B兩個版本）

8.《愛的活焰》（包括A和B兩個版本）

1－4是小品，5－8是論著。所保存的作品，詩行不逾一千，論著不逾一千頁。過去的聖十字若望全集，編排的次序是《攀登加爾默羅山》、《黑夜》、《靈歌》、《愛的活焰》，最後是小品：詩、格言、書信。然而José Vicente Rodrigues和Federico Ruiz Salvador編輯的全集則非如此，詩和格言放在最前面，繼而《攀登加爾默羅山》等，最後是書信。柯文諾神父（Kieran Kavanaugh, OCD）的英譯本，原先也採取古老的順序，一九九一年再版時，仿照西文版，把詩和《光與愛的話語》放在最前頭，並解釋，他之隨從西文版的作法，更改順序，是為了提醒讀者，開始研讀若望的大作前，先閱讀他的詩獲益良多。我們約略介紹聖十字若望的著作。

1）詩集

聖十字若望的詩之獲得賞識，其實是近百年來的事。他寫的詩毫無說教或勸人為善之類的話語，所流露的是極美的詩境，是神祕經驗極致的表達，是藝術創作，可謂登峰造極的詩作。按照西文及英譯本，所收錄的詩只有十五首，其中包括〈靈歌〉兩個版本。

〈靈歌〉是靈魂與新郎（基督）對唱的詩歌。始於「祢隱藏在哪裏？心愛的，留下我獨自嘆息，祢宛如雄鹿飛逝，於創傷我之後；我追隨呼喚，卻杳無蹤跡（第一詩節）。」靈魂熱切尋找她的心愛主，哀嘆著：「為何祢創傷此心，卻不醫治？偷取了我的心，又怎的留它如此？為何不帶走這顆祢偷去的心（第九詩節）？」新郎深受感動，終於出現說：「歸來，鴿子，受傷的雄鹿，出現在高崗上，因妳飛翔的微風而舒暢（第十三詩節）。」靈魂和新郎基督相遇，她欣喜地歡唱：「我的愛人是綿綿的崇山峻嶺，孤寂的森林幽谷，奇異奧妙的海島，淙淙迴響的江河，撩情的微風呼嘯，寧靜的深夜。於黎明初現之際，默默無聲的音樂，萬籟交響的獨居，舒暢深情的晚宴。（第十四和十五詩節）。」若望用優美的象徵說明靈魂的默觀經驗，靈魂對天主的神祕體驗。接下來描述靈魂更深的追隨和淨化，達到結合，其詩作之美，意境之動人，實不可言喻：「花兒朵朵，翡翠片片，清涼早晨細挑選，我倆同來編花圈，祢的愛內群花開遍，再用我柔髮一絲穿連。細思量，一絲秀髮頸上飛揚，凝視髮絲飄頸項，著迷神往，因我一眼祢受創（第卅和卅一詩節）。」達到結合時：「心愛的，我們來欣享歡愉，在祢的美麗中，觀看我和祢，上高山，下丘陵，行到清水湧流處，深深探入叢林（第卅六詩節）。」又「風的噓氣，甜蜜夜鶯的歌曲，樹林與其靈巧秀麗，在寧靜的夜裏，燃燒著焚化而無痛苦的火焰（第卅九詩節）。」整首詩歌充滿甜蜜、深情、幽雅的愛，是天人之間的永恆戀歌。限於篇幅，詩作方面只介紹〈靈歌〉，其餘的詩，大致而言，帶有類似的風格，請讀者自行品味。

2）《光與愛的話語》

這是語錄形式的小書，收錄近兩百則語錄。因來源的不同，分成四個部分，第一部分是若望的親筆稿，是若望所有著作中難得一見的親筆手稿。其餘三個部分則由不同的手抄本組成。

這些語錄多半是短句，但也有幾則例外，如第二十六句之前有個標題：著迷於愛之靈魂的祈禱，長長的一段，開始時寫得楚楚動人，結束時卻氣勢磅礡：「主天主！我心愛的！如果祢還惦記著我的罪，不應允我的祈求，我的天主！祢就這麼做吧！祢的聖意正是我最願意的……我的天主！祢必不會從我奪去，在祢唯一聖子耶穌基督內，祢曾一次給我的，我所渴望的一切，祢全給了我……蒼天屬於我，大地屬於我，普世萬民屬於我，義人罪人屬於我。天使屬於我，天主之母、萬般事物全屬我有。天主本身屬於我，且為了我，因為基督全是我的，且為了我。那麼，我的靈魂，妳究竟祈求什麼？妳究竟尋覓什麼？這一切全屬於妳，且為了妳。切勿蹤身卑微瑣事，切勿留戀天父桌上落屑。迎向前，狂歡躍，隱身光榮內！妳必得償心靈所願。」

本書是靈修格言書，其中充滿像這樣的話語：「如果你想要達到神聖的收心，不是來自接受，而是拒絕接受。」有長有短，有深有淺，透露若望靈修指導的精髓，三言兩語，點出要旨。

3）《攀登加爾默羅山》與《黑夜》

雖說是兩本書，但從書的結構、處理的問題、使用的語詞，顯然是有系統的一部書，同樣是《黑夜》這首詩的註解。若望說：「靈魂要達到成全的境界，通常必須先經過二種主要的夜。」（山1·1·1）所謂「兩種主要的夜」，指的是主動和被動的夜。若望說，將在第四卷中談被動的夜，《山》第一卷談主動的感官之夜，第二卷和第三卷談主動的心靈之夜；然而，《山》只有三卷，在若望的計畫中，《黑夜》可視為第四卷。簡言之，《山—夜》可說是一本大書，內含四本小書，標示如下頁圖表：

《山》第一卷／主動感官之夜：若望首先解釋為何與主結合的歷程為夜，夜是個象徵，

《攀登加爾默羅山》－《黑夜》			
1《山》第一卷：15章	主動感官之夜	克制欲望	註解第一詩節
2《山》第二卷：32章	主動心靈之夜	信德－淨化理智	註解第二詩節
3《山》第三卷：45章	主動心靈之夜	望德－淨化記憶 愛德－淨化意志	
4《夜》第一卷：14章 第二卷：25章	被動感官之夜 被動心靈之夜	天主淨化靈魂	註解第一詩節 註解一至三詩節

表示靈魂的淨化（山序・6）。他說，達到與主結合，必須經過三個夜，首先剝除並棄絕對世物的欲望，這是指「感官的夜，相似黃昏，當事物逐漸自視野中消逝的薄暮時」（山1・2・5）；第二個夜指到達結合的方法，亦即信德，有如深夜，完全黑暗。第三個夜指到達的終點，亦即天主，接近夜盡天明，曙光即將出現。三個夜合起來是一個夜。「這三個夜經過靈魂，或更好說，靈魂經過它們，達到與天主的神性結合（山1・2・1）。」這正是整部書的內在結構。

克制欲望、主動進入感官之夜是第一卷的中心主題，也可說是針對初學者的克修論，若望不談行什麼祈禱、敬禮，或修什麼德行、神工之類的事，他追究情感的境界如何、情緒成熟與否，涉及人的情感、執著的心態，他稱之為錯亂的欲望。欲望使我們疲累、受折磨、黑暗、汙損和虛弱。神修生活中破壞力的根源是欲望，他說：「一隻小鳥，被細線或粗繩綁住，並沒有差別。因為，即使是細線，小鳥被捆住，與綁在粗繩上完全一樣，小鳥無法掙脫細線，展翅高飛。細線較易掙斷，這是真的，然而，無論如何容易，不先掙斷，小鳥仍然不能飛翔。執著於某一事物的靈魂亦然，雖然有更多的德行，也達不到神性結合的自由（山1·11·4）。」

克制欲望等於主動進入感官之夜，他說：「通常靈魂進入感官之夜有兩種方式：主動與被動。主動即是靈魂為了進入此夜，自己能做和所做的……。被動是靈魂不做什麼，惟有天主在她內工作，她有如被動者。這是第四卷的主題……（山1·13·1）」要如何進入呢？他說：1）在一切行事中，要懷有效法基督的經常欲望；2）為能完善地效法基督，凡能給予感官享受的，如果不是純然為了天主的榮耀和光榮，要為了愛耶穌基督而棄絕它們，並保持空虛（山1·13·3–4）。又說為使情緒和諧平靜，徹底治癒的良方是：「經常努力傾向：不是最容易的，而是最難的；……不是最稱心滿意的，而是較不如意的；……不是企盼什麼，而是什麼也不企盼；不要四處尋求現世事物中較好的，而要尋找較壞的；並且渴望為了基督，在世上的諸事中，進入完全的赤裸、空虛和赤貧（山1·13·6）。」選擇徹底效法基督，讓欲望只有一個正確的導向，這是若望以基督為中心的克修觀。問題不在於做什麼，而是更深的心理層面，為什麼做？內在的動機是什麼？這才是關鍵點。

《山》第二卷、第三卷／主動心靈之夜：聖十字若望的書，主要是解決加爾默羅會士祈禱上的疑難雜症，這是個獻身於默觀祈禱的修會，每天有許多的靜默、獨居、退隱、祈禱……，與天主親密交往是修會的使徒服事。感官的主動之夜對會士而言，問題不是那麼大，因為入會者已離家棄俗，所以他著墨不多。問題最多的是：在深沉的靜默、漫長的孤寂、徹底的退隱、無邊無際的祈禱中，心靈內理智的活動、記憶的翻攪、意志的歸屬等等，這是若望在本書中要處理的大事。這些問題，套用現代人的說法，涉及人的認知能力、深層的心理動向，由於面對，或說交往的對象是天主，神祕經驗更是一個燙手山芋，若望寫著寫著，不禁說出這句話：**「就事實而言，這是很少以這樣的形式，在言語或文章上談論的主題，因其本身是特殊的與隱晦的（山2．14．14）。」**

說得沒錯，他以清晰系統的哲學架構，囊括所有可能的神祕經驗，剖析這個「燙手山芋」，淋漓盡致，他用了很大的篇幅，條理分明地論證，除了**「模糊、黑暗和普遍的認識」**，其餘的一切都要棄置。以下是《攀登加爾默羅山》第二卷第十章中，若望對理智超性認識的劃分：

一、身體的超性認識：

A.外感官：藉視覺、聽覺、嗅覺、味覺、觸覺得到超性的顯現與對象。看見另一生命世界的人與形像：聖人、好天使與壞天使、非凡的光明與光輝；聽到特殊的話語，有時來自神見中的人，有時沒看見說話的人，等等。

B.內感官：想像的神見。

二、心靈的超性認識：

A.清楚與個別的認識：有四種特別的領悟，無須經過身體的感官而傳達給心靈：神見、啟示、神諭、心靈的感受。

B.模糊、黑暗和普遍的認識：默觀。

什麼叫做「模糊、黑暗和普遍的認識」呢？又為什麼如此呢？這也就是若望在第二卷中盡全力解說的重點，不惜引經據典，精彩舉例。**「模糊、黑暗和普遍的認識」**對若望而言，就是默觀，是與天主交往中，理智的最佳狀態，人的理智能達到的極限。所有能真的看到、聽見……，甚或想到或懂得的什麼，即使是從天主來的，也不要留戀或想望，因為無論是多麼崇高的經驗，都不能和天主畫等號，而貪求神祕經驗，像貪求有形之物一樣，會造成很大的傷害和阻礙。

在神祕經驗上，他的懇切教導是：「現今凡求問天主，或渴望什麼神見或啟示的人，不只愚蠢狂妄，也冒犯天主，因為他沒有完全注視基督，而渴望其他什麼東西或新奇的事。天主可以這樣回答：如果我已經在我的聖言，亦即我的聖子內，告訴了你所有的事，而且沒有別的話了，我現在能有什麼比這更好的，來回答或啟示你呢？要把你的眼睛惟獨緊盯著祂，因為在祂內，我已經說了，也啟示了一切，在祂內，你甚至會發現超過你所求和所望的。因為你求的神諭和啟示，是局部的；但若你的眼睛注視祂，你所找到的是全部的。因為祂是我全部的神諭與回答，是我全部的神見，也是我全部的啟示。這些我已經講過、回答、顯示和啟示給你們了，把祂有如一位兄弟、同伴、老師、代價和賞報給了你們（山2・22・5）。」我們發現，這同樣是基督中心論的靈修觀。

第二十二章中，若望繼續發揮，強調神祕經驗需要神師的帶領，要有理性上的指引：「（在古時）天主所說的話，如果不經過司祭與先知的口證實，就不會有權威，也沒有能力，使人完全信服。因為天主這麼喜愛的是，藉人來治理和指導人，及人必須被本性的理智管理，天主絕不希望我們完全信賴祂的超性通傳，或確認它們的力量和安全，除非經過人的口舌，這人性的管道。所以，往往當天主向靈魂說或啟示什麼，祂也給這靈魂一種傾向，亦即告明妥當的人。還沒做妥當的告明之前，他通常得不到完全的滿意，因為他沒有從另一個人，如同他自己一樣的人領受教導（山2．22．9）。」

信德帶領理智進入主動的心靈之夜，十字若望以信德對治理智，以望德對治記憶，以愛德對治意志，「為了安全行走這條神修之路，穿越這個黑夜，要有三超德的支持，而三超德使一切事物空虛和黑暗。……在今生中，靈魂與天主結合，不是藉理解，不是藉享受，不是藉想像，也不是藉其他什麼感官，而只藉理智的信德、記憶的望德、意志的愛德（山2．6．1）。」

第二卷談信德／理智的淨化，第三卷則談望德、愛德／記憶、意志的淨化。若望在記憶官能上做了與理智類似的劃分，並力求證明「記憶不能同時與天主結合，又與形式和分明的認識結合，由於天主不具有記憶能領悟的形式和形像，當記憶與天主結合時，記憶沒有形式、形狀或幻像（山3．2．4）。」他說：「不要在記憶中儲藏所聽見、看見、嗅到、嚐到或觸到的對象，反而要立刻捨棄並忘掉，而且，如果必須時，努力忘記它們，像別人記憶它們一樣（山3．2．14）。」因為「如果把記憶放在聽到、看到、觸到、聞到和嚐到等等的事物上，不成全也會步步相隨而來。由於這樣做，某些情感會纏住靈魂，無論是痛苦、害怕、憎恨、空虛的希望、輕浮的享樂、虛榮……。所有這些，至少是不成全，而且有時真的是小罪……；巧妙無比地，在靈魂內黏貼許多的不純潔，甚至在事關天主的認識和推理上亦然（山3．3．3）。」

聖十字若望語重心長地說：「我願神修人徹底明白，魔鬼利用記憶（趁他們經常使用記憶時），在靈魂內造成的損害有多少；同樣，在有關他們所想的天主和世物上，又會有多少的悲傷和憂苦，及虛空和罪惡的快樂；又有多少的不純潔，根植於他們的心靈內（山3．

4．2）。」要是沒有放空記憶，會自陷於五種損害：「第一，他將會時時受騙，視本性的為超性的。第二，他處在陷於自負和虛榮的機會中。第三，利用超性的領悟，魔鬼大展魔力來欺騙他。第四，阻礙他在望德中與天主結合。第五，他對天主的判斷力，大部分是卑劣的（山3．8．2）。」

若望的書中很少提到聖母，談到記憶的淨化時，他舉聖母為例說：「天主單獨引導靈魂的官能去做合乎祂旨意與命令的工作，它們也不能轉向別處。所以，這些靈魂的工作與祈禱總是有其效果。這就是榮福童貞聖母的祈禱與工作。從起初，聖母已被高舉到這個崇高的境界，在她的靈魂裡，從未印上任何受造物的形式，她也不受其引導，而是經常接受天主聖神的引導（山3．2．10）。」若望心中望德的極境，記憶達到徹底淨化的果實，正是如此：沒有受造物形式的留痕，只受聖神的引導行事。

信德淨化理智，望德淨化記憶，靈魂必然達到深度的收斂，但這個收斂必須是充滿愛的收斂。除非意志自由無礙，了無牽掛，否則不可能全心、全靈、全力愛天主，此乃第三卷第二部分要處理的問題。他以一個基本的原則來指導我們的選擇：「意志不應快樂，而只該在那光榮和榮耀天主的事上歡樂，而我們能給天主的最大榮耀，就是依照福音的全德來服事祂；任何與此無關的事，對人毫無價值和益處（山3．17．2）。」

聖十字若望順序審視所有能牽繫的地上美物，這些東西分為六種：現世、本性、感官、倫理、超性和靈性的快樂（山3．17．2）。前三種是指現世的事物，可以束縛人心，竟至遭致永罰的地獄（山3．18–26）。倫理方面的事物亦然（山3．27–29），這些就是德行和善工、天主賜予的特恩，人可以驕傲自矜，竟至失落所有的超性果實。使用這些好的事物時，必須懷有很純潔的意向。靈性的事物呢？不是至少可免去所有的危險嗎？聖人說，才不是這樣，危險甚至更多！竟然「**有些人使靈性的事物只為感官服務，卻使心靈空空如也**（山3．33．1）。」因此，使用這些好的事物時，必須懷有很純潔的意向。聖人以無比的技巧，卸下掩護在最神聖活動下的所有面具（山3．35–45）。可惜他沒寫完這部書，不然，他會揭發自我內最深的陷阱和潛藏的處所，人心甚至在與天主的直接交往上也尋求滿足自我。

《黑夜》／被動的感官和心靈之夜：聖十字若望沒有寫完《攀登加爾默羅山》，迫不及待地開始寫一個很重要、又幾乎無人論述的主題：被動的淨化，天主主動淨化人靈。

中國人說：「盡人事，聽天命。」還有王維的〈終南別業〉：「行到水窮處，坐看雲起時。」這兩句話無非就是《山－夜》的兩種境況。在靈修的道路上，人事已盡，前行無路，這意謂著我們的主動修持到了極限；進入被動之夜，我們得聽天命，坐看天雲，天主的帶領才更是決定性的因素。「**靈魂無法徹底地自我淨化，除非等到天主把他放在被動煉淨的那個黑暗的夜裡，……而在靈魂方面，則應盡其所能地致力於成全，為使他堪當被天主安置在那神聖的治癒中，靈魂憑己力無法痊癒的一切，都會在那神性的治療中康復。無論一個靈魂如何使盡全力，他仍然無法主動地淨化自我，竟致達到成全聖愛中神性結合的最小等級。除非天主親自下手，在那使靈魂感到黑暗的火中煉淨他**（夜1．3．3）。」在被動的夜裡，不是「做」什麼，而是要靜下來「聽」，就是說順服；要停手，坐下來「看」，就是默觀天主，接受一切生命的事件，讓天主來主導。

在《黑夜》中，若望廣泛使用「夜」這個字：出現約二百八十二次；而《攀登加爾默羅山》則出現約二百一十八次。超高度的使用頻率，給人的初步印象是混淆不清，什麼都是夜，到底夜是什麼？是的！什麼都是夜：

- ◆克制感官是夜／主動的感官之夜
- ◆信德是理智的夜／主動的心靈之夜
- ◆望德是記憶的夜／主動的心靈之夜
- ◆愛德是意志的夜／主動的心靈之夜
- ◆默觀是夜／天主是夜／被動的感官、心靈之夜

夜是愛人相遇的地方，愛人經過夜而達到結合，非常詩情畫意！天主進入靈魂內工作，導致被動之夜，徹底淨化靈魂的罪根，「這個（被動的感官之）夜使靈魂從七罪宗得到解放，熄滅所有對上天下地的滿足，並使所有的推理默想陷於黑暗，在獲得德行上，使之蒙受無數的恩惠……經由這個夜，靈魂離開對所有受造物的情感和作用，走向永恆的事物……為使他後來能走上……另一個心靈之夜，靈魂後來能以單純的信德走向天主，因為單純的信德是靈魂和天主結合的方法（夜1．11．4）。」

被動的心靈之夜：若望在此描述，由於神性智慧的崇高，超越本性的能力，及靈魂的卑劣和不純潔（夜2．5．2），當天主愛的湧流進入靈魂內時，導致種種強烈的痛苦與折磨，這是「猛烈又恐怖的夜（夜2．7．3）」，但同時也是幸福的夜，清除並治癒所有的毛病，使靈魂達到真正的自由無礙：

「黑夜是個準備……因此靈魂首先必須被置之於心靈的空虛和貧窮中，煉淨每一個本性的支持、安慰和領悟，無論是上天或是下地的。這樣的空乏，心靈真的是貧窮的，剝除掉

舊人，因而能度嶄新和真福的生活，亦即與天主結合的境界，經由這個夜而獲得的（夜2．9．4）。」

「即使這個幸福的夜使心靈黑暗，這麼做只是為了給予對一切事物的光明；即使貶抑一個人，顯露他的可憐，這麼做只是為了舉揚他；即使這個夜使靈魂所有的一切和本性的情感赤貧和空乏，這麼做只是為了使他得以伸展，而能如同天主一般地，享有上天下地所有的事事物物，在萬有中懷著心靈的普遍自由（夜2．9．1）。」

這黑暗的夜照亮人心的最深處，是徹底的治癒、是人性極限的跳躍、是純真的自由、是徹底的釋放、是愛人的相遇和結合。聖十字若望指導我們的與主結合是全面的，問題不只是在聖堂內祈禱時的感受如何，或能看到、想到、體驗到……什麼。他指出的與主相遇和結合，包括整個人的轉化。默觀是覺察天主在靈魂內的行動，這是個夜，因為無情地暴露人性的真相，卸下所有的虛假面具，深、淺意識內的悲慘傷痕，都要在祂的愛火中獲得治癒。「天主和我們的關係，若是建立在我們無意識的面具和角色的層面，對天主而言，這是不夠的；同樣，天主也不會滿足於我們透過形像和觀念來認識祂，無論那些形像和觀念如何高貴和微妙。祂會帶領我們，進入更深、更遠，一直到，我們謙虛地觸及自己存有的真實面，最後，我們終於能夠在天主存有的至真實中，承受和祂的相遇。……祂沒有意思和一幅面具交往，無論是多麼虔誠或愉悅！⑪」

4）《靈歌》、《愛的活焰》

《靈歌》是比較完整而有前後次序的著作，他在托利多的牢獄中開始構思這首詩，後來

11. *Upon This Mountain,* Mary McCormark OCD,（Teresian Press, Oxford, 2009）p.33。

逐步完成。詩作之美極獲讚譽，成為西班牙詩壇上的不朽名著。詩歌的註解，是為貝雅斯隱院的修女預備神修道理而形成的。會父根據靈修的傳承，按教父的觀點，將靈修的旅程劃分為煉路、明路和合路，經過這三個階段達到神婚。他以極美的詩句逐步解釋靈魂與天主結合的過程，深入淺出地指示正確的進程。

靈修的進程是雙向的互動，靈魂的渴望和追尋根源及天主的吸引和推動。當靈魂忠誠地做出回應時，天主也逐步展現祂自己。首詩節「祢隱藏在哪裏？心愛的，留下我獨自嘆息」揭開了靈魂追尋天主的序幕，這有如靈魂與天主的戀愛期。渴望天主是追尋過程的基本韻律，即使抵達神婚的最高境界，靈魂仍然渴望天主：「在寧靜的夜裏，燃燒著焚化而無痛苦的火焰（39；）」，靈魂在寧靜的默觀之夜中，「渴望天主將她從神婚——在此戰鬥的教會，天主願帶領她達到的境界——搬移到凱旋教會的榮福神婚（40．7）。」

初起步時，靈魂愛上了完全是隱藏的心愛主。她以信德肯定對隱藏者天主的愛，決心「奔向高山和水崖，花兒不摘取，野獸不怕懼，我要越過勇士和邊際（3；）。」她慷慨地捨棄世俗，修練德行，作克苦，行補贖，以「赤裸而強壯的心」尋求天主。此即煉路中的靈魂對天主的回應。

靈魂經過煉路，達到說出：「撤回它們，心愛的，我已飛出！（13；）」就是踏上了明路，因為「受傷的雄鹿出現在高崗上（13；）」，天主已經出現，充滿光明，靈魂歡樂地唱出：「我的愛人是綿綿的崇山峻嶺，孤寂的森林幽谷，奇異奧妙的海島，淙淙迴響的江河，撩情的微風呼嘯。寧靜的深夜於黎明初現之際，默默無聲的音樂，萬籟交響的獨居，舒暢深情的晚宴（14 &15；）。」

處於明路中，亦即在訂婚期的靈魂，回應天主的愛，接受更深的淨化，靈魂達到了「完全委順於天主，渴望完全屬於祂，並且決不在她自己內保留任何不是天主的事物。天主在此結合中，導致像這樣的委順必須有的純潔和成全。因為天主在自己內神化靈魂，祂使靈魂整個地屬於祂自己，且空虛靈魂內所有不是祂的一切（27．6）。」

當抵達神婚時，靈魂完全專心致志於天主，她的「理智、意志和記憶立刻奔向天主，情感、感官、渴望、欲望、希望、快樂，一切豐盈秉賦，從第一秒開始，就已傾向天主（28．5）。」最後的五段詩節，講論的是榮福的境界，是達到神婚者最深的渴望。此時的靈魂熱烈地渴望深入十字架奧祕的叢林，她願進入世上所有的困苦和磨難，她願深入死亡般的痛苦，為能看見天主。等待榮福境界者對天主恩寵的回應是擁抱十字架，是「深深探入叢林（36．10）」。

《愛的活焰》：〈活焰〉這首詩是深入神化境界的靈魂所說出的：「……然而當這火燒得更熾熱，再繼續燃燒時，木頭變得更輝耀，充滿火焰，甚至倏忽燒起，從木頭內射出火焰。這個靈魂，在愛火內被如此內在地焚化，得到如下的特質，他不僅與火結合，且在他內產生一道活的火焰（活焰序3－4）。」

倏忽燒起的火焰，相當於一個主動的結合，具有強烈的、深度的特質。神化中靈魂的習慣性境界，相似「熾熱的餘燼」，當結合變成主動時，這餘燼不僅熾熱，而且從中射出活的火焰。藉此愛的結合，聖父、聖子和聖神居住在我們內。聖十字若望清楚地說明，因為聖三居住在人內，使人能度天主性的生命。所以我們絕不要驚訝天主所賜給靈魂的崇高特恩，因為祂曾許諾，凡愛祂的人，聖父、聖子和聖神要來住在他內。

關於強烈的結合與傾注，及其中所充滿的愛的認識，《活焰》指出，這是榮福聖三的工作：「榮福聖三居住在靈魂內，以聖子的智慧，神性地光照他的理智而居住在他內，使他的意志歡欣於聖神，並且在聖父甜蜜歡愉的懷抱中，強而有力地吞沒他（活焰1·15，2·1–22）。」這愛情傾流的強度，在於靈魂的預備和天主給予的意願，「天主按照每個靈魂的預備程度來燃燒他們：祂燃燒某個人多一些，另一個人則少一些，祂做這事完全隨自己的意願，看祂如何及何時願意（活焰2·2）。」

首段詩節中，靈魂自覺極其靠近真福之境，如此活潑有力地在天主內神化，且被天主卓越地占有著。每當柔巧的愛之火焰襲擊他時，靈魂以為塵世生命的薄紗即將被撕破；所以，他祈求聖神撕破此紗，賜予每次相遇時，似乎快要給予的圓滿光榮。

第二詩節，靈魂讚揚聖父、聖子和聖神，強調祂們在他內導致的三個恩惠和降福。這些降福百倍地還報他在今世所忍受的每一個痛苦。

第三詩節，靈魂稱頌感謝他的淨配，賜予他對天主屬性具有豐富的愛和認識。這些屬性有如火焰明燈，傳達光明和熱力。所以，「昔隱且盲」的靈魂，領受了愛的光照和溫暖。由於他能將這光明和溫暖給予心愛的主，所以他懷著很深的滿足和喜樂。他清楚地看出，將這神性的光明、神性的溫暖，獻給天主時，他所獻上的是更有價值的，「就是把自己內的某些東西給予天主，按照天主的無限存在，這些東西可和天主相稱（活焰3·79）。」

第四詩節，靈魂懷著深愛，尊敬並感謝來自新郎的二個美妙效果，這是天主有時在靈魂內產生的：以輕柔和愛在靈魂內覺醒；靈魂內的甜蜜噓氣，充滿慈惠、光榮和天主的柔巧之愛。

《愛的活焰》是一本熱火的書，在強烈熱情的影響下，作者以兩個星期的時間寫成，比起其他的作品，這書更加展現出聖人的熱烈靈魂。字裡行間流露著，這個生命好似不再屬於塵世，這真是聖十字若望在愛內已臻成熟的靈魂畫像。

5）結語

聖十字若望是個神祕家、詩人、靈修導師，更是天主的熱烈愛人。《聖經》是他寫作的主要根據，也是靈感的來源。然而，他的作品也流露出受到其他的影響：聖多瑪斯、士林學派、聖奧思定、新柏拉圖主義、德國及萊茵河神祕家等等。關永中教授在「黑夜與黎明」專文中說：「在神祕默觀的論題上，十字若望是一位集大成者與啟迪者，他吸收了中世紀神祕主義傳統的一切優點，深具系統條理地將之發揮得淋漓盡致，甚至鉅細靡遺，堪為後世取法與徵引。論其思考的週延度，可謂盛況空前；論其引述的寬闊度，則是兼容並蓄；其論著多次提及托名戴奧尼修斯（Pseudo- Dionysius）、奧思定、多瑪斯等名家要義，也不厭煩地在新舊約《聖經》上引經據典，以作支柱，以致他不單做到持之有故、言之成理，還加上個人心得、深入闡釋；其在靈修學與神哲學上的造詣是劃時代的貢獻，今後世人談論西方神祕主義、或東西方靈修對話，都缺少不了參照十字若望的作品，在這方面，其影響之大，可謂歷久彌新，難能望其項背⑫。」

12. 《心靈的黑夜》，聖十字若望著，加爾默羅聖衣會譯（星火文化，2018，台北），272頁。

導讀篇2

登山導遊

無論是誰，只要翻翻《攀登加爾默羅山》，大家的反應總是：「好難看哪！」然而，有趣的是，歷經四百多年，文詞優雅，好看好懂的靈修書，可謂汗牛充棟，此書卻一枝獨秀，被奉為曠世傑作。「好難看！」是個事實，儘管如此，絲毫遮蓋不了鑽石般的光芒。他的教導，至今依然迴響著，聖十字若望清楚指出，達到與主結合的正確快速道路，點破神祕經驗的迷津，開示默觀修行的難解之處。

本篇「登山導遊」，主要針對的讀者，是渴望得到會父聖十字若望的教導，又對《攀登加爾默羅山》望之卻步、不敢上山的朋友。我們希望盡可能以淺顯的方式，引發閱讀的興趣，舒解登山的怕懼，慷慨地迎上前去，飽享高山峻嶺的幽美風光，品嚐書中的精髓美味。為此，本文以導遊的立場，介紹有關此書的各種面向，簡言之，就只是聊一聊，準備讀者歡喜上路，預知山路難行的真實情況，但也肯定山中確有無價的寶藏，絕對不虛此行。

一部寫不完的大書

《攀登加爾默羅山》除了難讀、難懂，憑良心說，還可以加上「非常囉嗦、冗長」，真的就是這樣！「他的散文相當粗枝大葉，重覆雜亂，冗長囉嗦，曖昧含糊，結構散漫，以致常顯得複雜，隱晦不明，或出現拉丁語法等等……最近有部西班牙文版，……發現一個罕見的例子，一個長句中包含十五個逗點，四個半支點，使用兩次弧符和一次長劃號⑬。」造成這種效應的原因，基本上，這是一部未完成的著作，也可說，是一部寫不完的大書。

通常書寫好了，末校時，除了潤飾之外，為使整部書呈現完整的連貫，沒有兌現的承諾和著書計畫，都會加以修正。《攀登加爾默羅山》寫到第三卷第四十五章，突然中斷，本書既沒有畫下完美的句點，更別提什麼末校和潤飾，所以面對這麼一部未完成的著作，某種程度的不一致、爽約的承諾都是可以預期的。再加上，重覆的敘述、冗長的解說、繁複的分類，更是本書的明顯特色，所以，讀者登山之前，先得做好心理準備。

若望說的夜，到底有幾個呢？

我們先來看一個有趣的例子，聖十字若望說的夜有幾種？或說有幾個？看完第一卷第一和二章，會發現他的多重分類法足夠讓人一頭霧水。一個夜，有兩種，兩個方式，三個部分。神修人必須經過兩種夜：感官和心靈；但這兩種夜有兩個方式：主動和被動。二乘二等於四：主動的感官之夜、主動的心靈之夜、被動的感官之夜和被動的心靈之夜。

這四個夜是他著書計畫的關鍵標題：第一卷談主動的感官之夜，第二卷和第三卷談主動的心靈之夜，至於被動的夜，他說要在第四卷談論，然而《攀登加爾默羅山》只有三卷，這是本書沒有兌現的承諾。但他另外又寫了一部書《黑夜》，同樣未完成，談的是被動的夜，毫無疑問，這正是聖十字若望所說的第四卷。緊接著第一卷第二章，他說一個夜有三個部分，從黃昏、深夜到黎明，整個夜是歷程，靈魂必須經過。

那麼，他說，靈魂必須經過的夜，是一個、二個、三個或四個？看是從什麼角度來說，

13.《聖十字若望》，紀南・柯文諾神父（Fr.Kieran Kavanaugh O.C.D.）著，加爾默羅會譯（上智，1998，台北市）40頁。

全是正確答案。一個夜，指的是整個歷程；二個夜，指的是淨化：主動、被動，或感官、心靈；三個夜，指一個夜分成三個時分：黃昏、深夜和黎明；四個夜，指主動感官、主動心靈、被動感官、被動心靈，或者要倒過來說，感官主動、感官被動、心靈主動、心靈被動，都是正確答案。

迷宮似的分類

再舉個例子，第三卷第十六章開始談意志的淨化，聖十字若望說，意志的情感有四種：快樂、希望、痛苦和怕懼，接下來，第十七章講快樂，開始分類，有主動的快樂，及被動的快樂。他先處理主動的快樂，導致主動快樂的事物有六：現世、本性、感官、倫理、超性和靈性的事物。根據這六樣事物，各以三章的篇幅，逐一解說，不過，談到最後的靈性事物時，又再分類：令人愉快和令人痛苦的，兩種靈性事物，每一種各有兩個方式：能被清楚與分明理解的，及不能被清楚與分明理解的。

這麼多重的分類，是難看難懂的原因之一，曾經有人對我說，看這本書好像在讀數學，正是如此。看了第三卷後半一大堆的分類，讀者不用怕，這些幾乎都沒有兌現。第三卷第卅三章，細分靈性的事物為愉快和痛苦兩大類，K.K.英譯本在此加上打趣的註解：「He now so multiplies subdivisions that he allows himself to enter a forest without exit.」意思是說，他陷入了沒有出口的森林。西班牙文《聖十字若望全集》，書末突告中斷之處，彷彿結算總帳似的，註解說：「根據若望的著書計畫，有許多付之闕如：1）最後這一章，只講宣道者，另外有關聽眾的部分，尚未提及；2）有些地方提到後來再談的，也沒有交待；3）第三十五章第一節，所提的指導的和成全的事物，完全沒有講解；4）至於十六章說的四種情緒，快樂、痛苦、希望和怕懼，只談及快樂，甚至連快樂這個部分也沒有講完。」

明白本書的真實相貌後，有了良好的心理準備，看書時拿好筆和記事本，只要開始分類，馬上記下類別，或做好標示，那麼，多看幾次，道理會更清楚地呈現，那時，不知不覺，已登上了高山。接下來。我們要探討作者的性情，這是使這本書難看，卻又深奧精彩的基本因素。

聖十字若望 VS. 聖女大德蘭

《攀登加爾默羅山》是聖十字若望的第一部論著，可以說，由於缺乏著書經驗，導致無法收拾的殘局。但另一方面，或許也可以說，這和聖人的性格傾向有緊密關係。聖若望的個性內向、沉靜、心思細膩，和聖女大德蘭形成鮮明的對比。二十世紀非常著名的道明會靈修學家歐邁安神父說：「**若望的著作與大德蘭的著作，互補長短，配合得天衣無縫，甚至要了解其中一個的思想，最好的辦法是研究另一個的著作**[14]。」換句話說，若望和大德蘭的書要配合著看，才能達到全面的理解。為此，比對這兩位大師的性情和寫書風格，不只相當有趣，還能幫助我們品味其著作的精髓。

我們知道，聖十字若望的一生，從一開始就蒙上灰暗的色調。聖女大德蘭則非如此，她的童年色彩明亮，是父親的掌上明珠，人緣超好，活潑外向，深具說服力。七歲時，說服小哥哥羅瑞格（Rodrigo）陪她一同去殉道，兩個小不點，一起走向伊斯蘭教徒的地區，希望得到殉道的榮冠。兩人走不了多遠，遇見了叔叔，當然是二話不說，馬上被帶回來。父親責

14.《天主教靈修學史》，歐邁安著，宋蘭友譯（香港公教真理學會，1991，香港），270頁。

問小哥哥，他說，都是大德蘭出的主意，父親轉而責問大德蘭，這位未來的聖女答：「因為我想要看見天主！」

大德蘭二十歲時，又說服了弟弟安東尼（Antonio），看破紅塵，和她一起離家修道，她入了聖衣會，弟弟則進入道明會。他的弟弟因父親的強烈反對，道明會不敢接受，修道未遂。不過，大德蘭五十二歲時，說服了十字若望，和她一同革新加爾默羅男修會，這次的說服，則是成果輝煌，不只為革新修會博得了會父，也為天主教會造就了一位靈修大師。

一五六七年，大德蘭正在物色人選，建立革新的男修會，那時，她會見貝德羅神父（Fray Pedro de Orozco），是位撒拉曼加大學的學生，返鄉首祭的年輕神父。貝德羅神父卻向德蘭姆姆極力推薦他的同學若望會士，認為他才是德蘭姆姆中意的人選。二十五歲的若望，同樣是剛祝聖的神父，他的德行、力行補贖、收心斂神、學業成績優異，在在為人稱道。就這樣，大德蘭迫不及待，安排會見若望神父，證實傳言不虛，她欣喜無比，告訴修女們：「女兒們，請幫我感謝天主，因為我們已經得到一個半會士，來開始革新的男修會。」

大德蘭善於言詞，妙語如珠，這句「一個半會士」，確實妙不可言。若望的身材矮小，不及一百五十公分⑮，另一位已經申請加入的安道神父（P. Antonio de Heredia），則是年近六十的會士，即使身材高大，在德行、克苦和靈修上，卻遠不及若望。這話一語雙關，幽默地點出若望超小的個子，但也暗指靈修上兩者的差距。

面對大德蘭的邀請，若望應允了，但提出一個條件：希望快一點，不要讓他等太久！第二年，若望完成撒拉曼加的學業，返回梅地納。德蘭姆姆盡力張羅，獲得各項許可，及恩人捐贈的破舊農舍，做為開始革新修會的會院。接著還有更重要的事：陶成若望會士。

15. 另有一個說法，若望的身高是160公分。

一五六八年，八月十日，大德蘭帶著五位修女，一位身穿世俗衣服的保守生，還有駐院神父胡利安（Fray Julián de Avila）和若望神父，一同前往瓦亞多利創立女隱修院。趁此機會，大德蘭向若望解說革新修會，示範實際的默觀生活方式。約兩個月的時間，盡力陶成她的這位高足，在她的眼中，若望是「**天主在祂的教會中，所擁有的最純潔、最聖善的靈魂，我們的主傾注給他至極豐富的天上智慧**⑯。」大德蘭這麼肯定地告訴她的女兒們。真可說慧眼識英雄！

我們再來看德蘭姆姆的一封信，她寫給方濟．撒爾謝多，推薦若望神父，請她的這位紳士好友予以創會的協助。

願耶穌與您同在。光榮歸於天主，寫了七、八封不能不處理的事務信後，我還有一點兒時間，放開那些事，寫這幾行給您，讓您知道，從您所寫的（來信），我得到許多安慰。不要想寫（信）給我是浪費時間，因為有時我需要它，只要您別對我說太多，什麼您已老了，這會使我頭痛不已……我請求您，請和這位神父談話，在這件事上幫助他……雖然他個子小，但我認為他在天主的眼中是很大的。確實，在這裡的我們會很想念他，因為他是個有智慧的人，非常適合我們的生活方式，所以我相信，我們的主為此召喚了他。即使並非和他久處，沒有會士不稱讚他的，因為他奉行非常克苦補贖的生活。不過，看來是上主在帶領他，雖然在這裡，關於這（建院的）事，有幾次，我們的觀點並不一致，這些事是我惹起的，有時我也惱怒他，但在他身上，我從未看到有何不成全之處。他很有勇氣。然而，他是孤單的，他需要我們的主賜給他一切，使他能全心工作。他會告訴您我們在此地的近況。

附筆：再者，我請求您行個愛德，和這位神父談話，勸告他您認為對他最好的生活方

16. *The life of St. John of the Cross,* Crisógono de Jesús, ocd, trans. Kathleen Pond,（H&B, New York, 1958）p.46。

式。上主的神已賜給了他，在這麼許多的困難當中，他的德行給了我很大的鼓勵，也讓我認為我們有個很好的開始。他極具祈禱的天賦又很聰明。願主保祐他成功⑰。

這是大德蘭很典型的書寫風格，文情並茂，親切感人，幽默風趣。在這封信中，有句很特別的話，大德蘭表示：「有時我也惱怒他」，為什麼呢？有什麼事會使也是聖人的大德蘭發火？十有八九，指的是他的過度嚴格，過分到連大德蘭都受不了。從這句話中，或說，從這個層面，我們引述現代心理學家的觀點，試著從不同的面向，來看這位年輕聖人的性格。

在撒拉曼加大學時，若望如果不是上課、研讀或祈禱，就是做補贖或守齋戒。他沒有時間和別人閒聊，萬一看見有什麼人不守規矩，他會責備他們。同伴們對他會有不好的反應，這是可以理解的：「我們走吧！那魔鬼來了！」他只交到一個朋友。這真不是討人喜歡的模樣。聖若望是個優異的學生，也是墨守成規者，同時堅決確認自己內在的聖召⑱。

以上的這段話，具體地道出，大德蘭含蓄說出的「惱怒」是什麼，儘管如此，大德蘭仍然能透視若望靈魂內的寶藏，善用他，愛護寶貝他。一五七七年十二月二日半夜，若望及另一同伴遭非赤足會士武力綁架，四日，大德蘭憤怒填胸，執筆疾書，上訴西班牙國王斐理伯二世（Philip II）：

……他們（非赤足會士）破門進入屋內，抓拿他們……整個地方遭受極度的中傷，他們竟然如此大膽，在此這麼靠近陛下的居處⑲，他們顯然毫不顧念正義或天主。至於我，最令我痛心的，是看到他們落在那些人手中。他們（非赤足會士）早就想這麼做。我認為，要是他們（若望和他的同伴）陷入摩爾人手中，情況會好些，因為或許會得到較多的憐憫。而這位會士（若望），是天主的大忠僕，這麼脆弱和削瘦，加上要承受所有的苦難，我怕他有生

17. *The life of St. John of the Cross,* pp.48–49。
18. *St. John of the Cross and Dr. C.G. Jung*, James Arraj,（1986）, Chiloquin, Oregon: Tools for Inner Growth. pp.110–111.
19. 國王此時駐蹕馬德里。

命的危險。為了我們上主的愛，我懇求陛下，下令在可能的最短時間內，救出他們……如果陛下不出命令解救，我不知道這件事何處終了，因為在世上，我們沒有別的援助……

陛下的微僕和臣民　加爾默羅會士 耶穌．德蘭
一五七七年十二月四日，於亞味拉聖若瑟隱院⑳

大德蘭直言不諱：「下令在可能的最短時間內，救出他們……」，她的俠義豪情，堅強勇敢的性格，完全暴露無遺。若望遭難，大德蘭心急如焚，到處設法解救他，這份同會的深厚情誼，顯露大德蘭對若望的疼愛、尊敬和感激。最後，我們要引述一段很有趣的抨擊。

有一次，大德蘭在祈禱中聽到一句話：「要在我內尋找妳自己」，後來她也構思了一首名為「尋找天主」的詩：

靈魂，多麼美好的巧藝，愛情將妳刻畫在我的內裡；縱有畫家才華洋溢，那堪相比，怎能畫出形像如此美麗。

愛情深深地，將妳畫在我的內裡，畫得如此清秀美麗；若我將失去妳，我心愛的，靈魂，要在妳內尋找我。

我清楚知道，妳將發現，妳已被畫在我的心裡面，畫得如此栩栩如生，妳會欣喜地看見，自己的模樣如此圓滿完全。

如果妳不曉得，該去何處尋找我，可不要四處奔波；然而，若妳盼望找到我，要在妳內尋找我。

因為妳是我的房間，是我的家和住所，所以我隨時來敲敲門，若在紛思繁想時，我發現

20.　*The life of St. John of the Cross,* p.98。

的是一扇緊閉的門。

請不要在妳的外面尋找我，因為想找到我，只須呼喚我，我將應聲迎向妳，所以，要在妳內尋找我。

大德蘭自覺耶穌對她說的這句話，含意深奧，於是邀請弟弟勞倫（Don Lorenzo）深思細想這話。勞倫慎重其事，認為自己無法深入話中奧義，決定向靈修好友討教。一五七六年聖誕節，一夥人聚集在亞味拉聖若瑟隱院的會客室，除了修女們、勞倫本人，還有亞味拉的主教、大德蘭的紳士好友方濟．撒爾謝多、駐院神師胡利安神父，以及若望神父。那時，大德蘭居留於托利多隱院，在場的人都很想念她。結果，主教下令，所有在場的人，包括修女們，大家寫下自己對這句話的省思，送去給聖女評判。

大德蘭開心地諷刺抨擊每一位，她明白表示，無意說任何人的好話。在此，我們只舉出大德蘭對若望的抨擊：

他（若望）答覆的道理好極了，針對的卻是那些想修行耶穌會神業的人，而非我們的論題。如果我們沒有死於世俗，尋找天主要付出昂貴的代價。實則不然，無論是瑪麗德蓮、撒瑪黎雅婦女、迦南婦女，當她們碰到祂時，都不是這樣。他（若望）還說了許多在結合中和天主合一的道理；可是當這事來臨時，天主賜給靈魂這個恩惠，我們不說她們尋找祂，而說她們碰見祂。

願天主拯救我，脫免這麼靈修的人，他（若望）想要把所有一切都化為成全的默觀，無論是什麼。總之，我們很感激他，因為對於我們沒有提問的事，他講解得這麼好。為此，經常談及天主是好的，在我們沒有想到之處，益處會臨於我們[21]。

21. *Santa Teresa Obras Completas,* séptima edición, preparada por Tomas Alvares（Burgos, Monte Carmelo, 1994）p.1366；*The Collected Works of St. Teresa of Avila.* Translated by Kieran Kavanaugh & Otilio Rodriguez（Washington, D.C.：ICS, 1980）Vol. III p. 360–361。

大德蘭採取當時西班牙大學的習俗，授與博士學位前整人的典禮，在逗趣的集會中，準博士候選人備受教授和學生諷刺批評。從大德蘭的抨擊中，我們可以看出來，若望是個多麼細心的人，因為**在沒有提問之處，他講解得那麼好**，這是若望著作的特點，思想嚴謹周密。而且他是**這麼靈修的人**，言下之意，他充滿天上的氣息。本會著名學者賈培爾神父㉒說：「我想，到如今，如果她看到若望榮升為教會聖師，就算開玩笑，德蘭姆姆也不會說，願『脫免』他㉓！」的確，即使德蘭姆姆抨擊若望說，瑪麗德蓮和天主相遇，得到恩惠時，她並沒有死於世俗，然而，這只是開始，在走向真正結合，還有很遠的一段路要走。

總之，聖女大德蘭的書寫方式常是魅力十足，任誰看了她述說的祈禱經驗，都會被吸引，嚮往祈禱生活。聖十字若望的寫法不一樣，他周密嚴謹，冷靜詳細，解答所有祈禱修行上的難題，雖然《攀登加爾默羅山》寫得不是那麼優美流暢，「仍不乏以美麗、創意和有力的語句表達思想的篇章，質樸淡然地顯露他的文學天賦㉔。」

若望的黑夜

一五七七年十二月二日夜晚，亞味拉降生隱院旁，駐院司鐸的小屋裡，若望和赫南（Fray Germán de San Matías）兩位會士共同唸經祈禱，預備祈禱完畢休息就寢。靜悄悄的夜，突然間，喧嘩吵雜，一群人破門闖入屋內，聲稱奉總會長代表督斯達多（Jeronimo Tostado）之命，逮捕他們。若望溫和地回答：「好！我們走吧！」束手就擒，這幫人把他們拖出屋外，迅速解送到非赤足修院。

一到修院，身上粗糙的會衣被剝下，換上非赤足的優質會衣，立刻遭受兩頓痛打，然後

22.
23. *St. John of the Cross ~Doctor of Divine Love and Contemplation,* Fr. Gabriel of St. Mary Magdalen, Translated by a Benedictine of Stanbrook Abbey,（Newman, Westminster, Maryland, 1946）p.64–65。
24. 《聖十字若望》，紀南．柯文諾神父著，41頁。

被帶進修院的斗室。次晨，參與彌撒之際，若望趁機開溜，飛奔跑下山丘，回到小屋，毀掉所有可能危及革新修會的書信和文件。捕捉者發現若望失蹤，立即追趕到小屋，猛烈敲門，此時若望已處理妥當，撕掉、毀掉、甚至吃掉這些紙張，從容應聲道：「來了，來了，馬上就來！」

為了防止再度逃離，又怕市民群起援救，他們立刻分送兩位會士到不同地點，赫南被帶到亞味拉的小村莊，關在摩拉雷哈聖保祿修院（San Pablo de la Moraleja）。若望的雙眼被蒙住，一路迂迴曲折，解往托利多。路途中，他們待以粗言暴行，隨行的騾夫憤慨萬分，眼看溫良瘦弱的若望受盡折磨，大抱不平，設法要幫助若望逃走。趁投宿旅店之便，和旅店老闆串通，要若望一走了之，包他沒事。然而，若望婉謝他們的善意，繼續走向茫茫未知的旅程。

大約十二月中旬，若望到了托利多非赤足的修院，這是卡斯提最好的一座會院，院內約有八十多位會士。若望的眼罩被取下來，他當然不知道這是什麼地方，但漸漸地，他認出幾個熟悉的面孔——過去的同伴或同學，直覺地，他知道，這就是名聞遐邇的托利多修院。接下來一連串的審訊，唸給他總會的決議，命令他完全放棄革新修會，否則要宣判為叛徒。督斯達多企圖改變若望的心意，先是威脅，繼而利誘，許給他好的職位和待遇，甚至以金質十字架賄賂，只要他宣稱放棄，然而我們的小聖人答道：「尋求赤裸基督（the naked Christ）的人，不需要黃金的飾物。」

一切的努力全屬枉然，若望終於被判定兩大罪行：背叛及抗命，應予關閉嚴懲。若望原本關在修院的普通牢房，當赫南神父逃脫的消息傳來，為了防止可能的意外，馬上轉換到特別為他安排的地方——狹窄、黑暗，而且密不透氣，活像個墓穴。事實上，這是一個壁洞，彷彿大壁櫥，六英尺寬，十英尺長，沒有窗戶，牆壁較高處有個漏洞，約三個指頭寬，從洞口向外看，可窺見外面的走道。他們不費吹灰之力，把客房後面這間密閉的廁所化為牢房。挪走馬桶，地上放塊木板，加上兩條舊毛毯，角落放個如廁的桶子，再給個凳子放他的日課經本，這是他唯一能有的書。為了誦唸日課，若望必須直立，讓裂縫透入的光線照在經本上。

至於衣服，就這麼一身會衣，什麼禦寒的衣物都沒給，甚至除去兜帽和聖衣，做為處罰叛逆者的標記，若望在此飽受寒冬酷冷，夏日暑熱。飲食奇差，只有麵包、清水和沙丁魚，有時連沙丁魚都沒有。根據當時會憲的規定，囚犯必須每週一、三、五守齋，只吃麵包，喝清水，除非有長上的特別許可，且出於單純的憐憫，才能給些別的食物。所以，只能在不守齋的日子得到沙丁魚，兩條或一條，有時甚至只有半條。

放風走動方面，他有時可以在外面的走道走走，或到團體的餐廳。在守齋的日子，他們帶他下去和團體一起用餐，會士們坐著，他跪在當中，吃他的麵包和清水。用餐畢，他得赤肩露膀，會士們圍成一圈，用一捆細樹枝，輪流鞭打他。有的人猛力抽打，若望的肩膀飽受鞭笞，多年後，皮膚仍無法癒合。除此之外，惡劣的飲食引發痢疾，腹瀉不止，惡臭沖天，滿屋跳蚤，暗無天日。內衣幾近半年沒有換洗，破爛不堪。

這幫子人還不滿意，故意耍些花招折磨虛弱的若望。隔壁房間裡，找來一些會士聊天，讓若望聽見虛構的談話內容：赤足男修會的會院已經廢止；謝加大使（Nuncio Sega）會隨時取締赤足修會；赤足修會正尋求和本會合併，剩下唯一堅持的若望，他們準備要活埋他。

又說：「我們幹嗎為這個傢伙傷腦筋呢？把他扔到井裡不就了事了嗎？反正死無對證，誰知道！」他們使勁打擊若望對革新修會的忠信，無所不用其極。

字字句句，打進虛弱孤單的若望耳中，恐懼憂心日夜不斷地侵襲他。他不知道，自己赤足的男會士，尤其是德蘭姆姆，會想他怎麼了？他們會以為他已經放棄了革新修會嗎？夜以繼日，他不斷想著，他的想像、憂懼、疑慮，數不清的「如果」，像海浪般襲來。他愈來愈肯定，他們會殺掉他，甚至懷疑會毒死他，尤其是望著那少之又少的沙丁魚，是不是有毒？勉強地咬一口，都得從內心深處寬恕下毒的兄弟。在暗無天日的牢房中，漸漸地，他陷入理不清的疑慮和混亂：是否革新修會完了，是否他完全被放棄了？還有，更慘的，自己是不是真的錯了？甚至，他強烈地覺得，連深愛的天主也拋棄了他。

到此地步的若望，已經山窮水盡。天主向來是他生命的靠山，早年在梅地納照顧病人，進入修會，就讀撒拉曼加大學，若望經常感受天主的真實臨在。到了杜魯耶洛，開始革新男修會的日子，更加熱心滾滾，天主對他而言，既真實又親密。亞味拉的五年，指導降生隱院眾多修女，包括德蘭姆姆在內，他是成就非凡的優質神師，心靈的愉悅飽滿充實。甚至剛關進托利多牢房的他，仍然可以感受天主的陪伴和臨在，然而，現在呢？他不得不感到死亡臨頭，身心靈完全被銷毀，這真是個「黑夜」，完全暗無天日，沒有半絲的光明，是的，他已被化為烏有。

一五七八年五月，若望得到另一位年輕的看守者，二十七歲的若望．聖瑪利亞會士（Juan de Santa Maria），他非常同情若望，盡力善待他，只要辦得到，就取消他下去餐廳的補贖。若望反而問他：「今天發生了什麼事？為什麼他們不帶我下餐廳，我那裡堪當？」這樣的話，任誰聽了都會張口結舌，無言以對。這位年輕的會士強烈地覺察若望的溫良和聖德，供給他乾淨的內衣，增加放風的時間，也給了若望要求的紙和筆。

若望開始寫下構思早已於心的詩歌：「祢隱藏在哪裏？心愛的，留下我獨自嘆息，祢宛如雄鹿飛逝，於創傷我之後；我追隨呼喚，卻杳無蹤跡。」……「我的愛人是綿綿的崇山峻嶺，孤寂的森林幽谷，奇異奧妙的海島，淙淙迴響的江河，撩情的微風呼嘯。寧靜的深夜於黎明初現之際，默默無聲的音樂，萬籟交響的獨居，舒暢深情的晚宴。」這就是他的〈靈歌〉！就是在這樣的環境下寫成的，真是不可思議的詩壇絕唱。

趁著中午放風的時間，他觀察地勢實況，準備逃離。八月十四日，聖母升天節前夕，若望跪地祈禱，背朝鎖著的牢門。院長神父開門進入，若望仍跪地不動。院長用腳戳他說：「我來看你，你為什麼沒有起身！」若望勉力站起來，謙虛地道歉：「我以為是看門的進來。」接著又說，因自己的虛弱而無法立即起身，而且，他正在想些別的事。院長答說：「你在想什麼？」若望回答：「明天是聖母的節日，我多麼想做彌撒。」「只要我在這裡，你別想！」院長粗暴地回答後就離去了，再度把門鎖緊。

當天夜裡，若望奇蹟般逃離，結束了九個月的牢獄生涯。逃走前數天，他請求守門人原諒他帶來的麻煩，送給他身上僅有的十字架，並說，這十字架是位很特別的人送他的，他十分珍愛。很可能是聖女大德蘭給他的，十字架的製作精美，上等的木頭浮雕耶穌苦難的刑具，苦像是銅製的。

有許多事情，我們會很好奇，若望為什麼會遭到如此的惡待？等等，在此短文中，我們無法交待這些問題，有興趣的讀者，請參閱列出的參考書目，自行探索。

在此，我們要問的是，這段日子，若望到底是如何熬過的？他的生命中發生了什麼事嗎？天主顯現給他了嗎？或者得到了什麼神祕啟示？像他童年掉進水池遇難時，童貞聖母是否又再次顯現？因為若望本人沒有直接透露，我們也只能從間接的資訊推測。在若望看來，**「天主給的恩惠，單就其中的一個恩惠，即使是多年的牢獄，也無以回報。」**我們凡人大概很難體會像這樣的話語。從他在牢裡寫的詩歌，我們能肯定，在碎心的黑夜裡，他和心愛的基督相遇，如同遇見愛的海洋，那是言語不能表達的，祕密又充滿愛的光明，那是對天主黑暗模糊的認識，是對天主的實體性認識……這些話會不斷地出現在《攀登加爾默羅山》，他已達到神性結合的高峰，從那裡，他，這位內向、沉靜的聖人，開始指引我們，什麼是黑夜的淨化、什麼是攀登成全的聖山。

〈若望的黑夜〉在此告個小段落，接下來，再從其他面向，聊幾句《攀登加爾默羅山》這本書。

真還假的？

我有個朋友，她的口頭禪是「真還假的？」每當聽到特別的事，無論是好是壞，很好的、很糟的，難解的……，她立刻脫口而出：「真還假的？」因此，往往在她說出這話之前，我們已替她說出。

有個著名的童話故事，「國王穿新衣」，相信大家都聽過。故事的內容，如果沒有記錯，大致上是這樣：有位愛漂亮的國王，很喜歡穿新衣，不斷地要裁縫為他製作最美的衣服。有一天來了一個裁縫師，說他能給國王做出最美的衣服，但是只有沒有罪的好人才看得到，國王信以為真，於是在穿上新衣後，遊行街頭，大家都不敢說出真相，最後是一個天真的小孩揭露了真相。

任何人聽了這故事都會露齒而笑，想起光溜溜的國王，穿著僅有的內衣，揮動著手腳，昂首闊步遊行的模樣，真是太絕了，虧那作家想得出來。然而，所描繪的卻是人生的常態之一，不是嗎？在祈禱修行的路途上，豈不也出現類似的劇本嗎？追求穿新衣，代表人心的欲望，騙人的裁縫師象徵自我和魔鬼，用美麗的謊言製作漂亮的新衣，甚至還亮相遊行。

祈禱是一條冒險之旅，是導向真正生命的道路。對有些人，祈禱可能是個裝飾品、逃避、研究學問，也可能只是情感的歸依……，而不是真的尋找天主；有的人可能是出於無知，或無人引導。祈禱的確隱藏著寶藏，但除非人抱著正確的態度接近祈禱，不然的話，還是一無所得，一無長進，祈禱了半天依然故我。

我們的會父聖十字若望，他是天主教會的聖師，他的《攀登加爾默羅山》書中要處理的問題，講白一點，就是「真還假的」，我們的祈禱是真的，還是假的。序言第六和七節，聖十字若望說：「依靠神性的恩惠，我們將要談論以下各點：靈魂應該如何行事作為；告解神師該怎樣對待他；辨認靈魂受淨化的記號，無論是感官或心靈的淨化，靈魂的淨化我們稱為黑夜，以及如何能辨識是來自憂鬱病症，或感官與心靈上其他的不成全。

因為有些靈魂，或他們的神師，可能想，天主帶領他們走在淨化心靈的黑夜路上；但也許並不是，他們受苦是由於前述的某些不成全。同樣，有許多靈魂自認為沒有祈禱，其實，他們的祈禱更是熱烈。也有些靈魂，對自己的祈禱評價很高，然而，那只不過比沒有祈禱好一點點而已。

還有些令人惋惜的靈魂，他們辛苦工作，疲累至極，卻退步不前。因為在得不到進步之處，他們想尋求進步，反而成為阻礙。另有些靈魂，在安心與寧靜中，大有進步。有的靈魂所碰見的障礙，就在於安慰和恩寵上，天主之賜給他們，原是為了進步，而他們卻毫無進展。我們同時也要談一談，行走在這條路上的人，他們許多其他的經驗：快樂、憂傷、希望和痛苦，其中有些來自成全的精神，有些來自不成全的精神。依賴神性的恩惠，我們要說明這一切，使每位讀者的靈魂，多少可以看清所行走的道路，及如果想要抵達這山的山頂，他們應該追隨的道路（山・序言・6、7）。」

所以說，這本書要探究的是：我們的祈禱是真還假的？有的時候，真假很難辨識，問題在於我們比較喜歡假的。此話怎講？讀者不妨打開電視或網路媒體，憑良心說，有多少是真的？但是明明知道不真，照樣接受，這就是現代人在媒體摧殘下的悲劇。

這本書是靈修書，而且是靈修名著，不過，如果要詳細劃分類別，應該可以說是修行的靈修書。聖十字若望寫這本書的目的，如他自己說的：「我的主要意向並不是寫給所有的人，而是要寫給我們加爾默羅山原初會規聖修會中的某些人，男會士與隱修女，天主以特恩引導他們，走上攀登加爾默羅山的道路，他們是要求我寫這本書的人。因為他們已相當地棄捨了世上短暫之物，他們會更容易把握這心靈赤裸的道理（山・序言・9）。」

聖若望說，他的主要意向是寫給加爾默羅會士，他們是相當地棄捨了世上短暫之物的人，他們會更容易把握這心靈赤裸的道理。他沒有說全部意向，只說是主要的意向，顯然他也顧及其他的人。他的對象是捨棄世物的人，這是起點，如果沒有這個起點，很難把握他的道理。也就是說，捨棄世物＝開始踏上修行之路，他所說的，無非就是靈魂的修行，上達超越者天主，達到神性的結合。中國人說的，天人合一，與萬化冥合，與造物者遊……等等，無不透露人心最深的渴求。即使如此，他說的神性結合，絕不是中國人儒釋道所標示的合一境界而已。他的修行，以耶穌基督為中心，祂是全能無限的天主，是降生的聖子，是聖言，是心愛的主，祂是靈修生活的中心，也是終點。

十字若望是革新加爾默羅靈修基礎的奠定者，當他開始寫這本書時，會母大德蘭已接近生命末刻，完成《攀登加爾默羅山》時，大約是一五八二年，我們知道，大德蘭就是在這一年過世的。所以，他肩負重任，穩住修會的靈修方向，這是聖衣會續存發展的重要關鍵，所有關於修行的問題都必須徹底解決。聖若望個人有很深的靈修和學識涵養，此外，他還是個善於聆聽和解答疑難的人，他聆聽了聖女大德蘭的所有經驗，還有許多當時聖德非凡的會士和隱修女的經驗，所謂的神祕祈禱、神祕經驗……，我們說他瞭若指掌，實不為過。他的所有著作都在這樣的內在背景下寫成的，唯一不變的主題：指導人靈達到與天主神性的結合，「本書談論一個靈魂如何能善做準備，很快達到神性的結合（山・卷首標題）。」

他太清楚靈修生活中的假象，假的神祕經驗、假的聖德、假的黑夜、假的默觀、假的祈禱……，這些虛假的動作，使人在靈修的道路上原地踏步，繞來繞去，甚至熱熱鬧鬧，但卻一事無成。更糟的是，備受魔鬼的戲弄，倒頭來，不只丟掉信仰，還淪落悲慘的下場。若望會逐步說明，這些的基本原因是沒有克制感官的欲望，沒有放開感官的經驗，尤其是在與天主交往上，賦予感官經驗太過分的重視和貪愛。要記得，加爾默羅會的靈修，從聖女大德蘭和聖十字若望的著作中，可以很清楚地確定，這是以基督為中心的靈修，若望要我們雙目注視著基督，所有的啟示都在祂身上，要我們放棄所有不幫助我們更愛基督的神見、神諭……。重要的是單純的信德、純潔的愛德，信德使我們接觸到真正的天主，愛德使我們達到和天主結合，望德陪伴我們以信和愛度過塵世的旅途。

參考書目：

1. 《（兩種）心靈的黑夜》，聖十字若望著，加爾默羅聖衣會譯（星火文化，2010，台北）。
2. 《天主教靈修學史》，歐邁安著，宋蘭友譯（香港公教真理學會，1991，香港）。
3. 《聖十字若望》，紀南．柯文諾神父（Fr.Kieran Kavanaugh O.C.D.）著，加爾默羅會譯（上智，1998，台北市）。
4. 《聖十字若望的生平與教導》，Frederico Ruiz OCD著，台灣加爾默羅隱修會譯（上智，2000，台北）。
5. 《靈歌》，聖十字若望著，台灣加爾默羅隱修會譯（上智，2001，台北）。
6. 《愛的活焰》，聖十字若望著，台灣加爾默羅隱修會譯（上智，2000，台北）。
7. *God Speaks in the Night～The Life, Times, and Teaching of St. John of the Cross.* Kieran Kavanaugh, OCD. trans.（ICS, 1991, Reprint, 2000. Washington, D.C.）
8. *Upon This Mountain,* Mary McCormark OCD,（Teresian Press, Oxford, 2009）
9. *The Collected Works of St.Teresa of Avila.* Translated by Kieran Kavanaugh & Otilio Rodriguez（Washington, D.C. : ICS, 1979）Vol. I, III.
10. *Santa Teresa Obras Completas,* séptima edición, preparada por Tomas Alvares（Burgos,

Monte Carmelo, 1994）

11. *The Impact of God,* Iain Matthew,（H&S, 1995, London）
12. *The Collected Works of St. John of the Cross*, Translated by Kieran Kavanaugh & Otilio Rodriguez, with introductions by Kieran Kavanaugh（Washington, D.C. : ICS, 1979 & 1991）
13. *The Life of St. John of the Cross,* Crisógono De Jesús, Translated by Kathleen Pond,（H&B, New York, 1958）.
14. *Handbook to the Life and Times of St. Teresa and St. John of the Cross,* E. Allison Peers,（Burns Oates, London, 1954）.
15. *St. John of the Cross ～Doctor of Divine Love and Contemplation,* Fr. Gabriel of St. Mary Magdalen, Translated by a Benedictine of Stanbrook Abbey,（Newman, Westminster, Maryland, 1946）.
16. *St. John of the Cross and Dr. C.G. Jung*, James Arraj,（1986）, Chiloquin, Oregon: Tools for Inner Growth.
17. *John of the Cross : Man and Mystic,* Richard P Hardy,（Boston: Pauline Media, 2004）

導讀篇3

明鑒洞照、趣機若響——與聖十字若望懇談神祕經驗知識論

神祕修行固然旨在與道冥合，然在冥合於道當下，修行者尚且達致空靈明覺，以致道家稱之為「明鑒洞照、趣機若響」①。聖十字若望（St. John of the Cross, 1542–1591）談默觀，固然也強調與神在愛中的結合，然在結合當下，也定義默觀為「祕密的愛的知識②」。在《攀登加爾默羅山》中，聖人探討神祕經驗之知③，幾乎佔用了四分之三的篇幅，他的論述因而成了西方古典神祕經驗知識論的典型。

做為本文的開端，茲讓我們首先聆聽聖十字若望以下的一段綱要：

> 理智能以二種方式得到認識和理解，即本性與超性的。本性的認識，包括理智由身體的感官，或藉反省能瞭解的一切事物。超性的認識，包括所有以超越本性的能力和本領給予理智的一切。
>
> 這些超性的認識，有些是身體的，有些是心靈的。身體的超性認識有二種：一種是得自身體的外感官；另一種是得自身體的內感官，能夠理解想像能領悟、構造和設想的一切。

心靈的超性認識也有二種：一是清楚和個別的認識；另一是模糊、黑暗和普遍的認識。在清楚和個別的超性認識中，有四種特別的領悟，其傳達給心靈，不必經過任何的身體感官，這些是：神見、啟示、神諭、心靈的感受。黑暗、普遍的認識，只有一種，亦即默觀，這是在信德內給予的。我們必須帶領靈魂進入這個默觀，引導靈魂越過其他所有的認識，從

1. 語出自成玄英疏《莊子・大宗師》「夫道有情有信」一句。成疏：「明鑒洞照，有情也；趣機若響，有信也。」許慎《說文》釋云：「趣，疾也。」「機，主發謂之機。」段玉裁註許氏《說文》，稱「若」為「順也，假借為如」，如其所如之意，以致「趣機若響，有信也」一語，寓意著迅速疾發、鏗鏘有聲、信實非虛。從道之本體上言，道通情達理，信實無妄；從人立場言，修行者一旦冥合於道，則明心見性，體證真如。

一開始就剝除它們。（山2・10・2–4）

上述的綱要可方便地涵括在以下的四個綱目之內：

其一、被知視域（the horizons）

——其中包括「本性界」（the natural）與「超性界」（the supernatural），人在普通認知中把握「本性界」，但在超性運作中，卻接觸到「超性界」。

其二、外感官功能（the exterior senses）

——外感官包話「眼耳鼻舌身」五官，蘊含「視聽嗅嚐觸」五功能，可掌握「色聲香味觸」五境④。其普通運作，引出日常感官知覺經驗，其超越運作，則可引致感性面的靈異經驗⑤。

其三、內感官功能（the interior senses）

——內感官功能包括「想像力」（imagination）與「幻想力」（phantasy）⑥；「想像力」能再表呈所經驗過的事象；「幻想力」則能把先前印象改頭換面。內感官在普通運作中，可引申日常之想像與幻想，在超越運作中，卻能引致「想像神見」（imaginative vision）⑦。

其四、靈功能（spiritual faculties）

——靈功能包括「理智」（intellect）：理解能力；「意志」（will）：意欲能力；

2. The Living Flame of Love（3・3），中譯：《愛的活焰》3・3。本文主要參閱英譯 St. John of the Cross, *The Collected Works of St. John of the Cross.* Translated by Kieran Kavanaugh & Otilio Rodriguez（Washington, D.C.：ICS, 1979）。在下文，聖十字若望的作品簡稱如下：The Ascent of Mount Carmel《攀登加爾默羅山》：山；The Dark Night《黑夜》：夜；The Spiritual Canticle《靈歌》：靈歌；The Living Flame of Love《愛的活焰》：焰。
3. 山2・10–3・45。
4. 山1・3・1–3。

「記憶力」（memory）：記取回憶能力。

它們分別有其普通與超越運作：「理智」的普通運作，引致人對日常事理之理解與判斷；其超越運作則產生「理智神見」（intellectual vision）等經驗⑧。「記憶力」的普通運作，引致人對日常往事的回憶；其超越運作，則引致人對超性經驗的回憶⑨。站在認知面上言，「意志」的普通運作，干預人對日常知識的接受與排斥；其超越運作，則是聯同理智功能而成就「默觀」（contemplation）⑩。

這四個綱領，以前者為被知視域，後三者則屬認知功能。茲首先扣緊被知視域，來展開聖十字若望的知識論脈絡。

壹、被知視域

聖人談被知視域，劃分出「本性界」（the natural）與「超性界」（the supernatural）二者。

一、本性界

按《山》2．10．2之提示，本性知識包括理智透過感官與反省，而理解一切事物。「本性界」，意謂日常生活所呈現的普通現象，即人藉普通經驗所接觸的大自然世界。

5. 山2．11．1–13。
6. 山2．12．3。
7. 山2．16．2。
8. 山2．23–32。
9. 山3．1–15。
10. 焰3．49。

二、超性界

《山》2．10．2也提示：超性知識，包括一切超越本性能力而傳送給理智的智識。廣義地言，「超性界」乃是認知功能之超越運作而接觸的超越境界。較狹義地說，聖人從來源的前提上分辨三個層級，它們是⑪：

超自然界（the preternatural）

偶性超性界（the accidentally supernatural）

實質超性界（the substantially supernatural）

茲分述如下：

（一）超自然界

1. 引申自神以外的其他靈體

凡由上主以外的其他靈體（包括善靈與邪靈）、所導致的一切超乎尋常的現象、通稱作「超自然界」⑫。換言之，靈異界的呈現，其來源若不出自神本身，而出自其他靈體，則被聖十字若望歸類為超自然現象。聖人只簡短地提及善的根源，因為它們緊密地與上主有著聯繫，以致不必多所論述⑬。但他卻對惡的根源有著詳細分析，惟恐我們泥足深陷、不能自拔；聖十字若望曾多次警戒我們，切勿沉迷於神見（visions）、神諭（locutions）、啟示

11. 此三層級之名由來已久；學者專家們在整理聖十字若望著作中，往往採用此三名詞來命名。例如：J. J. McMahon, The Divine Union in the Subida del Monte Carmelo & the Noche Oscura of Saint John of the Cross: An Analysis of its Nature & Structure（Washington: C.U.A., 1941）, p.56, note 14。
12. 山2．17．4；2．24．2；焰3．63。
13. 例如，聖十字若望只簡短地在山2．24．2中，提及聖者及天使可引致超乎尋常的顯現。

（revelations）等奇蹟，以免我們墮進惡靈的圈套⑭。

2. 辨別神類之道

聖十字若望覺得不容易分辨奇蹟的來源，所以，往往勸告我們不要注意它們，而只用信德眼光來生活；不過，他有時也會提出辨別神類（discernment of spirits）的方法，來教我們避免受騙；為分辨善、惡來源之道，聖人提出了下列的七重比對：

（1）神枯比對神慰（aridity vs. devotion）

來自邪靈的經驗，使人覺得與上主溝通淡而無味；反之，上主的靈觸，卻能使人增進對神的愛火（山2．24．7）。

（2）虛榮比對謙虛（vanity vs. humility）

來自魔鬼的惡源，引人傾向自大；反之，從上主來的撫慰，卻引人謙卑自下（山2．24．6–7）。

（3）粗略比對精細（roughness vs. delicacy）

惡靈所傳送的印象粗略浮淺，而上主所留下的烙印，卻是細膩湛深（山2．24．7）。

（4）短暫比對永久（transiency vs. permanency）

14. 山2．26．17；2．11．2；2．16．6。

邪惡之源給予的印象，效力短暫，瞬間只剩下普通記憶（山2·24·6）。反之，至善之源卻感染力深厚，歷久彌新，叫人終身難忘（山2·24·5–7）。

（5）回憶乏味比對回味無窮（unproductive memory vs. fruitful remembrance）

回憶來自惡靈的神視，相當乏味而無良好效果；反之，回憶上主的神視，卻增進愛德與謙虛（山2·24·7）。

（6）浮華比對崇高（imitated grandeur vs. imcomparable sublimity）

人若直接碰觸到上主的臨在，所獲得的超性知識與體會如此崇高，以致魔鬼無法假冒。魔鬼只能在感官上，給人某種程度的豪派浮華（山2·26·5–6）。

（7）依然故我比對煥然一新（stagnation vs. spontaneous renewal）

上主的靈觸直接深入人心，使人靈性地煥然一新，充滿愛火與恩寵。此點惡靈無法辨得到（山2·26·6）。

綜合地說，來自惡源的經驗，無助於與神契合，對靈修毫無助益。反之，來自善源的經驗，卻促進人神融通，有益於靈性修德；總之，聖十字若望一般的勸告是：靈異經驗不易辨認，切勿沉迷，以免受騙（山2·11·2）⑮。

15. 聖依納爵（St. Ignatius Loyola, 1491–1556）《神操／*The Spiritual Exercises*》§313–336談辨別神類規則，可供參考對照。

16. 山2·4·2：「The attainment *supernatural transformation* manifestly demands a darkening of the soul……Insofar as he is capable, a person must void himself of all, so that, however many *supernatural communications* he receives, he will continually live as though denuded of them and in darkness.」斜體字由筆者強調。McMahon解釋如下：「After declaring that the soul must attain "supernatural transformation",

（二）偶性超性界

除了超自然界的靈異事象外，聖十字若望尚且論述了有關那引發自神本身的超性經驗，並從中分辨偶性超性界與實質超性界二者：前者只藉形像來透露神的臨在，後者則是神本質赤裸裸的呈現[16]。茲首先述說前者的底蘊如下。

1. 藉形像來透露神的臨在

「偶性超性界」意謂來自神，但不顯露神本質（God's Essence）的一切靈觸與事象。例如：舊約《出谷紀》第三章第二節，記載上主藉著燃燒灌木的形像，與梅瑟／摩西（Moses）對談；又《戶籍紀》第九章第十五節中，敘述上主白天用雲柱，晚上用火柱的形像，來引導選民走向福地；這些事象，一方面做上主臨在的標記，另一方面卻隱藏上主的本來面目（山2・23・4）。聖十字若望解釋道：上主有時容許人的感官獲得神視，見到天界的聖者，或其他聖物，嗅到芬芳香味，聽到神諭，或在感官上獲得很大的快慰；神有時還刺激人的想像力，使人產生想像神見；但這些經驗都不顯露上主的本質，而只是神臨在的標記而已（山2・17・4）。

2. 應有態度

聖十字若望對這些奇異經驗的一貫態度是：我們小心，不要沉迷其中，且盡量加以拒絕，以提防惡魔的倣效；他並且替我們分析其中的利與弊如下。

the soul declares a few lines further down that it must ever remain detached from "supernatural things". In the first place it is clearly a question of the essential supernatural（"*supernaturale quoad substantiam*"）, while in the second it is equally clearly a question of the accidental supernatural（"*supernaturale quoad modum*"）。J. J. McMahon, *The Divine Union in the Subida del Monte Carmelo & the Noche Oscura of Saint John of the Cross: An Analysis of its Nature & Structure*（Washington: C.U.A., 1941）, p.56, note 14.

（1）沉迷的弊

人若沉迷追逐這些靈蹟，將會遭遇以下的六種弊端（山2·11·7）：

a）減少信德

b）阻礙神修進展

c）養成貪戀神蹟心態

d）失去內心收斂

e）本末倒置疏遠了神

f）更容易受騙上當

（2）不沉迷的利

反之，人若不理會此等靈蹟，他至少可獲得以下的兩種益處（山2·11·6、8–9，2·16·10）：

a）保有上主在人靈中所留下的善果，類比火之烙印，不加理會，仍深受影響（山2·11·6）；

b）免除辨別神類的辛勞費神，不必擔心陷於惡靈的圈套。

總之，有關偶性超性界的事象，聖人要求我們以信德生活，以與上主心靈契合，而不要分心追求奇蹟，以免捨本逐末（山2·11·8）。

（三）實質超性界

根源於上主的經驗，除了偶性超性界之外，尚有實質超性界本身。對此，聖人的提示是：凡上主本質的直截呈現，而不必靠其他事象來做標記者，則歸類為「實質超性界」。

1. 神本質赤裸裸的呈現

神修人在極崇高的神祕結合當中，體證到神如其所如的本來面目，聖十字若望指出，這樣的知識是上主 純粹的本質、赤裸裸地面對赤裸裸的人靈（山2·16·9－10）。若從聖經上找例子，我們可列舉以下數則：神不再藉其他形像，而把自己的本質顯現給梅瑟（《出谷紀》卅三18－23）；神在清風徐來中，自我顯現給厄里亞（Eliah）（《列王紀上》十九12－13）；神把聖保祿提昇至三重天，與祂會晤（格後十二2－4）。聖十字若望也引證這三個例子（山2·24·3）。

2. 特性

提及這份經驗，聖人尚且指出其中的一些特性如下：

（1）極具震撼

一般而論，除非神特別的保護，否則普通人無法以現有的生命，面對這樣劇烈的顯現。聖十字若望引用《出谷紀》第三十三章二十節的話，指出：人不能見到上主本身，尚能生存在世（山2・24・2）。他的意思是：人不能以目前的生命狀態，承受如此大的震撼，以致需要上主特別的蔭庇，免遭喪亡。

（2）曇花一現

這樣的經驗，不只極其罕有，即使有，一旦發顯，也只曇花一現，瞬息即逝，如同閃電，瞬間掠過，復歸幽暗（山2・24・3，5）。

（3）只賞賜有大德之特殊使命者

再者，這樣的經驗，上主只賞給那些非常有聖德，且在救恩史上扮演極重要角色的人物，如梅瑟、厄里亞、保祿等（山2・24・3）。換言之，唯有那些達到與上主深度冥合的聖賢，兼具特殊使命者，始獲得如此崇高的體證。

（4）惡魔無法仿冒

這種與神坦誠相對的經驗，極為崇高壯麗，其中的湛深結合與認知，誠非筆墨所能形容，甚至連魔鬼也無法仿冒，換言之，其中的高超，就連魔鬼也無能力複製（山2・26・5）。

3. 應有的態度

對上主本質呈現的經驗，聖十字若望一反常態，表現得相當積極。他認為：只有上主的本質，才是我們追求的最終目標，我們應捨棄其他一切，來達到這目標（山2・26・10）。為此，聖人不單提議，我們要設法獲得這類知識，還建議說：一旦獲得這份體認後，我們要珍惜地回憶它，以重燃對上主的愛火（山3・14・2）。固然，這份知識並非人力所能及，人無法揠苗助長，人唯一能做的，就是做好準備，煉淨個人心靈（靈歌39・12），行走信、望、愛三超德的途徑（山2・6・2）。

貳、論靈魂：兩個前提

在檢討了被知視域的義蘊後，我們可進而聆聽聖十字若望對認知功能的說法，其中包括了他對外感官、內感官和靈功能的分析。談及認知功能，看來我們須率先交待以下的兩個提要：

其一是、人的認知能力意謂靈魂的認知能力；

其二是、感性功能仍隸屬於靈魂。

茲申述如下：

一、人的認知能力意謂靈魂的認知能力

不論是外感官或內感官的作用，它們仍然由靈魂操縱，若缺少靈魂的充滿，則肉體的感官無從運作。聖十字若望在靈魂這前提上，至少提示了五個要點如下：

（一）靈魂是精神體

在《愛的活焰》1．10，聖人有這樣的一段話：

首先須知，靈魂是精神體，不像定量的身體，有其存有的高低深淺。既然沒有部分，對於其內與外也就無所分別；他沒有定量性深度的等級，全部都是一樣的。他不像物質性的身體，能在某處接受比其他地方更明亮的光照，而是以同一種強或弱的程度接受光照。彷彿空氣之被光照，是按照其所受光照的程度⑰。

按聖人的見解，較消極地說，靈魂並不像肉身般分部分；靈魂沒有什麼裏外、高低、深淺之分。較積極地說，靈魂是精神體，其本身是獨立的個體，是一個不可分割的存有整體；是靈魂使人的肉體成為活的身體，而不至於被貶抑為無靈的尸身。借用當今的術語說：人是「成肉體之靈」（incarnate spirit），也是「被靈魂充滿的肉體」（besouled body）。

（二）靈魂是人意識功能的控制中心

人意識功能包括「認知功能」（cognitional faculties）「與意欲功能」（volitional faculty），而靈魂是此等功能的核心，聖十字若望給予以下的提示：

1. 認知功能

「靈魂本身……知道如何使用感官與推論反省的方法來行動（焰3．66）。」以靈魂做為核心，人懂得如何透過感官運作和思辯反思來進行認知。

17. 中譯採自聖十字若望著，台灣加爾默羅隱修會譯，《愛的活焰》（台北：上智，2000年），7頁。

2. 意欲功能

靈魂也是人發顯意欲的中心，藉著靈魂，人是為意欲的主體。「靈魂有如空虛的器皿，有待被裝滿，或相似懇求食物的飢民，或像一位哀求健康的病患（靈歌9．6）。」總之，靈魂「除了天主外，找不到任何滿足（靈歌9．6）。」⑱

（三）靈魂可透過分享神而被神化

聖人也指出：人在神祕冥合當中，其靈魂更肖似神；人靈尤在「轉化結合」（transformed union）的程度上，臻至「神化」（Deification），是為「分享的神」（God by participation）（山2．5．7）。

（四）靈魂最深處是神

雖然靈魂個體不分裏外，但類比地說，他有一個中心，這中心有其最深處，而靈魂的最深處是神。聖人說：

我們以某物體的「至深中心點」來象徵它的存有與能力，以及它的作用與行動能達到的最遠之點（焰1．11）。

靈魂的中心點是天主，當他使用其存有的一切能力，以及其作用與傾向的一切力量，達到了天主時，他必會達到他在天主內最後與最深的中心點，他必會以全部的能力認識、愛慕和享受天主（焰1．12）。

18. 中譯採自聖十字若望著，台灣加爾默羅隱修會譯，《靈歌》（台北，上智，2001年），103至104頁。

（五）靈魂仍與神有別

人靈一旦深度地冥合於神而臻至神化，那被轉化的靈魂，在被神所充滿當下，尚且完整地保留其個體性，不因造就為分享的神而失去其本質，就如同窗戶那澄明如鏡的玻璃一般，不因徹底地被陽光所滲透，而導致其個體存有的消失（山2・5・7）。

在體會了人的認知能力是為靈魂的認知能力後，我們仍須進一步確認另一前提如下。

二、感性功能仍隸屬於靈魂

固然肉體不等同於靈魂，而感官功能也不等同於靈功能，到底靈魂與肉體並不構成為兩個個體，而是同一個個體的兩元（duality）；人一方面可被體認為「成肉體之靈」（incarnate spirit），另一方面可被體認為「受靈充滿之肉體」（animated body）；其感性功能仍屬於靈魂。人以靈魂做為意識核心，以致那植根於肉體的感官，也由靈魂操控。聖十字若望肯定人靈的認知與感性經驗有著密切關係。首先是人日常的普通認知起於感官經驗；而部分的超性知識也與感性作用相連。

做為士林哲學家的一員，聖十字若望贊同亞里斯多德（Aristotle，384–322 B.C.）與聖多瑪斯（St. Thomas Aquinas，1225–1274）所體證的前提：在普通經驗之知上，除非經過感官，否則沒有東西可被心智理解⑲。為此，聖十字若望強調：靈魂被囚禁在肉體內，以感官做為其牢獄之窗；本性地說，靈魂除了感官以外，沒有其他途徑可讓他知覺傳遞過來的訊息

19. "*Nihil est in intellectu quod non prius in sensu.*" Aristotle, Metaphysics, I, 1, 981a. 2; Aristotle, *Posterior Analytics* II, 19, 100a.3; St. Thomas Aquinas, *Summa Theologiae* Ia, Q84, a. 6。

（山1・3・3）。

在記取了上述的提要後，我們可較穩妥地聆聽聖十字若望對眾認知功能的分析。先引述聖十字若望對外感官的看法。

參、外感官功能

有關外感官功能的運作，聖人分別從其本性作用與超性作用上給予反思。

一、外感官的本性作用

（一）外五官與本性經驗

外五官──眼、耳、鼻、舌、身，蘊含五功能──視、聽、嗅、嚐、觸，本性地把握五境──色、聲、香、味、觸（山1・3・1–3）。普通經驗之知起於外感官；人以外感官做為靈魂之窗，攝取本性界事象（山1・3・3）。

（二）應有態度

面對外感官的本性運作，聖十字若望分別從靈魂的觀點與上主的觀點，來談論人對外感官本性經驗所應採取的態度。

1. 靈魂的觀點

站在靈魂面對神的觀點上說，聖十字若望提示了這樣的辯證：

正：人對上主的尋覓起於感官（山1．3．3，3．24．4－5）

反：感官不是把握上主的近途徑（山2．12．3－4）

合：感官可做為接觸上主的遠途徑（山2．12．5）

茲分述如下。

正：人對上主的尋覓起於感官

人首先透過感官而開始發現神的蹤影；人靈如同肉身的囚徒，須靠感官之窗來接觸世界，包括體會上主（山1．3．3）。人靈透過感官而開始投奔上主，特別是那些步入靈修的初學者（山3．24．4－5）。

反：感官不是把握上主的近途徑

聖人認為感官事物並不是接觸上主的充分工具（山2．12．3）；所有受造物都不相稱於上主，都不能做為結合於神的近途徑（山2．12．4）。雖然有人透過聖樂、聖像、圖畫等物來增進對神的熱愛，但到底它們都不能與上主的美善相比於萬一。若過於執著它們，反而妨礙進步（山3．24．4）。

合：感官可做為接觸上主的遠途徑

然而，聖人又指出：既然本性之知起於感官經驗，那麼，初學者可方便地借助感官事物，做為接觸上主的遠途徑，即以感官事物做為到達神的踏腳石或梯子，一旦達到目的，則須把它們放下（山2·12·5），如同莊子所言之「物物而不物於物」。

2. 上主的觀點

站在上主面對人靈的觀點上說，神從感官開始帶領人。上主起始會利用人的感官，來引導我們認識祂、歸向祂。但隨後，神會引導我們離開感官事物，而進一步達到更靈性的境界（山2·17·3）。總之，神是從人性最低、最外在的層面上，引導人靈走往更高、更內在的境域（山2·17·4），好與人在更超性的層次上會晤。

在探討了外感官的本性運作後，茲讓我們進而體會其超性作用。

二、外感官的超性作用

（一）類別

如果外五官本性地攝取色、聲、香、味、觸五境，則也可超性地導致神見（vision）、異聲（audition）、異香（fragrance）、美味（exquisite savor）、快慰（delight）五類靈異經驗（山2·11·1–13），如圖示：

五官	功能	本性經驗	靈異經驗
眼	視	色	神見
耳	聽	聲	異聲
鼻	嗅	香	異香
舌	嚐	味	美味
身	觸	觸	快慰

按山2．11．1的提示：

人的視覺可見到另一境界的影像與人物，如聖人、天使、魔鬼，甚至超凡的光芒等。

人的聽覺，可聽到不尋常的說話，有時來自異象顯現中的人物，有時只聆聽到聲音而看不到講者。

人的嗅覺，有時嗅到異常的香氣，而不知其來源。

人的味覺，可以不尋常地經驗超凡的美味。

人的觸覺，可感受到極度的快慰，它深入骨髓地、強烈地滲透了身體的每個部位；這樣的快感，時而被稱為靈性的傅油（spiritual unction），意謂著潔淨的靈魂，其心靈的神慰滿溢至感官，讓感官也感受到內心的甘飴。

總之，人可透過外五官而攝取不尋常的經驗；我們可反過來說，靈異事象藉著外感官而傳達給人，異常地薰陶著人的個體，茲藉下頁之圖示意：

（二）特性

按山2．10．2-4的分析，屬外感官的靈異經驗，其所蘊含的特性如下：

1. **超自然（supernatural）：**感官的不尋常感受，使人接觸到一般情況所無從接觸的異常境域與事物。
2. **外在的（exterior）：**此等奇異的感受，是透過外感官的管道獲致，即外感官的異象，是藉著接收外來的異常刺激而產生。
3. **形軀的（corporal）：**這些經驗屬有形的物理事象，透過肉體而獲得。
4. **分明的（distinct）：**主體地言，外感官功能運作分明；客體地言，所呈現事象有其特定時空與樣貌。
5. **個別的（particular）：**影像個別而具體，人可辨別它們，即使有時筆墨難以形容。
6. **被動的（passive）：**人無從藉普通經驗的途徑攝取，而須藉由靈界傳送過來。

若較之於外感官的本性經驗，則本性經驗也擁有上述2至5項目的特點；其所異者則是第1與第6項目：即本性經驗是「自然的」（natural）和「主動的」（active），是為人力所能達致的自然現象；反之，靈異經驗是「超自然的」、「被動的」，即人力無法透過一般日常管道導致。換言之，二者之異，意謂著視域之不同，與刺激來源之差異。

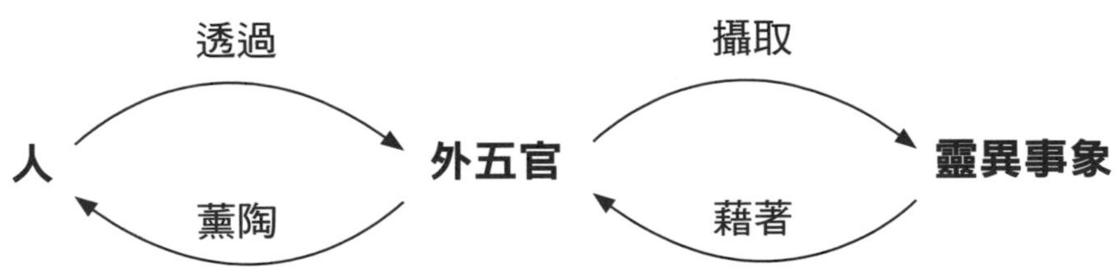

（三）應有態度

面對著外感官的靈異經驗，聖十字若望一貫的態度是——忽略掉它們（山2・11・2–7）。若是例外個案，仍須接受神師指導，並小心處理（山2・11・13）。聖人之所以如此地建議，原因是：

1. 關於經驗：
（1）愈外在，愈難確定其來源（山2・11・2）
（2）愈外在，對靈魂益處愈少（山2・11・4）
（3）愈外在，愈容易被邪靈利用（山2・11・3）

2. 關於人靈：
（1）愈沉迷，愈容易引致自大、虛榮、謬誤（山2・11・4–5）
（2）愈沉迷，愈減弱信德與內斂、愈貪心、愈本末倒置而疏遠神（山2・11・7）

3. 關於上主：

若來源出自上主，而你又把它退去的話，並不會因而減弱其中的影響力，類比著皮膚接觸到火，不論你渴願與否，也必然被灼傷；同樣地，上主若賜與異象，不論你接受與否，也必然獲得正面的迴響（山2・11・6）。

在談論了外感官功能與經驗後，聖十字若望進而反思內感官功能的運作。

肆、內感官功能

一、有關兩個內在感官

聖十字若望至少凸顯了兩個內在感官：「想像力」（imagination）與「幻想力」（phantasy）二者（山2．12．3）：

（一）想像力——意謂著，以圖像來協助思辨事理，讓人能夠想及有關現世事物的圖像與動靜；例如：想像與友人在鳥語花香的園地散步。

（二）幻想力——寓意著，以攝取過的圖像，加以改頭換面，藉此產生新形像；例如：美人魚、獨角獸。

聖十字若望提示：他不準備詳細辨明二者的分別（山2．12．3）。言下之意是：兩者彼此密切牽連，可以是一體兩面，或同一功能的兩種操作⑳。

二、內感官的本性作用

聖人在靈修的前提下指示：人在本性運作上，可利用內感官功能來作推理默想（discursive meditation），以求日進於德；例如：在祈禱中，想像主耶穌基督的某些言說與

20. 前人著述如阿文齊那（Avicenna，980–1037）之De Anima IV, 1，及聖多瑪斯之Summa Theologiae Ia, Q78, a. 4，曾劃分多個內感官功能如：統合力（sensus communis）、想像力、幻想力、估量力（estimative power）、記憶力（memory）；茲因篇幅所限，於此從略。參閱拙作《知識論（一）：古典思潮》（台北，五南，2000年），259至263頁。

行實，藉此點燃起對吾主的愛火（山2．13）㉑。

三、內感官的超性作用——想像神見

在超性運作方面，聖十字若望尤替內感官功能凸顯了「想像神見」。簡言之，想像神見寓意著靈界透過人的想像力，把超性影像傳送給人（山2．16．2）。

為了作較有系統的交待，茲首先提示傳統神哲學對「神見」的論述。按聖奧思定（St. Augustine，354–430）與聖多瑪斯的分析㉒，「神見」至少可分為三大類——感性神見（sensible vision）、想像神見（imaginative vision）、理智神見（intellectual vision）三者：

感性神見意指透過外感官接觸超性界

想像神見意謂想像力收到超性事象

理智神見則寓意著超性事理直接藉由理智來把握

我們容後討論理智神見的究竟。茲先借用聖經的例子來比對感性神見和想像神見二者。

（一）感性神見的例子與特性

1. 聖經例子

舊約《達尼爾先知書》五章1–30節，有以下的記載：

貝耳沙匝王為大員千人擺設了盛筵，……命人將他父親拿步高從耶路撒冷殿中劫掠的金

21. 有關推理默想的議題，已經另文論述，於此從略。參閱拙作〈黑夜與黎明：與聖十字若望懇談默觀〉，附錄為導讀於十字若望著，（台灣）加爾默羅聖衣會譯《（兩種）心靈的黑夜》（台北，星火文化，2010年），207至278頁；尤聚焦於其中之221至229頁。

22. St. Augustine，De Genesi ad litteram 12, 6,15–12, 16,33; 聖多瑪斯之Summa Theologiae II–II, Q175, a. 3, ad.4。

銀器皿取來，給君王和他的大員並自己的妻妾用來飲酒。……正在此時，忽然出現了一個人的手指，在燈台後面王宮的粉牆上寫字，君王也看見了那寫字的手掌。……巴比倫所有的智者都來了，卻沒有一個人能閱讀那些文字，……太后……啟奏說：「……你國內現有一個人，具有至聖神明的精神，……現在就召達尼爾前來，他必能說出其中的意義。」於是達尼爾被引到王前，……達尼爾回答君王說：「……你……命人將他（天主）殿宇的器皿給你拿來，供你和你的大臣並你的妻妾用來飲酒，……為此，他使一隻手掌出現，……寫出來的這些字是：「默乃，默乃，特刻耳，培勒斯。」這些字的含義是：『默乃』，天主數了你的國祚，使它完結；『特刻耳』，你在天秤上被衡量了，不夠份量；『培勒斯』，你的國被瓜分了，給了瑪待人和波斯人。」於是貝耳沙匝下令，給達尼爾披上絳袍，帶上金項鏈，並宣布他位居全國第三。當夜加色丁王貝耳沙匝即為人所殺。（思高本中譯）

上述例子顯示：現場眾人用肉眼看到一個異象——一隻手掌用指頭在牆上寫字（達五5），字跡清晰可見，只是一般人看不懂其中的義涵而已。

2. 感性神見的特性

藉上述例子，我們大概可體會感性神見如下的特性：

（1）**內在的**（interior）：藉外感官接觸

（2）**有形的**（corporal）：對象有形可見

（3）**分明的**（distinct）：在特定時空架構內出現

（4）**個別的**（particular）：被見到的境象個別而具體

（5）被動的（passive）：由超性界傳送

（6）超性的（supernatural）：所見事象屬靈異事件

在體會了感性神見的特性後，我們可轉而注視想像神見的究竟。

（二）想像神見的例子和特性

1. 聖經的例子

舊約《依撒意亞先知書》六章1–8節，有這樣的記述：

烏齊雅王逝世那年，我看見吾主坐在崇高的御座上，他的衣邊拖曳滿殿。「色辣芬」侍立在他左右，各有六個翅膀：兩個蓋住臉，兩個蓋住腳，兩個用來飛翔。他們互相高呼說：「聖！聖！聖！萬軍的上主！他的光榮充滿大地！」由於呼喊的聲音，門限的基石也震撼了；殿宇內充滿了煙霧。我遂說：「我有禍了！我完了！因為我是個唇舌不潔的人，住在唇舌不潔的人民中間，竟親眼見了君王——萬軍的上主！」當時有一個「色辣芬」飛到我面前，手中拿著鉗子，從祭壇上取了一塊火炭，接觸我的口說：「你看，這炭接觸了你的口唇，你的邪惡已經消除，你的罪孽已獲赦免！」那時我聽見吾主的聲音說：「我將派遣誰呢？誰肯為我們去呢？」我回答說：「我在這裏，請派遣我！」（思高本中譯）

上述見聞蘊含世間事物的改頭換面，誠屬想像力所孕育的境象（山2．16．3），只是其中內容並非由當事人主動幻想，而藉由靈界傳送；為此，它是想像神見的一個典型。

2. 想像神見的特性

上述例子讓我們瞥見想像神見如下的特性（山2・10・2–3）：

（1）外在的（exterior）：透過內感官想像力而呈現；境象跟默想所想像的內容有相同的結構，只是比一般想像成果更清晰生動。

（2）有形的（corporal）：形像往往是世物的改頭換面。

（3）分明的（distinct）：在腦海中，以想像時空浮現，仍區分內在視覺、聽覺等活動與境況。

（4）個別的（particular）：所現圖像為個別而具體。

（5）被動的（passive）：刺激來源出自靈性，不主動由人本性能力獲得。

（6）超性的（supernatural）：由超性界傳送，訊息含超性涵義。

（三）兩類神見之異同

若將想像神見與感性神見作一比對，我們可獲悉以下同與異。

1. 同：剋就其同而言，二者皆屬有形的、分明的與個別的。
2. 異：剋就其異來說，我們可凸顯兩點：

（1）感官層面

a）感性神見屬外在感官的超性運作

b）想像神見屬內在感官的超性運作

（2）效果的深淺

想像神見比感性神見更內在，更具影響力，它在人靈內產生更深刻的印象（山2·16·3）。

（四）面對想像神見的應有態度

凡出自善靈的想像神見，皆蘊含了知識、愛與甘飴的神益；人靈不必主動接受，而神益也自然而然地被灌注（山2·16·10-11）。談及面對想像神見應具備的態度，聖十字若望的勸諭是：不留戀、不沉迷、不渴求，以免捨本逐末。較細緻地說，聖人的訓誨是：

1. 不依戀，謙受益

凡不主動地依戀想像神見，將會引致更豐盛的收獲（山2·16·11）。

2. 若留戀，反受捆綁

凡著意留戀此等經驗者，則心靈會被束縛，反而有礙進步。人若拘泥於想像事理，理智就沒有機會做進一步的發展（山2·16·11）。

3. 不理會無礙於神益

即使拒絕想像神見，也不會因而減弱所引致的神益；神益早已隨神見灌注於人靈（山2・17・7）。

4. 拒絕可免於費神辨別

加以拒絕，可免於費時與費神去辨別神類（山2・17・7）。

5. 處理不當反而誤入歧途

我們沒有能力處理上主的神見，處理不當，反而容易誤入歧途。最安全的做法，還是明智地謙辭（山2・19・14）。

6. 渴求之則本末倒置

人越出本性常規，渴求超性的異象，聖人認為這是本末倒置的作為，把上主貶抑成次要地位，反而不中悅於神（山2・21・1）。

7. 渴求之則易受騙

邪靈也可以利用內感官來導致神見；人若迷戀異象，則會把自己曝露於惡神的矇騙（山2・21・7）。

8. 注視基督而非另求新知

上主已在主耶穌基督內啟示一切奧祕。在基督以後，再沒有新的啟示。凡不注視基督而企圖另求新知者，反而招惹上主的不悅（山2・22・5－6）。

總之，人靈最主要的目標是為求結合上主；而奇異經驗是次要的；人不應捨本逐末。在處理了內外感官的脈絡後，茲讓我們進而專注於靈功能。

伍、靈功能

為聖十字若望而言，靈功能有三：理智（intellect）、記憶力（memory）、意志（will）㉓。

理智意謂著理解能力（山2・23－32）

記憶力乃是收藏先前所見聞的庫存（山3・2－15）

意志寓意著意欲、好惡的核心（山3・16－45）

此三者乃靈魂最中樞的功能。茲首先敘述理智及其運作的來龍去脈。

一、理智

莫蘭奴（Antonio Moreno, O.P.）評論得有理：大多數靈修作家通常只標榜人的其他面向，如嗜好、愛欲等事項，很少提及理智，而聖十字若望的著作，如《攀登加爾默羅山》是其劃時代的創舉㉔。聖十字若望在《攀登加爾默羅山》一書中，就用了十大章的篇幅來探討

23. 聖十字若望是按聖奧思定的分法，把靈功能作三分法處理。Cf. St. Augustine, De Trinitate, 10, 11, 18。此點容後討論。

24. Antonio Moreno, "St. John of the Cross, Revelation, and the Message of Christ", *in Review for Religious* 40,（Sept.／Oct., 1981）, p.708, "Since the majority of spiritual writers usually emphasize other aspccts of man, such as the needs of the appetite and love and say little of the intellect, St. John's book（i.e., the Ascent）is one of the most original of his time."

理智（山2·23–32），可見其對此功能的重視。聖人的分析可權宜地首先劃分為理智的本性作用及其超性作用兩者。

（一）理智的本性作用

人為求認知世事並瞭悟其中義蘊，理智是最重要的功能，其他的認知能力，如感官知覺與想像力，都只提供與件和圖像，讓理智達致理解而已，以致理智是臻至洞察事理的關鍵因素。提及理智的本性認知，聖十字若望常常把理智連貫至感官知覺和想像力來談論。

1. 理智與感官知覺的連繫

緊隨著士林哲學一貫的傳統，聖十字若望強調本性知識始於感官經驗（sense experience）。外五官攝取有關現象世界的影像和與件，以容許理智有東西去理解。換言之，除非有事物首先被經驗，否則理智便空洞地把握不到任何事理。為此，聖人指出：本性知識，來自理智藉身體的感官攝受的一切物象，所產生的理解（山2·10·2）。理智與外感官的聯繫，可藉下圖示意：

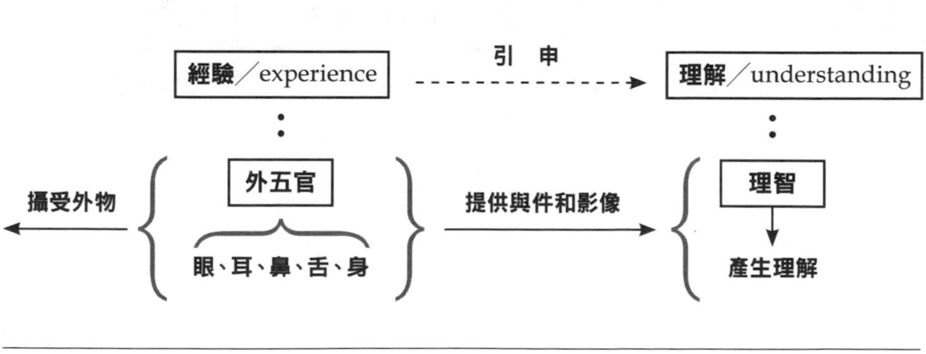

2. 理智與想像力的連繫

理智除了直截引用外感官攝受的成果達致理解外，尚且仰賴想像力所孕育的圖像來思考，以求做更深刻的明瞭（山2．16．2）。誠然，理智往往需要借助想像活動，來補充外五官的感性內容，好讓理解變得更精密，這就是「返回影像」（*conversio ad phantasmata*／conversion to phantasms）[25]。那就是說，想像力提供影像（images／phantasms），讓理智在理解前，有圖像做「憑藉」來把握更細緻的線索，此其一；也讓它們在理解中，以圖像做為「依歸」，來獲得光照，此其二；又讓它在理解後，藉圖像來「落實」於實際事象，此其三；亦讓它在講授時，有圖像可供作「範例」，此其四；再者，尚且讓它為求更充分的理解，而有圖像可做「回顧」，此其五[26]。理智與想像力的聯繫，可藉下圖示意：

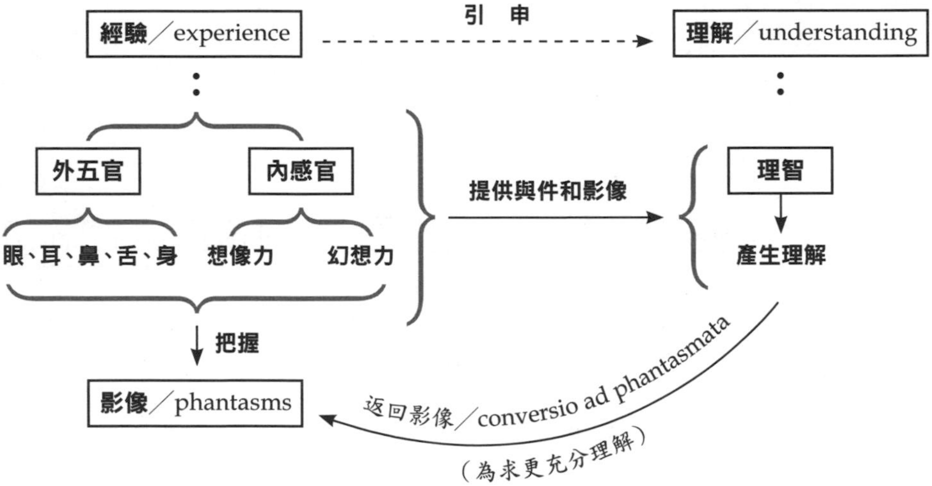

25. 參閱聖多瑪斯Summa Theologiae II–II, Q180, a.6。
26. 參閱拙作《知識論（一）：古典思潮》（台北，五南，2000年），286至288頁。

3. 理智本身的功能

談及理智本身的能力，聖十字若望仍秉持古典傳統的分析，在理智的前提上分辨「主動理智」（agent intellect）和「被動理智」（possible intellect），用以凸顯其中的主動面與被動面。「被動理智」又名「可能理智」（possible intellect），寓意著其有彰顯事物觀念的潛能。聖十字若望在《靈歌》39．12說：

> 哲學家稱依賴形式、幻像、肉身感官的領悟為主動的理智。……可能的或被動的理智……沒有接受這些形式……，只被動地接受實體的認識，……㉗

聖人的意思是：在本性運作的前提上，「主動理智」依賴著感性經驗所獲得的圖像、影像與攝受成果，而有所領悟；至於「被動理智」（又名「可能理智」），其任務並不負責接應感官經驗所提供的與件來產生洞察，而是被動地接受主動理智所達致的光照而呈現事物本質／觀念。

此外，十字若望藉著凸顯「哲學家」一辭來表示：其用語有著士林哲學一貫的道統（即亞里斯多德——多瑪斯傳統）來做為理論後盾，以致我們須首先著眼於其哲學背景的脈絡，來體會聖人所欲表達的涵義㉘：

按亞里斯多德的說法：凡事物皆有其主動面與被動面，連理智也不例外（*De Anima* III, 5, 430a 10–14）；「主動理智」是那「能製造一切的理智」，而「被動理智」是那「能成為一切者」（*De Anima* III, 5, 430a 14–19）。按多瑪斯派學者的解讀：

> 「能製造一切的理智」。意思是說，它能使任何在潛能上可理解的對象（即想像力中之

27. 中譯本採自加爾默羅隱修會譯《靈歌》初版，第290至291頁。
28. 聖多瑪斯一向尊稱亞里斯多德為「唯一的哲學家」（the Philosopher）；在此，聖十字若望則隱然地以「哲學家」一辭來尊奉聖多瑪斯為士林哲學的一代宗師。

意象）成為現實上可理解的。士林哲學把它稱為「主動理智」（agent intellect），因為它能主動地從意象中抽出可理解之心象（species intelligibilis），也就是說，它會主動地把意象（個別的、物質的）轉變為普遍的心象，印入「被動理智」，使之產生普遍知識。所以這種理智具有抽象能力。……

……「能成為一切的理智」。所謂一切是指一切可理解的事理。士林哲學把它譯為「被動理智」，因為它不能產生認識作用，除了被動地受到其他原因的影響。這種理智也稱謂「可能理智」（possible intellect），因為它本身沒有什麼先天知識，但是條件一完全就可以產生認識作用㉙。

落實在聖多瑪斯的《神學大全》（*Summa Theologiae Ia*, Q.85, a.1,ad.4），我們聆聽到這樣的詮釋：「主動理智」從感官經驗與想像活動所提供的個別「感性圖像」（*species sensibilis*）之上獲得「光照」（illuminatio），引申出普遍的「可理解心象」（*species intelligibilis*），再把它印入「被動理智」內，而印入的剎那被稱為「印入的心象」（*species impressa*）；「被動理智」在接收心象的剎那做出反應，把它發顯為「表達的心象」（*species expressa*），亦名「心語」（*verbum mentis*），即我們慣常所稱謂之「觀念」（*idea*）。其中的來龍去脈，可藉下頁之圖示意。

值得標榜的是有關「可理解心象」（*species intelligibilis*）一辭，多瑪斯《神學大全》（Ia Q85, a.2）如此解釋：「可理解心象」並不是那被理解的涵義（≠ *id quod intelligitur* ≠ *that what is understood*）而是理解出現的剎那（＝*id quo intelligitur*／＝that by which understanding

29. 引文出自袁廷棟《哲學心理學》（台北：輔大出版社，1985），306頁。

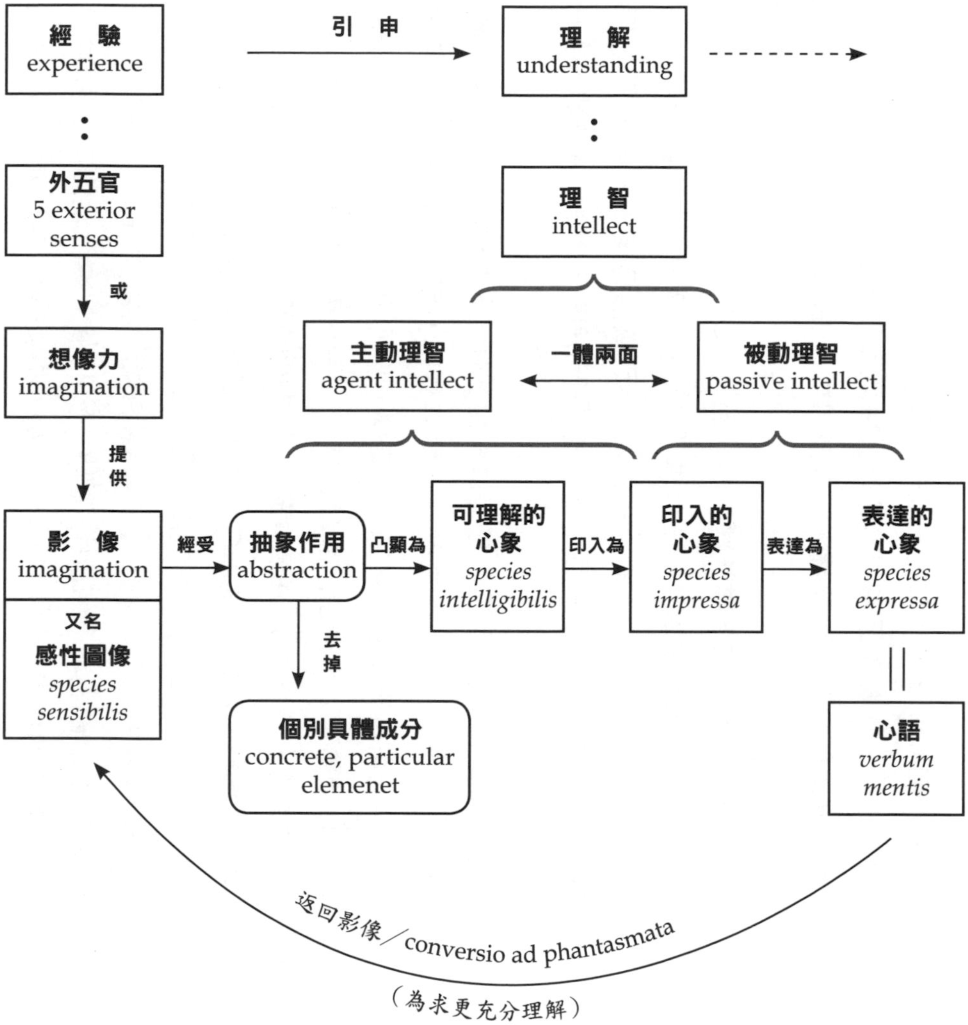
經　驗
experience
引　申
理　解
understanding
外五官
5 exterior senses
理　智
intellect
或
想像力
imagination
主動理智
agent intellect
一體兩面
被動理智
passive intellect
提供
影　像
imagination
又名
感性圖像
species sensibilis
經受
抽象作用
abstraction
凸顯為
可理解的心象
species intelligibilis
印入為
印入的心象
species impressa
表達為
表達的心象
species expressa
去掉
個別具體成分
concrete, particular elemenet
心語
verbum mentis
返回影像／conversio ad phantasmata
（為求更充分理解）

takes place：＝*id quo intelligit intellectus*／＝that by which the intellect understands）[30]換言之，與其說「可理解心象／*species intelligibilis*」意謂著被理解的本質義（essential meaning），不如說它是本質義被洞察的時分，是靈光（*illuminatio*）乍現的瞬間。

如此說來，「可理解心象」、「印入的心象」、「表達的心象」三名詞並非意謂著三個不同的觀念，而是同一個觀念在被瞭悟的過程中之三個不同時分；那就是說：

「可理解心象／*species intelligibilis*」意指普遍本質義被洞察的剎那。

「印入的心象／*species impressa*」意指本質義被印入於「被動理智」的剎那。

「表達的心象／*species expressa*」意指本質義被建構為觀念的剎那。

相應地，「主動理智」與「被動理智」二詞也可因而獲得進一步的澄清：對聖多瑪斯而言，「主動理智」與「被動理智」，並不是兩個不同的理智，而是用一個理智的兩個不同面向：

——「主動理智／agent intellect」是為理智的主動面，其任務在於掌管洞察（insight／*illuminatio*）的出現，與把所洞察的普遍義印入「被動理智」[31]；

——「被動理智／passive intellect」是為理智的較被動面，其所扮演的角色，在乎一方面被動地接收普遍義的印入，另一方面，卻主動地把所接受的普遍本質（universal essence）建構成觀念（idea）[32]。

概括地說，理智的本性作用，在於從個別具體的感性與件上有所洞察，凸顯出其中的普遍抽象義，藉此建構出事物對象的觀念。按聖多瑪斯的辭彙，「主動理智」與「被動理智」是為一體兩面，以「感性圖像」作基礎而產生「光照」，內含「抽象作用」，歷經「可理解

30. 聖多瑪斯《神學大全》（Ia Q85, a.2）：「*species intelligibilis se habet ad intellectum sicut species sensibilis ad sensum, sed species sensibilis non est illud quod sentitur, sed magis id quo sensus sentit. Ergo species intelligibilis non est quod intelligitur, sed id quo intelligit intellectus.*」Paul Durbin（trans.），「a species has the same relation to the intellect as a sensible image to the senses. But sensible images are not what is sensed; they are rather that by which sensation takes place. Therefore the species is not what is understood, but that by which the intellect understands.」拉丁文及英文翻譯錄自：St. Thomas Aquinas, *Summa Theologiae*, Vol. 12, Human Intelligence（Ia. 84–89）, Paul Durbin（trans.）（London: Eyre & Spottiswoode, 1968）, pp.58–59。

心象」、「印入的心象」與「表達的心象」之過程，而造就有關被知對象的普遍「心語」。這是古典士林哲學論述的大方向，為聖十字若望所接納，並從其輕描淡寫的寥寥數語當中，吐露出其學理的深厚背景。

交待了聖十字若望有關理智本性作用的學術背景後，茲讓我們進而聆聽其對理智超性作用的分析。

（二）理智的超性作用

1. 四個前文提要

為預備我們順利地進入情況起見，茲首先凸顯以下的四個前文提要：

（1）理智的超性作用至少蘊含三個特性如下：

a）靈性的（spiritual）不透過感官而產生（山2・23・1）

b）超性的（supernatural）直接由超性界傳送（山2・23・1）

c）被動的（passive）人無法揠苗助長（山2・23・1）

（2）理智的超性作用分為兩類：清楚／個別；黑暗／普遍

a）第一類：清楚（distinct）／個別（particular）

i）清楚：較從「能知」面向立論，意謂靈功能運作分明：

甲、靈的視覺——孕育「理智神見」（visions）（山2・24）

乙、靈的聽覺——孕育「神諭」（locutions）（山2・28–31）

31. 按Paul Durbin的詞語附錄（Glossary）：「agent intellect（*intellctus agens*), a faculty of the soul, according to St. Thomas; its function is render potentially intelligible objects actually intelligible, by way of an "illumination" ……」Paul Durbin, "Glossary" in St. Thomas Aquinas, *Summa Theologiae*, Ia QQ, 84–89, p.188。

32. 有關亞氏與多瑪斯對理智的進一 步討論，參閱拙作《知識論（一）：古典思潮》（台北，五南，2000年），151至167頁，及270至307頁。

丙、靈的觸覺——孕育「靈性感受」（spiritual feelings）（山2・32）

丁、靈的瞭悟——把握「啟示」（revelations）（山2・25–27）

ii）個別：較從「所知」面向立論，意謂被把握之靈、境、事、物仍「個別」而「具體」。

b）第二類：黑暗（dark）／普遍（general）

i）黑暗：較從「能知」面立論，意謂消極地本性認知功能暫被吊銷，以致積極地引出超性運作的「明心見性」；智的直覺朗現，此謂「明心」；體證神的本性，此謂「見性」。

ii）普遍：較從「所知」之境立論，投射出證得境界的滂沛浩瀚，以致「小我」被「大我」包容、「時間」被「永恆」取代、「空間」被「全在」統攝㉝。

（3）清楚／個別的理智超性經驗，再分為「神見」、「啟示」、「神諭」、「靈觸」四者；

a）廣義地說，此四者可通稱為「理智神見」（山2・23・2），

b）狹義地說，此四者各有特色（山2・23・3）。

（4）黑暗／普遍的超性經驗只有一種，它就是「默觀／contemplation」（山2・10・4）㉞。

以上述提要做前導，我們可以進而探究聖十字若望對理智超性運作的種種分析。茲先引述其對「理智神見」的看法。

33. 上述論點，已有專文闡述，於此從略，參閱拙作〈黑夜與黎明——與聖十字若望懇談默觀〉，收錄為導讀於聖十字若望著，加爾默羅聖衣會譯《（兩種）心靈的黑夜》（台北，星火文化，2010年），235至240頁。
34. 有關聖人對默觀的引介，參閱拙作〈黑夜與黎明〉全文。

2. 理智神見

「理智神見」一辭，意謂著理智接受到一種類似感性視覺所感受的顯現，只是它不經歷感官，而直截藉由理智來接收而已（山2．23．3），以致它一方面被稱作「神見」，另一方面又被冠上「理智的」（intellectual）這形容詞來落實其究竟。在「理智神見」的前提上，聖十字若望分辨了兩類，其一是「有形體事物的理智神見」（intellectual vision of corporal substances），其二是「無形體事物的理智神見」（intellectual vision of incorporeal substances）。茲先闡述前者。

（1）有形體事物的理智神見

「有形體」（corporal）一辭，寓意著有形可見的物體，它可以是塵世間的物質事物，也可以是靈界的有形之物。為此，聖十字若望不厭煩地在「有形事物」的前提上，再分辨「世界的有形體事物」（corporal substances of the earth），與「天界的有形體事物」（corporal substances of the heaven）兩者。茲分述如下。

a）對世界的有形體事物的理智神見

簡言之，當理智直截地接收關於現世有形可見事物的景象時，這份體認就被稱為「對世界的有形體事物的理智神見」（山2．24．1、7）。

站在主體立場言，這份神見並非藉由肉眼，而藉由理智來攝取，即純粹透過靈智之

「眼」（靈眼）來達致（山2・23・2）。

站在客觀立場言，神見中接觸的對象，是物理形軀國度的世物。十字若望引用《瑪竇福音》四章8－10節（參閱路四5－8），「耶穌受誘惑」的例子來說明㉟：

魔鬼又把祂（耶穌）帶到一座極高的山頂上，將世上的一切國度及其榮華指給祂看。對祂說：「你若俯伏朝拜我，我必把這一切交給你。」那時，耶穌就對他說：「去吧！撒殫！因為經上記載：『你要朝拜上主，你的天主，唯獨事奉祂！』」

這份神見的特徵有以下數點：

其一、是有形體的：它屬物理界限的財寶權勢；

其二、它關乎世界的：展示現世王國的榮華富貴；

其三、它是純智性的：

消極地說，感官無法一下子掌握普世境界，

積極地說，唯有理智能頓時領悟全體國度。

為此，聖人以此例做為「世界的有形體事物理智神見」的典型，以與「天界的有形體事物理智神見」作一劃分。

b）對天界的有形體事物的理智神見

至於人對天界的有形體事物能有的理智神見，聖十字若望則引用新約《默示錄》第二十一章——若望宗徒瞥見新天新地、新耶路撒冷聖城——的例子（山2・24・1）：

35. 十字若望在《山》2・24・7引用此例；他在《山》2・14・1則引用聖本篤（St. Benedict）在神視中瞥見普世的相關例子。

……我看見了一個新天新地，……耶路撒冷聖城，……城的光輝，好似極貴重的寶石，像水晶那麼明亮的蒼玉；城牆高而且大，有十二座門，守門的有十二位天使，……城是四方形的，……長、寬、高都相等；……城是純金的，好像明淨的玻璃。城牆的基石，是用各種寶石裝飾的：……每一座門是由一種珍珠造的；城中的街道是純金的，好似透明的玻璃。在城內我沒有看見聖殿，因為上主……和羔羊就是她的聖殿。那城也不需要太陽和月亮光照，因為有天主的光榮照耀她；……天使又指示給我一條生命之水的河流，……從天主和羔羊的寶座那裏湧出，流在城的街道中央；……天主和羔羊的寶座必在其中，他的眾僕要欽崇他，……上主天主要光照他們；他們必要為王，至於無窮之世。（《默示錄》二十一、二十二章／思高本中譯）

這例子看來為我們凸顯了以下的特徵：

其一、它是有形的：有關新聖城的金碧輝煌

其一、它是屬天的：是超越塵寰的天界事象

其一、它是屬靈的：直截由理智接收

莫理艾（George Morel）反思十字若望著作，對上述例子做了以下的分析：這段記載半「寓言」（allegorical）、半「象徵」（symbolic）[36]；初步地說，這種神視大抵以象徵來寓意天堂的全福境界，它超越現世，以致與現世事物大異其趣，但它不與現世隔絕，而是今世生活的徹底轉化（transformation），以致可引用世物作象徵，來寓意其真實無妄。

較細緻地說，當莫理艾以「寓言／allegory」和「象徵／symbol」二辭來反思天堂實況之時，他大致上有以下的義理做背景：

36. George Morel, *Le sens de l'existence selon St. Jean de la Croix*, II–Logigue（Paris: Aubier, 1960–61）, p. 101, "*Ce teste biblique est en partie allégorique, en partie symbolique.*"

「寓言／allegory」是用以鋪陳意義的意象；它是先有意義被領悟，再用意象來鋪陳。例如：伊索先領悟「驕兵必敗」的意義，再用「龜兔賽跑」的意象來鋪陳。所鋪陳的意義一旦被把握，則意象可以被遺忘；此所謂「得意而忘象」。但「象徵」則反是。

「象徵／symbol」是蘊含「雙重意向」（double intentionality）的「記號／sign」，例如：「汙點」，從「第一重義／表層義」（literal meaning），例如：「有物被汙染」，再指向「第二重義／潛伏義」（latent meaning），例如：「靈性的罪業」，如圖示：

例：「汙點」 —第一重意向→ **「某物被汙染」** —第二重意向→ **「靈性的罪業」**

（「汙點」：做為象徵；「某物被汙染」：表層義；「靈性的罪業」：潛伏義）

「潛伏義」透過「象徵」而被傳遞，被傳遞的「潛伏義」不能脫離象徵來可陳述，否則無從可把握，「象徵」與「潛伏義」同進退，而不能「得意而忘象」㊲。

莫理艾以《默示錄》二十一章的敘事是為部分地「寓言」、部分地「象徵」，他的意思是：它一方面如同寓言般地寓意，另一方面，又如同象徵般地傳遞隱義。它是半寓言：若望宗徒先在神魂超拔中體證天堂境界，再以意象來鋪陳。它是半象徵：意義透顯自象徵，深義無法脫離象徵來陳述，人一旦脫離象徵，則深義也一併隱蔽不彰。其中的「寶石流川」意謂著「第一重義／表層義」：事物的美侖美奐；再意向著「第二重義／潛伏義」：天界的圓滿和諧。誠然，金碧輝

37. Paul Ricoeur, *Symbolism of Evil*（Boston: Beacon Press, 1967）, pp. 14–18。參閱拙作《神話與時間》（台北：台灣書站，1997），第10至13頁。

38. 瑪利尤震神父（P. Marie – Eugène, OCD, 1894–1967）以十字若望系統來整理聖女大德蘭論著，以聖女邂逅基督至聖人性為有形實體理智神見的例子（參閱《聖女大德蘭自傳》27．2；及《靈心城堡》6．8．2），藉此意謂天界事物有其形跡可尋，而復活基督的體性即其一例。P. Mariè - Eugène, *I am a Daughter of the Church*（Allen, Texas: Christian Classics, 1955）, pp.252–253。再者，按大德蘭的經歷，理

煌的牆垣、上主羔羊的位居中央以取代日月、流川的湧溢、與生命樹的結實纍纍，這一切的一切，都在在地意象著神的光榮與勝利、得救者的德備功全與福樂，人類與大自然的臻至完美，並浸潤於神的生命與聖愛下。

以莫理艾的詮釋做依據，則「天堂的有形實體」一語可圈可點。聖十字若望所意謂的「天堂」，固然不是現象世界的天空，而是聖者與神同在的榮福境界，我們甚至不必把它理喻為一個與塵世隔離的樂土，反而應首要地把它理解為全福的生命狀態。至於「天堂的有形體實物」，它固然也不是現象世界能找到的物理實體，但它仍有「物體」可被體認；新聖城的絢麗寶石和奇花異草，是用來交待一真實無妄的視野，象徵著那既逾越，又連貫現世理想的究極圓滿。換言之，「天堂的有形體實物」意謂著有信實不虛的成全境況，擁有其本相本體，可被心智證得。

若將「天界有形體事物的理智神見」，較之於「想像神見」，則後者較扣緊想像力，而前者則維繫理智；「想像神見」是靈界引用人想像功能所孕育的圖像來寓意；反之，「天堂有形實體理智神見」則是人理智體證天界事理後，再藉圖像作象徵，來寓意其中奧祕。總之，天界事物並非全無體相，只是它超越塵世而仍有其本體實相，可讓心智體證，並藉象徵來讓世人參悟[38]。

c）理智如何在神視中瞥見地上和天堂的有形物質？

按聖十字若望的看法，有關「有形實體理智神見」之兌現，我們可分消極與積極兩面向來被體會（山2·23·1）：

智直截把握靈界事物的當兒，偶爾受想像力泛濫，遂多少與想像活動合作，而孕育理智神見與想像神見的混合（《自傳》28·9）。請參閱拙作〈理智神見——聖女大德蘭的提示〉《哲學與文化》第三十六卷第七期2009年7月，115至131頁；及拙作〈聖十字若望與聖女大德蘭在理智神見上的共同體認〉陳福濱主編《存有與生命：羅光百歲誕辰紀念論文集》（新北市：輔大出版社，2011年7月），129至147頁。

消極地說，此等神視不從普通途徑來被認知，也不透過外感官、或內感官的超性運作來被把握。為此，「感性神見」或「想像神見」不足以與之比擬。

積極地說，它是藉由超性界靈體直截地影響人的理智而成就；也就是說，它是人心智直截地接收到來自靈界力量所引發的靈異景象。

我們可較細緻地再分別站在理智、景象、光照三立場來闡釋其積極義（山2·24·5）：

站在理智立場上說，其接收活動，即使是在心智上靈性地產生，到底在某程度上，它類比著肉眼本性地觀看外物一般，因為它有畫面可把握，只是理智不藉由本性能力，而借助超性光照來獲致；況且它並非往外觀看，而是心內孕育出映像。

站在景象立場上說，其中所顯示的事物是因為透過「超性光照」（supernatural light）來呈現，以致所見的物體，要比肉眼所看到的現象更清晰，更細緻、甚至更輕而易舉地被瞥見。至於景象是否臨在現場，這已經無關重要，而且事物的實際臨在與否，也不妨礙神視的通達。

站在光照立場上說，聖十字若望即使沒有詳細交待何謂「超性光照」，到底他在強調：這種光照是一份特殊的賜予，遠超出其他樣式的洞察；而其中的明徹清晰，非比尋常，只是為時短暫，彷彿閃電掠過漆黑長空，曇花一現，讓理智驚鴻一瞥，再復歸暗昧，畢竟令人印象深刻，歷久難忘（山2·24·5）。

理智對地上與天堂有形實體的神視，其究竟可藉下圖示意：

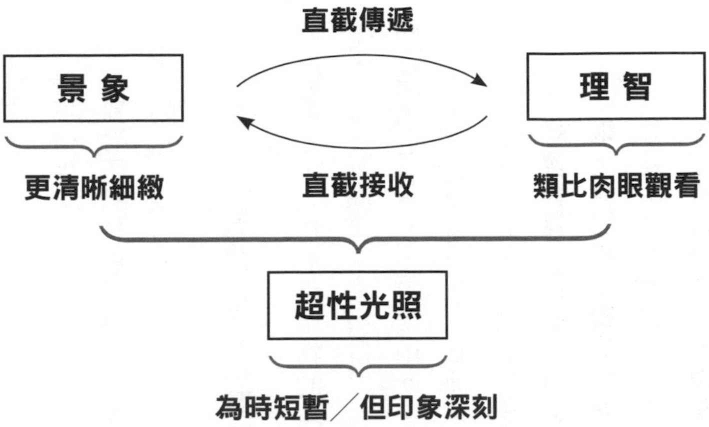

d）從效果分辨來源

理智一旦獲得有形事物的神視，聖十字若望教我們如何從效果上分辨其來源：

i）由上主所引致的效果

它能在人靈中產生安寧、光照、喜悅、內心清潔、愛火、謙遜、更渴慕天主（山2·24·6）。

ii）由魔鬼所引致的效果

人反而對與上主溝通方面感到枯燥無味，有自高自大傾向，人靈並不因而產生謙虛、愛德；而神視的印象，也遠不及上主所給予的神見那麼清晰細緻（山2·24·7）。

e）應有的態度

面對有形事物的理智神見，聖人勸諭我們採以下態度：

i）**不留戀：**這些神見不能是結合上主的「近途徑」，因為它們牽涉受造物；受造物無法與上主的本質相比（山2·24·8）。

ii）**活於信德：**人甚至在回憶起它們時，即使能激發起對上主的熱愛，也應以謙遜、信德的心情來面對上主，因為信德更能提升人靈（山2．24．8）。

總之，凡留戀這些神視的人，他的神修進展反而受阻（山2．24．9），因為他捨本逐末，得不償失。

在探討了「有形體事物的理智神見」後，茲讓我們進而聆聽聖十字若望所述說的「無形體事物的理智神見」。

（2）無形體事物的理智神見

簡言之，「無形體事物的理智神見」（intellectual vision of incorporeal substances），意謂著上主（或靈體）不再假借任何其他形像來寓意自己的臨在，而以其本質做如其所如的剖露，讓人心智直截證得（山2．24．2–4）[39]。

比較起先前所引述的其他一總神見，其他者都只呈現被知對象的有形事象而已：

——**感性神見（sensible vision）：**只透過外感官而把握靈異事象

——**想像神見（imaginative vision）：**靈界利用人想像力而傳送表象

——**地上有形體事物的理智神見（intellectual vision of corporeal substances of the earth）：**理智直截把握世間現象事物

——**天堂有形體事物的理智神見（intellectual vision of corporeal substances of the heaven）：**理智透過象徵素材而把握天國事理

反之，關於「無形體事物理智神見」（intellectual vision of incorporeal substances），它不

39. 在這類議題上，十字若望緊隨聖奧思定及聖多瑪斯的說法。Cf. St. Augustine，De Genesi ad litteram, xii；聖多瑪斯之Summa Theologiae II–II, Q175, aa. 3&4; Q. 180, a. 5; De Veritate, Q. 10, a. 11; Q. 13, aa. 2, 3&4. Cf. C. Butler, Western Mysticism（London: Constable & Co., Ltd., 1922, reprinted 1951）, pp.36–62。

再如先前般，只顯示實體的表象而已，而是神（或靈體）本質（essence）的直截顯現，即對象不再借助現象的表徵來透露自己，而是靈體實相本質赤裸裸的展陳。

聖十字若望從聖經上抽出例子以做說明（山2·24·3），它們是：《出谷紀》卅三章22：上主本質顯現給梅瑟

《列王紀上》十九13：厄里亞領受神見

《格林多後書》十二2、4：保祿在三重天的神視

茲以梅瑟事件為例（出卅三18-23）以做申述：

梅瑟又說：「求你把你的榮耀顯示給我。」上主答說：「當我在你前呼喊『雅威』名號時，我要使我的一切美善在你面前經過。我要恩待的就恩待，要憐憫的就憐憫。」又說：「我的面容你決不能看見，因為人看見了我，就不能再活了。」上主又說：「看，靠近我有個地方，你可站在那塊磐石上。當我的榮耀經過時，我把你放在磐石縫裏，用我的手遮掩你，直到我過去。當我縮回我的手時，你將看見我的背後，但我的面容，卻無法看見。」（思高本中譯）

若分析地談論「無形實體理智神見」的特性，以梅瑟個案為例，聖十字若望尤給我們從「神」、「人」、「經驗」三個角度上列出八個要點（山2·24·2-4）。茲先提綱挈領如下：

a）神的角度

i）神不再藉象徵而本質地呈現（山2·24·3）

ii）神本質仍顯露得不夠徹底（山2·24·4）

b）人的角度

iii）人肉軀徒然無法承受這震撼（山2·24·2）

iv）人須神特別保護且為時短暫（山2·24·3）

c）經驗角度

v）它消極地是為普通功能的暫時吊銷（山2·24·3）

vi）它積極地是為特殊光照的頓然瞥見（山2·24·2）

vii）它極為稀有且屬特選人物（山2·24·3）

viii）它深印人靈而永誌不忘（山2·24·4）

茲較細緻地分述這三角度、八特點如下：

a）神的角度

i）神不再藉象徵而本質地呈現（「把你的榮耀顯示」）

梅瑟要求上主啟示祂自己的本質（Essence）。梅瑟不再滿足於見到上主只透過象徵、如火的荊棘（出三2）、雲彩雷電（出十九16）等形像來顯示臨在，而要求與上主面對面地邂逅，即要求上主本質地、赤裸裸地、如其所如地做實體呈現（山2·24·3）。

ii）神本質仍顯露得不夠徹底（從石縫看神背後）

神固然答應並履行梅瑟的要求。但聖十字若望給我們強調（山2·24·4）：上主甚至在願意顯現自己本質的時候，祂也不能清晰地做徹底的顯露，人只有在另一生命中，即在死後的全福狀態中，在純靈的方式下，才能夠清楚地、全然地、無障礙地見到天主，為的是人現時的生命狀況有其限度，無從被逾越。

b）人的角度

iii）人肉軀徒然無法承受這震撼（「人看見我就不能再活」）

按舊約猶太選民的理解：人不能見到上主而繼續生存，因為人受不了這樣激烈的衝擊。聖十字若望為我們指出：這樣的神視給現世肉軀帶來無法承受的震撼，人的肉身不能用來承受這種經驗；上主的本質太宏偉崇高，一旦啟示給人，其身體將忍受不了刺激而暴斃（山2·24·2）。聖人引《出谷紀》廿19以佐證，以色列子民說：「不要天主同我們說話，免得我們死亡。」

iv）人須神特別保護且為時短暫（「用我的手遮掩你……」）

為此，除非上主暫時地特別保護，否則人不能用現時形軀的生活方式來繼續生存。聖十字若望指出：一般而論，這種神視不在此世出現，除非是一些很例外的例子；即使它一旦出現，也為時十分短促，有如「白駒過隙」般一閃而過。換言之，神須在其顯現的短暫時分中，額外保護人的自然生命免受損害（山2·24·3），以致它是一份非常特殊的經驗。

c）經驗角度

v）它消極地是為普通功能的暫時吊銷

這種經驗，在某種意義下，是死亡經驗（山2·24·3）；雖然它不是人肉身徹底的死亡，到底它至少是一份「瀕死經驗」。即人須暫時停止他的感官作用，及其理智的普通運作；他的心智要遠離感官與影像，好讓超越功能抬頭。人要在這短暫的際遇中得見神的本體，這本是聖者在天堂上才能兌現的「全福神見」（beatific vision）；這份靈光乍現，無疑地，就是人在預嚐死後的全福之境。

vi）它積極地是為特殊光照的頓然瞥見

要接受這份經驗，人不單須有神的特殊保護，且須有神的特殊光照。聖十字若望稱之為更高的光照，光榮的光照（the light of glory）（山2·24·2）；它有別於其他神視中獲得的光照；它暫時局部地，接收天堂上聖者永恆地領受的徹底光照，在世間是絕無僅有的一回事。

vii）它極為稀有且專屬特選人物

按聖經的記載，它只賜給梅瑟、厄里亞、保祿宗徒；那就是說，它的出現率極為稀少，且只顯現給幾位特選人物，他們在教會中極有地位，也是極為堅貞的份子（山2·24·3）。

viii）它深印人靈而永誌不忘

然而，即使它極短暫又極稀有，到底它已足夠深印人靈，使人深深體味上主臨在的甘飴，也叫人永久不能遺忘（山2·24·4）。

d）應有態度——珍惜它

談及人面對這種神見應有的態度，聖十字若望在此一反常態地認為：既然人生存的最終目標，是為了面對面接觸到上主，那麼，人一旦獲得這份經驗，就應好好地珍惜它（山2·

26．10），且時時在記憶中回憶它（山3．14．2）。反正這種經驗是留給信德最堅強、最有聖德的人，所以應珍視它。總之，聖十字若望不完全反對所有的超性經驗；他要我們忽視一切不顯露神本質的靈異現象，但至於那些剖露神本質的體認則是例外。

在聆聽了聖十字若望對「理智神見」的見解後，我們可進而探討其對理智的另一運作——「啟示」。

3. 啟示

扼要言之，「啟示」（revelation）乃是靈界向人吐露「隱密真理」（hidden truth）或稱「奧祕」（secret／mystery），好讓其理智領悟某些奧理實情，或上主古往今來的化工（山2．25．1）。這誠然是先知（prophet）領受的特恩，使人能預言，並為神代言（山2．25．1；山2．26．11）。

概括地說，聖十字若望把「啟示」分為兩種：

其一是「理智認識」（intellectual knowledge）——即接近成全的修行者，因與天道湛深冥合，以致對「赤裸裸真理」（naked truth）有明察秋毫、先知先覺的領悟（山2．26）；

其二是「祕密」（secrets）——即靈界藉言說、圖像等的灌注而向理智揭露有關神的奧祕及其化工，甚至有關世間、家、國、人物等之隱情（山2．27）。

聖人強調，究其實，後者比前者更適合被稱為「啟示」（以「啟示」之名來稱呼前者並不十分貼切），但二者既有密切關聯，意義有時甚至會部分地重疊或滲透，況且為避免分得過於繁瑣起見，聖人乾脆把它們歸併一起來討論（山2．25．2）。

較細緻地說，上述二者又分別細分為兩小範疇，即在「理智認識」的前提上分辨「對造物主的認識」（knowledge of the Creator）與「對受造物的認識」（knowledge of the creatures）（山2・26・3）；也在「祕密」的前提上分辨為「關於上主的祕密」（secrets concerning God）與「關於上主作為的祕密」（secrets concerning God in His works）（山2・27・1），茲提綱挈領地表列如下：

茲按本頁下圖脈絡論述如下。

（1）理智認識

聖十字若望以「理智認識」是人對「赤裸裸真理的認識」（山2・26・1）。從知識論立場上說，它是真理的綻放，即「真理為理智而揭露」（山2・25・2）；從神的立場上說，它是上主對人的賞賜，讓人不單清晰地洞察現世的事，而且還明晰地體會靈性的事（山2・25・2）；從人的立場上說，它是心靈潔淨精微、聖德超卓、與神冥合當中，對超性或本性事理的洞悉，即人靈在冥合天道中，因觸及神而致明鑑洞照（山2・26・5）；從辭彙的設定上說，「理智認識」雖然屬廣義「理智神見」的範疇（山2・23・2），但它並不等同於狹

啟示（revelation）
- **（1）理智認識**（intellectual knowledge）
  - a）**造物主**（of the creator）
  - b）**受造物**（of the creatures）
- **（2）祕密**（secrets）
  - a）**關於上主**（conceming God）
  - b）**關於上主作為**（conceming God in His works）

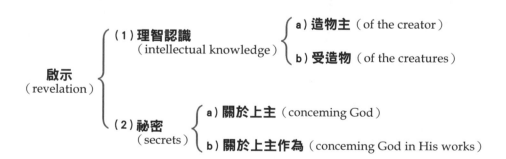

義的「理智神見」（山2・26・2）；狹義的「理智神見」（山2・24）牽涉有形、無形實體，而「理智認識」則意謂著理智純粹的理解，或謂對神真理之體證，或對古今世事之認證，極為近似先知精神的湧溢（山2・26・2）。

「理智認識」再細分為「對造物主的認識」與「對受造物的認識」，茲先述說前者。

a）對造物主的認識

i）涵義

有關「對造物主的理智認識」，我們可分別站在以下的角度來體會：

甲）從**神的角度**上說：這是神「本質」（essence）與「屬性」（attributes）的體現，即神就是直截被體證的對象；人在體證神親臨當下，尤湛深地把握到神的某個「屬性」（例如神的「全能／omnipotence」、「勇毅／fortitude」、「美善／goodness」、「甘飴／sweetness」等）（山2・26・3）。做為範例，聖十字若望（山2・26・4）特別舉《聖詠》十八10–11：「上主的訓誨是純潔的，永遠常存；上主的判斷是真實的，無不公允；比黃金，比極純的黃金更可愛戀；比蜂蜜，比蜂巢的流汁更要甘甜。」以及《出谷紀》卅四6–7：「雅威，雅威是慈悲寬仁的天主，緩於發怒，富於慈愛忠誠，對萬代的人保持仁愛，寬赦過犯、罪行和罪過。」（思高本中譯）

乙）從**人的角度**上說：它並不發生在任何人身上，而只出現於有高超聖德，接近成全的靈修人身上，因為它本身就是一種冥合（union）（山2・26・5），唯有充滿謙遜、愛、不留戀世物的聖賢才獲得這份恩賜。

丙）從**經驗的角度**上說：它是純默觀的融通（this communication is pure contemplation）（山2．26．3）。言下之意是：它與默觀屬同一個「完型」（gestalt）。「默觀」被聖十字若望定義為「祕密的愛的知識」（焰3．49），以致對上主的奧祕有所體證㊵。換言之，它是人與神在愛的冥合中孕育的知識，類比人間愛侶愈活在愛中，就愈認識對方。借用存在現象學的用語，這份認識是在「主體互通」（intersubjectivity）中，藉愛而萌生的深層知識，而非徒然站在「主客對立」（subject – object polarity）狀態，來泛泛得悉有關某人的資訊而已，以致說這是「存在地」（existentially）「認識」（to know……），而非「認識有關……」（to know about……）㊶。有趣的是，十字若望把「默觀」界定在「黑暗／普遍」（dark／general）的項目，而把「啟示」（包括「對神的理智認識」）安放在「清楚／個別」（distinct／particular）的行伍內（山2．10．4），讀者可能質疑道：這豈不是一種混淆嗎？！筆者個人的詮釋是：人可以在默觀那「黑暗／普遍」的浩瀚中——即在神那滂沛的愛的氛圍中，仍能藉愛的融通而對神獨具慧眼，直指神本心，以致能「清楚／個別」地洞悉神的「超性屬性」（transcendental attributes），所以聖人不怕引用語言上的弔詭，企圖點化那難以名狀（ineffable）的底蘊。

ii）特徵

我們可從十字若望的闡釋，歸納出以下的特徵：

甲）**崇高（sublimity）：**神既是被體證的直截對象，所以其莊嚴聖潔超乎萬物，以致魔鬼無從仿冒（山2．26．5），就連其最微弱的程度，也遠遠高出無數涉及「受造物與化工而來的認識和思想（山2．26．9）。」

40. 參閱拙作〈黑夜與黎明：與聖十字若望懇談默觀〉，附錄為導讀於十字若望著，（台灣）加爾默羅聖衣會譯《（兩種）心靈的黑夜》（台北，星火文化，2010年）210頁。
41. 參閱拙作《愛、恨與死亡——一個現代哲學的探索》第九章：〈愛與真——與馬賽爾懇談〉（台北：台灣商務，1997），304至332頁。

乙）**被動（passivity）：**它是神的恩賜，人不能強求；它能在任何時候發生，甚至在無預警的狀態下出現，人無法揠苗助長（山2．26．8）。

丙）**狂喜（incomparable delight）：**人被神觸及，孕育出無可比擬的喜悅，連魔鬼也無法灌輸（山2．26．5）。

丁）**不可名狀（ineffability）：**它既是愛的體證，以致非筆墨所能形容，沒有任何言說可充分表達（山2．26．3）。

戊）**恆久印象（lasting impact）：**它一經獲得，其印象深入人靈，永不磨滅（山2．26．5）。

iii）效用

人一旦有此經驗，即可有以下的效用：

甲）**增進聖德、消除缺陷：**上主的接觸使人靈充滿恩寵與德行，也消除很多難以改去的缺失；這點是魔鬼所無法引致得到的效果（山2．26．6）。

乙）**勇於面對痛苦考驗：**這種經驗足以彌補很多痛苦；人靈甚至渴願為上主的緣故而受苦（山2．26．7）。

iv）應有態度

面對這種經驗應採取的態度，聖人有以下的建議：

甲）**謙虛、辭讓：**它既不由人所控制，我們應以謙虛、辭讓的心去面對上主（山2．26．9）。

乙）**接受、感恩：**人不要渴望這種恩寵，但當它一旦來臨，我們應以感恩的心去接受

（山2．26．10）。

在談論了「對造物主的理智認識」後，茲讓我們進而聆聽聖人所陳述的「對受造物的理智認識」。

b）對受造物的認識

i）涵義

雖然「對受造物的認識」也是理智超性運作上的一份明察秋毫，但相較於「對造物主的理智認識」，它就顯得遜色得多，因為其直截認識的對象，不是「造物主」，而是「受造物」。

剋就其涵義而言，它洞察事物自身（things in themselves）的真相，以及人行為事件（deeds & events of men）的究竟，也是保祿宗徒《格林多前書》十二章8–10所節指的先知精神、預言、解釋方言、辨別神類等恩賜（山2．26．11–12）。換言之，它對一總人、地、事、物有先知之明，以致直透隱微：

人——它可使人徹底洞悉他人的心意與隱密情念（山2．26．14）；例如：上主啟示耶肋米亞（Jeremiah）先知，有關巴路克（Baruch）先知的愁苦煎熬，好去幫助他（耶四十五3）。

地——人不須身歷其境，即能對他國的隱情瞭若指掌（山2．26．15）；例如：厄里叟（Eliseus）向以色列王的告密，透露阿蘭王密室中的商議與設陷（列下六11–12）。

事——他人儘管隱瞞真相，掩飾實情，也會被識破，而無所遁形（山2．26．15）；

例如，厄里叟的僕人革哈齊，暗中收受納阿曼禮金，先知對此事知道得一清二楚（列下五25–26）。

物——凡對天文地理、宇宙微塵、雲行雨施、山川草木、飛禽走獸、風土人情、根莖藥效，事無大小，皆瞭然於胸（山2．26．12）；聖十字若望還以《智慧書》七17–21為範本，詳列一系列的知識。

總之，其中的真理灌注，儘管未及撒羅滿王（king Solomon）的恆常智慧，到底在相當程度上，可與之比擬（山2．26．12）。

ii）兩個面向

按聖人的提示，這份睿智辨識有其本性及超性兩個面向，可被凸顯：

甲）本性面

凡達致成全或接近成全的人，身心經歷高度的煉淨，以致內心潔淨精微，處事明察秋毫；聖經稱它為「智德」（prudence）（箴十23；廿七19）（山2．26．13）。人能單從別人外表直覺其心境，此所謂心情敏銳、鑑貌辨色、善解人意（山2．26．14）。這誠然是人經歷深厚修行而孕育的習性。

乙）超性面

然而聖善而具智德者，並不就此「事無大小」，能一切「全知」，人即使養成鉅細靡遺的明智，到底仍有賴上主的賜予，來體證個別真理的底蘊（山2．26．13）。上主往往無預警地給予灌注，讓人當下瞭悟陌生方言的意義，或曉得世事的隱情（山2．26．16）。人既是心靈高潔，神遂給他通達他人意念的力量，好去幫助有需要的人。

iii）效果

藉超性灌注而獲得的認識，它給人留下深刻印象，使人深信不疑，連別人的質疑也無法動搖他的信念（山2·26·11）。

iv）應有態度

面對這種認識所應採取的態度是：

甲）小心魔鬼的矇騙

魔鬼在這方面也很有本領；為此，我們最好忽略這種認識（山2·26·14、17）。

乙）不留戀／走信德的道路

若留戀這種經驗，則會妨礙我們結合天主；為此，應小心忽略它，轉而走向普通信德的道路（山2·26·18）。

丙）服從神師

透過神師的指導，穩走信德的途徑（山2·26·11），如此一來，我們可免去繁瑣的神類分辨（山2·26·18）。

在體會了「理智認識」的究竟後，接踵而來的相關論題是「祕密」（secrets）。

（2）祕密

a）涵義

「祕密」做為「啟示」而言，意謂著理智接收到由靈界傳遞的訊息——或藉言說，或藉象徵，或兩者兼備——吐露出有關上主或其作為，或宇宙間奧祕，涵括一總人、地、事、物的隱情（山2·27·1）。

b）兩個範疇

較細緻地說，「祕密」可細分為「有關上主的祕密」，以及「有關上主作為的祕密」二者。

i）有關上主的祕密

所謂「有關上主的祕密」（secrets concerning God），它寓意著展露有關上主本身的奧祕，包括三位一體的奧蹟，或其他在聖經中述及關乎上主自身的啟示。換言之，其中的內涵，等同於「信經」（Apostle's Creed）中所提示的第一項信理——提及關乎上主自己的信條，被教會宣佈為「公啟示」（public revelations），要求信友去相信的（山2·27·1）。（嚴格地說，它是舊啟示的重提。）

ii）有關上主作為的祕密

至於「有關上主作為的祕密」（secrets concerning God in His works），顧名思義，它寓意著展示上主對創世、贖世的奧蹟，也就是「信經」所提示的第二項信理——上主的救贖工程，其中包括聖經所記載的關於神對世人的預言、許諾、斥責、訓誨，以及過往和今後對世界的計畫，隸屬其中的事項，尚涵括著宇宙的奧妙和國、家、人物的隱私等等（山2·27·1）。

c）理智認識與祕密的比較

較之於「理智認識」，其中的分辨可方便地被詮釋如下：

「理智認識」（intellectual knowledge）——它意謂接近成全的靈修者，在深度愛的冥合中「存在地」（existentially）體證到神與造化，類比著情侶在愛的融合中，對愛者的認識（to know）；即以「主體互通」孕育親證。

「祕密」（serets）——相較地說，「祕密」看來是較站在「主客對立」的層面，來接收靈界所傳送的符號言說，藉此智悟「有關於」（to know about）天、地、人間的隱祕。

在雙提並論中，我們至少可聯想到以下的「同」與「異」：

i）同：剋就其中的「同」而言——

甲）二者皆是奧祕的啟示

乙）二者皆分「上主」與「上主作為」兩個範疇

丙）二者皆由超性界傳送

丁）二者皆由理智被動地接受

ii）異：剋就其「異」而言，我們至少可列舉兩點——

甲）牽涉上主本身方面：

「理智認識」直截啟示神本質與屬性，是為愛的親證

「祕密」只藉言說與象徵做媒介，以啟示有關神的信理

乙）相信的程度

「理智認識」叫人深信不疑
「祕密」叫人費神辨別來源

d）應有態度

按聖十字若望的看法，不論是「有關上主的祕密」（如聖三），或「有關上主作為的祕密」（如救贖），都是曾啟示過的信理，自基督降生以後，不再有「公啟示」（public revelations）的出現，一切「私人啟示」（private revelations）充其量都只是舊啟示的覆述而已（山2·27·2；山2·27·4）；既是如此，我們又何必費神理會。聖人對此的建議，可歸納為以下數點：

i）忽略舊啟示的重提

有關信理的重新發表，既是舊事重提，已算不上是真正的啟示（山2·27·2），我們只須聆聽教會的宣講即可，因為上主已向教會充分啟示了自己（山2·27·4）。

ii）拒絕異於舊啟示的新意

魔鬼善於利用言說與象徵來迷惑大眾，人若獲得有關信仰的新訊息，切勿贊同它，以免受騙。聖人尚引保祿宗徒之言（山2·27·3）：甚至假若天使傳播異於我們（正統）所宣講的信理，讓他受絕罰（迦一8）。

iii）慎防伴隨啟示而來的附帶知識

我們不單須推辭信仰的新啟示，甚至須慎防那伴隨著啟示而來的一總附帶的雜類知識；魔鬼很有技巧，牠可先利用真理做為引誘的小鉤，再設陷來引人誤入歧途（山2·27·

4）。

iv）保持信仰的純淨

為保持信仰的純淨，我們只須一心聽從教會的訓令即可。理智不必煩心啟示的新包裝；即使內容不含欺騙成分，也不足介懷（山2・27・4）；反正奧祕有理說不清，人也不必費神做無謂的好奇，與其思辯地尋求有關信條的更多資訊，不如安走心靈的黑夜，以與神冥合而孕育愛的知識（山2・27・5）。

在反省了啟示的涵義後，茲讓我們進而分析理智超性運作的另一項目——神諭（locutions）。

4. 神諭

簡括地說，超性理智神諭意謂著，靈修人士並非透過外感官的聽覺，而是藉由理智超性地聆聽到靈界的心聲（山2・28・2）。聖十字若望把其中繁多的現象濃縮為三大類型：「連續神諭」（successive locutions）、「正式神諭」（formal locutions）、「實質神諭」（substantial locutions）

（1）連續神諭

「連續神諭」（successive locutions）一辭，寓意著人靈在收斂心神的狀態下，演譯出一些語言及思考（山2・28・2）。

a）特質

較細緻地說，這份經驗蘊含以下的特質：

i）收斂：它出現在人心神收斂，專注於沉思默想之時（山2·29·1）。

ii）出自個人的演繹：但個人不費吹灰之力，內心便輕易地引申出一番言語，好像有人在旁邊暗示他一樣（山2·29·1）。

iii）延續式：整個經驗有其推展的過程；個人為自己引申出的言語，好像是在述說給別人聽一般，其中一字一句，思想與思想之間，有其先後次序（山2·29·1）。

b）靈界與理智的互動

概括地說，這份神諭有時是出自個人的理智運作，有時則是靈界與個人理智在進行合作（山2·29·3）；超性界的靈體提供有力量的推動，但個人的理智作用，不一定追得上超性界的提供，以致所得的結果是有缺陷的；換言之，即使是聖靈或天使給予精緻而靈性的指引，讓人靈呈現出向善的傾慕，到底人的理智有其限度，未能在互動合作當中，免於字句的疏漏或意思的走失，以致涵義未能絕對精準（山2·29·3）。

c）來源的辨別

導致這份經驗來源的可能有三——上主、個人、魔鬼，聖人教我們做辨別如下：

i）來自上主：凡來自上主的徵兆是：領受者因而充滿著愛、謙遜、敬畏，內心充滿了神慰；經驗過後，仍渴慕著神，並誠心向善（山2．29．11）。

ii）來自個人：若這份經驗純粹出自個人的理智，則缺少德行的灌注；人在沉思後，其意志仍感到枯燥（山2．29．11）。

iii）來自魔鬼：引申自魔鬼的徵兆是：意志對愛慕上主一事提不起勁，意志處在枯燥中，個人傾向自滿與虛榮（山2．29．11）。

然而，以上的徵兆也並非絕對的。有時上主不給予人安慰，為的是要保持他的謙遜；有時候，上主沒有灌注德行，但神諭本身仍然是美善的（山2．29．11）。反之，來自魔鬼的神諭，有時會產生假謙遜、假敬畏，但它們的根源是自愛；魔鬼可以透過假德行的灌注而企圖矇騙（山2．29．11）。

d）應有態度

關於面對這種神諭所應採取的態度，聖人有以下的建言：

i）不要理會：聖人叫我們用懷疑的目光來面對它，並勸勉我們，最好加以忽略；他認為它可以給人嚴重的靈修障礙，阻擋人結合上主；若過於在意它，則會讓人本末倒置，偏離純淨的信德，以致得不償失（山2．29．5）。

ii）活於信德：聖人認為，理智沒有比在信德中找到更好的收斂，也沒比活在信德中更能獲得聖靈的光照。聖人的意思是：這樣的神諭，充其量只傳遞一、兩個訊息而已，反之，活於信德，卻讓我們浸潤在神的普遍智慧中，與聖子心神合一無間（山2．29．6）。

在反省「連續神諭」的大略後，我們可繼而考量「正式神諭」的義蘊。

（2）正式神諭

「正式神諭」（formal locutions）意謂著中，人靈超性地接受清晰而正式的語言，它不經由外感官的管道，而直接傳達於理智；人不必然處在心神收斂的狀態下，而清楚地知道它不來自自己，而是出自另一來源（山2・28・2）。

a）特質

較細緻地說，這種神諭具備以下的特質：

i）不必收斂：人可在心神收斂以外，在無預警狀態下，突然聆聽到話語；它有別於「連續神諭」，因為「連續神諭」須在默想沉思中出現（山2・30・1）。

ii）出自另一個體：它是由另一個體超性地、正式地向人的心智述說（山2・30・1）。人靈清楚地知道中，這聲音不出自自己個人（山2・30・4）。

iii）正式：這是正式的演講，有別於個人的推理；即由另一個體向人靈述說，而個人的理智並不牽涉在演講辭的推展中。所陳述的內容長短不一，因個別經驗而異（山2・30・1－2）。

然而「連續神諭」與「正式神諭」的特質，時而可以彼此混淆；「正式神諭」能同時是「連續神諭」，而「連續神諭」能給人一個由他人講述的印象（山2・29・2）。

b）來源的辨別

談及「正式神諭」能有的來源，聖人教我們做這樣的分辨：

i）來自上主

凡來自上主的「正式神諭」，會出現以下的徵兆：

甲）光照：人的理智會獲得光照，了解某真理，讓人有能力施教（山2．30．3）。

乙）對榮譽反感：上主為了叫人謙遜，往往會讓人靈覺得反感；即對履行能導致榮譽的事感到反感；相反地，卻喜歡履行謙卑自下的工作（山2．30．3）。例如：梅瑟對被差遣到法老王面前一事，感到反感不安，直至上主也派遣亞郎一同分享被差遣的榮譽為止（出三10－22，四1－18；山2．30．3）。

ii）來自魔鬼

反之，引申自魔鬼的感受則剛好相反，它讓人靈一方面傾向虛榮，另一方面又害怕受屈辱，並且對卑賤的職務，望之卻步（山2．30．4）。

c）應有態度

關於面對著「正式神諭」應持有的態度，聖十字若望給予以下的建議：

i）勿注意它：不論來源是出自善靈或惡靈，皆一律置之不理，否則容易受魔鬼欺騙（山2．30．5）。

ii）聆聽有經驗的神師：把經驗告知有經驗的神師，或明智的人，聽從他們的指導（山2．30．5）。但如果找不到這樣的人，最好守口如瓶，以免引致不良後果（山2．30．5）。

在反省了「正式神諭」的義蘊後，茲讓我們轉而注視「實質神諭」。

（3）實質神諭

「實質神諭」（substantial locutions）涵括著一份言語，超性地傳送自另一個體，人心智可在無預警狀態下被觸及，而產生極湛深的影響（山2·28·2）。

a）特質

較細緻地說，它擁有「正式神諭」的一總特質，另外加上「實質」（substantial）這一特性。換言之，其特質可被歸納為四者：i）不必收斂、ii）出自另一個體、iii）正式、iv）實質。為求簡潔起見，茲只闡述第四特質——「實質」——之義。

iv）實質：所傳送的言語，對人靈具有實質的影響，即人靈會因著話語所指的涵義，立竿見影地獲得相應的實際效果（山2·31·1）。例如：主說，「成善／Be good」，人馬上實質地成善；「愛我／Love Me」，人立即實質地在心內燃起愛火；「不要害怕／Do not fear」，人隨即充滿勇毅與安寧（山2·31·1）。福音中，充滿這些例子，例如，主耶穌只須一句話，即叫病人痊癒，起死回生。

總之，「實質神諭」同時是「正式神諭」；但「正式神諭」則不一定是「實質神諭」（山2·31·1）。

b）效果

「實質神諭」保有極深遠的效果，它給予人靈無可比擬的祝福、德行、生機。一個「實質神諭」能給人靈帶來的益處，超越人靈一生的自我耕耘（山2·31·1）。

c）應有態度

聖十字若望很積極地看待這種神諭，他肯定「實質神諭」對結合上主方面，有很大的幫助；它愈充滿實效，對人靈則愈有利。為此，聖人說，凡聽到上主這樣蘊含實質話語的人靈，是有福的（山2·31·2），所以，人應有的態度是：

i）不行動：不採取行動，因為這是上主的工程（山2·31·2）。

ii）不渴求：不必主動渴求它，它不由我們操控，人靈唯有全心隨從上主的安排（山2·31·2）。

iii）不拒絕：不必拒絕；無論如何，其效果必然深印於人靈（山2·31·2）。

iv）不懼怕：我們不必害怕受騙，因為魔鬼或人理智都無法干預它。魔鬼無法製造這種神諭的效果，除非人自願獻身給牠（山2·31·2）。

為給神諭之三型態做出比對，茲藉下頁圖表示意：

在體會了「神諭」的意義後，讓我們轉向最後一種理智超性經驗——「感受」（feelings）。

型態	1）連續神論	2）正式神論	3）實質神論
a）特質	i）收斂心神 ii）出自個人理智 iii）連續	i）不必收斂 ii）出自另一個體 iii）正式	i）不必收斂 ii）出自另一個體 iii）正式 iv）實質
b）來源分辨 i）來自上主	愛、謙遜、敬畏	受光照、對榮譽反感	
ii）來自理智	無德行灌注、本性的愛與光照		
iii）來自魔鬼	對神乏味、虛榮心	虛榮心、怕受辱	
c）應有態度	忽略它 活於信德	忽略它 聆聽明智神師	不行動、不渴求、不拒絕、不懼怕

5. 感受

（1）涵義

顧名思義，「感受」一辭意謂著心靈有感於神的觸動，發而為湛深的歡愉。站在人的角度言，它是發自內心的感動；站在神的角度言，它是上天賜予的「靈觸」（spiritual touches）；站在人神邂逅的角度言，它是心情合一所導致的欣悅，類比著戀人的「相看兩不厭」，而致「兩情相悅」（山2．32．1–2）。

嚴格地說，它更屬於「意志」（will），但意志的感觸氾濫至理智，讓理智也有所領會，以致聖十字若望認為，有需要在理智的前提上，為它做探討（山2·32·3）。

（2）程度的高下

按聖十字若望的體會，神的靈觸型態繁多，其中有較「分明而短暫的」（distinct and short duration），也有較「不分明而持久的」（indistinct and last longer）（山2·32·2）。言下之意，它們橫跨「清楚／個別」（distinct／particular）與「黑暗／普遍」（dark／general）兩大類型。但為簡潔論述起見，聖人只把它們分辨為兩種：

其一為「在意志情感中的感受」（feelings in the affection of the will）（可方便地簡稱「志悅靈觸」）

其二為「在靈魂實體內的感受」（feelings in the substance of the soul）（可方便地簡譯「實體靈觸」）

二名稱看來較意謂著感觸程度的高低，而非實質上的差別。聖人指出後者在程度上高出於前者：當上主觸及意志，其中的感受，固然非常磅礡欣悅；但那觸及靈魂實體的感受，卻是最為美善崇高，無與倫比（山2·32·2）。它不由人力所引致，而純粹是神無預警下的寵幸（山2·32·2）。

（3）應有態度

面對上主的靈觸，聖十字若望提示，人應有的態度有三：辭讓、謙遜、被動（山2·32·4）。

a）辭讓（resignation）：信賴上主的引領，把生命獻託於神。不要刻意追求這種感受，否則理智會營造自以為是的知識，魔鬼也會找到灌輸假訊息的機會（山2・32・4）。

b）謙遜（humility）：承認自己在主面前一無所有，也承認這份恩典、並非藉由個人功勞賺來的，而是神白白的賞賜，尚有眾多人更堪當領受而未領受；總之，人須謙卑自下，以免妨礙與神冥合的神益（山2・32・4）。

c）被動（passive）：人既無法揠苗助長，全由上主採取主動；理智唯有被動地接收，且避免用本性能力來干預（山2・32・4）。聖十字若望尚且在此標榜「被動理智」（possible intellect）的超性任務（山2・32・4）[42]。

（4）綜合說明

聖十字若望並未對「靈觸」這份經驗做詳細論述，所持理由是：

a）更維繫意志：這份經驗更屬於意志，我們須在意志項目上多做說明，只因它也牽涉理智，故在此略為提及（山2・32・3）。

b）讀者已有能力做適當判斷：聖人先前對其他經驗所做的分析，已足夠讓讀者舉一反三、引申恰當的見解，並深究其詳；換言之，聖十字若望認為：至此，讀者已具備充分的資料與訓練、來做合宜的考量與判斷（山2・32・5）。

c）理智超性經驗都與之相關：再者，先前所探討的任何理智超性運作與經驗，都或多或少與「靈觸」有關聯；聖人既已從其他理智經驗上有相應的訓誨，所以他認為，已沒有必要再三叮嚀（山2・32・5）。

42. 士林哲學以主動理智和被動理智是為一體兩面。在普通經驗當中，主動理智先孕育洞察，被動理智則接收其普遍本質，藉此建構成觀念。反之，在超性經驗當中，被動理智先接收靈界的觸動，而主動理智進而把握光照，以致有所領悟。

綜合理智超性運作的各式各樣表現，我們至少可從聖十字若望的眾多建言上，歸納出兩個重點：

其一是，凡不揭露上主本質的靈異經驗，一概置之不理，以免受騙。

其二是，珍惜一總直接剖露上主本質的經驗。

屬於後者的經驗，到此為止，計有四個項目：

——揭露上主本質的理智神見（山2．24）

——揭露上主本質與屬性的啟示（山2．27）

——實質神諭（山2．28）

——實體靈觸（山2．32）

聖人還建議我們常在記憶中回味它們（山3．14．2）。

在探討了靈功能中的「理智」後，茲讓我們進而聆聽聖人對「記憶力」的看法。

二、記憶力

聖十字若望對「理智」做了詳細的分析後，相對地只對「記憶力」（memory）做較簡略的說明；他認為其對「理智」的反思，已足夠讓讀者舉一反三，曉得如何面對其他靈功能的運作，因為它們彼此連繫，共同隸屬於同一個整體（山3．1．1）。

（一）歷史背景

談及「記憶力」，西方古典哲學家會涉及這樣的一個疑問：「記憶力」，究竟是否為一個獨特的靈功能（a distinct spiritual faculty）？抑或只是「理智」的一個作用（a function of the intellect）而已？從傳統上追溯，我們主要分別有聖奧思定與聖多瑪斯兩套說法：

1. 聖奧思定的說法

聖奧思定把「理智」、「意志」、「記憶力」分為三個不同的靈功能，並以天主聖三做為類比，來說明同一個人也有三個不同的精神能力（*De Trinitate*, 10, 11, 18）。

2. 聖多瑪斯的說法

按聖多瑪斯的說法，「記憶力」不限止於靈功能範圍，尚且在感性範圍內出現，以致有所謂「感性記憶」（sensory memory）與「智性記憶」（intellectual memory）：

a）感性記憶：為回應阿文齊那（Avicenna，980–1037）談內感官的分法，多瑪斯尤強調「感性記憶」為「想像力」（imagination）的一份作用，即有收藏並重現先前感性影像的作用（Summa Theologiae Ia, Q78, a. 4）[43]。

b）智性記憶：為詮釋亞里斯多德（Aristotle, *De Anima*, III, 4, 429a 27）的論點，多瑪斯又強調，靈功能範圍內有所謂「智性記憶」（intellectual memory）：例如，人可記憶抽象的學問如數學、邏輯等，那些曾藉由理智經歷抽象作用而理解的學問；多瑪斯並且把「記憶力」隸屬於「被動理智」（*Summa Theologiae* Ia, Q79, aa.6–7）；換言之，為多瑪斯言，「智性記憶」並非為一個獨立的靈功能，而只是理智的一個作用而已。

43. 較進一步的引介，參閱拙作《知識論（一）：古典思潮》（台北，五南，2000年）第259至263頁。

3. 聖十字若望的回應

有趣的是，經歷歷史的沿革後，聖十字若望仍然繼承聖奧思定的說法，以「記憶力」為一個獨特的靈功能，與「理智」和「意志」有同等的地位，並且把「信」、「望」、「愛」三德分配給「理智」、「記憶力」、「意志」三者（山2·6·1）。不過，聖十字若望仍採納聖多瑪斯的若干論點，從聖十字若望對「記憶力」本性作用的分析上，我們多少可察覺到多瑪斯理論的痕跡。

（二）記憶力的本性作用

有關聖十字若望對「記憶力」本性作用的論述，其重點可被歸納如下㊹：

1. 感性記憶：記憶力能記憶起先前感官經驗攝取的感性與件（sense data），及感性運作的過程（山3·2·4）。

2. 想像記憶：記憶力也能記憶起先前的想像活動，以及所獲得的圖像與幻像（images and phantasms）（山2·16·2）。

3. 智性記憶：記憶力也能記憶起理智所產生的觀念（山3·3·5，3·7·2，3·6·4）。附帶一提的是，聖十字若望談智性記憶，尚做出這樣的提示：以它蘊含著若干的思辯行動（discursive acts of the memory），可以被邪靈利用來欺騙（山3·4·1）。此提示頗具意思，它指出，「記憶力」不單只儲藏和重提先前的資料而已，它尚且有其思辯性，即多少具備思辯推理的能力。然而聖人並未在此多所著墨，我們也不便妄作揣測。

44. 十字若望並未實際地引用「感性記憶」、「想像記憶」、「智性記憶」三名詞，筆者只為釐清聖人的原義而附加。此三附加名詞並非意謂三個不同的功能，而意謂同一個靈功能——記憶力——的三個作用。

在略述了「記憶力」的本性運作後，茲進而考量聖人對「記憶力」超性作用的反思。

(三) 記憶力的超性作用

在「記憶力」超性運作的前提上，聖十字若望分辨兩種型態：

其一是，超性想像記憶（supernatural imaginative memory）

——即記憶一總有圖像的超性經驗

其二是，靈性記憶（spiritual memory）

——即對一總不牽涉圖像的智性體證的記憶。

茲引述如下。

1. 超性想像記憶

(1) 涵義

聖十字若望提示：凡記憶到超性經驗如神見、啟示、神諭、感受等，在想像力或靈魂內留下圖像者，都涵概在這個項目下，它們時而極為靈活且扣人心弦（山3·7·1）。聖人的提示牽涉甚廣，包括著一切與有形事物和圖像有關聯的靈異經驗，橫跨了感性的、想像的、甚至（有關形體的）理智之體證；再者，聖人不準備詳加分析，他認為先前的論述已足夠讓讀者舉一反三。我們唯有做這樣的說明：

站在主體立場上說，「超性想像記憶」，意謂著記憶藉由人各階層認知運作功能（包括內、外感官和理智）所孕育的一總超性經驗。

站在客體立場上說，它意謂著記憶那些牽涉有形事物與圖像的靈異感受。

綜合主、客兩面而言，凡記憶藉由內、外感官，甚至理智所導致的對有形事象的超性體驗者，皆歸併在「超性想像記憶」的名目下；而聖人所強調的焦點是「有形事象」。

（2）應有態度

關於面對這項目所應採態度，聖人的叮嚀是：

a）不要儲藏：要忽略這方面的記憶，只以純樸的信德、望德來生活（山3．7．2）。

b）刻意記憶的害處：凡刻意記憶者，會產生五種害處如下（山3．8．2）：

i）常誤把本性事理當做超性事理

ii）陷於自滿與虛榮

iii）給魔鬼更多機會欺騙

iv）阻礙與上主結合

v）對上主的評價無法提升

c）忽略的好處：凡忽略之，則更接近上主，且獲得與以上五種害處相反的益處（山3．13．1）。

在述說了「超性想像記憶」之義後，讓我們轉至「靈性記憶」。

2. 靈性記憶

（1）涵義

「靈性記憶」、意謂記憶藉由理智管道所引申的理智神見（廣義的）。聖人尤特別強調其在《攀登加爾默羅山》第二卷第二十四章所談論的「理智認識」（intellectual knowledge）（山3．14．2）。相應地聖人遂細分二者：

a）對受造物理智神見的記憶

b）對造物主理智神見的記憶

並建議我們面對此二者的應有態度。

（2）應有態度

a）對受造物理智神見的記憶

假如在記憶中能保持及喚起人對上主的愛心，人可記憶它們；反之，若沒有良好效果，則不要理會（山3．14．2）。

b）對造物主理智神見的記憶

此指記憶那些剖露神本質的超性經驗；聖人的建議是，應常常記憶它們，因為它們在人靈上產生顯著的效果。這種知識是在與上主結合中獲得的靈性感受，而結合天主是人靈所追求的目標（山3．14．2）。

先後談論了靈功能中的「理智」和「記憶力」後，剩下來的尚有「意志」這一能力。

三、意志

心靈能力中，「理智」和「記憶力」主要彰顯其認知功用，而「意志」則主要發顯其為意欲功能，牽涉著靈智上的喜好與憎厭（山3・16－45），但這也不妨礙其仍有認知的面向；到底人沒有缺乏意欲的認知，也沒有缺少認知的盲目衝動。聖十字若望尤在超性運作中凸顯「意志」、做為導引出「默觀」（contemplation）的重要功能，並把「默觀」定義為「祕密的愛的知識」。茲因「默觀」是為聖十字若望靈修所標榜的核心，而「意志」在「默觀」中又扮演如此重要的角色，以致我們須另作專文來詳細交待，以免在此掛一漏萬㊺。

綜合說明

綜合地說，聖十字若望即使無意要創立一套神祕經驗知識論，到底靈修是維繫著有心智意識的人而進行，以致談默觀修行也必然牽涉心識認知，而與上主間的神祕冥合，也相應地意謂著心智更高的靈性開發。談及聖十字若望在這方面所論的項目，我們可從被知視域上分辨「本性界」與「超性界」，也從「超性界」上劃分出「超自然界」、「偶性超性界」與「實質超性界」。至於認知運作方面，除卻普通經驗的本性運作外，尚有神祕經驗的超性運作，從中凸顯靈魂的三重功能，分別是「外感官」、「內感官」、「靈三司」。「外感官」

45. 下接拙作〈黑夜與黎明：與聖十字若望懇談默觀〉，附錄為導讀於十字若望著，（台灣）加爾默羅聖衣會譯《心靈的黑夜》（台北，星火文化，2018年），207至278頁。

牽涉視、聽、嗅、嚐、觸的靈異效用。「內感官」的想像與幻想導致「想像神見」的出現。「靈三司」以「理智」引發智性的神視、神諭、啟示與靈觸。「記憶力」讓人回顧一總的靈異經驗。「意志」在配合著「理智」而向「默觀」的路途邁進，以孕育「祕密的愛的知識」。其中的來龍去脈，可藉下頁圖表示意㊻。

46. 此圖與拙作〈黑夜與黎明〉245頁之圖表相同。

超性運作（supernatural operations）

- **身體的**（corporal）
  - **外感官**（external senses）
    - **視** —引申→ 感官的神見（sensible vision）
    - **聽** —引申→ 感官的神諭（sensible locution）
    - **嗅** —引申→ 甜蜜的芳香（sweet fragrance）
    - **嚐** —引申→ 美妙的味道（exquisite savor）
    - **觸** —引申→ 極深的愉悅（extreme delight）
  - **內感官**（internal senses）
    - **想像**（imagination）
    - **幻覺**（phantasy）
    - → 想像神見（imaginative vision）
- **心靈的**（Spiritual）
  - **理智**（intellect）：清楚／個別（distince／particular）
    - **理智的神見**（intellectual vision） —分→
      - 有形體的本體神見（of corporal substance） →
        - 關於天堂（of heaven）
        - 關於人間（of earth）
      - 無形體的本體神見（of incorporal substance） → 神與靈體
    - **神諭**（locution） —分→
      - 連續神諭（successive locution）
      - 正式神諭（formal locution）
      - 實質神諭（substantial locution）
    - **啟示**（revelation） —分→
      - 理智的認識（intellect konwledge）
      - 祕密的顯示（secrets）
    - **心靈的感受**（spiritual feeling） —分→
      - 意志情感的感受（feeling of the affection of the will）
      - 靈魂實體的感受（feeling of the substance of the soul）
  - **意志與理智**（will & intellect）：黑暗／普遍（dark／general）
    - → 默觀（contemplation）
  - **記憶**（memory）
    - 清楚／個別（distince／particular）
    - 黑暗／普遍（dark／general）
    - → 記憶上述所有經驗

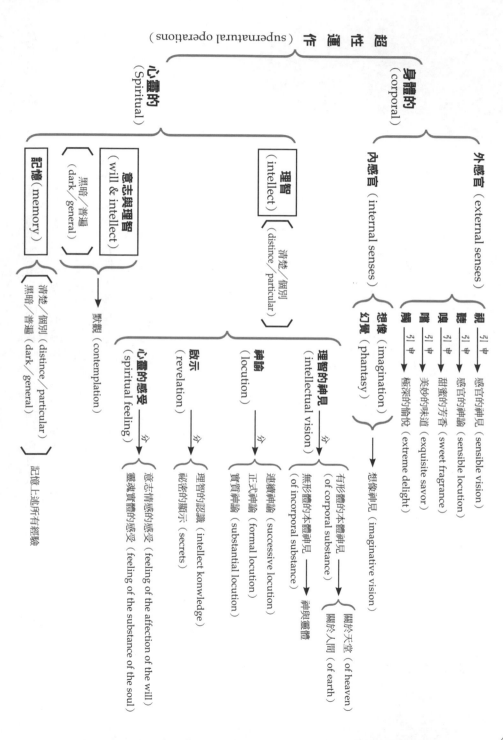

〈黑夜〉
詩文版本

附錄（1）
中文與西班牙文對照

1. 黑夜初臨，
En una noche oscura,
懸念殷殷，灼燃愛情，
con ansias, en amores inflamada,
啊！幸福好運！
¡oh dichosa ventura!,
我已離去，無人留意，
salí sin ser notada
吾室已然靜息。
estando ya mi casa sosegada.

2. 黑暗中，安全行進，
A oscuras y segura,
攀祕梯，裝巧隱，
por la secreta escala, disfrazada,
啊！幸福好運！
¡oh dichosa ventura!,
置黑暗，隱蹤跡，
a oscuras y en celada,
吾室已然靜息。
estando ya mi casa sosegada.

3. 幸福夜裡，
En la noche dichosa,
隱祕間，無人見我影，
en secreto, que nadie me veía,
我見亦無影，

ni yo miraba cosa,
沒有其他光明和引領，
sin otra luz y guía
除祂焚灼我心靈。
sino la que en el corazón ardía.

4. 如此導引，
Aquésta me guiaba
遠勝午日光明，
más cierto que la luz de mediodía,
到那處，祂等待我近臨，
adonde me esperaba
祂我深知情，
quien yo bien me sabía,
那裡寂無他人行。
en parte donde nadie parecía.

5. 啊！領導之夜，
¡Oh noche que guiaste!
啊！可愛更勝黎明之夜，
¡oh noche amable más que el alborada!
啊！結合之夜
¡oh noche que juntaste
兩情相親，
Amado con amada,
神化卿卿似君卿。
amada en el Amado transformada!

6. 芬芳滿胸襟。
En mi pecho florido,
痴心只盼君，

que entero para él solo se guardaba,
斜枕君柔眠，
allí quedó dormido,
輕拂我弄君，
y yo le regalaba,
飄飄香柏木扇，徐來風清。
y el ventalle de cedros aire daba.

7. 城垛微風清，
El aire de la almena,
亂拂君王鬢，
cuando yo sus cabellos esparcía,
君王傷我頸，
con su mano serena
因其手柔輕，
en mi cuello hería
悠悠知覺，神魂飛越。
y todos mis sentidos suspendía.

8. 捨棄自己又相忘，
Quedéme y olvidéme,
垂枕頰面依君郎；
el rostro recliné sobre el Amado,
萬事休；離已遠走，
cesó todo y dejéme,
拋卻俗塵，
dejando mi cuidado
相忘百合花層。
entre las azucenas olvidado.

附錄（2）
白話中文版〈黑夜〉詩（本書採用版本）

在一個黑暗的夜裡，
懸念殷殷，灼燃著愛情，
啊！幸福的好運！
沒有人留意我離去，
我的家已經靜息。

在黑暗和安全中，
攀上隱祕的階梯，改變了裝扮
啊！幸福的好運！
在黑暗中，潛伏隱匿，
我的家已經靜息。

在那幸福的夜裡，
祕密地，沒有人看見我，
我也毫無所見，
除了焚燒我心者，
沒有其他的光明和嚮導。

引導我的這個光明，
比中午的陽光更確實，
導引我到祂期待我的地方，
我深知祂是誰，
在那裏沒有人出現。

夜啊！你是引導的夜！
夜啊！你是比黎明更可愛的夜！
夜啊！你結合了
愛者（天主）和被愛者（靈魂），
使被愛者（靈魂）在愛者（天主）內神化。

在我那盈滿花開的胸懷，
惟獨完整地保留給祂，
祂留下來依枕臥眠，
我愛撫著祂，
香柏木扇飄送著輕柔的微風。

城垛的微風徐徐吹拂，
當我撥開祂的頭髮時，
微風以溫柔的手
觸傷了我的頸，
使我的所有感官頓時失去知覺。

我留了下來，處於忘我中，
垂枕頰面依偎著我的愛人（天主），
萬事皆休止，我捨棄自己，
拋開我的俗塵凡慮，
忘懷於百合花叢中。

附錄（3）
英譯本〈黑夜〉詩兩種

Translated by Kieran Kavanaugh, O.C.D

1. One dark night,
fired with love's urgent longings
– ah, the sheer grace! –
I went out unseen,
my house being now all stilled.

2. In darkness and secure,
by the secret ladder, disguised,
– ah, the sheer grace! –
in darkness and concealment,
my house being now all stilled.

3. On that glad night,
in secret, for no one saw me,
nor did I look at anything,
with no other light or guide
than the one that burned in my heart.

4. This guided me
more surely than the light of noon
to where he was awaiting me
– him I knew so well –
there in a place where no one appeared.

5. O guiding night!
O night more lovely than the dawn!
O night that has united
the Lover with his beloved,
transforming the beloved in her Lover.

6. Upon my flowering breast
which I kept wholly for him alone,
there he lay sleeping,
and I caressing him
there in a breeze from the fanning cedars.

7. When the breeze blew from the turret,
as I parted his hair,
it wounded my neck
with its gentle hand,
suspending all my senses.

8. I abandoned and forgot myself,
laying my face on my Beloved;
all things ceased; I went out from myself,
leaving my cares
forgotten among the lilies.

Translated and edited by E. Allison Peers

1. On a dark night, Kindled in love with yearnings – oh, happy chance! –
   I went forth without being observed, My house being now at rest.
2. In darkness and secure, By the secret ladder, disguised – oh, happy chance! –
   In darkness and in concealment, My house being now at rest.
3. In the happy night, In secret, when none saw me,
   Nor I beheld aught, Without light or guide, save that which burned in my heart.
4. This light guided me More surely than the light of noonday
   To the place where he（well I knew who!）was awaiting me – A place where none appeared.
5. Oh, night that guided me, Oh, night more lovely than the dawn,
   Oh, night that joined Beloved with lover, Lover transformed in the Beloved!
6. Upon my flowery breast, Kept wholly for himself alone,
   There he stayed sleeping, and I caressed him, And the fanning of the cedars made a breeze.
7. The breeze blew from the turret As I parted his locks;
   With his gentle hand he wounded my neck And caused all my senses to be suspended.
8. I remained, lost in oblivion; My face I reclined on the Beloved.
   All ceased and I abandoned myself, Leaving my cares forgotten among the lilies.

興建嘉義大林聖若瑟
加爾默羅聖衣會隱修院

一天天，一年年，隱修者，在靜寂中，為普世人類祈禱，

以生命編串出愛的樂章，頌楊天主的光榮！

急需您的幫助…

捐款的方式：郵政劃撥或銀行支票　請註明「為嘉義修院興建基金」

郵撥帳號－芎林修院：05414285　深 坑修院：18931306

傳真－芎林修院：03-5921534　深 坑修院：02-2662869

郵政劃撥、銀行支票受款戶名：財團法人天主教聖衣會

※所有捐款均可開立正式收據

嘉義大林聖若瑟加爾默羅隱修院的建築藍圖

國家圖書館出版品預行編目資料

攀登加爾默羅山／十字若望（John of the Cross）作.
加爾默羅聖衣會譯
－－二版, －－臺北市：星火文化，2019年7月
面；　公分.（加爾默羅靈修；18）
譯自：The Ascent of Mount Carmel
ISBN 978－986－95675－8－9（平裝）
1. Mysticism－Catholic Church.　2. 天主教　3. 靈修

244.93　　108008985

加爾默羅靈修 018

攀登加爾默羅山

作　　者／十字若望（John of the Cross）
譯　　者／加爾默羅聖衣會
執行編輯／陳芳怡
封面攝影／范毅舜
封面設計／neko
內頁排版／neko
總 編 輯／徐仲秋

出　　版／星火文化有限公司
台北市衡陽路7號8樓
電話：(02) 2331-9058
營運統籌／大是文化有限公司
業務・企劃／業務經理林裕安　業務專員馬絮盈　業務助理王德渝
行銷企畫徐千晴　美術編輯張皓婷
讀者服務專線：(02) 2375-7911分機122
24小時讀者服務傳真：(02) 2375-6999

法律顧問／永然聯合法律事務所
香港發行／里人文化事業有限公司 Anyone Cultural Enterprise Ltd
香港荃灣橫龍街78號 正好工業大廈22樓A室
22/F Block A, Jing Ho Industrial Building, 78 Wang Lung Street,
Tsuen Wan, N.T., H.K.
電話：(852) 24192288　傳真：(852) 24191887
E-mail：anyone@biznetvigator.com

印　　刷／韋懋實業股份有限公司

■ 2019年 7月二版　　Printed in Taiwan
ISBN 978-986-95675-8-9　　定價450元

本書中文版感謝ICS Publications授權　中文版權屬芎林加爾默羅聖衣會隱修院